PARIS-MONTMARTRE

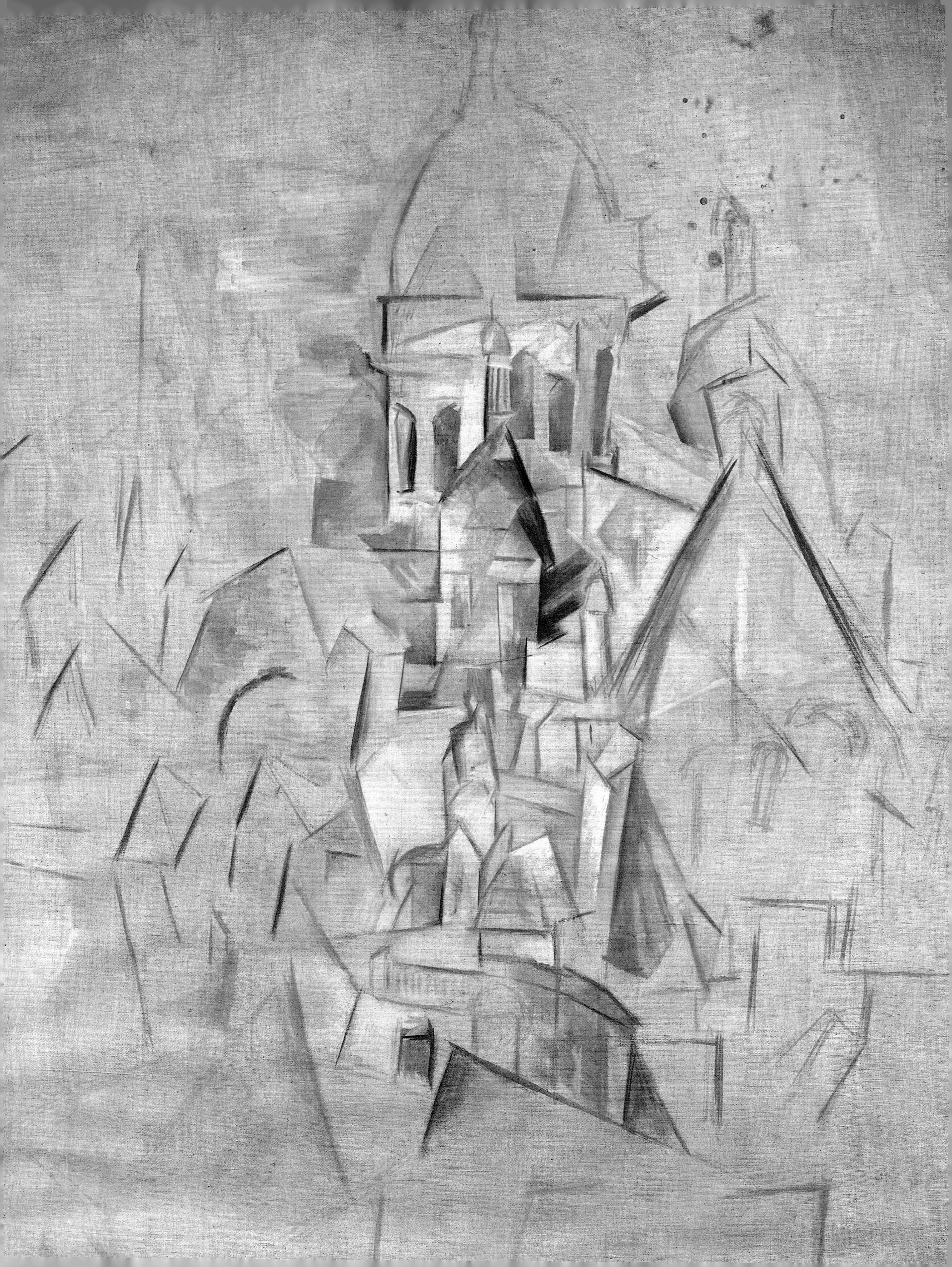

PARIS-MONTMARTRE

LES ARTISTES ET LES LIEUX
1860-1920

SYLVIE BUISSON
CHRISTIAN PARISOT

TERRAIL

ILLUSTRATION DU PREMIER PLAT DE COUVERTURE

Henri de Toulouse-Lautrec

LA DANCE AU MOULIN ROUGE

Détail. 1890, huile sur toile, 115,5 x 150 cm.

Philadelphia Museum of Arts, Philadelphie.

ILLUSTRATION DU DEUXIÈME PLAT DE COUVERTURE

Louis Marcoussis

LE SACRÉ-CŒUR

1910, huile sur toile, 27 x 35 cm.

Collection particulière.

PAGE 2

Pablo Picasso

SACRÉ-CŒUR

1909, huile sur toile, 90 x 63 cm.

Collection particulière.

PAGE DE DROITE

Henri de Toulouse-Lautrec

LA CLOWNESSE AU MOULIN ROUGE

1897, lithographie au crayon, au pinceau et au crachis, 41 x 33 cm.

Collection Josefowitz.

PAGES SUIVANTES

Georges Michel

VUE DE MONTMARTRE

Aquarelle sur pierre noire, 18,1 x 29,8 cm.

Musée du Louvre, Paris.

Direction éditoriale : Jean-Claude Dubost et Jean-François Gonthier
Conception et réalisation graphique : Marthe Lauffray
Secrétariat d'édition : Aude Simon et Malina Stachurska
Flashage : Compo Rive Gauche, Paris
Photogravure : Litho Service T. Zamboni, Vérone

Une filiale du département Livre de Bayard Presse S. A.
N° d'éditeur : 125
ISBN : 2-87939-018-4
Dépôt légal : avril 1996
Printed in Italy

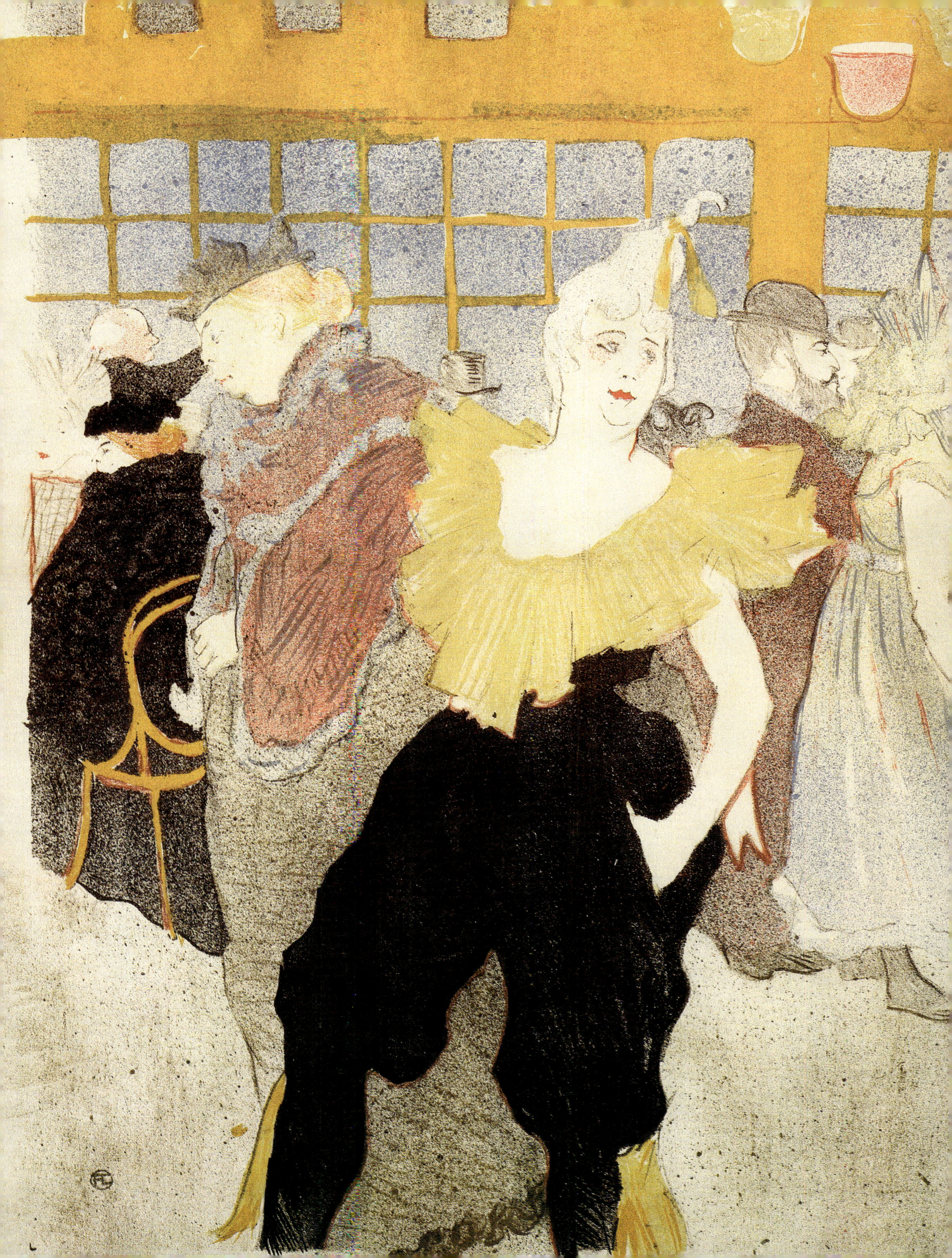

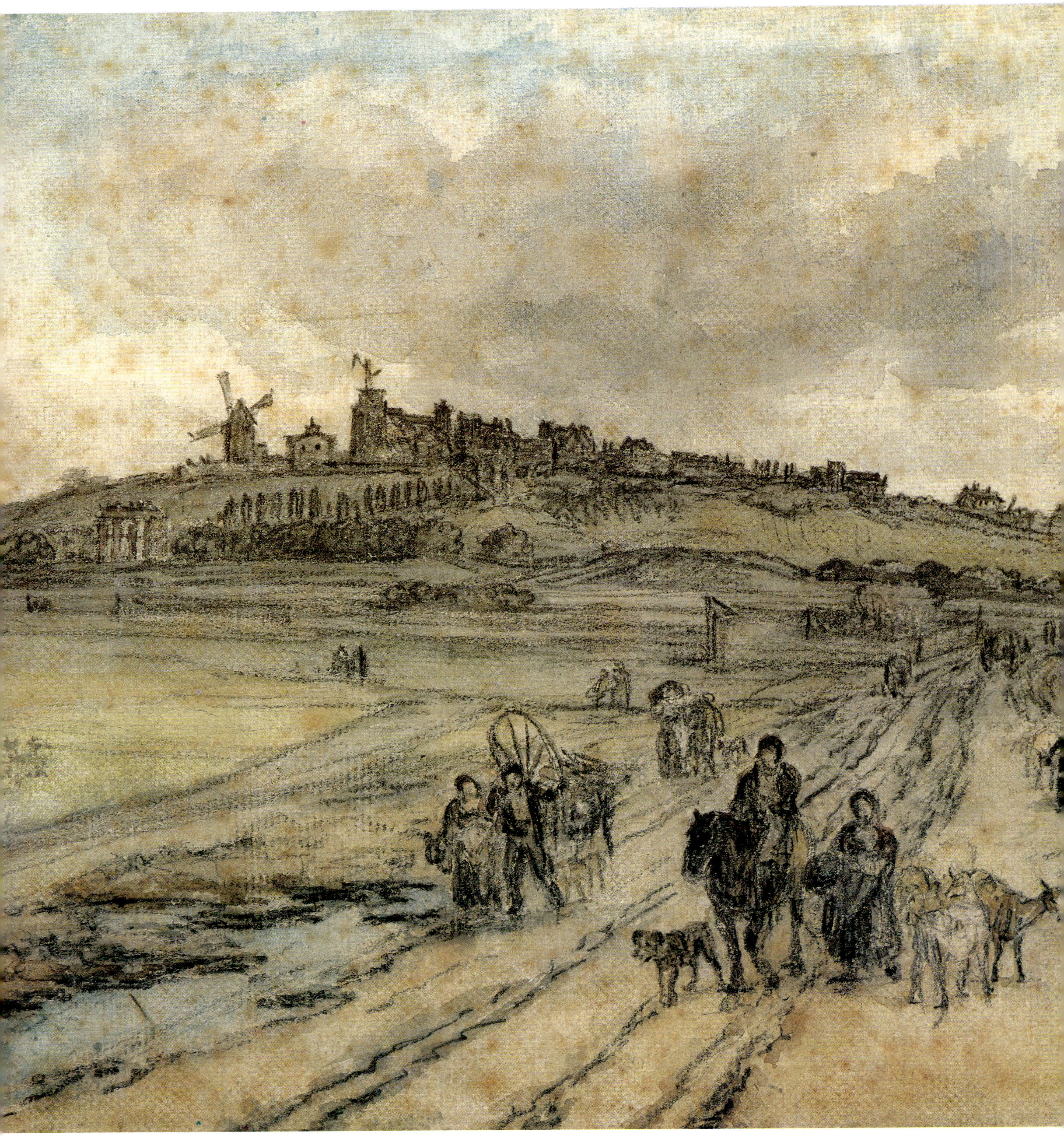

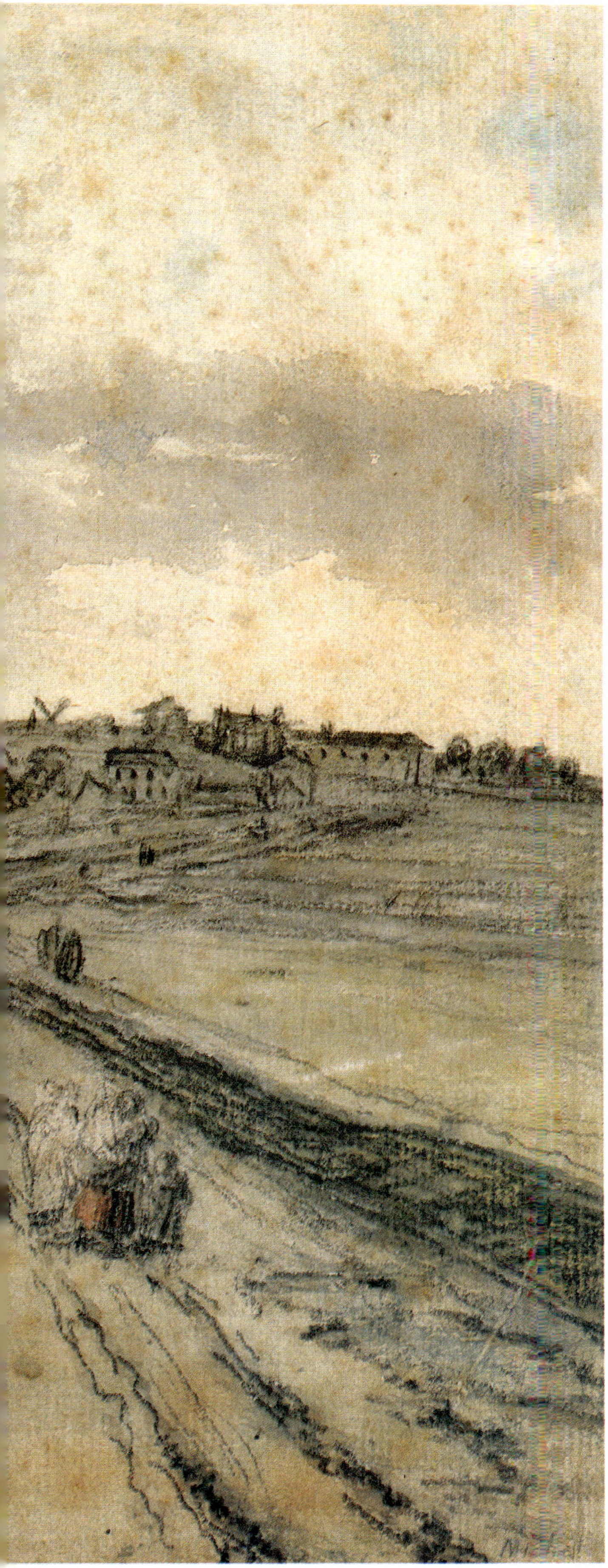

SOMMAIRE

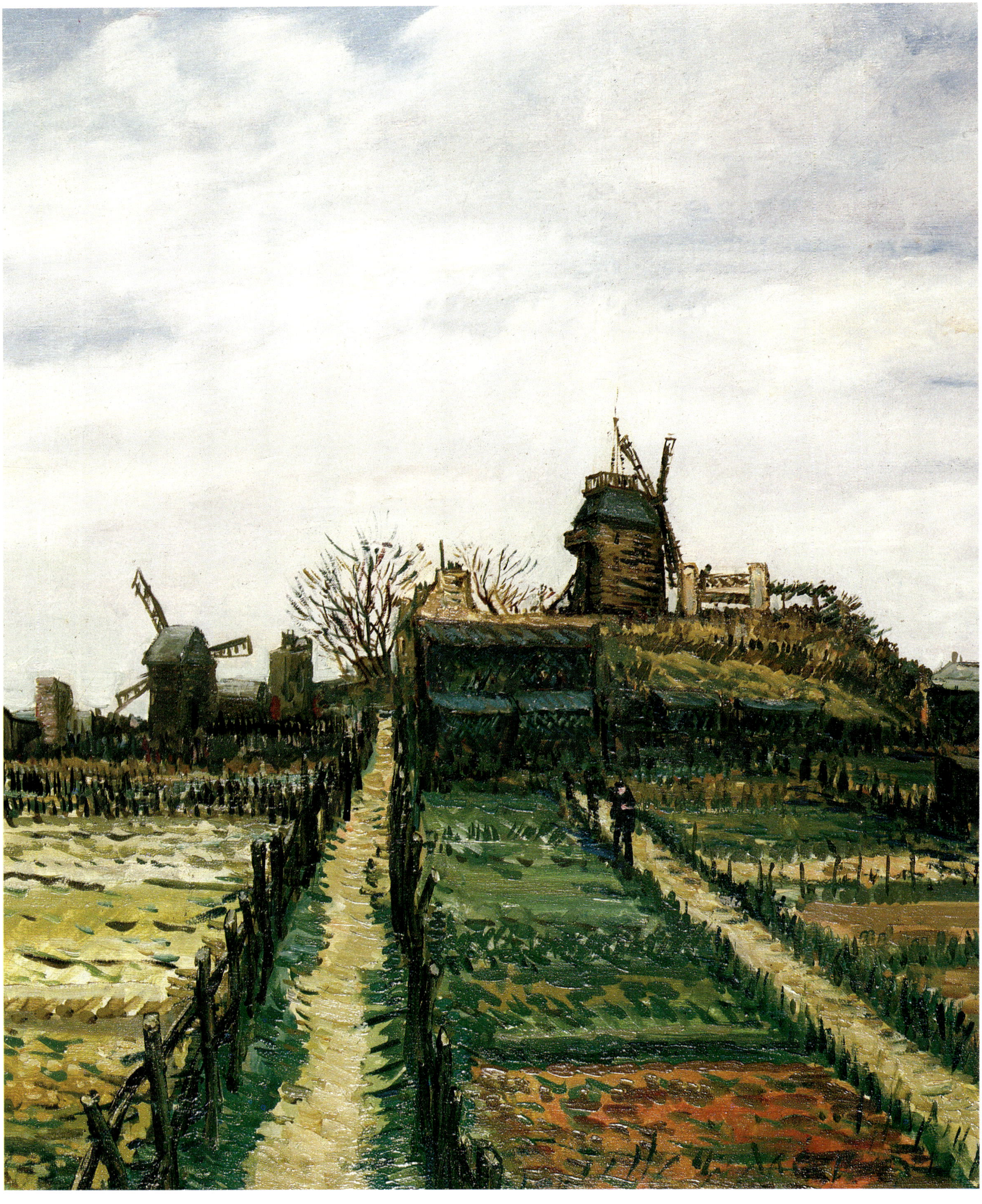

Avant-propos

Au début du siècle se trouvait réuni à Montmartre un groupe d'artistes, peintres, poètes, écrivains et musiciens sans équivalent dans l'histoire. Ils ont révolutionné les arts, et spécialement la peinture. Le mouvement avait commencé vers 1860 avec les impressionnistes, et jusqu'à la guerre de 1914 il régnait sur la Butte une ambiance artistique qui n'existera sans doute jamais plus nulle part, accompagnée le plus souvent d'une misère absolue.

La misère ne les gênait point, ils étaient transportés par un feu intérieur qui leur tenait lieu de confort, certains qu'ils étaient au fond d'eux-mêmes d'être les acteurs de la création d'un monde nouveau.

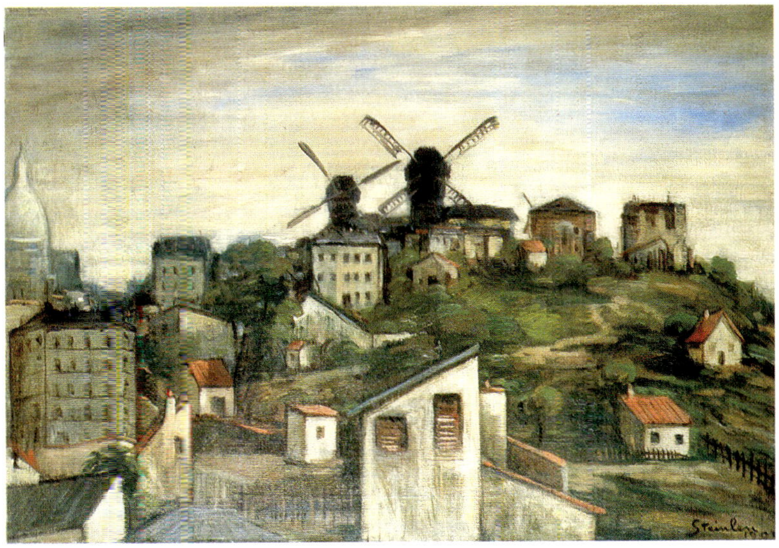

Théophile Steinlen
Moulins de Montmartre
1903, huile sur toile, 66 x 95 cm.
Petit Palais, Genève.

Alphonse Quizet
Vue de la plaine Montmartre
Détail. 1920, huile sur toile.
Collection particulière.

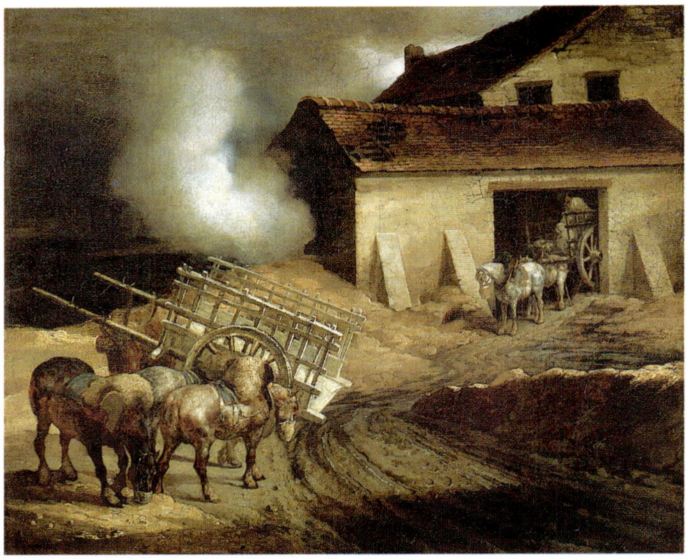

Théodore Géricault
Four à plâtre
Vers 1820, huile sur toile,
50 x 61 cm.
Musée du Louvre, Paris.

Avant de tenter de trouver le fil directeur et d'assurer ainsi la continuité de l'évolution picturale de la fin du XVIIIe siècle à la Première Guerre mondiale, il convient de définir l'aire géographique de Montmartre.

Pendant six siècles, de 1133 à la Révolution, Montmartre se confond avec le territoire de l'Abbaye Royale, qui étendait sa juridiction des grands boulevards actuels au sud à Saint-Denis au nord, et du domaine de Belleville à l'est à celui des Batignolles à l'ouest. Bien entendu, au cours des âges les limites de ce domaine se sont modifiées. Le village comprenait ce qui devait devenir le IXe arrondissement, rattaché à Paris en 1790, et le XVIIIe, annexé en 1860, l'année du retour de la Savoie en France. Il faut savoir que ces annexions ont été faites contre la volonté des habitants, et bien que le IXe ait été absorbé par Paris, il subsiste encore de nos jours sur ce qu'il est convenu d'appeler la Butte un fort sentiment autonomiste. C'est d'ailleurs en se basant sur ce sentiment d'appartenance à Montmartre qu'a été définie récemment par l'architecte Melissinos, nommé par la Ville de Paris, l'aire de protection du site, délimitée au sud par les boulevards de Rochechouart et de Clichy, à l'ouest et au nord par les rues Caulaincourt et Custine, et à l'est par la rue de Clignancourt.

Les artistes dont nous allons retracer l'histoire se moquaient cependant des limites administratives. C'est pourquoi bien souvent nous considérerons également le territoire des Dames de Montmartre, au sud des boulevards de Clichy et de Rochechouart, comme notre champ d'action, sans dépasser pour autant la rue Laffitte, au bout de laquelle on aperçoit la silhouette du Sacré-Cœur. C'est dans cette rue Laffitte que s'étaient installées les galeries – Durand-Ruel, Vollard… – qui eurent le courage d'exposer les artistes révolutionnaires refoulés par les officiels.

À ce moment on pourrait de se demander pourquoi c'est Montmartre, et non pas une autre des collines de Paris, qui a attiré ces génies et leurs compagnons de route, au point de mériter ce nom de la Nouvelle-

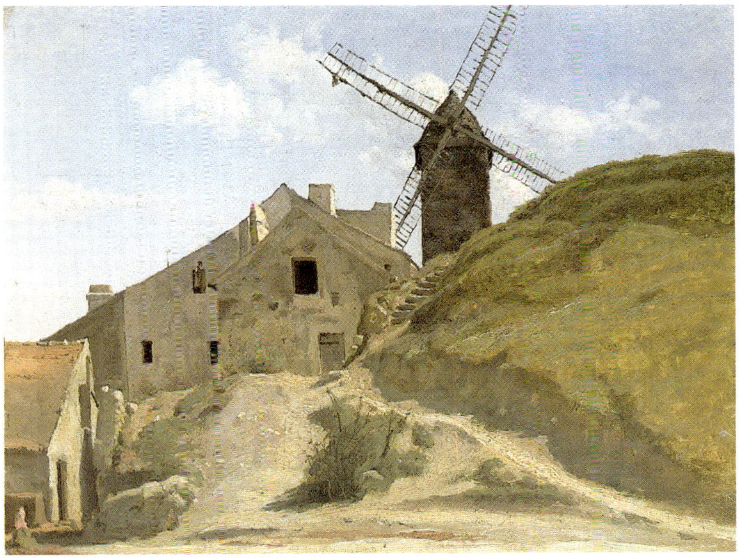

Jean-Baptiste Camille Corot
Le Moulin de la Galette
Vers 1840, huile sur papier collé sur toile,
26 x 34 cm.
Legs du peintre Jean-Gabriel Scheffer,
musée d'Art et d'Histoire, Genève.

Athènes, qu'un café de la place Pigalle, rendez-vous des impressionnistes, prit pour enseigne. On peut expliquer ce phénomène par la modicité des loyers, la qualité de la lumière, le village encore rural du XIXe siècle, l'aire de liberté que représentait cet îlot de la capitale. Mais peut-être y a-t-il aussi lieu de rappeler que la Butte, où « s'étaient réfugiés les monstres informes » du poète Gérard de Nerval, fut, depuis que le sentiment religieux s'est imposé aux hommes, un lieu de culte. Les druides d'abord, puis les Gallo-Romains, enfin le christianisme, dont le mythe fondateur en France, le martyre de saint Denis, eut comme cadre le flanc est de la Butte, là même où fut érigée l'abbaye d'en bas (voir le précis historique). Ces lieux de culte ont tous été construits sur des lignes de puissance tellurique, ce qui pourrait ajouter une dimension ésotérique au rayonnement de Montmartre.

À la fin du XVIIIe siècle donc, en dépit des règles académiques, Georges Michel, l'un des premiers artistes montmartrois, fut également le premier peintre à considérer le paysage en tant que sujet pictural, et non comme un élément décoratif des sujets religieux ou poétiques. Peignant sur le motif, à l'aquarelle, les vues agrestes de Montmartre, il ouvrait la voie aux peintres de Barbizon. Ceux-ci se regroupèrent dans la forêt de Fontainebleau. Mais parmi eux, Diaz de la Peña et Théodore Rousseau résidèrent, à un moment ou à un autre de leur vie, au pied de la Butte, place Pigalle. Et en 1840 Jean-Baptiste Corot peindra *Le Moulin de la Galette*, le premier grand tableau inspiré par la Butte.

À la colline des romantiques de 1830 succède vers 1860 le site des peintres du plein air que l'on appellera les impressionnistes. Le mouvement se développe autour de Manet, avec Monet, Pissarro, Sisley, Renoir, Degas, Berthe Morisot, Mary Cassatt, et Cézanne qui les abandonnera en 1877. Ils délaissent les ateliers, grâce à l'invention récente du tube de couleurs et au chevalet portatif, et peignent en touches lumineuses les paysages de l'Île de France, une nature qui n'a pas encore été saccagée par le modernisme. Mais c'est à Montmartre qu'ils se réunissent dans

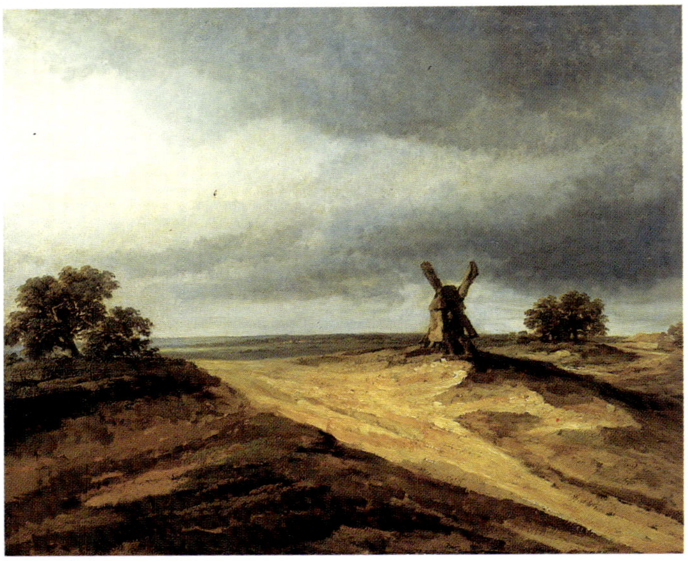

Georges Michel
Aux environs de Montmartre
Huile sur toile,
64,5 x 80 cm.
Musée du Louvre, Paris.

les cafés artistiques et que nombre d'entre eux choisissent leurs modèles, non plus dans l'aristocratie ou la grande bourgeoisie, mais dans le petit peuple montmartrois, filles de joie ou barbeaux, que l'écrivain Mac Orlan surnomme les bizets.

Le divisionnisme de Seurat est également né sur les boulevards, au cirque Fernando, qui deviendra le cirque Médrano, et à la Grande Jatte ; il fut suivi par Signac. Mêlant l'impressionnisme et les premiers feux de l'expressionnisme, la palette de Van Gogh s'éclaircit sur les pentes montmartroises. En cette fin du XIXe siècle, l'éclosion des cabarets, favorisée par l'existence du mur des Fermiers Généraux, offre ses premiers sujets à Toulouse-Lautrec. Ce mur, qui comportait un bureau d'octroi à chaque porte d'entrée vers Paris *intra muros,* fit que le vin produit à Montmartre y était vendu moins cher. On peut y voir l'origine des premières zones franches. Le Chat Noir de Rodolphe Salis, cabaret littéraire et chansonnier, s'ouvrit en 1881 et le Moulin Rouge, qui fournit ses danseuses à Toulouse-Lautrec, en 1889. Les nabis, Bonnard, Vuillard, Denis, influencés par Gauguin qui habita le Maquis, se réunirent plus tard vers la place de Clichy et le village des Batignolles, et formèrent le groupe des peintres de *La Revue Blanche.*

De 1903 à 1908 le fauvisme éclate, initié par Derain et Vlaminck à Chatou. Le Salon d'Automne de 1905 rend célèbres les tenants de cette école, Van Dongen, Raoul Dufy, qui trouveront refuge sur la Butte ainsi que Derain, Vlaminck, Matisse. En 1906, venu de Livourne, Modigliani arrive à Montmartre. Rue Girardon, à l'hôtel du Poirier, au Bateau-Lavoir, et enfin place du Delta, Modigliani entamera sa descente aux enfers et suivra sa voie sans tenir compte des recherches en cours sur la Butte. Car déjà en 1907 au Bateau-Lavoir, Picasso exécute le fameux tableau *Les Demoiselles d'Avignon*, qui bouleversera la peinture mondiale. Avec Braque et Juan Gris, ils inventeront le cubisme, et entraîneront dans leur sillage leurs voisins et amis : Léger, Metzinger, Vaillant, Marcoussis, Kupka, Laurens... Dans le même temps, le futurisme exalte le monde moderne.

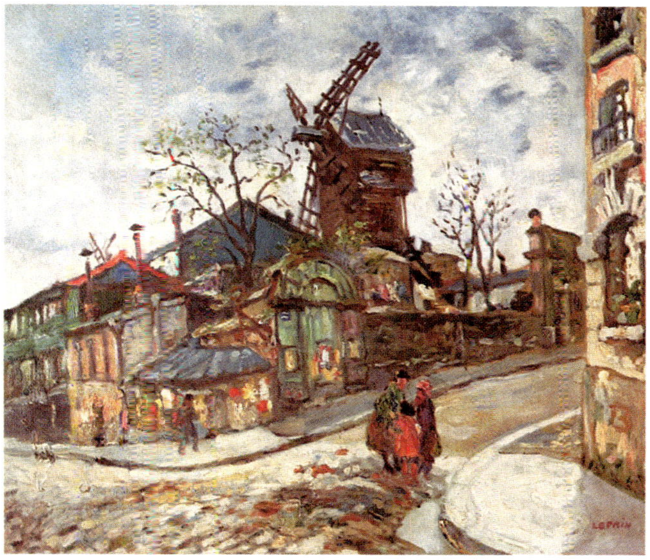

Marcel Leprin
Le Printemps au Moulin de la Galette
1921, huile sur toile,
46 x 55 cm.
Collection particulière.

Ce mouvement italien, annoncé par Marinetti et son manifeste de 1909, verra ses acteurs Balla, Boccioni et Severini se frotter à l'esprit artistique révolutionnaire des locataires montmartrois. Ce dernier sera l'auteur de la plus fameuse des œuvres futuristes, *Hiéroglyphe dynamique au Bal Tabarin* (1912).

La Première Guerre mondiale a dispersé ce phalanstère unique, et lorsque, en 1930, le peintre abstrait Auguste Herbin quittait le Bateau-Lavoir, surnommé le « laboratoire central » de la peinture par Max Jacob, Montmartre avait déjà passé le flambeau à Montparnasse, qui permit aux artistes de trouver la gloire, pour certains la fortune, pour d'autres le suicide, comme ce fut le cas de Pascin.

Néanmoins resteront sur la Butte ceux que l'on a appelés les paysagistes urbains, ou peintres indépendants, Génin, Leprin, Maclet, Quizet, dont le plus grand, Maurice Utrillo, est devenu le symbole de Montmartre pour avoir peint sans relâche les murs blanchâtres du village. Toutefois, les années vingt verront l'éclosion de Gen Paul, l'un des représentants français de l'expressionnisme, ami de Céline, qui produira une œuvre importante de 1924 à 1929.

Et maintenant ? J'ai coutume de répondre à cette question par une autre question : en 1905, lorsque l'on rencontrait le Catalan Picasso, le Toscan Modigliani, le Batave Van Dongen vers la rue Ravignan, qui aurait pu prévoir la destinée de ces artistes que la seconde moitié du XXe siècle allait glorifier ou plutôt déifier ? Et aujourd'hui où est l'académisme ? Est-ce la fin des « ismes », des mouvements collectifs, comme en politique ? L'Art est une interrogation perpétuelle dont la réponse appartient toujours aux nouvelles générations.

Montmartre, un symbole libertaire, connaît chaque jour un renouveau.

André Roussard
Montmartre, mars 1996

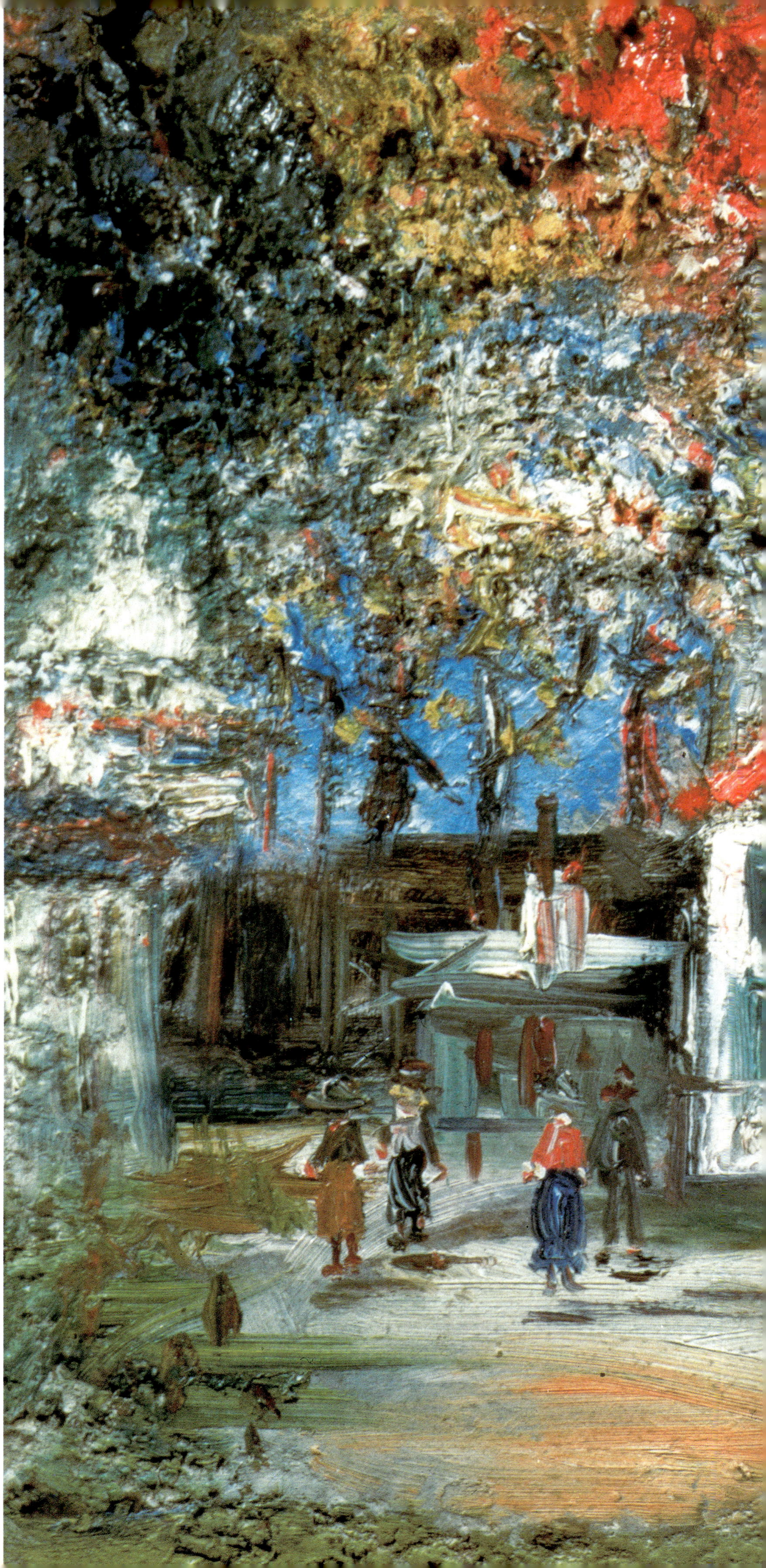

Maurice Utrillo
À Montmartre
Vers 1933, huile sur bois,
23 x 30 cm.
Collection particulière.

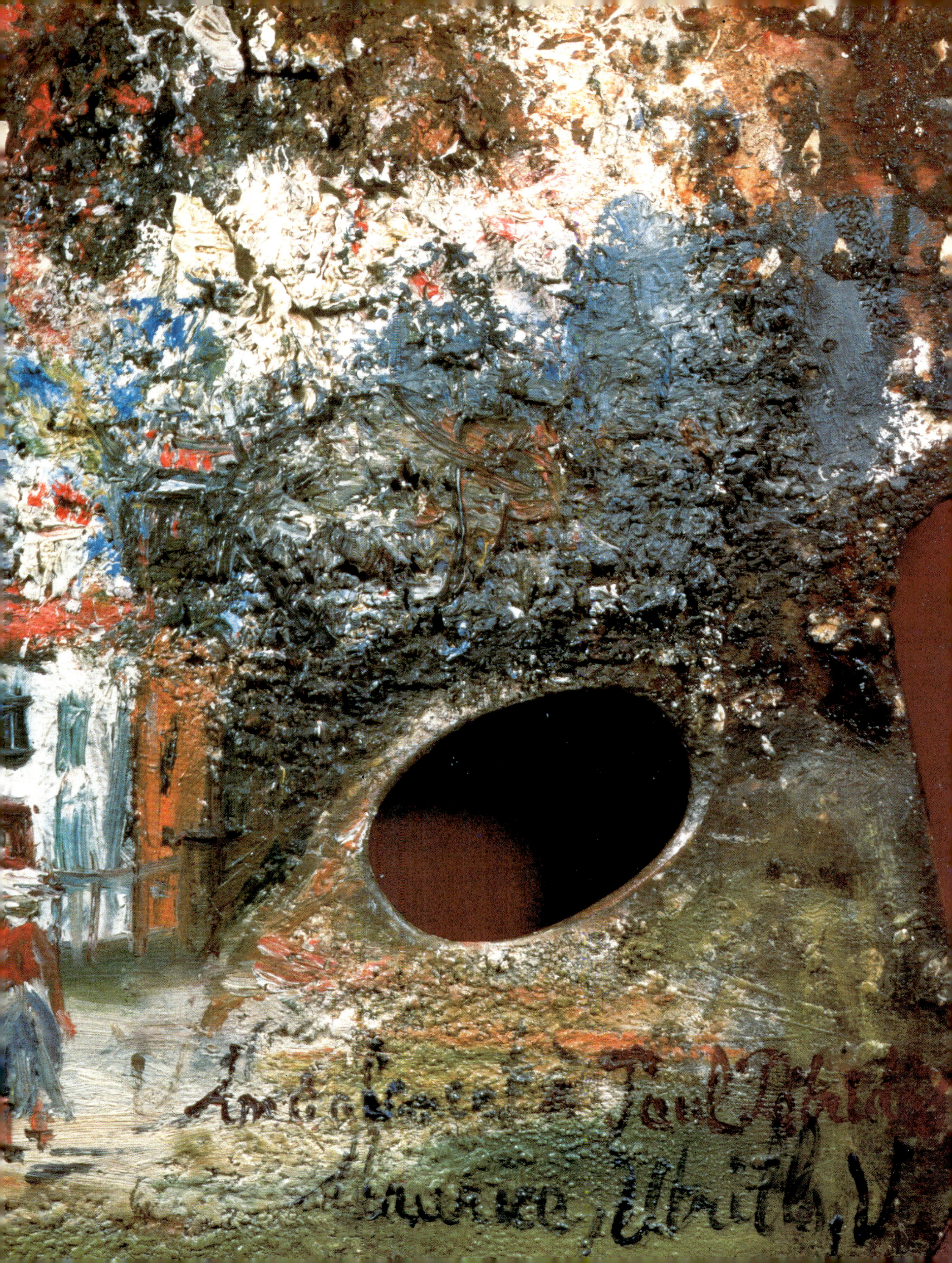

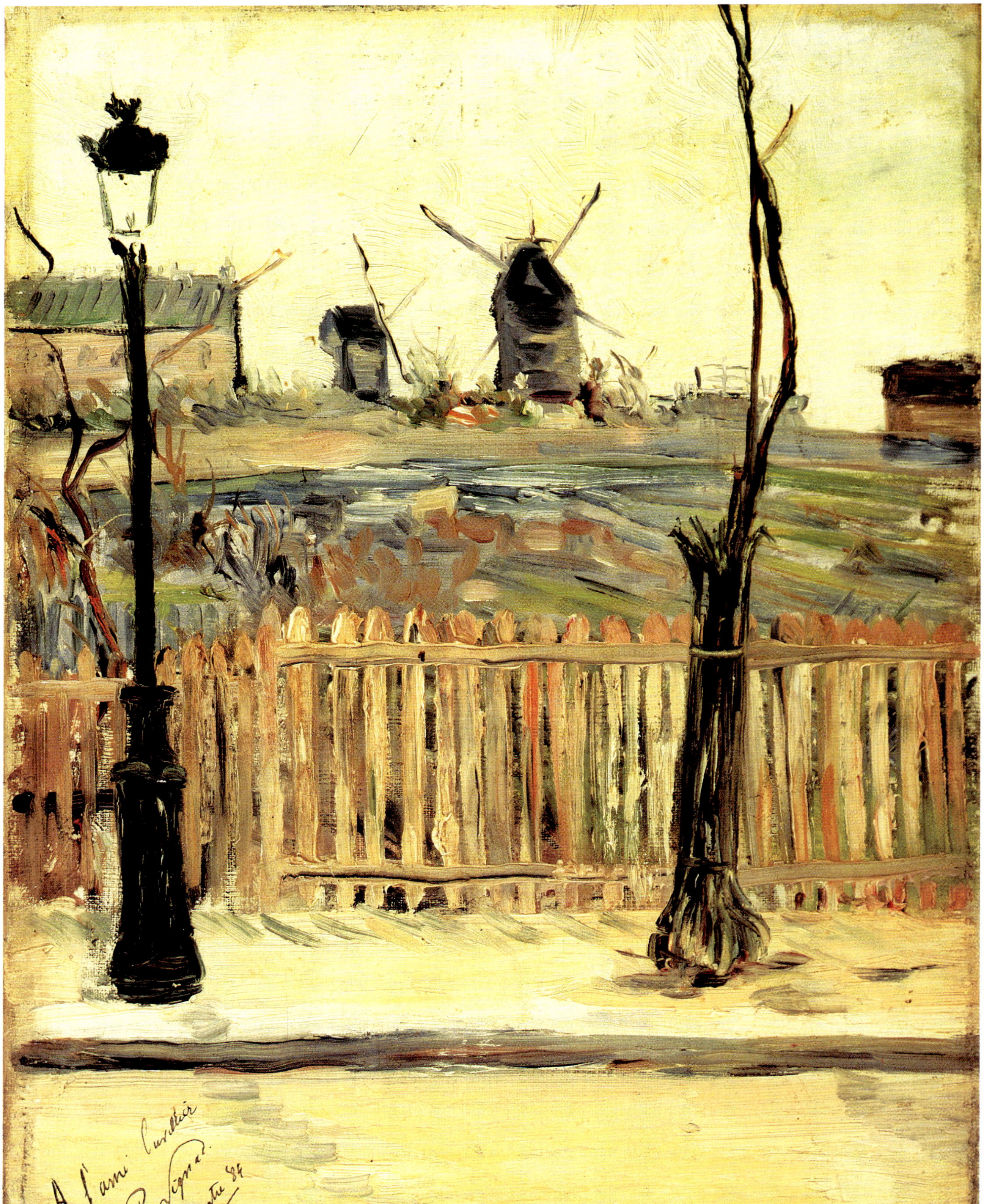

À NOUS LA LIBERTÉ !

En cette année 1873, la France fraîchement républicaine s'efforce de panser les plaies laissées par la défaite de 1870 et la Commune. L'Assemblée vote la construction, au sommet de la butte de Montmartre, d'une « basilique du vœu national », le Sacré-Cœur de Montmartre, monument grandiose pour lequel soixante-dix-huit architectes ont déposé leur projet.

Mais pour l'heure, la colline est vierge de cette lourde silhouette. Sur ses pentes, un jeune peintre du nom d'Auguste Renoir emménage. « Bien des souvenirs, à la vérité, m'attachaient à la rive gauche, mais d'instinct, je percevais le danger de laisser s'imprégner ma peinture de cette atmosphère un peu spéciale, si bien définie par Degas lorsqu'il disait de Fantin-Latour : " Oui, sans doute, ce qu'il fait est très bien. Mais quel dommage que ce soit un peu rive gauche ! " C'est donc avec la sensation d'être arrivé que je louais cette année-là un atelier dans la rue Saint-Georges », conclut le jeune impressionniste.

Paul Signac
VUE DE MONTMARTRE
1884, huile sur toile,
33,5 x 25,5 cm.
Musée Carnavalet, Paris.

Deux ans plus tard, le peintre affirmera ce choix en se rapprochant des sommets ; il y louera pour atelier une écurie délabrée au 12 de la rue Cortot, dans le jardin d'une maison du XVIIe siècle, et y peindra, entre autres, quelques-uns de ses chefs-d'œuvre, parmi lesquels *La Balançoire* et *Le Bal du Moulin de la Galette*, tableau pour lequel ses amis peintres Norbert Goeneutte et Henri Gervex n'hésiteront pas à tenir la pose.

Mais si cette année-là Renoir quitte avec tant d'enthousiasme son ancien atelier de la rue Notre-Dame-des-Champs, c'est qu'il va voisiner rue Saint-Georges avec les artistes de sa génération. Édouard Manet expose désormais à la galerie Durand-Ruel. Edgar Degas est devenu depuis peu, et pour toujours, montmartrois d'adoption. Le Père Tanguy, dont Van Gogh exécutera le portrait, tient boutique rue Clauzel. Et Émile Zola, ardent défenseur de la nouvelle peinture, a emménagé rue Truffaut.

Il est vrai, le mouvement qui fait de ce nouveau quartier de Paris une sorte de vaste atelier a commencé bien avant les années 1870, et Renoir ou Manet ont de grands prédécesseurs. En 1813, Théodore Géricault, le porte-drapeau du romantisme, s'installait rue des Martyrs, près du célèbre peintre académique Horace Vernet. Il y mourra onze ans plus tard, des suites d'une chute de cheval, survenue lors d'une visite dans les carrières de Montmartre. Le père des symbolistes, Gustave Moreau, vit quant à lui depuis 1852 dans une maison-atelier[1] de la rue Rochefoucauld, au cœur de la Nouvelle-Athènes, ce quartier des Porcherons rebaptisé et élevé par les promoteurs immobiliers au rang de zone de résidence des intellectuels et comédiens.

Cependant l'affluence des « années Manet » est indéniablement plus massive, car, comme le souligne la réflexion de Renoir, elle est foncièrement idéologique. Les ambitions haussmaniennes, d'abord, en taillant dans Paris de grandes et claires artères, remplaçant les immeubles vétustes par de beaux appartements bourgeois, ont jeté hors les murs de la capitale tout un peuple modeste d'artisans et d'ouvriers qui a emporté avec lui l'atmosphère des villages d'antan, si chère aux représentants de la nouvelle peinture. De plus, avec l'intégration de Montmartre depuis 1860 à Paris, l'urbanisation est montée à l'assaut de ces faubourgs avec la construction, au sommet des immeubles neufs, d'ateliers.

Ces nouveaux espaces de création avec, à leurs pieds, la vie quotidienne du petit peuple attirent une nouvelle génération d'artistes. Il germe chez ces peintres un idéal esthétique révolutionnaire, qui délaisse l'obscurité poussiéreuse des salles d'étude, abandonne avec dégoût les grandes reconstitutions de fresques historiques, religieuses ou mythologiques. Le conseil donné en 1862 par le peintre Gleyre, comptant parmi les gloires officielles du XIXe siècle, à son jeune élève Claude Monet annonce la fracture qui devait bouleverser le monde de l'art quelques années plus tard : « Quand on exécute une figure, jeune homme, on doit penser à l'antique. La nature, mon ami, c'est très bien comme élément d'étude, mais ça n'offre pas d'intérêt. Le style, voyez-vous, il n'y a que ça. » Dès ce jour Monet cessa de considérer son professeur, pour lequel

1. Maison-atelier qu'il léguera à l'État en 1897 avec son contenu et qui demeure aujourd'hui le musée le plus intime de Paris.

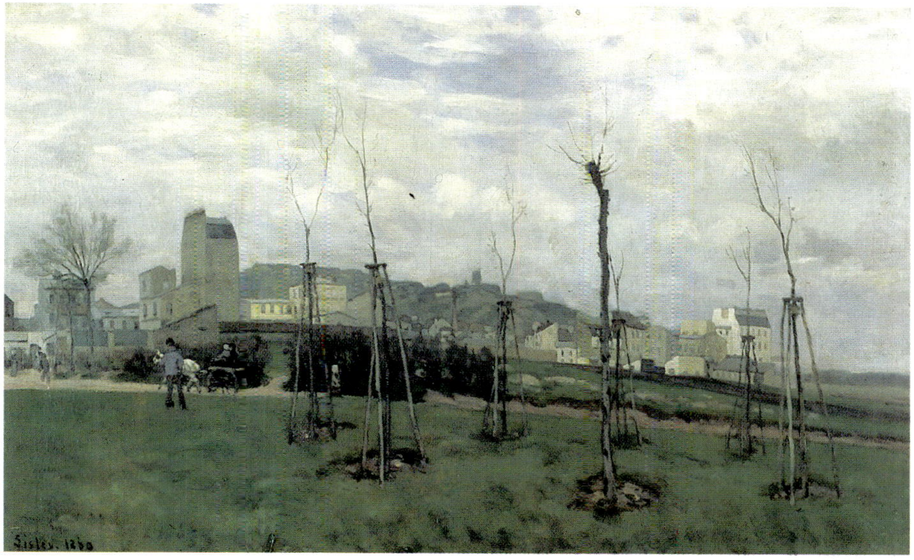

Alfred Sisley
Vue de Montmartre
depuis la cité des Fleurs aux Batignolles
1869, huile sur toile, 70 x 117 cm.
Musée de Grenoble.

il n'entretenait déjà qu'une modeste estime. C'est que la nature et la peinture de plein air, dans le fil de Jean-Baptiste Corot et de ses paysages, c'est la grande et puissante passion des artistes de cette seconde moitié du XIXe siècle. Et Montmartre, sans nul doute, c'est la nature. À un jet de pierre du cœur de la grande cité, la campagne ouvre ses prés et ses maquis aux citadins ; ils tombent sous le charme de ses ruines romantiques, de ses jardins de lilas, de ses foins sauvages. Johann Barthold Jongkind, que Manet surnommera « le père de l'école paysagiste », sera le premier, en 1846, à s'y installer, probablement parce qu'il retrouve les paysages des peintres de Barbizon, les cieux et les moulins de sa Hollande natale.

Dans ce cadre champêtre d'une bourgade de province fleurissent les guinguettes, les cabarets et les « folies » qui accueillent le bourgeois en quête d'interdit. L'ambiance est bon enfant et « on y mange pour rien et même pour moins que cela ». Le Moulin de la Galette réunit sous son enseigne les deux seuls survivants des treize moulins à vent qui bordaient la crête de la rue Lepic, et abrite dans ses jardins tous les dimanches après-midi un bal musette fréquenté par les cousettes et les calicots du quartier.

Ce Montmartre de la création, qui court des Batignolles au quartier Saint-Georges, de la Nouvelle-Athènes aux Abbesses et du Tertre au faubourg Poissonnière, où souffle un air de liberté, devient très vite le théâtre révolutionnaire de la peinture grâce à la découverte d'un nouveau lieu social : le café. Dans ces salles enfumées les débats esthétiques font rage. On y assassine avec allégresse l'académisme.

Le cabaret Dinocheau, la brasserie des Martyrs, le café Guerbois, le café de la Nouvelle-Athènes entendront tour à tour les manifestes de Gustave Courbet, Édouard Manet, Frédéric Bazille, le critique Edmond Duranty. Claude Monet, lui, ne parle guère, et Paul Cézanne se tait plus encore. On y décidera s'il faut oui ou non débarrasser le paysage du bitume, intégrer le japonisme, supprimer le clair-obscur, en un mot, peindre clair. Et de réaliste on deviendra impressionniste, loin, très loin – et pour toujours – de l'art pompier.

1873 est une veillée d'armes pour la peinture. Si la France a congédié l'Empire, elle est demeurée très conservatrice dans la plupart des domaines et n'en a guère profité pour ouvrir ses écoles des Beaux-Arts au grand souffle de liberté. C'est le moment choisi par Renoir pour rejoindre son clan, qui exposera l'année suivante dans l'atelier du photographe Nadar, boulevard des Capucines. Là, un amateur malveillant qualifiera ces toiles d'« impressionnistes ». De ce critique l'Histoire a presque oublié le nom ; elle se souvient en revanche que les coquelicots de Monet, la gelée blanche de Pissarro, les danseuses de Renoir et de Degas, les frissons d'ombres, les lumières tremblées sont les fruits des âpres discussions montmartroises.

Entre 1860 et 1910, plus de cinq cents artistes s'établiront à Montmartre, sans compter les innombrables rapins qui graviteront dans le sillage des grands. Le nom de Montmartre sera désormais indissociable du tumultueux défilé des révolutions artistiques, qu'il s'agisse du réalisme, de l'impressionnisme, du nabisme, du fauvisme, du cubisme ou du futurisme. Tous trouveront refuge, à un moment de leur vie, sur ces terres bucoliques, oasis de la modernité. Maudits et sans le sou, attirés par la renommée scandaleuse de leurs pères spirituels impressionnistes, Picasso, Gris, Max Jacob, Van Dongen, Modigliani, Severini, les artistes étrangers de la terre entière promèneront leur accent espagnol, italien, slave ou néerlandais dans les ateliers misérables du Bateau-Lavoir, ancré en haut de la vieille butte, et dans la taverne du Lapin Agile. « Montmartre fut une mère poule qui couva des canards », écrivait le critique André Warnod. Mais ces canards allaient devenir des cygnes.

Moulins de Montmartre,
photographiés en 1839
par Hippolyte Bayard.

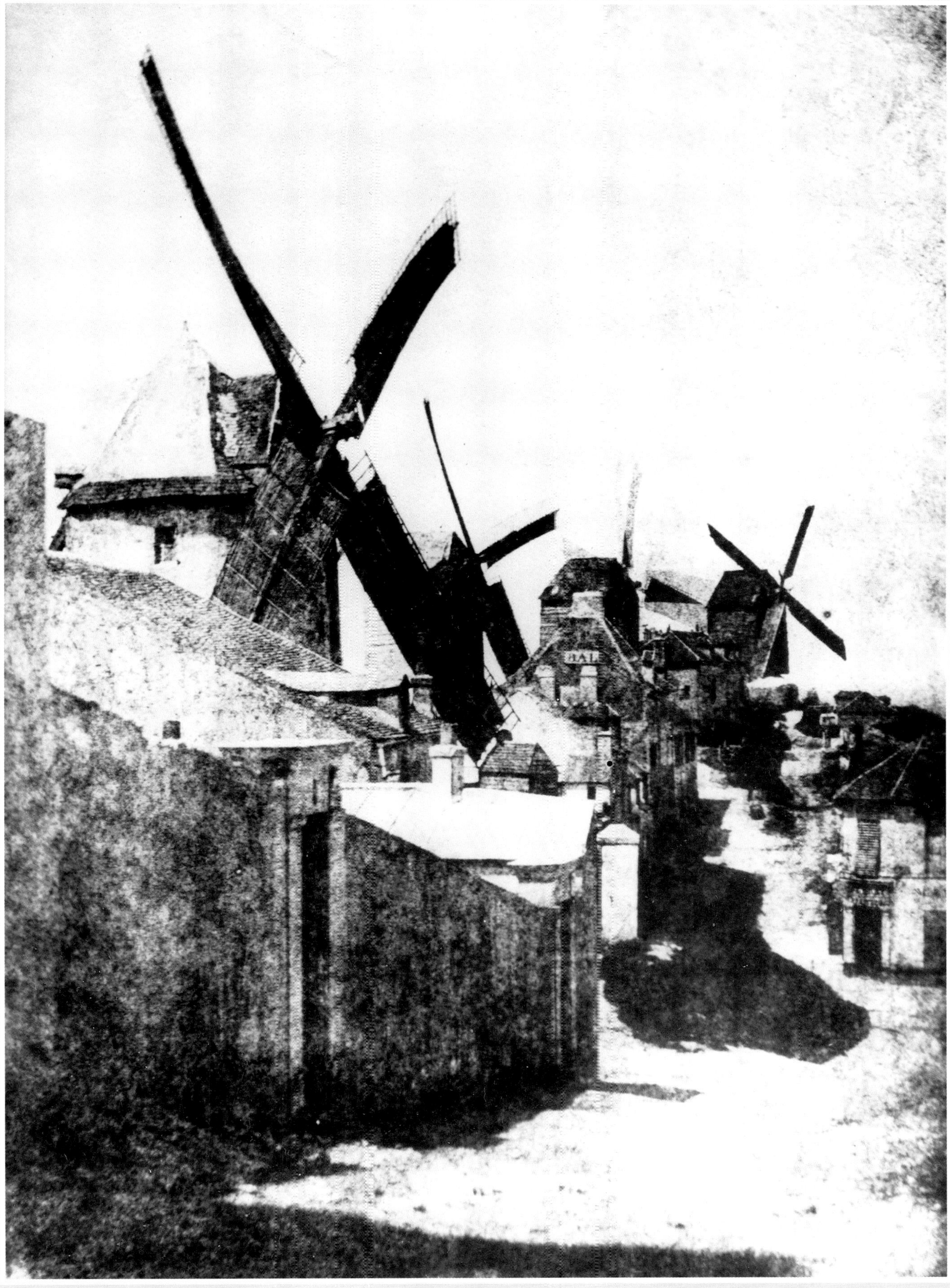
BAL

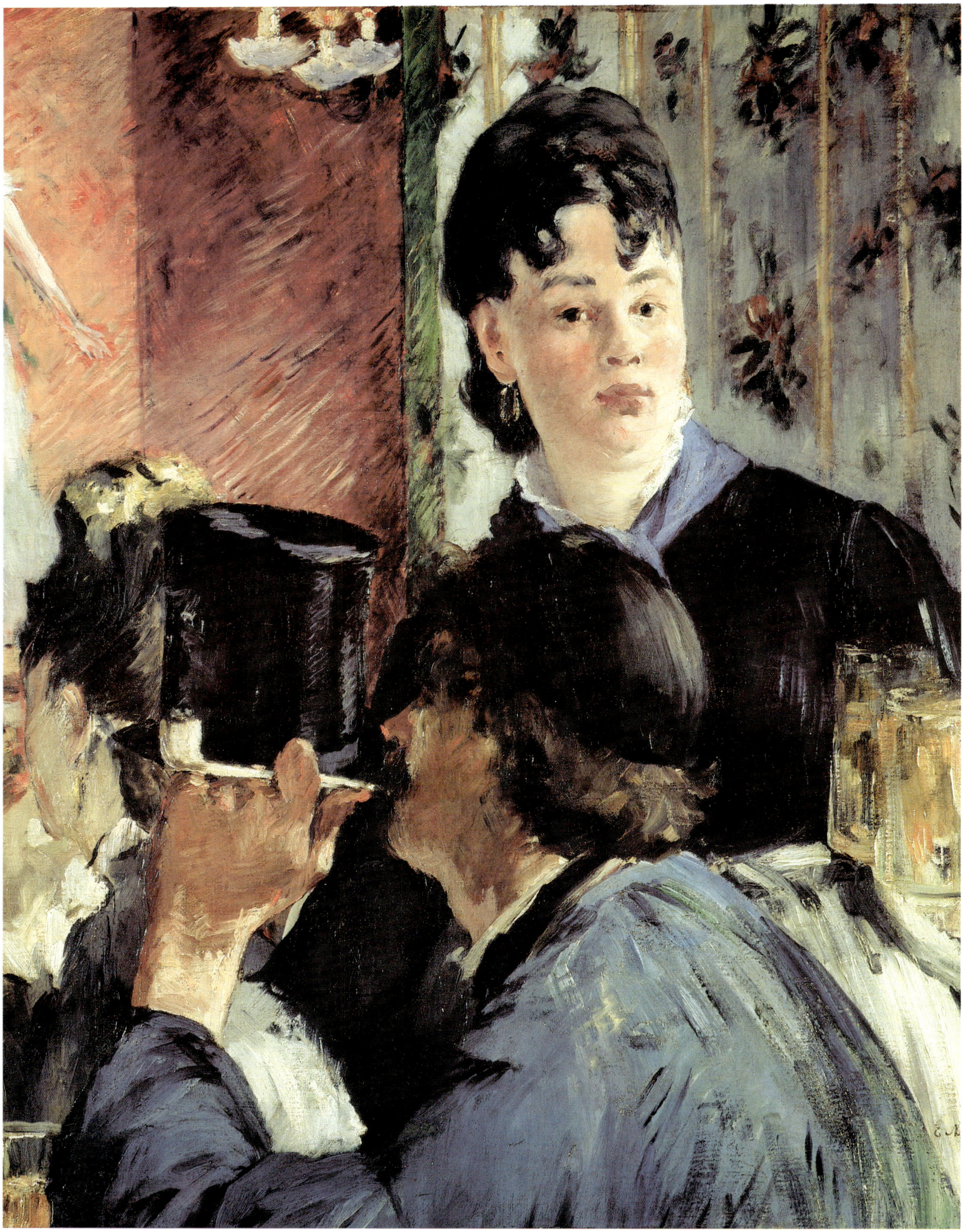

LES GRANDS BOULEVARDS RÉVOLUTIONNENT LA PEINTURE

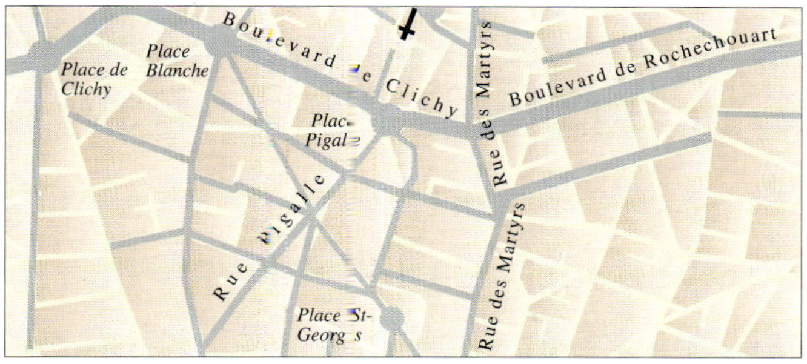

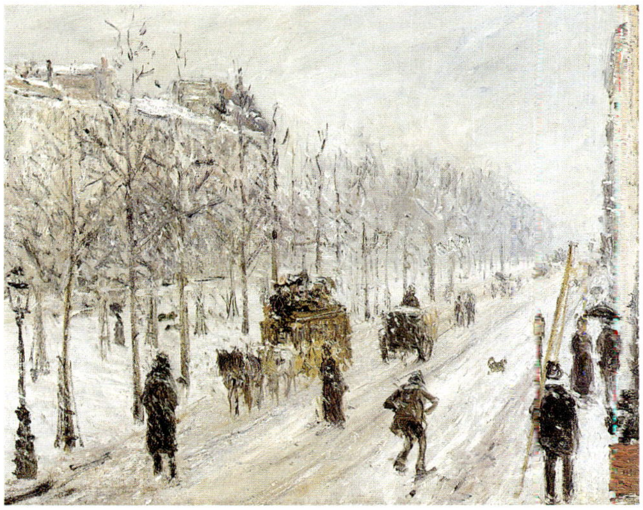

Camille Pissarro, **Boulevard, effet de neige**
1879, huile sur toile, 54 x 65 cm. Musée Marmottan, Paris.

1863 : la révolte gronde dans le monde artistique parisien. Le Salon officiel de l'Académie des Beaux-Arts, haut lieu de l'académisme, a refusé cette année plus de deux mille toiles sur les cinq mille qui lui ont été présentées. Dans le lot des rebuts, *Le Déjeuner sur l'herbe*, d'Édouard Manet. Les membres du jury lui ont préféré quelques scènes à l'antique de peintres « pompiers », exécutées à grand renfort de mouvements de toges et de bêtes fauves.

Le compte rendu dans *Le Moniteur Universel* que fait du Salon officiel Théophile Gautier – dont les goûts sont d'un conservatisme à l'abri de toutes les tempêtes – témoigne à merveille du hiatus qui s'est installé dans la peinture en ces années 1860. L'écrivain encense une *Naissance de Vénus* d'Alexandre Cabanel, jeune femme blonde et dodue languissamment allongée sur la vague et offerte comme une dragée rose à la concupiscence bridée du spectateur. L'œuvre sera achetée par l'empereur et vaudra à son auteur la Légion d'honneur et une élection à l'Institut.

Quant aux autres temps forts du Salon, ils sont à l'avenant : à côté du *Travail* et du *Repos* de Puvis de Chavannes, on trouve une *Bataille de Magenta* sublime de patriotisme, une grandiose *Mort de Caton d'Utique* et, vassalité oblige, un portrait de Napoléon III drapé d'une cape d'hermine, par Hippolyte Flandrin. Çà et là, quelques œuvres signées Jean-Baptiste Corot, Gustave Courbet ou Charles-François Daubigny apportent quelque espoir. Mais guère plus.

L'attitude – cet impitoyable rejet de la modernité – est habituelle chez les tenants de la doctrine officielle. Cette fois pourtant, c'en est trop et, devant l'ampleur des protestations, l'empereur Napoléon III décide l'ouverture d'une exposition parallèle qui prendra le nom de Salon des Refusés. On la loge dans une aile du palais de l'Industrie. Le public moqueur y déambule devant les toiles des nouveaux venus – Degas, Fantin-Latour, Whistler, Pissarro et, bien sûr, Manet.

Édouard Manet
La Serveuse de bocks
1879, huile sur toile, 77,5 x 65 cm.
Musée d'Orsay, Paris.

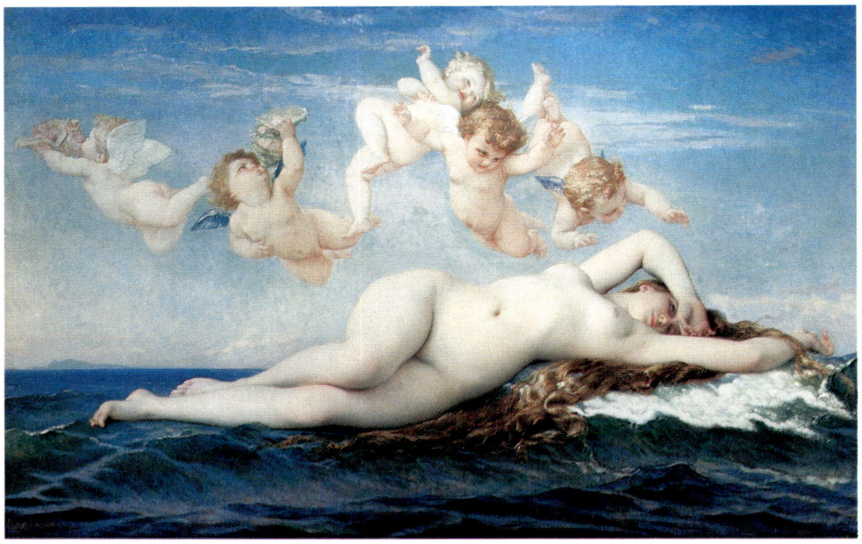

Alexandre Cabanel
Naissance de Vénus
1863, huile sur toile, 130 x 225 cm.
Musée d'Orsay, Paris.

Un atelier aux Batignolles

La plupart de ces artistes campent sur les terres montmartroises, où ils ont non seulement trouvé une atmosphère de liberté propice à leur vision nouvelle de l'art, mais surtout, des Batignolles à Saint-Lazare et de Pigalle au boulevard de Clichy, des quartiers bâtis de neuf, dont les immeubles réservent leur dernier étage à des ateliers. Situation cocasse : certains de ces logements sont occupés par des membres riches et courtisés du jury officiel, ceux-là mêmes qui vilipendent à outrance les scandaleux peintres du « plein air ». L'académisme voisine avec les peintres de la vie moderne, Alexandre Cabanel, Jean-Léon Gérôme ou Thomas Couture[1] avec Édouard

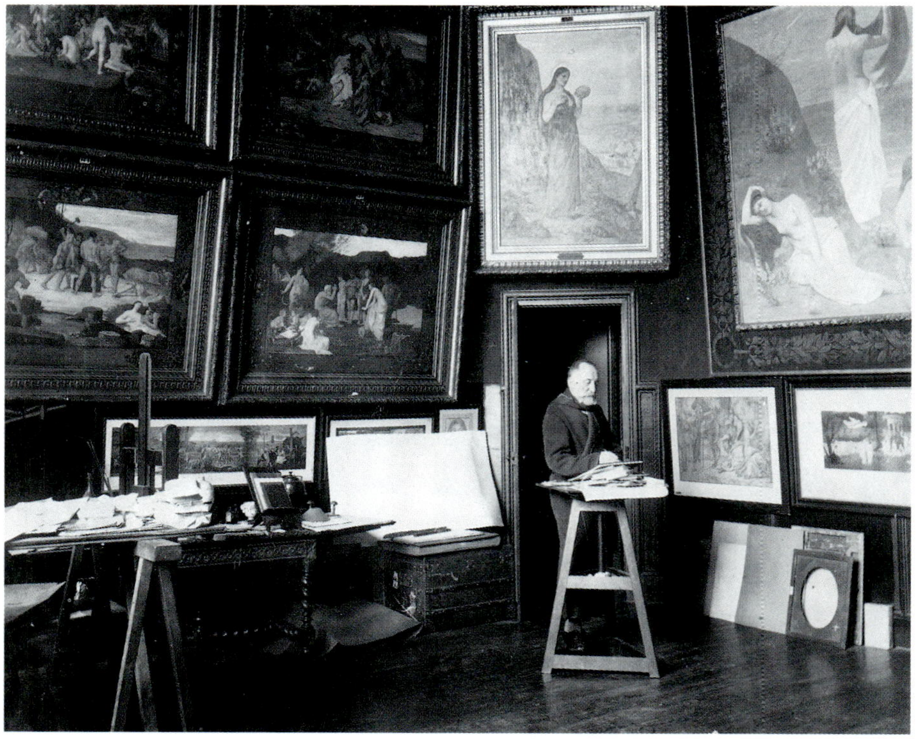

Intérieur de l'atelier d'Alexandre Cabanel

Manet. Parfois, des liens se tissent, comme en témoigne l'attitude de Jean-Jacques Henner, qui reçoit dans son atelier, au 11 de la place Pigalle, Degas et Manet et qui, quoique membre du jury du Salon, défendra avec acharnement Auguste Renoir pour son *Portrait de Madame Charpentier et de ses enfants* au Salon de 1879.

Mais même dans ces ateliers nouveaux, qui bénéficient de cette drôle d'invention, l'éclairage au gaz, la tombée de la nuit marque pour les peintres la fin des travaux du jour. Que faire de ses soirées, sinon aller au café, le nouveau salon artistique de cette seconde moitié du XIXe siècle ? Les bourgeois ne sortent guère le soir, préférant recevoir plus discrètement chez eux. Les cafés appartiennent donc entièrement aux intellectuels et aux artistes. À « l'heure verte », celle de l'absinthe, mais aussi du vin blanc ou du bock de bière, on se retrouve pour d'interminables discussions esthétiques, des lectures de poésie, dans une ambiance de camaraderie facétieuse. Ces tavernes de l'esprit, nouvelle spécialité montmartroise, s'égaient des grands boulevards à la place Pigalle ; on pourrait presque esquisser la chronologie des peintres de Montmartre en suivant la mode capricieuse des lieux de leurs rencontres. Dans les années 1860, Manet est, avec ses amis républicains, l'âme du café de Bade, boulevard des Italiens, sans négliger pour autant le Tortoni ou la Maison Dorée, tout proches. Bientôt, le cabaret Dinocheau, du nom de son propriétaire, ouvert depuis 1850 rue Bréda – aujourd'hui rue Henri-Monnier –, où l'on croise le peintre Constantin Guys et le photographe Nadar, accueillera ses fréquents déjeuners avec Baudelaire. Quant à la brasserie des Martyrs, dans la rue du même nom, elle est depuis dix ans le fief de Courbet et de son ami le critique Champfleury ; ils y fustigent les admirateurs de « Môssieu Raphaël » et prônent l'observation de la vie quotidienne, qui conduira au réalisme. Un jeune Havrais du nom de Monet, habitant rue Pigalle, y vient parfois[2].

Les années 1870 verront s'installer une nette prédilection pour la taverne de la Nouvelle-Athènes, ou café des Intransigeants, dont la véranda s'avance sur la place Pigalle, au numéro 9. C'est là que l'on fondera la revue *L'Impressionnisme, journal d'art*. Degas la peindra dans *L'Absinthe* et dans le pastel *Femmes devant un café, le soir*. Cette dernière composition, à l'architecture rigoureuse, affiche une grande simplicité et une facture déterminée. À droite, encadrées dans un carré parfait, deux prostituées s'entretiennent. L'une est affalée sur une chaise, l'autre, appuyée contre une table, fait, selon les mots de Georges Rivière, « claquer son ongle contre sa dent en disant "pas seulement ça" ! ». Comme à l'accoutumée, Degas n'y inscrit aucune narration mais un constat pénétrant de la nature humaine. Vieillissant, le maître qualifiera d'ailleurs ce pastel de « plutôt cynique et cruel ».

1. Le premier demeure rue de la Rochefoucauld, à deux pas de l'atelier de Gustave Courbet, le second au 65, boulevard de Clichy et le dernier a ouvert en 1853 un atelier à l'angle de la rue Pigalle et de la rue Laval, aujourd'hui rue Victor-Massé.
2. Par un curieux tour du destin, Monet est cependant né, en novembre 1840, au 45 de la rue Laffitte et a été baptisé à Notre-Dame-de-Lorette. Ses parents partiront au Havre en 1845.

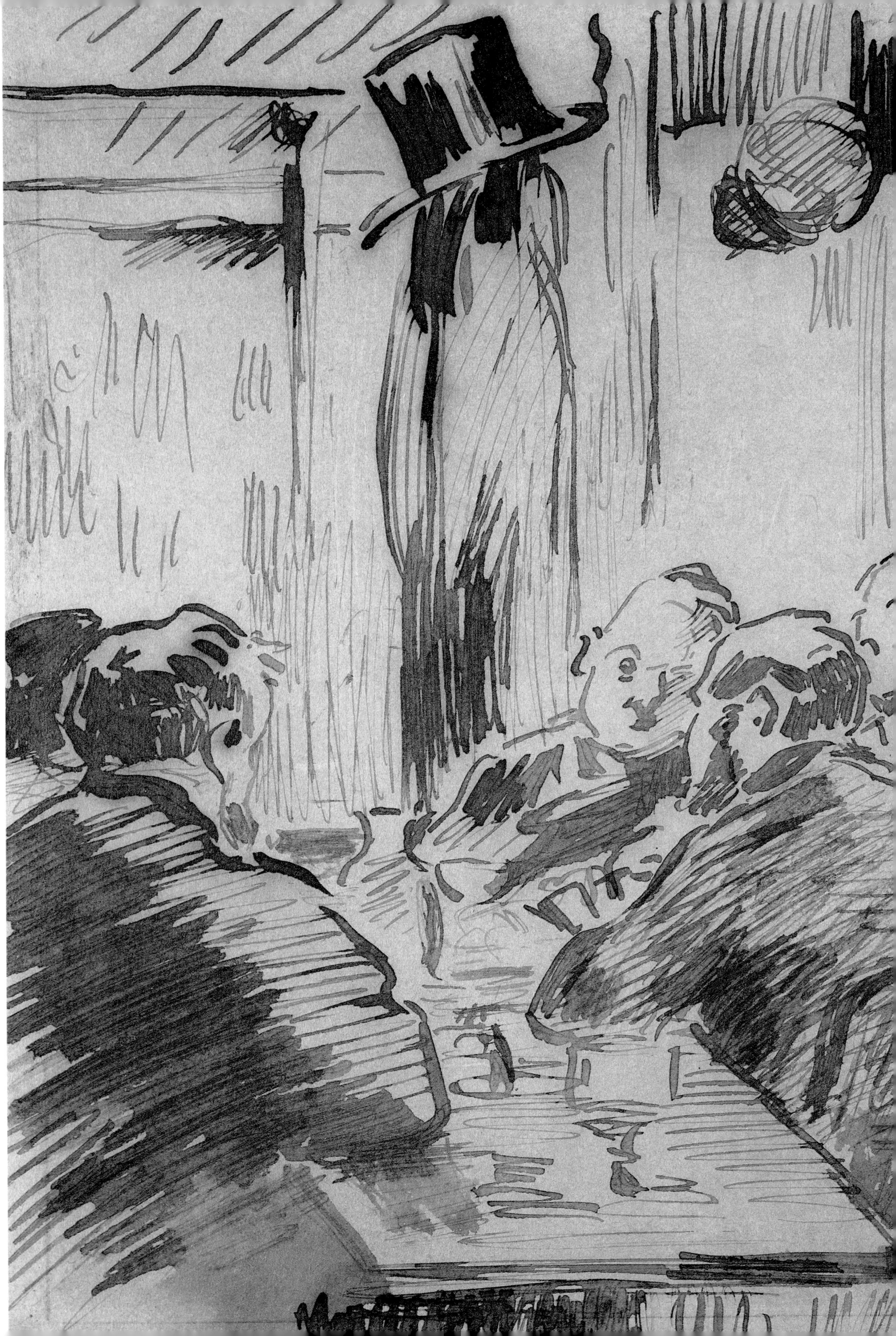

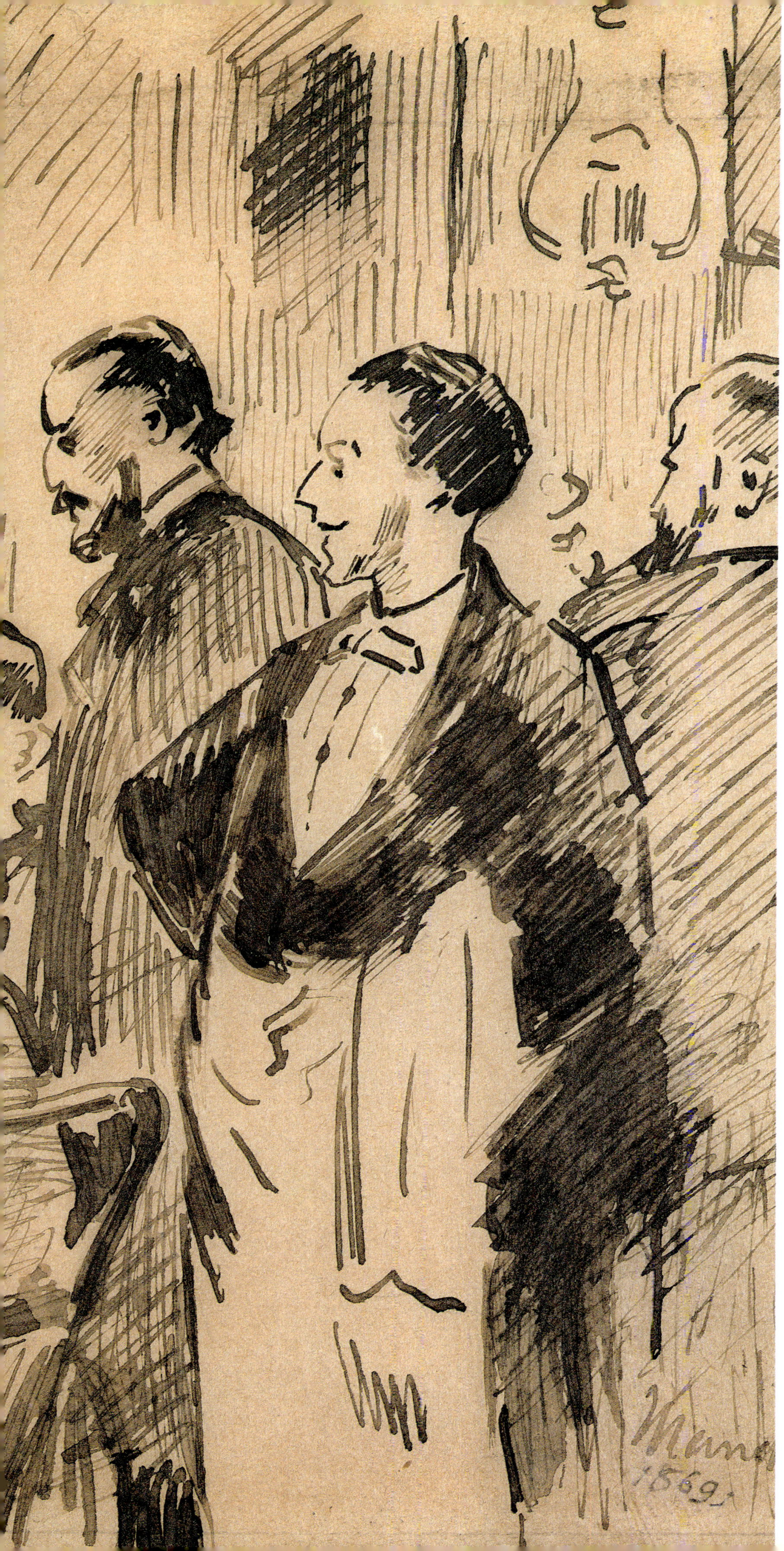

Édouard Manet
Intérieur de café
1869, dessin à la plume
et au crayon, 29,5 x 39,5 cm.
Legs de Meta et Paul J. Sachs,
Courtesy of the Fog Art Museum,
Harvard University,
Cambridge (Mass.).

Sur les boulevards

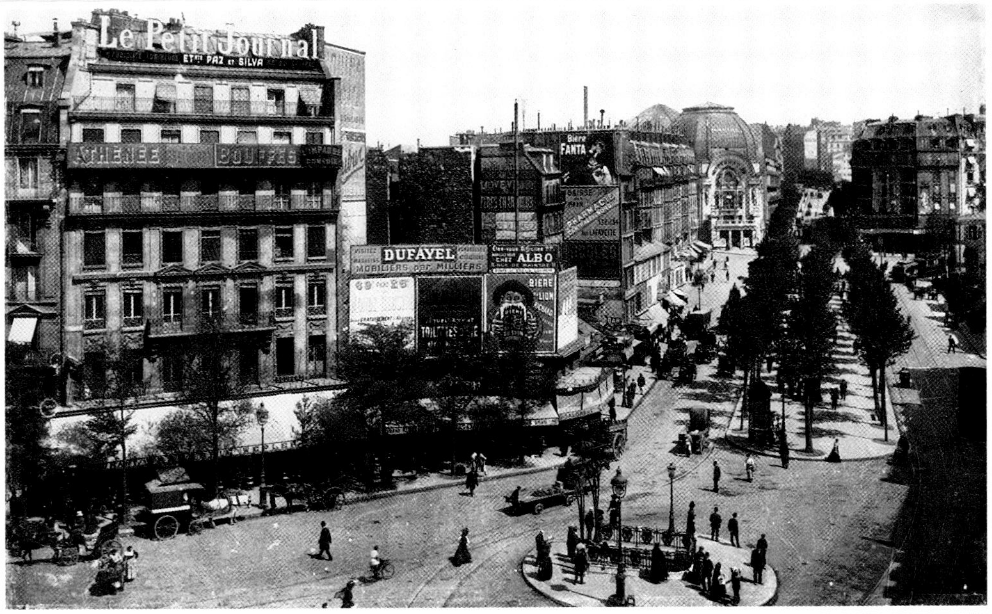

La place de Clichy
et le boulevard de Clichy
vers 1900

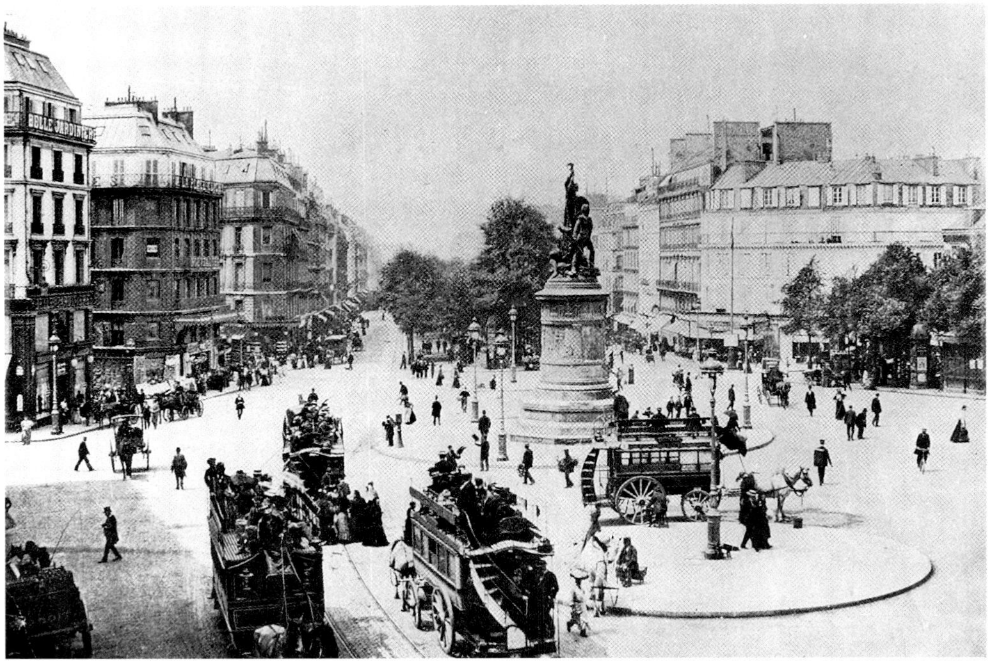

La place de Clichy vers 1900

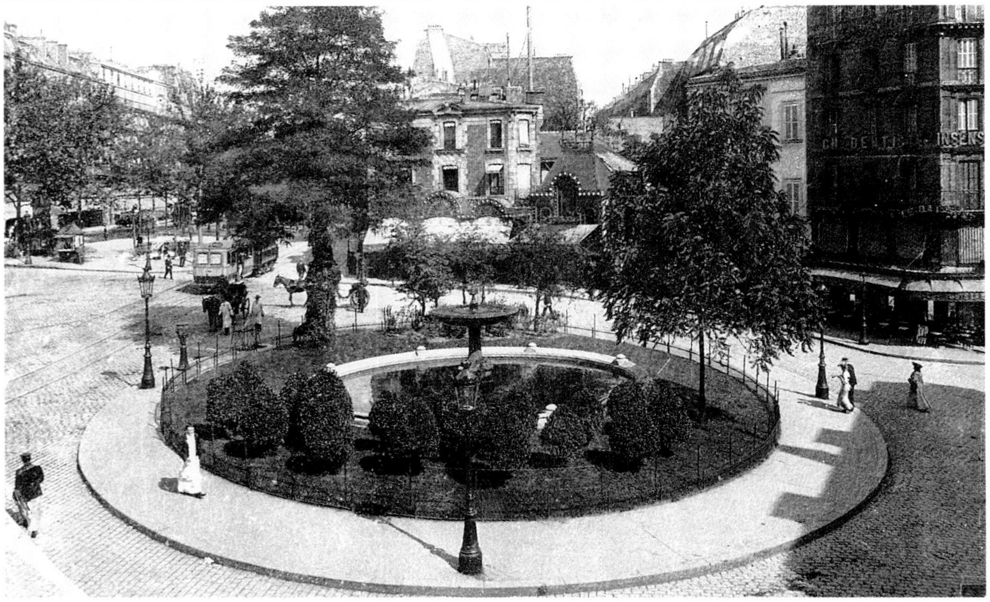

La place Pigalle vers 1900

En haut
Café la Nouvelle Athènes

En bas
Edgar Degas
Le café la Nouvelle Athènes
1878, dessin à la plume.
Archives Robert Laffont, Paris.

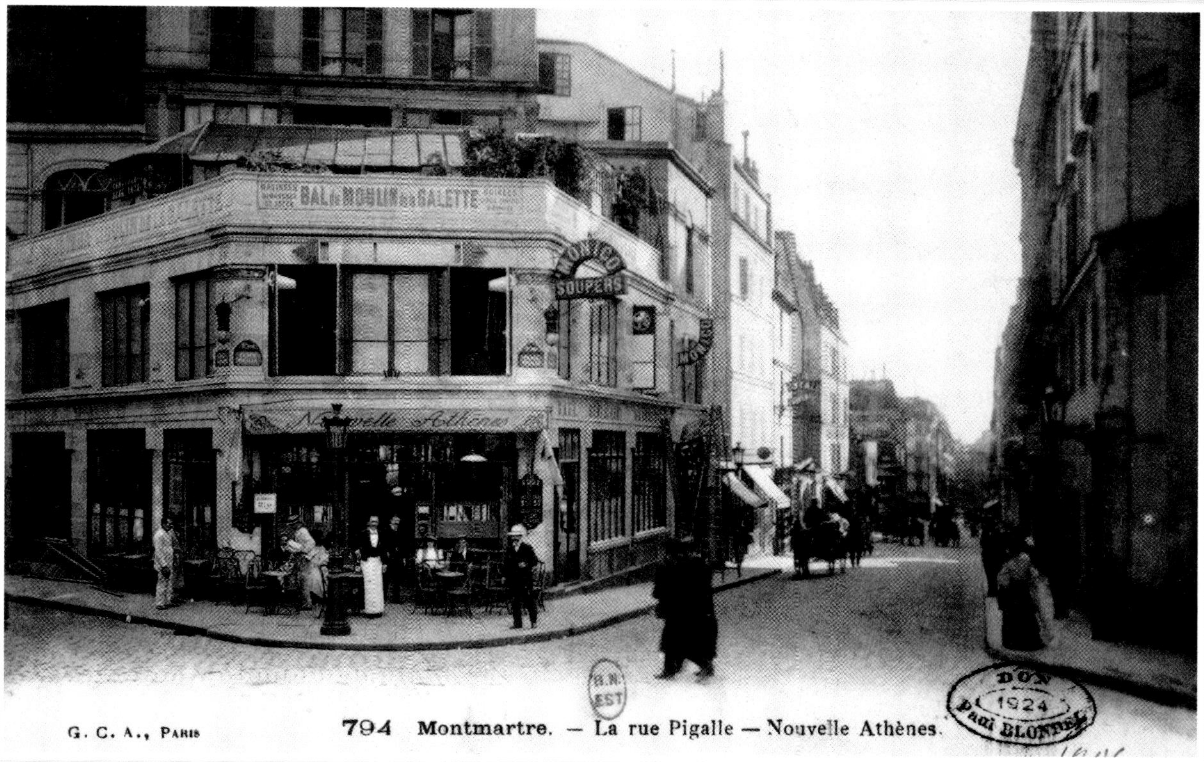
BAL du MOULIN de la GALETTE
MONICO
SOUPERS
Nouvelle Athènes
G. C. A., PARIS
794 Montmartre. — La rue Pigalle — Nouvelle Athènes.
B.N. EST
DON 1924 Paul BLONDEL

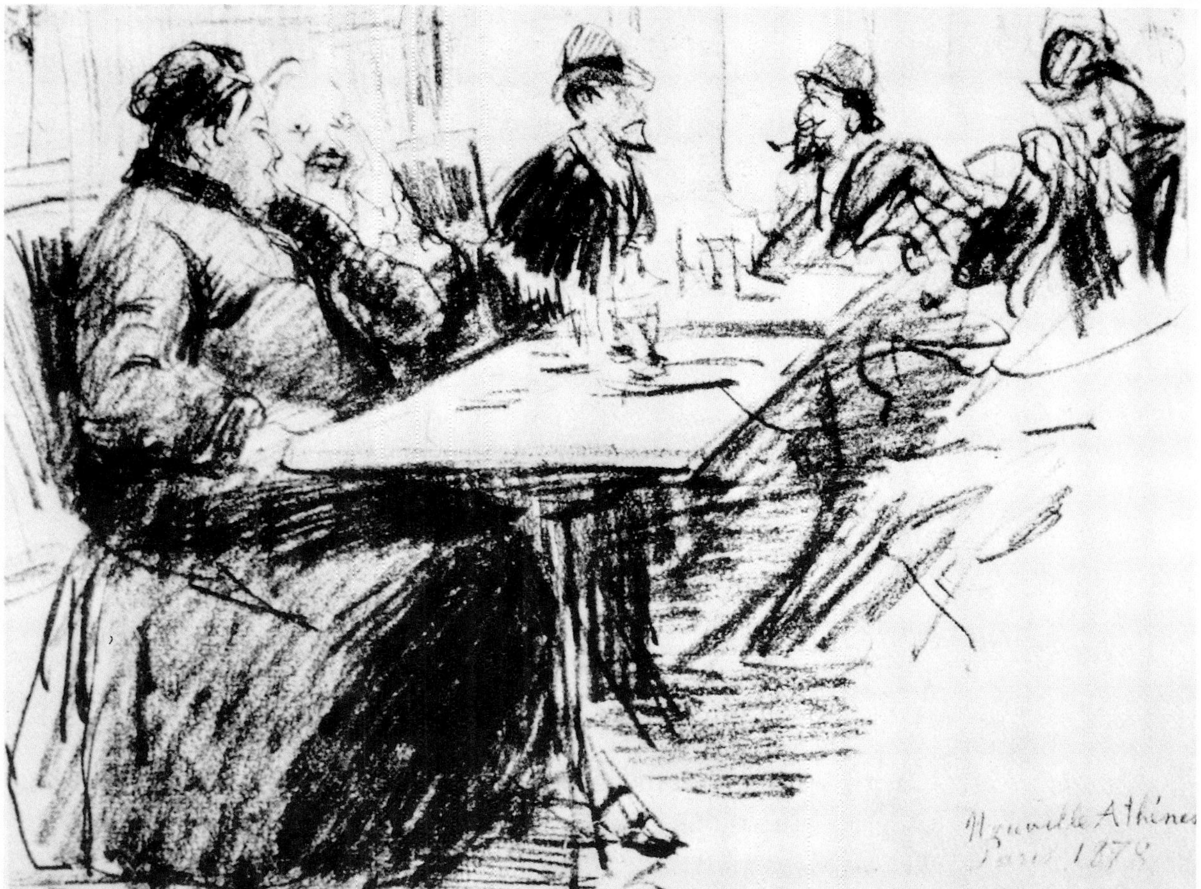
Nouvelle Athènes
Paris 1878

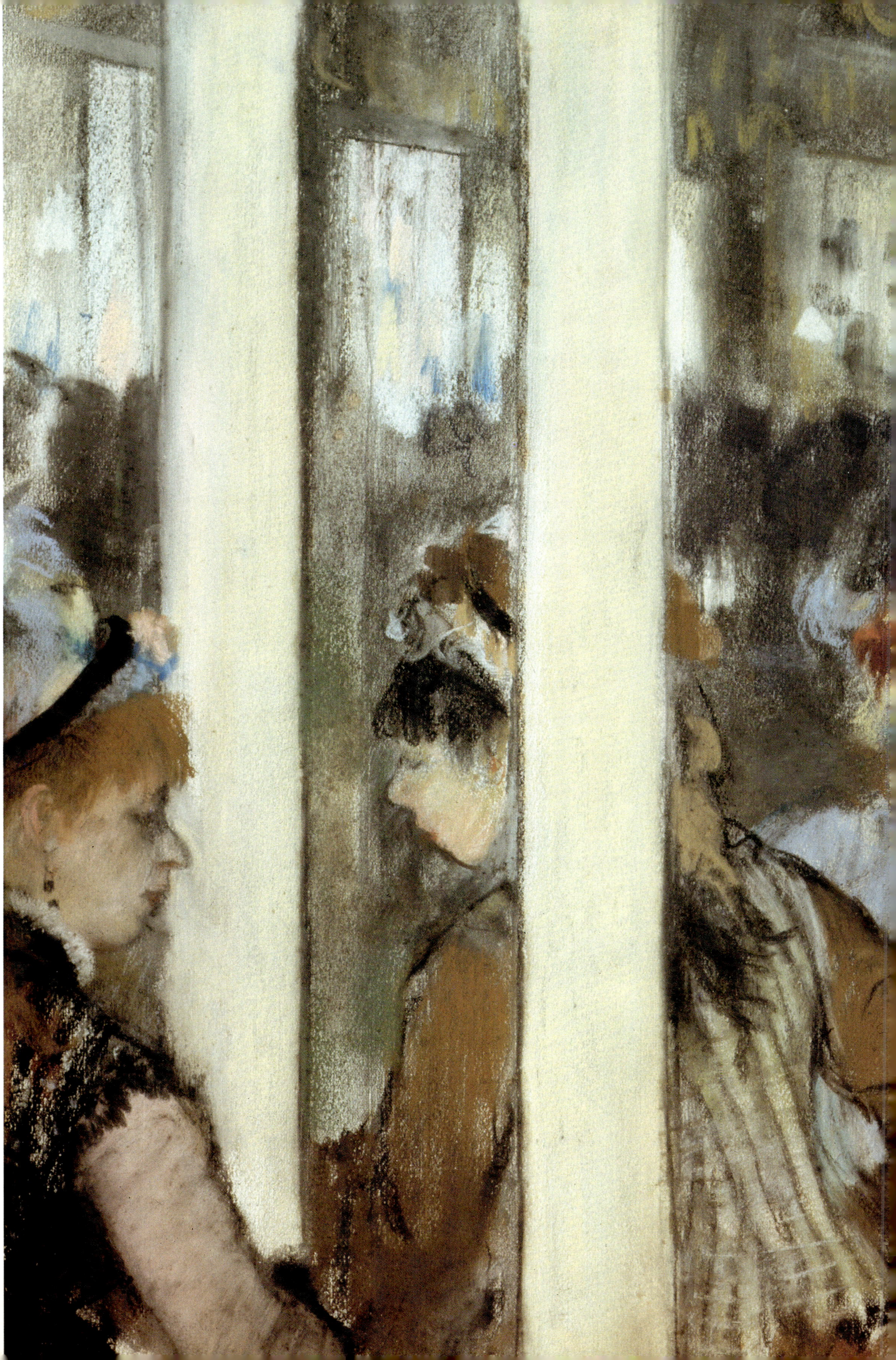

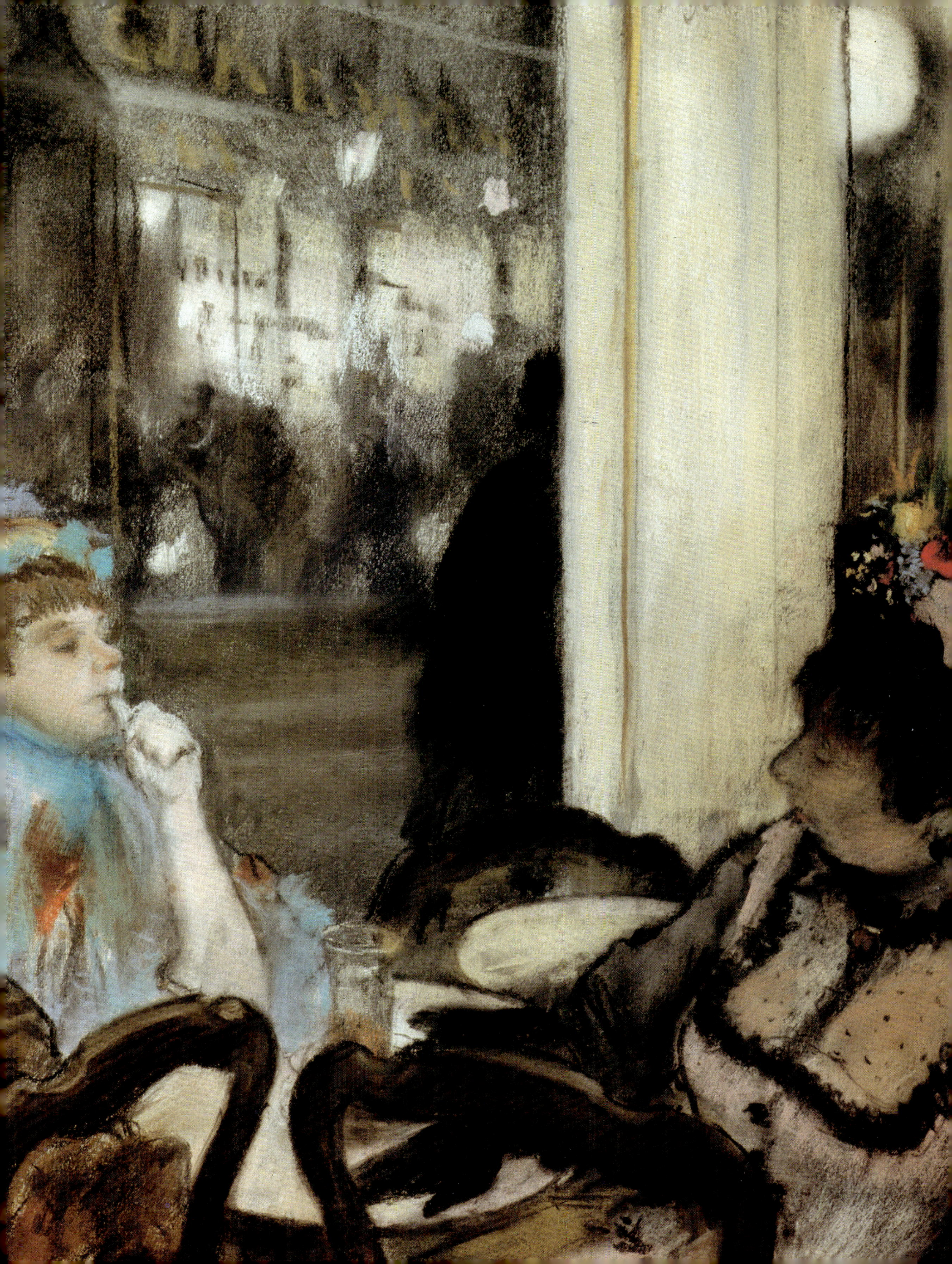

PAGES PRÉCÉDENTES
Edgar Degas
FEMMES DEVANT UN CAFÉ, LE SOIR
1877, pastel, 40 x 60 cm.
Musée d'Orsay, Paris.

Tout près, le cabaret du Rat Mort rassemble les intellectuels marginaux de la bohème, dessinateurs satiriques, journalistes d'opposition, auxquels se mêlent à l'occasion Courbet, Manet, François Coppée. Au 28 de l'avenue Trudaine, le Père Laplace ouvre le premier cabaret-galerie, une taverne au décor médiéval – banquettes en velours rouge d'Utrecht et boiseries – dont les murs exposent une multitude de peintures de petit format – Pissarro lui vendra en 1878 *Un couple de paysans au chariot* et Manet lui cédera *Le Bock* – et aussi des palettes décorées qu'il paie 50 francs, « avec difficulté », soulignent les artistes, à Pissarro, Monet ou Manet. Place de Clichy toujours, le restaurant du Père Lathuille, dont les salles ouvrent sur des jardins et des sentiers tortueux, sera choisi en 1885 par les amis de Manet pour y tenir un banquet d'hommage posthume après son exposition rétrospective des Beaux-Arts. Renoir, Caillebotte, Degas et un grand nombre de personnalités feront bombance sous des tonnelles fleuries dont les ombres légères, les lumières vertes et jaunes avaient été fixées par Manet sur une toile de 1879, *Chez le Père Lathuille*. Les organisateurs obtiendront l'autorisation du critique Théodore Duret, propriétaire de l'œuvre, de la reproduire en gravure sur le menu des festivités.

PAGE DE DROITE
Édouard Manet
CHEZ LE PÈRE LATHUILLE
1879, huile sur toile,
92 x 112 cm.
Musée des Beaux-Arts, Tournai.

Mais pour l'heure, et jusqu'à la guerre de 1870, les artistes révoltés tiennent réunion chaque vendredi soir dans l'arrière-salle du café Guerbois, au 11 de la Grand-Rue des Batignolles, à l'entrée de l'avenue de Clichy. Là, à gauche de l'entrée, deux tables leur sont réservées. Manet en immortalisera le décor dans son *Intérieur de café* de 1869, un dessin à la plume. « La première salle, blanche et dorée, pleine de glaces, criblée de lumière, ressemble à la terrasse d'un café de boulevard. Mais dès qu'on est entré dans la seconde salle, l'endroit devient étonnant, on se trouve dans une vaste crypte à plafond bas », écrit le critique Edmond Duranty. Les sectateurs, certes moins religieux mais tout aussi fervents que les premiers chrétiens, vont y esquisser les nouveaux canons de la peinture. Et au premier rang, Édouard Manet.

Vers 1866 Manet est le plus en vue de ces nouveaux peintres. La « manière » de ce fils de la bourgeoisie a révolutionné l'art. Dandy, attaché aux honneurs et aux récompenses – en 1882, il acceptera la Légion d'honneur comme un juste dû –, il ne nourrit pas les tendances provocatrices qui distinguent Courbet. Mais depuis 1859 ses toiles soulèvent régulièrement la colère du jury du Salon. Leur grand crime : elles sont modelées dans la masse, sans l'aide du dessin. Le modelé contre les limites précisément dessinées, le choix des couleurs claires, la préférence allant au mouvement, en négligeant la pose, et aux valeurs d'une composition l'emportant sur le détail sont les arcanes d'un « goût décidé pour la vérité moderne », comme le définit son ami Charles Baudelaire. Manet, ou le peintre de la vie moderne, « montre ce qu'il voit » et propose en

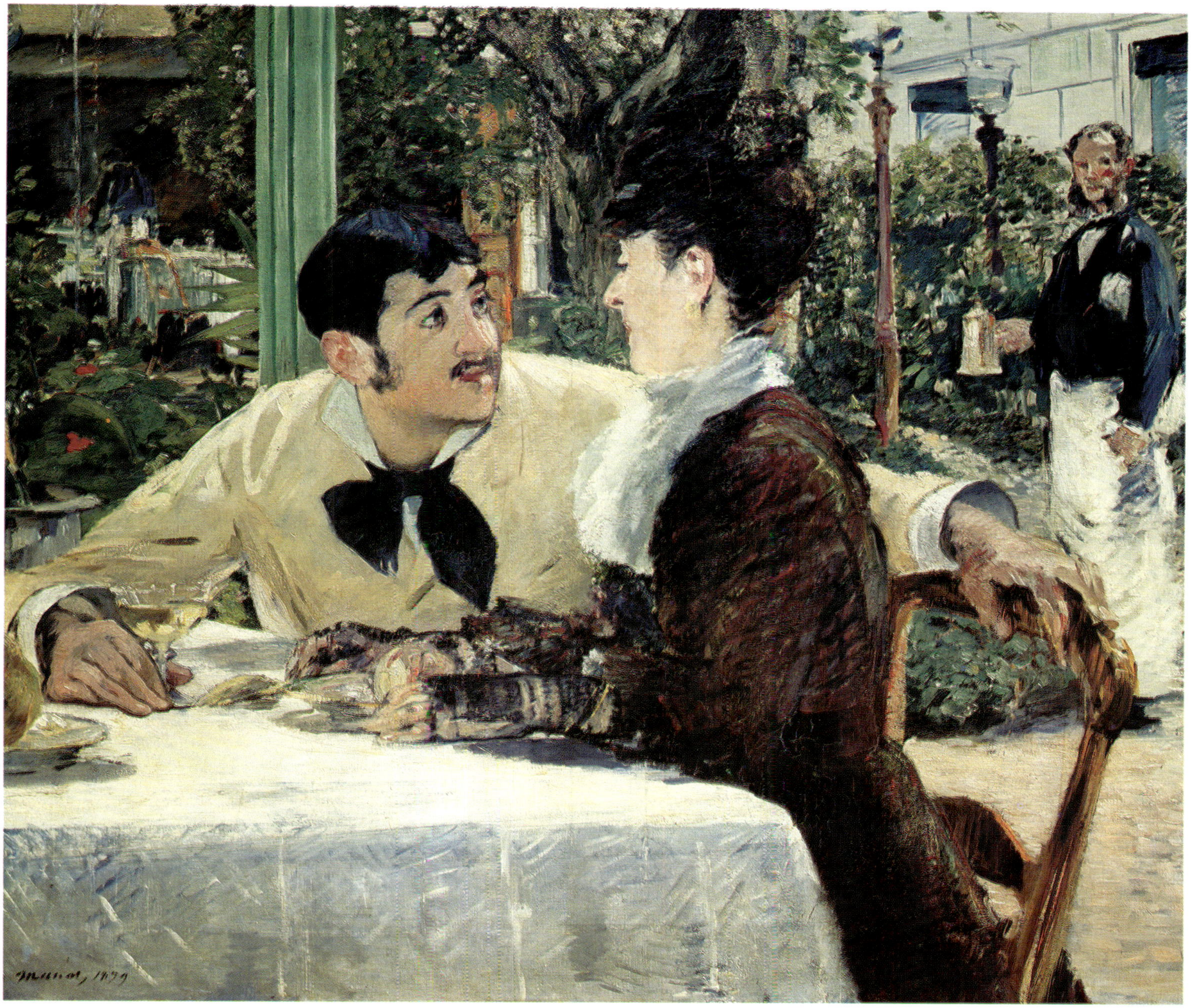
Manet, 1879

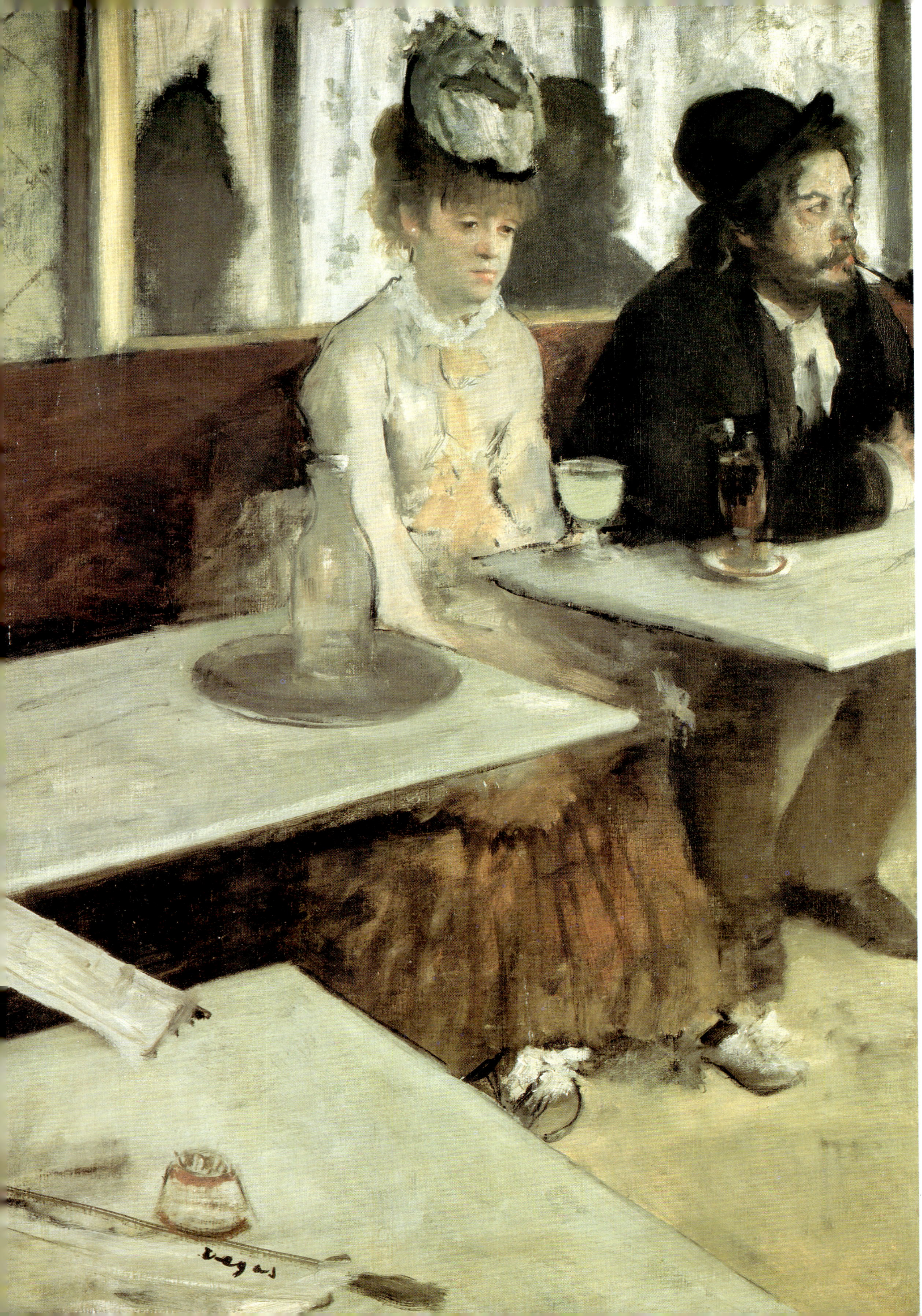

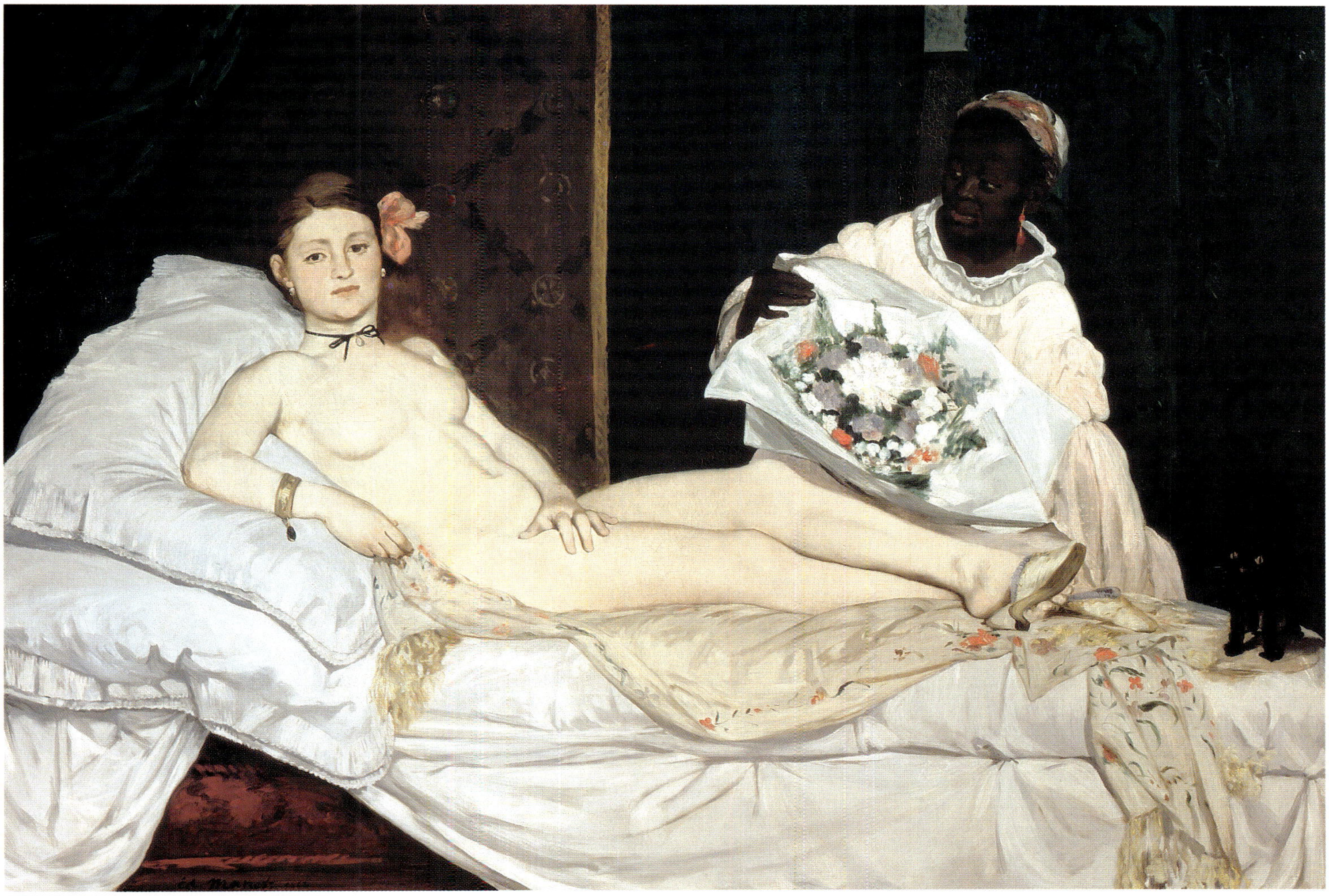

1865 au public stupéfait une *Olympia*. Inachevée, elle récuse le long processus pictural académique qui consiste à effacer toute trace d'hésitation afin de livrer aux regards la perfection du « lisse », preuve d'un travail opiniâtre. Car Manet voit dans la peinture une recherche sans fin dictée par la seule ambition artistique : la peinture pour elle-même.

Dans cette œuvre, tout en s'inspirant de la composition d'un maître du passé, *La Vénus d'Urbin* de Titien, Manet oppose à la mode orientalisante des Vénus voluptueuses la vérité d'un corps nu de prostituée livré sans fard ni artifice au « voyeurisme » du spectateur. En verrouillant l'espace, l'artiste amplifie le sujet de sa toile, et la jeune fille allongée sur un lit aux draps défaits semble narguer de sa présence éclatante le spectateur. « Lorsque les artistes vous donnent des Vénus, soulignera Zola, ils corrigent la nature, ils mentent. Édouard Manet s'est demandé pourquoi mentir. »

Édouard Manet
L'Olympia
1863, huile sur toile, 130 x 190 cm.
Musée d'Orsay, Paris.

PAGE DE GAUCHE
Edgar Degas
Au café , ou L'Absinthe
1876, huile sur toile, 92 x 68 cm.
Musée d'Orsay, Paris.

Si Manet a choisi le Guerbois, c'est qu'il habite à deux pas, boulevard des Batignolles, et que son atelier est rue Guyot, aujourd'hui rue Médéric. Et presque tous les piliers de ces réunions – les critiques Astruc et Duranty, les peintres Bazille et Degas, ainsi que Nadar et Zola, et, lorsqu'ils séjournent à Paris, Monet, Cézanne et Pissarro – sont des familiers du quartier. Sur quoi portent leurs discussions ? Le siècle a vu s'affronter les partisans d'Ingres, professeur aux Beaux-Arts – lui-même héritier de l'idéal classique à la David et pour lequel le dessin est toujours supérieur à la couleur – et les tenants de Delacroix, maître du romantisme et de la couleur[1]. Puis sont venues les leçons de Courbet, dont le programme était de « traduire les mœurs, les idées, l'aspect de (mon) époque, selon (mon) appréciation, en un mot, faire de l'art vivant ». Cette conviction est désormais celle de tous, et Duranty dira : « L'antique a fait ce qu'il a vu ; faites ce que vous voyez. »

On aborde aussi le bien-fondé de l'influence extrême-orientale, distillée par la mode des estampes et objets japonais. On discute surtout beaucoup des ombres et de la lumière, de sa fragmentation, de la réalité des couleurs et, partant, du « plein air ». Manet, Degas, Fantin-Latour, dont les maîtres n'ont pas travaillé dehors, s'opposent à Monet et Pissarro, chantres des variations de la lumière. Un débat qui servira de fondations à l'impressionnisme.

Les habitués du Guerbois ne forment pourtant pas une école de peinture. On les surnomme « le groupe des Batignolles ». L'un d'eux, Henri de Fantin-Latour, décide en 1870 de l'immortaliser en faisant poser ses amis. Sa toile, *L'Atelier des Batignolles*, célèbre entre autres Manet, Renoir, Bazille – qui, le premier, dès 1867, eut l'idée d'une société d'exposition indépendante et qui devait mourir sous les balles prussiennes pendant la guerre de 1870 –, Monet et Zola. On note cependant deux grands absents, Degas et Pissarro.

Henri Fantin-Latour
L'Atelier des Batignolles
1870, huile sur toile,
204 x 270 cm.
Musée d'Orsay, Paris.

1. Notons à l'occasion qu'Eugène Delacroix travailla à Montmartre de 1844 à 1857, dans un atelier situé en contrebas de la place Pigalle, au 58 de la rue Notre-Dame-de-Lorette. À proximité s'épanouissait « la vie romantique » de ses amis le musicien Frédéric Chopin et la romancière George Sand.

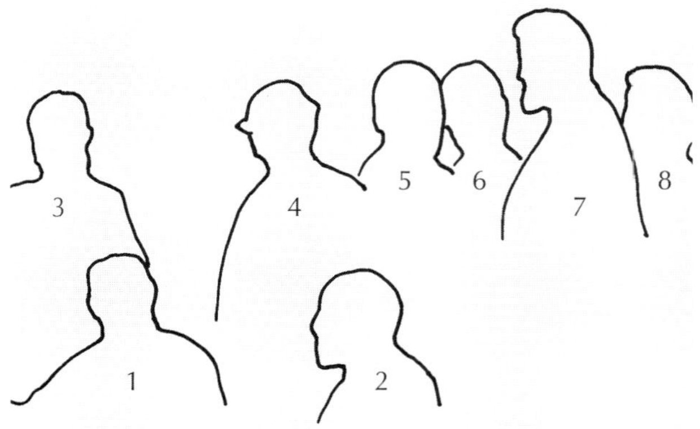

1. Édouard Manet - 2. Zacharie Astruc - 3. Otto Schölderer - 4. Auguste Renoir
5. Émile Zola - 6. Edmond Maître - 7. Frédéric Bazille - 8. Claude Monet

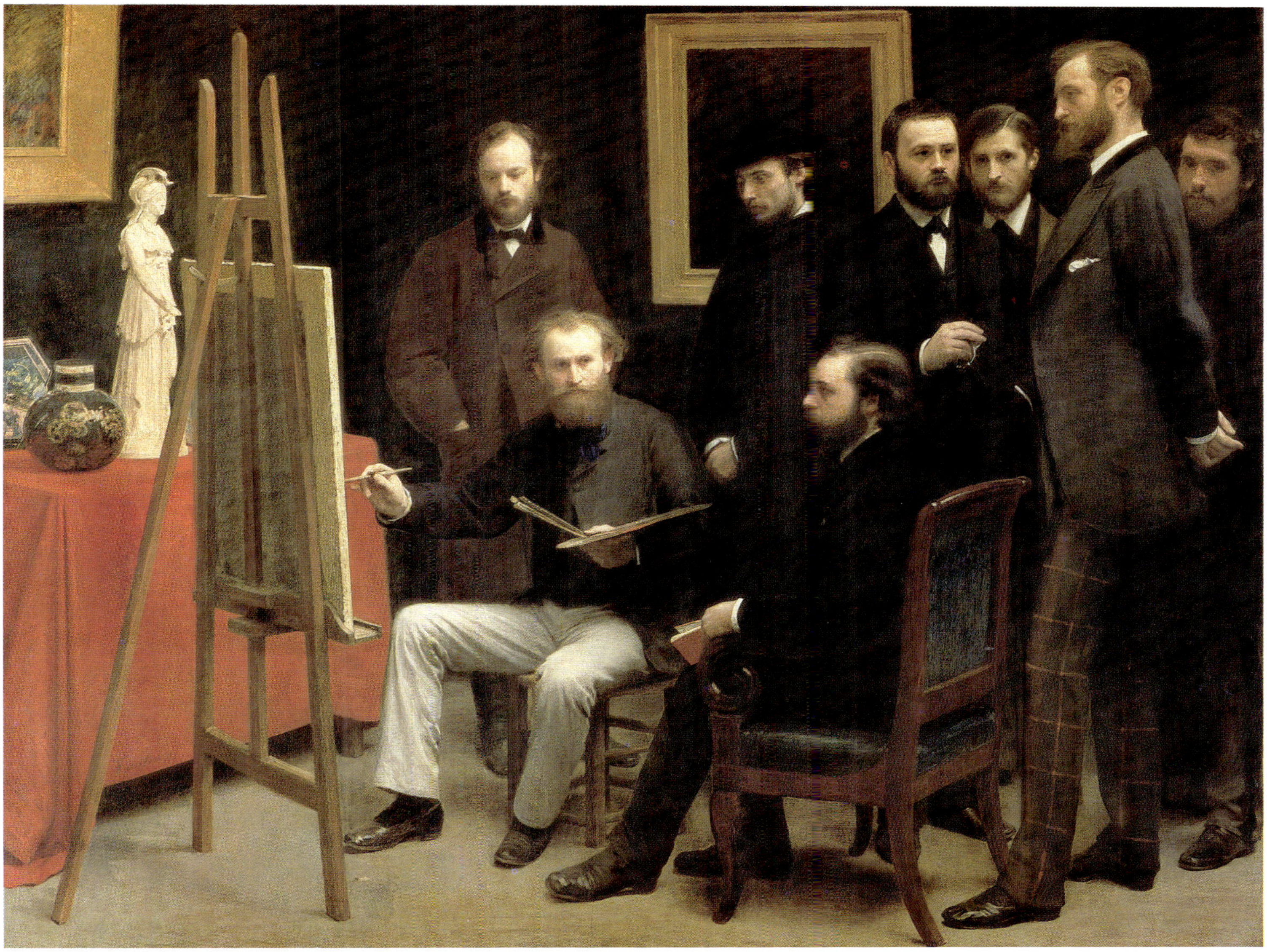

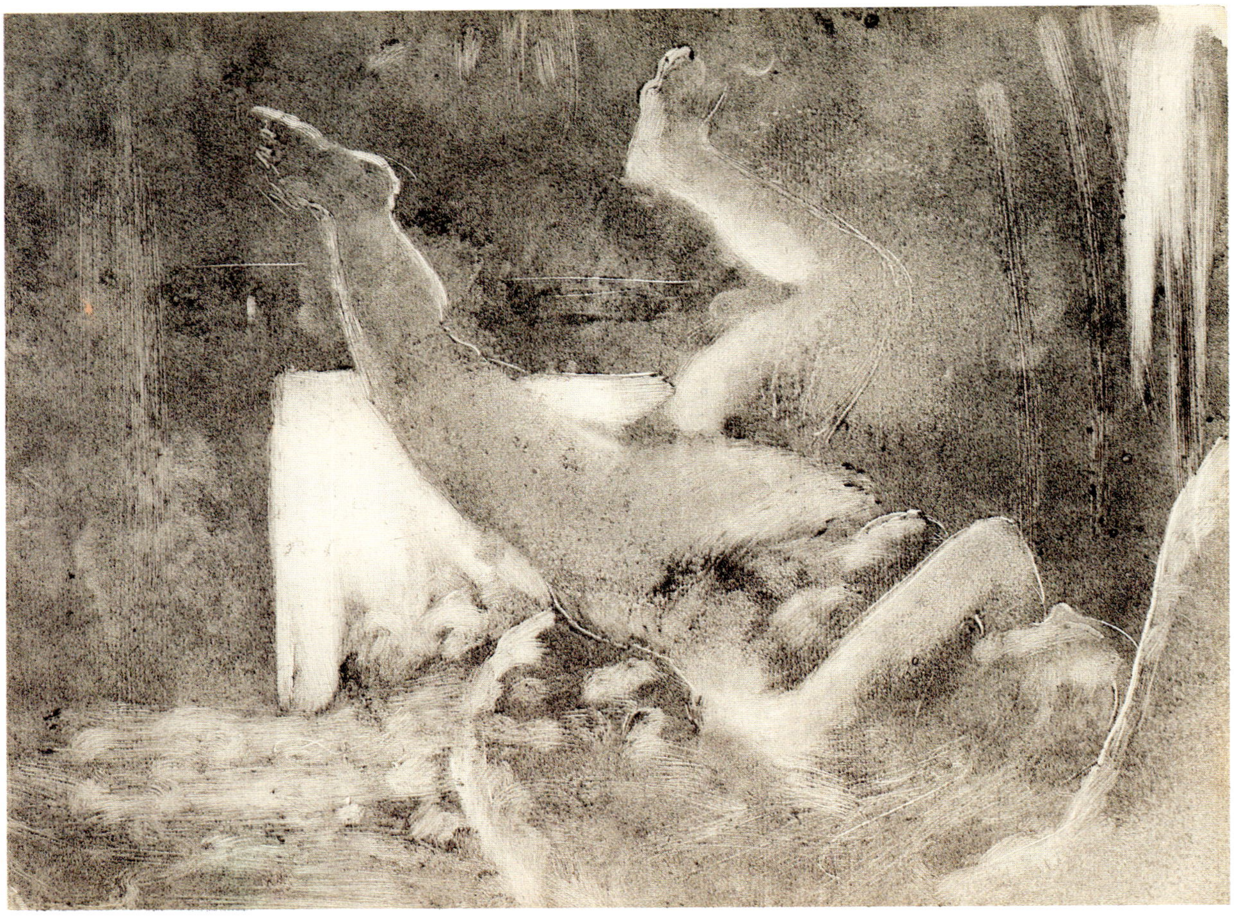

Edgar Degas
FEMME NUE SE CHAUFFANT
1880, monotype,
première épreuve,
27,8 x 37,9 cm.
Collection Josefowitz.

PAGE DE DROITE
Honoré Daumier
LA BLANCHISSEUSE
1863-1864, huile sur bois,
49 x 33,5 cm.
Musée d'Orsay, Paris.

Degas, pourtant, est le pensionnaire le plus fidèle du territoire montmartrois, puisque non seulement il est né rue Saint-Georges, mais de 1859 à sa mort en 1917 il ne déménagera jamais hors du périmètre sacré qui va de la rue Blanche à la rue Laval, l'actuelle rue Victor-Massé[1]. En 1866, ce jeune homme de très bonne famille est un des éléments les plus curieux de cet aréopage. Son intelligence et sa causticité en font un acteur indispensable des joutes oratoires. Ses disputes avec Manet, dont il est l'ami de longue date, sont célèbres ; à la suite de l'une d'elles, ils se croisèrent un certain temps dans les cafés sans se saluer. Degas avait peint un double portrait de Manet et de sa femme, cette dernière au piano. Manet, qui ne l'appréciait guère, découpa le tableau avant de le renvoyer à son auteur. Le marchand Ambroise Vollard devait raconter, bien des années plus tard, qu'un indiscret avait rappelé cette anecdote à Degas ; celui-ci lui répondit vivement : « Mais qui vous permet, Monsieur, de juger Manet ? Oui, c'est vrai… Après tout, c'est peut-être lui qui avait raison. Et j'ai été le dindon de cette affaire, car, furieux sur le moment, je décrochai une petite nature morte que Manet m'avait donnée : "Monsieur, lui écrivis-je, je vous renvoie vos *Prunes*..." ».

1. Degas occupera pendant vingt-deux ans les troisième et quatrième étages du 37, rue Victor-Massé. En 1912, l'immeuble étant frappé de démolition, le vieux maître sera contraint à emménager au numéro 6 du boulevard de Clichy.

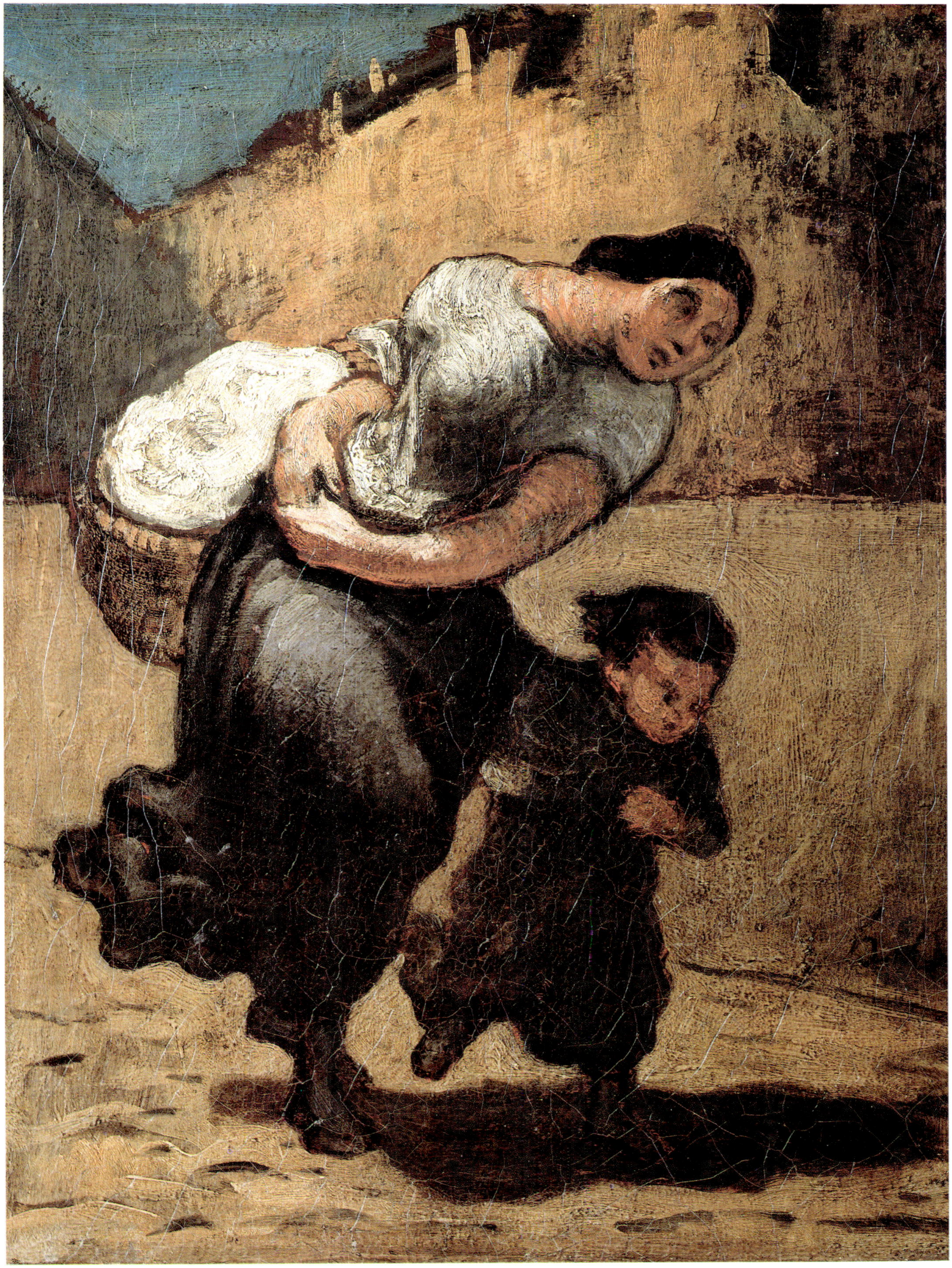

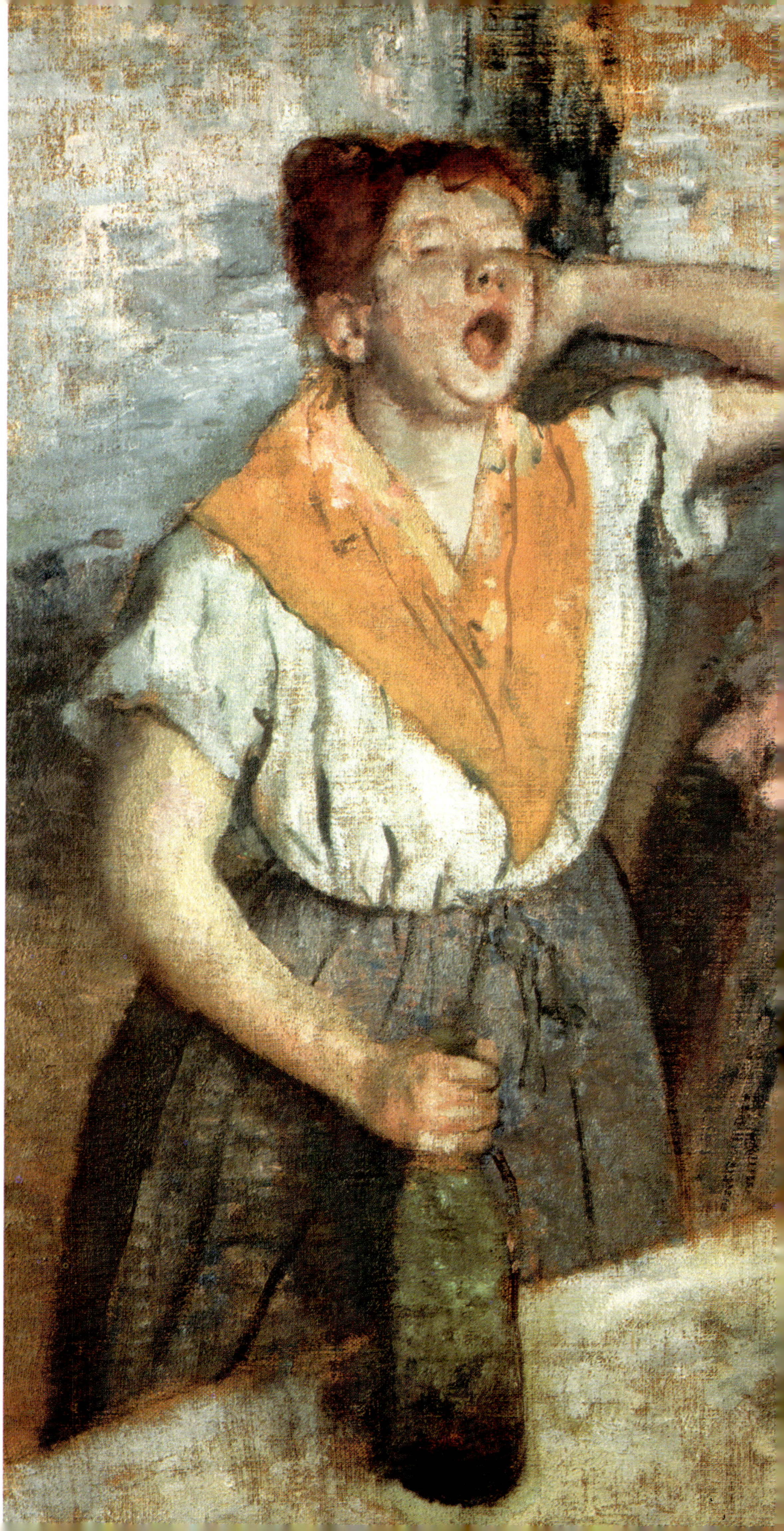

Edgar Degas
Les Repasseuses
1884, huile sur toile,
76 x 81 cm.
Musée d'Orsay, Paris.

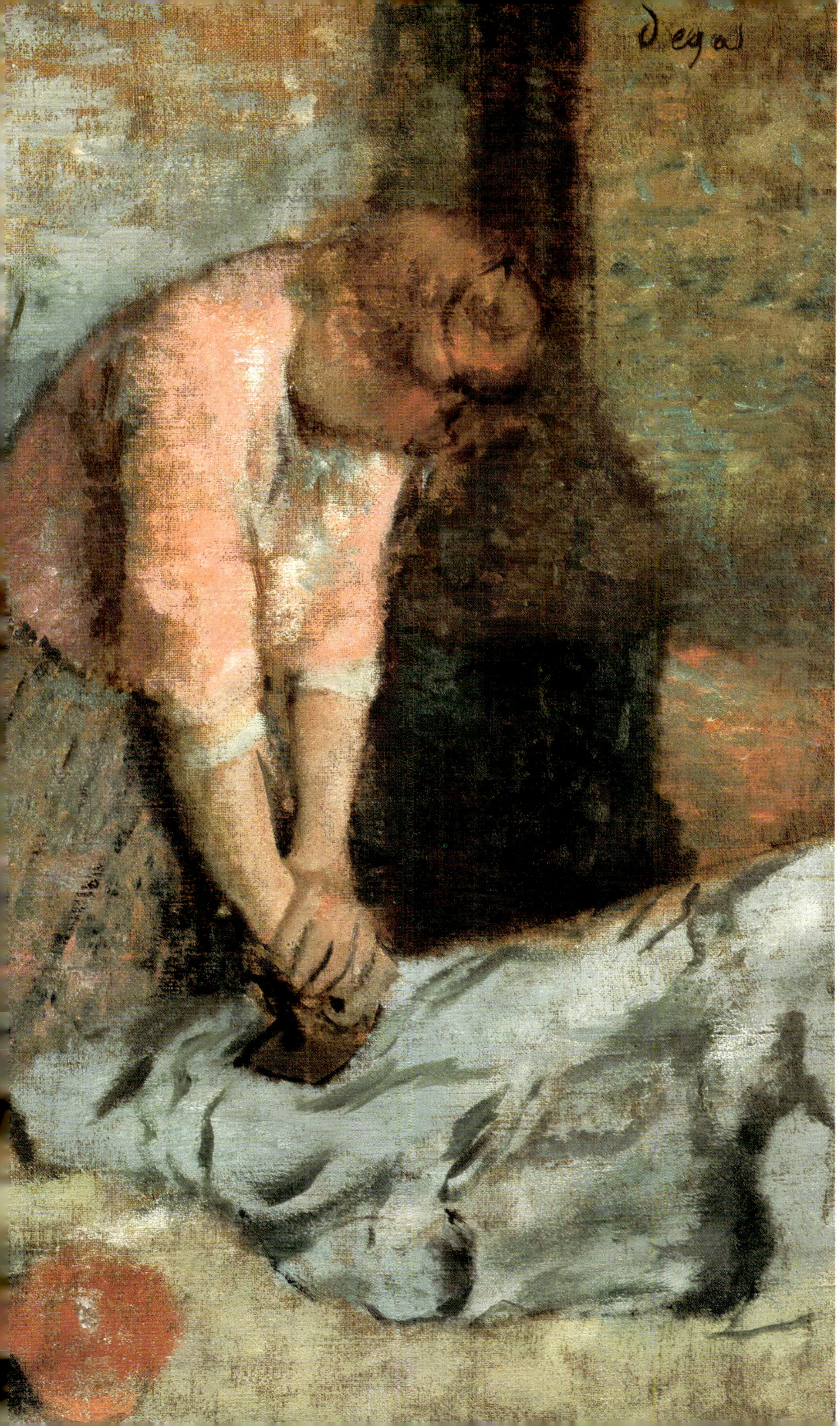
Degas

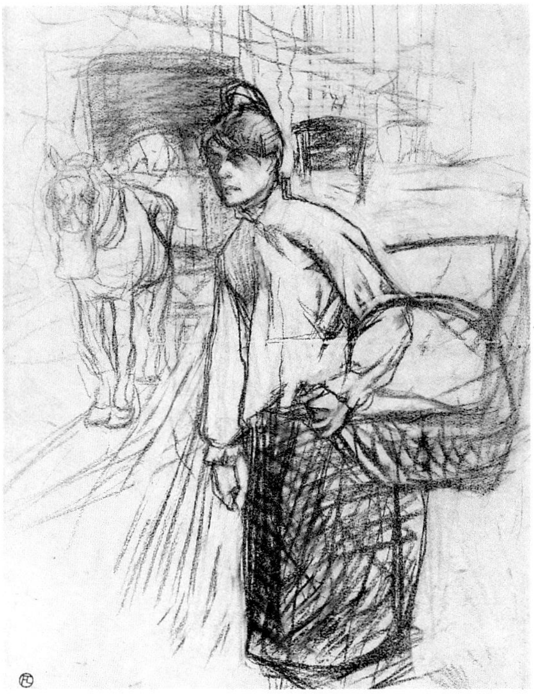

Henri de Toulouse-Lautrec
La Blanchisseuse
2 juin 1889, dessin pour
Le Courrier Français, 34 x 23 cm.
Musée Toulouse-Lautrec, Albi.

En même temps, le goût profond de la solitude que professe Degas l'accompagne dans une recherche picturale unique. Il n'épousera jamais le style des impressionnistes, même s'il participe à leurs expositions. Le monde moderne, qu'il mettra un certain temps à aborder (Manet lui reprochera souvent ses « Sémiramis » des débuts), il le reconstruit à l'atelier à partir des centaines d'esquisses croquées sur le vif. Ses sujets – l'Opéra, l'orchestre, les danseuses, les cafés-concerts, les prostituées des maisons closes, les acrobates, les champs de courses, les « tics » des petits métiers... – étonnent autant que sa façon de les montrer, ce cadrage rapproché qui fait penser à la photographie d'aujourd'hui. Dans sa série des *Repasseuses* perce l'influence du grand caricaturiste et peintre Honoré Daumier[1], le même sens de l'observation aiguë et juste du simple geste qui résume une vie. Exécutées sur une toile grossière, avec de la peinture très sèche, *Les Repasseuses* de1884-1886 révèlent une riche texture comparable à celle de ses pastels. Degas peint le Paris de Baudelaire, glauque et splendide, où le labeur de l'ouvrier côtoie le plaisir du bourgeois.

Pissarro se tient exactement à l'opposé. « Pleinairiste » affirmé, il traque les manifestations des changements naturels, la fluidité et la fugacité des phénomènes météorologiques : le brouillard, la neige. Cette quête le conduit dans son œuvre à effacer le contour des choses et par là même à l'abandon du ton local. Sa manière est allusive. Ainsi dans sa toile *Les Batignolles, effet de neige*, il abrège les silhouettes, résume les fiacres et les chevaux à de simples ponctuations. Au spectateur de compléter la scène, d'ajouter les détails qui manquent.

Arrivé à Paris en 1855 des Antilles où il est né, il rencontre Monet à l'académie Suisse, recueille les conseils de Corot, subit l'influence de l'école de Barbizon et celle de Courbet. Il loge alors rue Notre-Dame-de-Lorette ; il connaîtra ensuite plusieurs adresses montmartroises avant d'émigrer à Pontoise, puis à Louveciennes, avec sa nombreuse famille. Lorsqu'il est à Paris, il fréquente assidûment le Guerbois ; son calme imperturbable qui n'empêche pas un esprit combatif – Pissarro ne cachera jamais ses tendances anarchistes –, l'honnêteté de son jugement esthétique lui assurent l'amitié fidèle de Degas et Cézanne. Quant à sa générosité, elle est proverbiale. Ses « élèves » sont légion, à commencer par Cézanne qui le révère, Mary Cassatt qui déclarait qu'il « aurait pu enseigner le dessin à des pierres », et surtout un jeune homme obstiné, Paul Gauguin, qui dira de lui : « Ce fut un de mes maîtres. Je ne le renie pas. » Les deux hommes se sont sans doute rencontrés en 1874. Gauguin est alors un agent de change prospère qui vit place Saint-Georges, époux d'une jeune Danoise de bonne famille, père d'un enfant. Il consacre ses loisirs à dessiner et peindre ; en 1876, le Salon accepte de lui un paysage. Bientôt, il recherche les conseils de Pissarro (il passera l'été de 1878 à Pontoise, à peindre à ses côtés), et surtout il collectionne avec ferveur les toiles impressionnistes. Fréquenta-t-il la taverne de la Nouvelle-Athènes ?

1. Le dessinateur Honoré Daumier a vécu et travaillé à Montmartre, boulevard de Clichy, de 1869 à 1873.

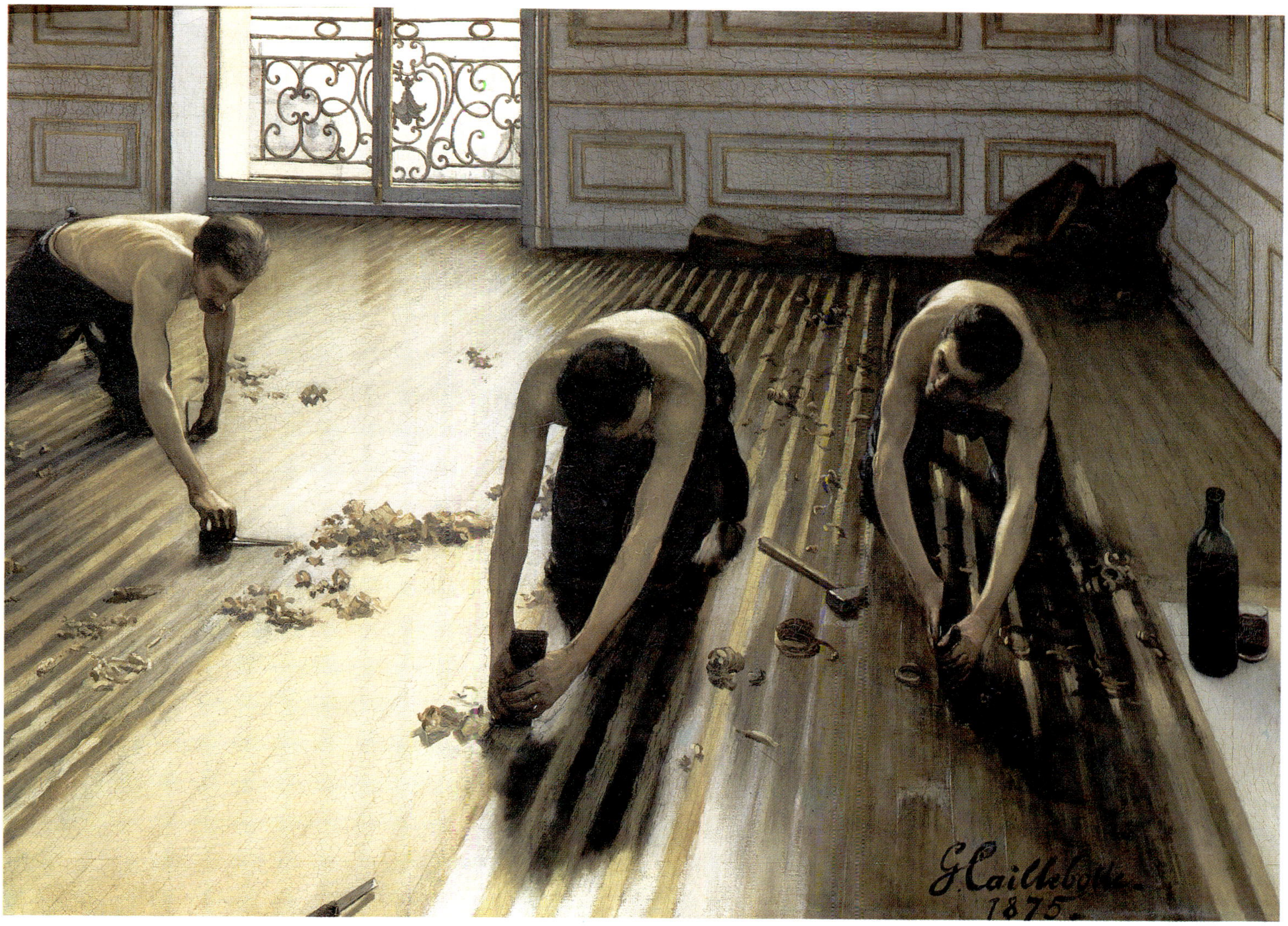

Gustave Caillebotte
Les Raboteurs de parquet
1875, huile sur toile,
102 x 146,5 cm.
Musée d'Orsay, Paris.

Peut-être. Toujours est-il qu'il se lia d'une amitié aussi fidèle que surprenante avec Degas, qui fit acheter ses toiles par le célèbre marchand Paul Durand-Ruel, tenant boutique rue Le Peletier. Il croise aussi le chemin de Cézanne, auquel il vouera toujours une immense admiration.

Gustave Caillebotte[1], arrivé un peu plus tard, après l'âge d'or des débats de café, est une figure plus conventionnelle du groupe. Fils d'un riche marchand de draps, il délaisse ses études de droit pour se consacrer à la peinture et entre à l'académie Bonnat en 1870. Il sera le peintre des paysages urbains, projetant sur ses toiles les rues des quartiers neufs – *Le Pont de l'Europe, Rue Halévy vue du 6e étage, Boulevard des Italiens...* – et leur vie sociale. Artiste, Caillebotte n'en est pas moins un généreux mécène. Ses cinquante milles livres de rente annuelle lui permettent de témoigner de son constant soutien à ses amis impressionnistes. En 1875, il achète fort à propos, lors d'une vente à l'hôtel Drouot, soixante-quinze toiles signées Monet, Renoir, Sisley, Morisot... Il finance l'exposition de 1877 rue Le Peletier. Enfin, il loue régulièrement pour Monet des ateliers et des logements, aide Pissarro, toujours dans le besoin, vole au secours de Renoir, qui sera à sa mort en 1894 l'exécuteur testamentaire de son splendide legs à l'État.

Page de droite
Edgar Degas
Miss Lala au cirque Fernando
1879, huile sur toile,
116,8 x 77,5 cm.
National Gallery, Londres.

Pages suivantes
Henri de Toulouse-Lautrec
Au cirque Fernando
1888, huile sur toile,
100,3 x 161,3 cm.
Art Institute of Chicago.

Finalement, le café Guerbois aura bien été le creuset du mouvement impressionniste. C'est là que, dès 1867, Monet et Bazille avaient eu l'idée d'organiser à leurs frais une exposition du groupe. Le Salon des Refusés restait à leurs yeux trop dépendant de l'État, et Cézanne voulait « faire une concurrence mortelle à ces vieux idiots borgnes du jury ». À l'automne 1873, on reprend le projet ; l'atelier des frères Renoir et la Nouvelle-Athènes sont le théâtre de discussions passionnées : qui voudra exposer (Fantin-Latour et Manet, qui entend bien avoir du succès au Salon avec *Le Bon bock*, s'abstiennent), quels seront les statuts de l'association ? Degas fait feu de tout bois pour amener des adhérents, Edmond Renoir imprime le catalogue ; il serait, curieusement, à l'origine du nom du mouvement, puisque c'est lui, excédé, qui demandera à Monet de faire preuve d'un peu d'imagination dans le choix des titres de ses toiles, appelées invariablement « vues de village ». Le peintre répondra : « Mettez : Impression. » Mais c'est surtout le lieu de l'exposition qui fut symbolique : on l'inaugura le 15 avril 1874 dans les locaux de Nadar, à l'angle du boulevard des Capucines. On connaît la suite : un critique imbécile, Leroy, fit paraître un article-canular se gaussant des nouveaux peintres, sous le titre « Exposition des impressionnistes ». Peu importe ! Désormais l'art pictural, qu'il soit « en réaction » ou le « développement » de cette nouvelle école, se fera par rapport à l'impressionnisme, et non plus aux formes précédentes de l'art. Il deviendra la valeur de référence. Les grands boulevards ont révolutionné la peinture.

1. L'artiste disposera longtemps d'un pied-à-terre au 29, boulevard Rochechouart.

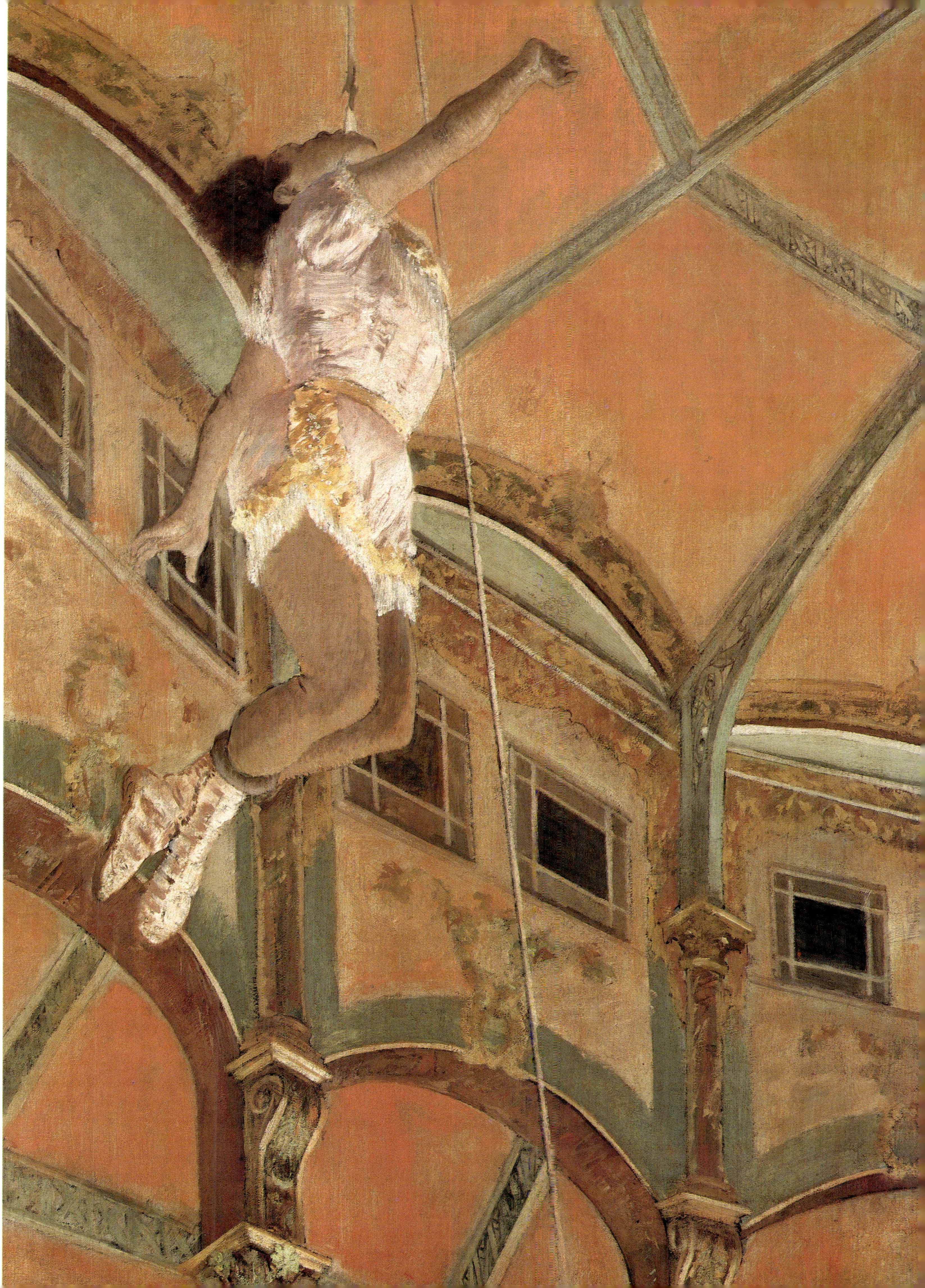

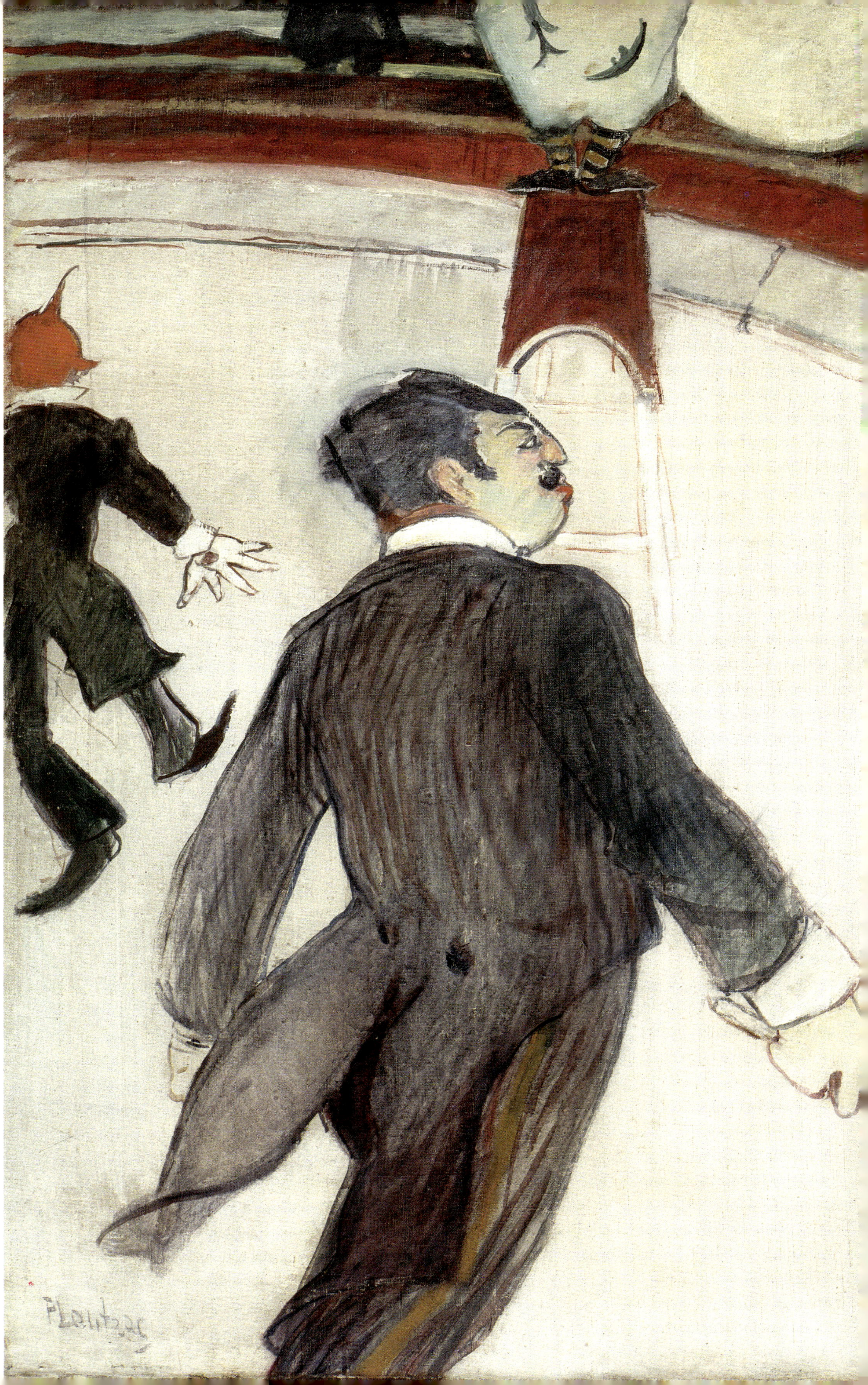

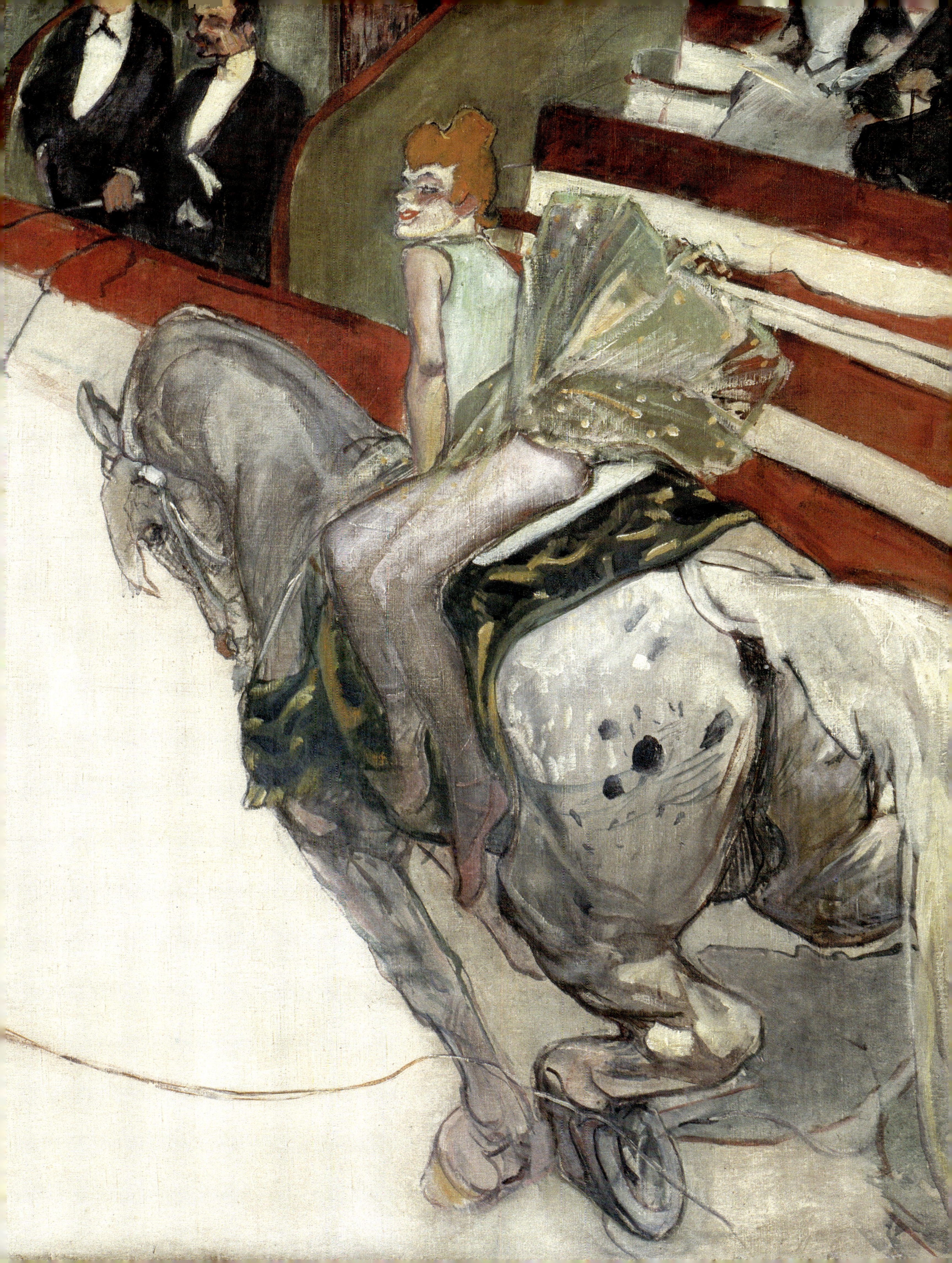

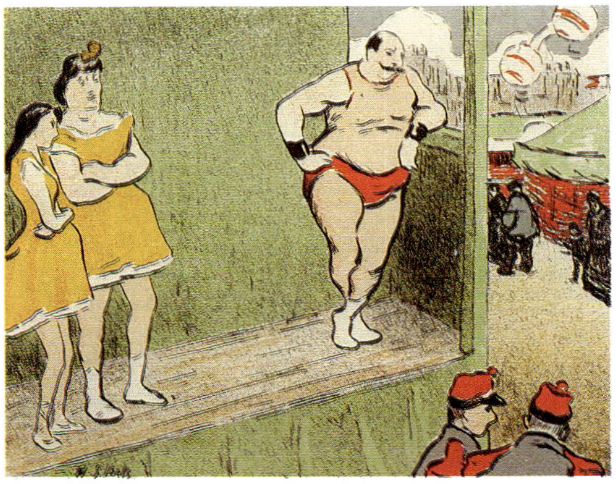

Henri-Gabriel Ibels
L'Affranchi et Legrapin
Programme du Théâtre Libre,
saison 1892-1893.
Lithographie, 24,3 x 21,7 cm.
Collection Josefowitz.

Page de droite
Georges Seurat
Le Cirque
1890-1891, huile sur toile,
185,5 x 152,5 cm.
Musée d'Orsay, Paris.

Pages 50-51
Georges Seurat
Le Cirque
Détail.

Des points et des couleurs

L'histoire de l'art au XIXe siècle est une perpétuelle révolution, et l'impressionnisme n'avait pas fini de choquer qu'une nouvelle avant-garde le talonnait déjà. Une fois encore Montmartre est le théâtre de ces bouleversements esthétiques en accueillant le jeune peintre Georges Seurat, né en 1859, qui laisse au début des années 1880 l'appartement familial du boulevard Magenta et son premier atelier de la rue de Chabrol pour emménager au 128 bis du boulevard de Clichy. Comme devait l'écrire plus tard un critique, « Seurat fit bien d'échapper à l'aigre tranquillité du quartier élu par ses parents. Ici, il prit peu à peu le goût d'une curiosité plus renouvelée, plus riche en émotions (...). Car le 128 bis du boulevard de Clichy était tout à côté de cette place où se dégorgent tant de rues et tant de boulevards de caractères si divers – ouvriers de La Fourche, rentiers et petits commerçants du boulevard des Batignolles, employés vomis par la rue d'Amsterdam, filles publiques et "barbeaux" descendus des boulevards de Clichy et de Rochechouart... »[1]. Ce jeune homme que l'on dit « silencieux et grave », fou de dessin et qui passe des heures austères à travailler, remarqua-t-il cette foule ? Certainement, car dès 1887 il emploiera de jeunes modèles rencontrées aux Batignolles pour sa toile des *Poseuses*. Et peu avant sa mort foudroyante, survenue en 1891, il disait vouloir peindre une vue cavalière de la place de Clichy. Tout près de son atelier, au 130 du boulevard, un autre jeune artiste, Paul Signac, a pris ses quartiers. Géographiquement si proches, leurs noms seront unis dans une complicité artistique profonde, et surtout dans la même passion apportée à renouveler la peinture. Avec eux naissent les néo-impressionnistes.

L'expression est due au critique Félix Fénéon, qui dans un texte de 1886 expose cette nouvelle technique basée sur l'observation scientifique de la couleur et appelée « divisionnisme ». Depuis ses études aux Beaux-Arts, Seurat a en effet poursuivi un même et unique but inspiré de ses lectures de *La Grammaire des arts et du dessin* de Charles Blanc, selon lequel « la couleur, soumise à des règles sûres, se peut enseigner comme la musique », et *La Loi du contraste simultané des couleurs*, du chimiste Eugène Chevreul. Ainsi Seurat, en employant des couleurs pures appliquées en petites touches juxtaposées sur la toile, confie à l'œil du spectateur le soin de procéder au mélange optique. Les couleurs utilisées de cette façon s'éteignent par leur voisinage, s'exaltent à distance. La science fait irruption dans la peinture. Téodor de Wyzewa, écrivain symboliste, le saluera à la mort de Seurat : « Ma joie était grande de retrouver dans un coin de Montmartre un si admirable exemplaire (...) de la race des

1. Gustave Coquiot, *Seurat*, Paris, 1924.

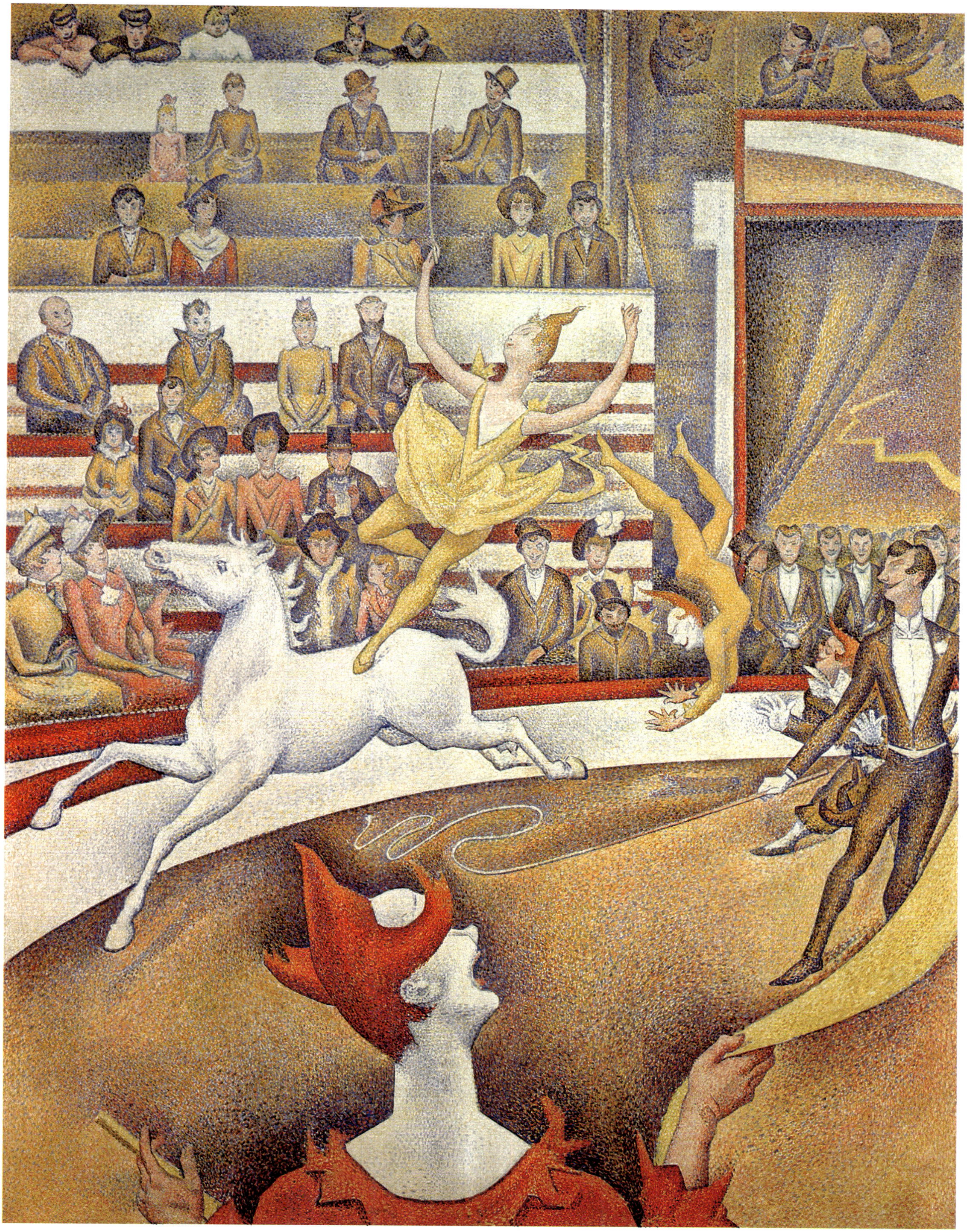

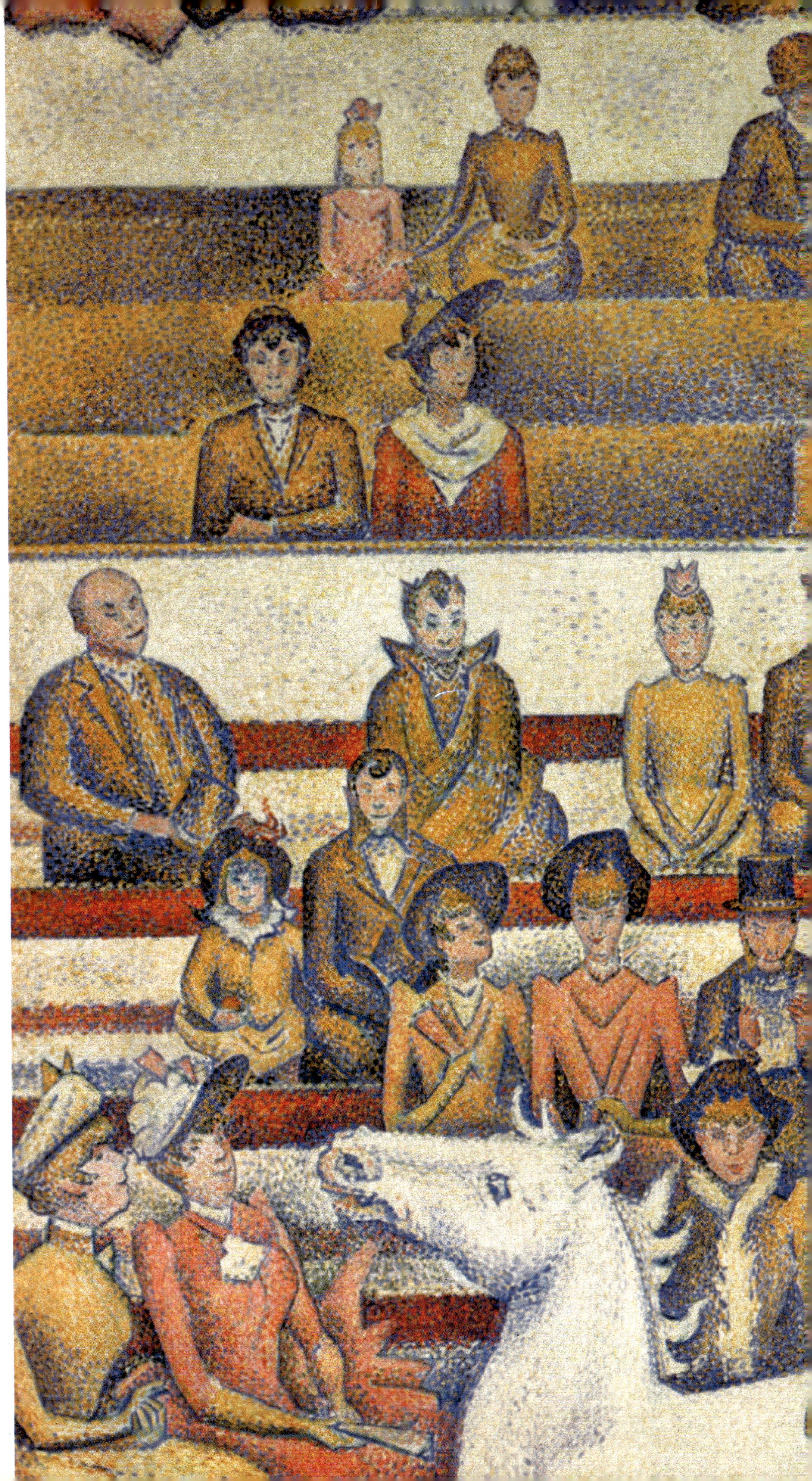

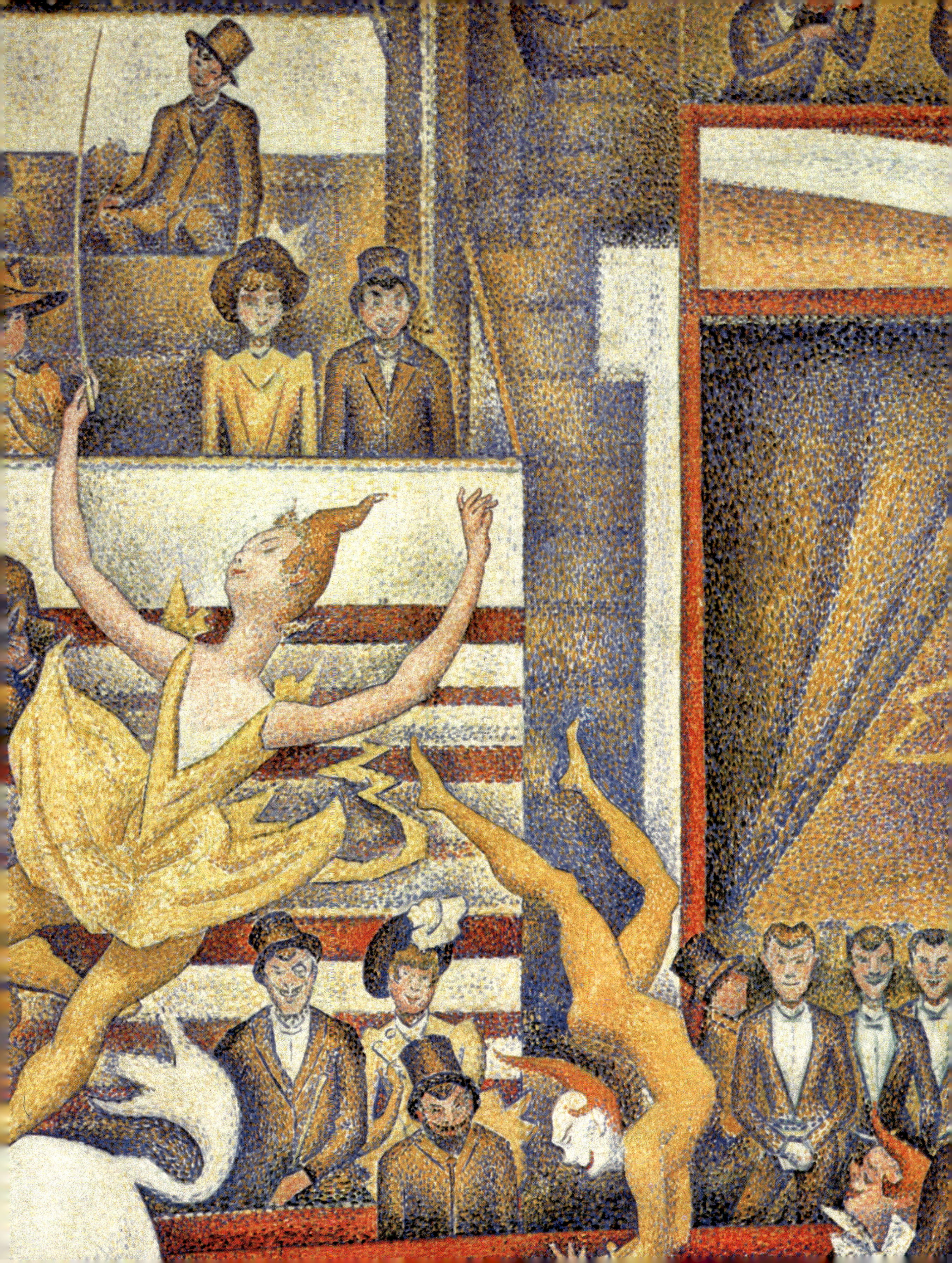

peintres théoriciens réunissant la pratique à l'idée, et l'inconsciente fantaisie à l'effort réfléchi. Oui, je sentais très clairement en Seurat un parent des Léonard, des Dürer et des Poussin. »

Cet enthousiasme ne fut pas immédiatement partagé par le public ni la critique, ni même par les aînés impressionnistes, perplexes devant ce souci théorique. En codifiant de manière pseudo-scientifique ce qu'eux-mêmes réalisaient d'instinct, Seurat ne menaçait-il pas de faire de l'impressionnisme un nouvel académisme ? En 1884, Seurat expose pour la première fois : ce sera *Une baignade*. Non pas au Salon officiel – qui a refusé sa toile et où triomphe *Le Bois sacré cher aux arts et aux muses,* une énorme composition du maître Puvis de Chavannes que le jeune artiste vénère pour sa capacité d'abstraction et ses effets monumentaux –, mais au premier Salon des Artistes Indépendants, logé du 15 mai au 1er juillet dans un baraquement provisoire de la cour des Tuileries. C'est un salon libre, sans jury, qui représente l'avant-garde. Seurat est en compagnie de Signac, Odilon Redon, Charles Angrand, Armand Guillaumin, le Douanier Rousseau, Henri-Edmond Cross... Le 11 juin de la même année, ils fonderont la Société des Artistes Indépendants, sise au 61, rue Caulaincourt, ayant pour rôle d'organiser annuellement des expositions des Beaux-Arts « sans jury ni récompense ». Vingt ans après la création du premier Salon des Refusés, les artistes obtiennent enfin le droit d'exposer librement sans condition d'admission. Le tableau de Seurat n'attire pas beaucoup l'attention, sinon celle de Signac et d'un critique qui y voit un « faux Puvis de Chavannes ». À l'automne de 1885, Signac présente Seurat à Pissarro, le vétéran de l'impressionnisme. Celui-ci, qui vivait depuis quelque temps une certaine insatisfaction quant à sa méthode, trouve dans la théorie du jeune peintre, de vingt-neuf ans son cadet, la consolidation scientifique de son approche instinctive. Jusque dans les années 1890 ses toiles seront une adaptation de la technique de la juxtaposition à ses propres thèmes. Le divisionnisme a trouvé son défenseur.

Georges Seurat
Le Chahut
1889-1890, huile sur toile,
169 x 141 cm.
Kröller-Müller Stichting, Otterlo.

En 1886 se tiendra à l'étage de la célèbre Maison Dorée, au coin de la rue Laffitte et du boulevard des Italiens, la huitième et dernière exposition impressionniste. Pissarro se bat bec et ongles avec ceux qu'il nomme les « impressionnistes romantiques » pour imposer Seurat et Signac. Résultat : Monet, Renoir, Caillebotte et Sisley n'exposeront pas, et les œuvres de Pissarro et de ses jeunes amis seront mises dans une salle à part. Degas, qui a, comme à l'accoutumée, organisé la manifestation, expose une série de sept pastels de nus de femmes se baignant, se lavant, se coiffant, vues sous un angle absolument nouveau, comme s'il les avait regardées « par le trou de la serrure ». « Jusqu'à présent, explique l'artiste, le nu avait toujours été représenté dans des poses qui supposent un public. Mais mes femmes sont des gens simples... Je les montre sans coquetterie, à l'état de bêtes qui se nettoient. » Elles choqueront.

Cependant, c'est Seurat, sans conteste, qui emporte la palme de l'attraction avec le manifeste que constitue *Un dimanche après-midi à l'île de la Grande Jatte.* La dame en bleu tenant un petit singe en laisse et

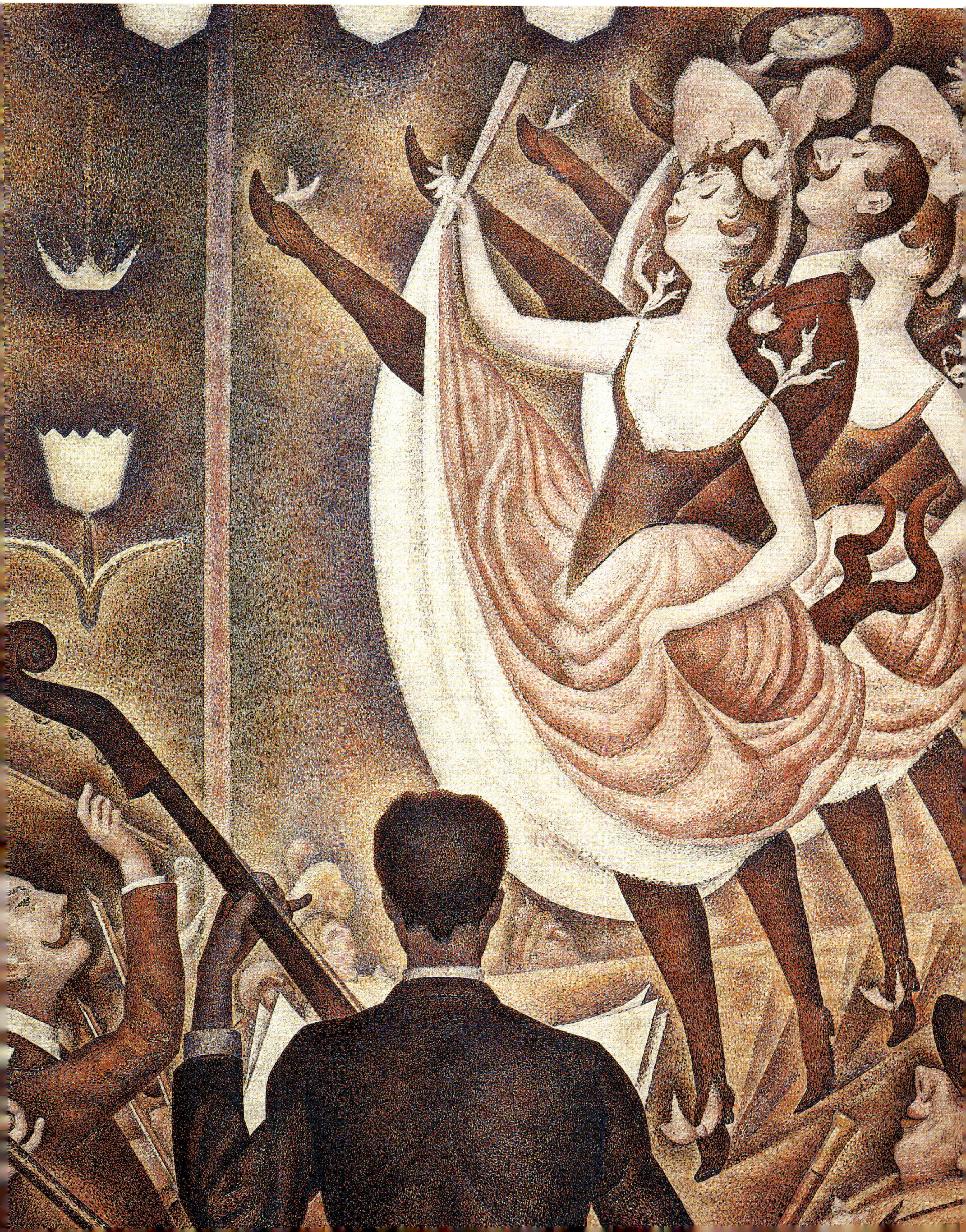

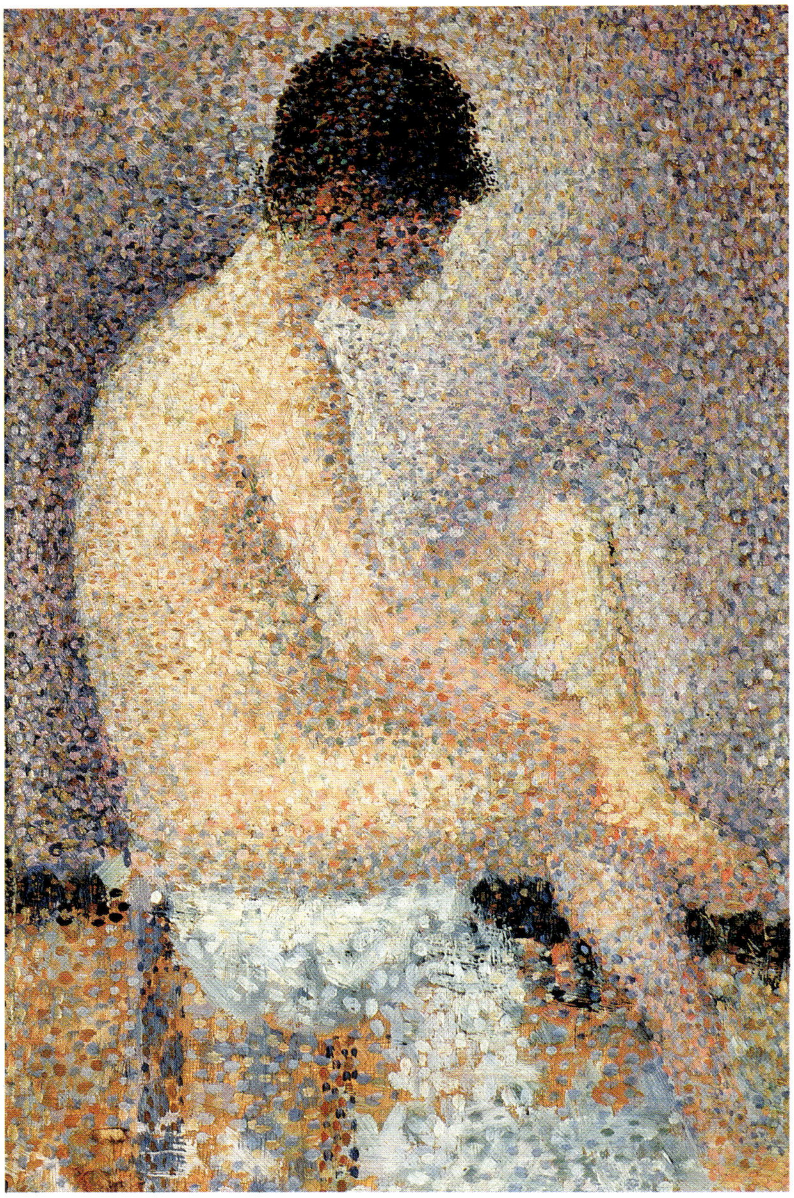

Georges Seurat
Nu de profil
1887, huile sur bois,
25 x 15,9 cm.
Musée d'Orsay, Paris.

sa facture « scientifique » provoquent l'hilarité du public et l'indignation des amis de Manet. Degas lui-même, s'il admet le talent de Seurat, est frappé de malaise face aux grandes dimensions de la toile (plus de deux mètres sur trois) : on perçoit bien qu'elle est destinée aux vastes espaces d'un Salon ou d'un musée, pas aux murs d'un particulier. Un jeune poète du nom d'Émile Verhaeren, pourtant, est fasciné par l'œuvre, et bientôt par le peintre, avec lequel il partagera de longues et calmes discussions dans les brasseries montmartroises. Si Seurat fascine, s'il n'est pas rare qu'on le compare à un peintre de la Renaissance, c'est qu'il a su répondre à cette violente tentation du XIXe siècle : instiller la notion de progrès dans l'art traditionnel. On lui cède la place d'honneur aux avant-postes de la modernité. Van Gogh, tout comme Toulouse-Lautrec, en sera marqué, qui reconnaît en 1888 à Seurat le rôle de chef de file du « petit boulevard » (Clichy et les Batignolles). « Je ne peignais ainsi que pour trouver du nouveau, une peinture mienne », écrit-il à Signac. Signac, qui est l'agent de propagande du mouvement et qui le restera bien après la mort de Seurat, publiant en 1899 le bréviaire théorique *D'Eugène Delacroix au néo-impressionnisme*.

En 1887, voulant prouver que sa méthode s'applique aux figures humaines, Seurat se lance dans la toile des *Poseuses,* version moderne des *Trois Grâces*. Ensuite, convaincu de la poésie de la ville, il donnera plusieurs peintures de spectacles populaires à Montmartre – *Chahut,* inspiré des soirées du Divan Japonais, café de chansonniers de la rue des Martyrs, montre de furieuses danseuses de *french cancan*, désarticulées, la jambe en l'air devant un spectateur réjoui – et multipliera les dessins au fusain de chanteuses de la Gaîté-Rochechouart ou du Divan Japonais.

En 1891, au moment de sa mort, il expose aux Indépendants la toile inachevée, *Le Cirque,* vision muette, comme surgie d'un rêve, légère et étrange, féerie grimaçante qu'il a copiée sur le vif au célèbre cirque Fernando, installé depuis 1875 au 63 du boulevard Rochechouart. Ce tableau célèbre l'harmonie si chère à Seurat. « L'art, avait-il écrit, c'est l'harmonie : l'harmonie, c'est l'analogie des contraires, l'analogie des semblables de tons, de teintes, de lignes, considérés par la dominante et sous l'influence d'un éclairage en combinaisons gaies, calmes ou tristes. » Sa lecture des écrits du savant Charles Henry lui avait enseigné les relations entre les lignes, entre certaines couleurs, et les sentiments alors exprimés. Composé de manière classique, autour d'un axe central de symétrie figuré par le clown et l'écuyère, *Le Cirque* répond à un ordre que l'artiste accuse les impressionnistes d'avoir détruit. Quant à la touche, que l'on connaissait allongée dans *La Baignade*, croisée dans la *Grande Jatte,* ici, elle s'amenuise.

Le travail de Seurat contribuera à répandre la croyance en la peinture autonome basée sur les rapports des couleurs et des signes. La peinture savante restera à jamais l'une des données majeures pour les nouvelles générations.

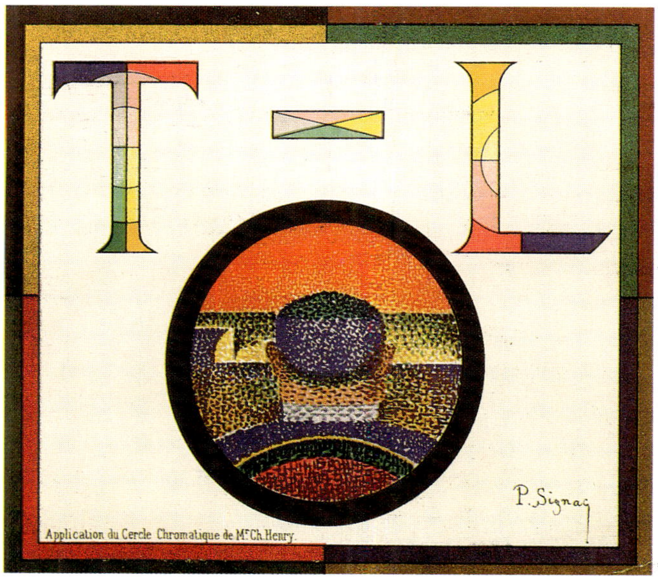

Paul Signac
Application du cercle chromatique de Mr Ch. Henry
Illustration du programme du Théâtre Libre, 1889.
Lithographie en couleur sur carton,
15,4 x 17,9 cm.
Collection Josefowitz.

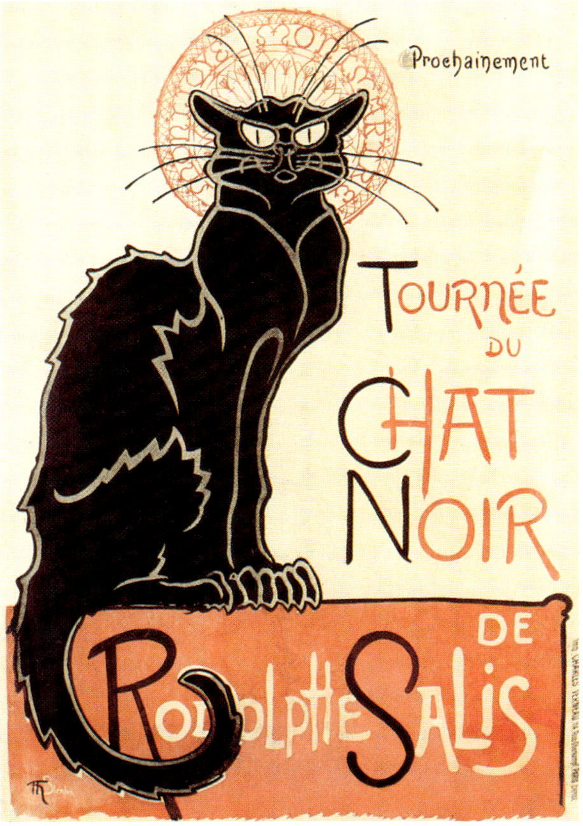

Théophile Steinlen
Tournée du Chat Noir
1896, affiche, lithographie,
139,5 x 98 cm.
Musée de Montmartre, Paris.

Page de droite
Portrait de Rodolphe Salis,
propriétaire du Chat Noir

Bohème au Chat Noir

Dans les années 1880, le sommet de la Butte de Montmartre, c'est encore la campagne. Sur son versant nord est situé un vaste terrain vague surnommé le Maquis, que l'écrivain Mac Orlan décrira comme « des maisons posées çà et là, comme des vieilles malles entre des bouquets de lilas ». Renoir le traverse chaque jour pour aller de son pavillon du Château des Brouillards à son atelier de la rue Tourlaque, et son fils Jean y va ramasser des escargots. Mais du côté sud, des guirlandes d'immeubles neufs s'étagent à mi-pente. Lors de leurs sorties nocturnes, les nouveaux habitants de ces quartiers vont voir le chantier de la basilique néo-byzantine, ce gigantesque Sacré-Cœur qui, loin d'emporter tous les suffrages, attire toutes les curiosités. Et ensuite ? On redescend par la rue Lepic ou la rue des Martyrs et on va s'amuser non dans les cafés impressionnistes, où les discussions sont trop intellectuelles, mais dans les nouveaux cabarets et bals qui fleurissent autour de la place Blanche et de la place Pigalle.

En décembre 1881, l'un d'eux vient d'ouvrir au 84 du boulevard Rochechouart sous l'enseigne du Chat Noir. Son propriétaire, Rodolphe Salis, a rapidement meublé cet ancien bureau de poste, bâti tout en longueur. Rien de luxueux, mais de « l'atmosphère » : des garçons déguisés en académiciens, des pots d'étain, des lustres de cuivre, des faïences rustiques, des chaises et des tables façon « estaminet » Louis XIII et une petite pièce sombre au fond, baptisée « l'Institut » et réservée aux habitués. Et un programme : « Le public trouvera chaque soir au Chat Noir de quoi

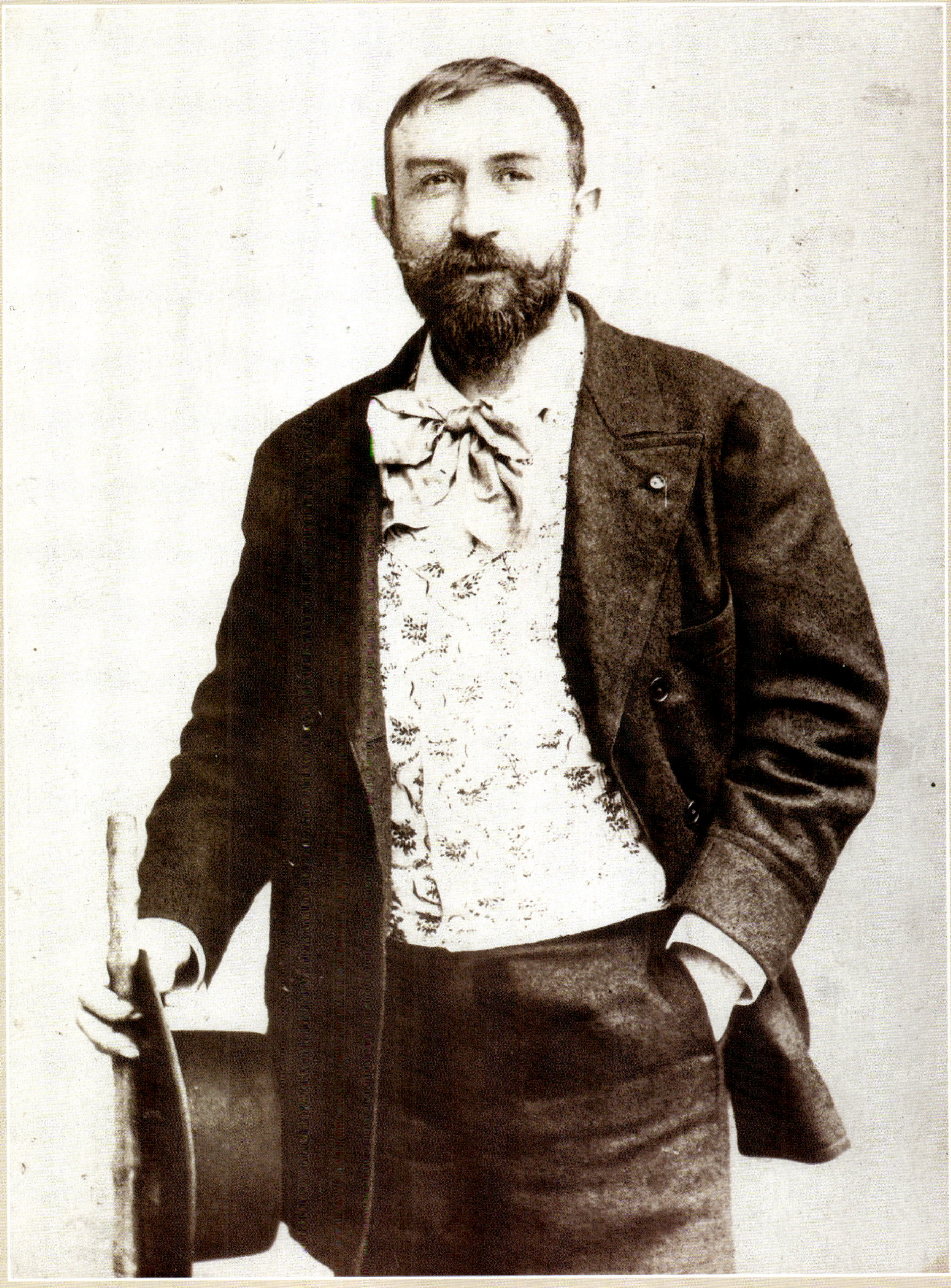

Ci-contre
Journal
Le Chat Noir
du 29 mars 1886

Page de droite
Intérieur du cabaret
du Chat Noir
en 1885

Ci-dessous
Cabaret du Chat Noir

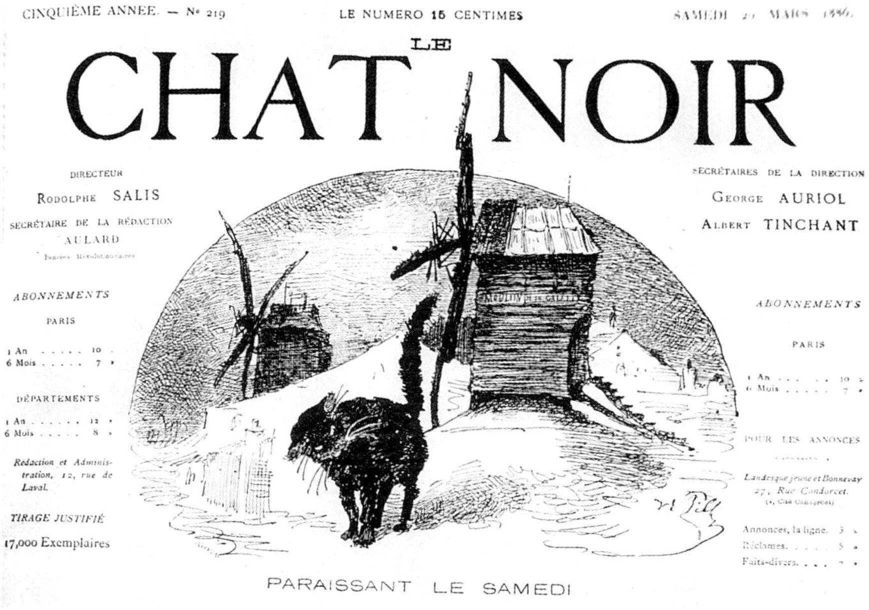
CINQUIÈME ANNEE. — N° 219 LE NUMERO 15 CENTIMES SAMEDI

LE CHAT NOIR

DIRECTEUR
RODOLPHE SALIS
SECRÉTAIRE DE LA RÉDACTION
AULARD

SECRÉTAIRES DE LA DIRECTION
GEORGE AURIOL
ALBERT TINCHANT

ABONNEMENTS
PARIS
1 An 10
6 Mois 7

DÉPARTEMENTS
1 An 12
6 Mois 8

Rédaction et Administration, 12, rue de Laval.

TIRAGE JUSTIFIÉ
17,000 Exemplaires

ABONNEMENTS
PARIS
1 An 10
6 Mois 7

POUR LES ANNONCES
Landesque jeune et Bonnevay
27, Rue Condorcet.

Annonces, la ligne. 3
Réclames. 5

PARAISSANT LE SAMEDI

se sustenter confortablement l'estomac et l'esprit au son de diverses musiques qui pourront mériter son caprice et sa fantaisie. » Autrement dit, pas de cénacle ni de foyer d'une école, il est seulement question de s'amuser. D'ailleurs, Salis s'est associé à Émile Goudeau, le président-fondateur du club des Hydropathes, une bande de joyeux lurons qui n'ont pour l'eau que fort peu de sympathie. Avec lui, la bohème fêtarde se déplace du Quartier latin à Montmartre.

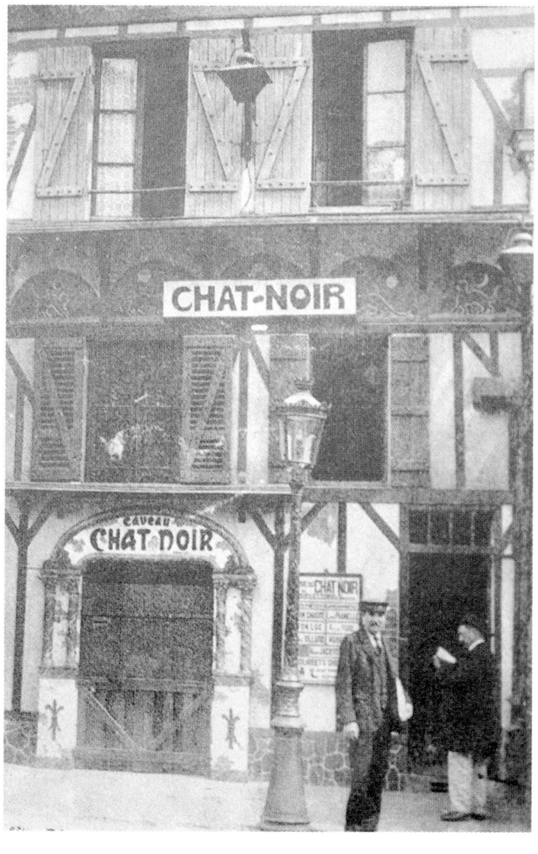

Les soirées s'organisent autour du piano. Des musiciens bohèmes, des chansonniers comme Mac Nab, Maurice Donnay s'y succèdent. Aristide Bruant y fait ses débuts avec la *Ballade du Chat Noir*, Charles Cros y récite des vers humoristiques, Georges Auriol y écrit « Quand les lilas refleuriront ». Jusqu'à Debussy qui y cause avec Verlaine ou l'écrivain Théodore de Banville ! Adolphe Willette y peint en une fresque intitulée *Parce Domine ! Parce populo tuo !* toute cette jeunesse tumultueuse et insouciante et accole sur la devanture un vitrail déjà symboliste, *La Vierge verte,* ou *Vierge aux chats*. Salis improvise chaque soir un boniment, insolent sans être grossier, qui étonne, choque et ravit le bourgeois. On fait salle comble, et le local se révèle bientôt trop petit. En 1885, le Chat Noir déménage en grande pompe rue Victor-Massé, dans l'ancien hôtel particulier du peintre belge et coqueluche du tout-Paris, Alfred Stevens, ami de Manet. L'événement est prétexte à une cavalcade burlesque, avec hallebardiers et Salis vêtu d'un uniforme de préfet de première classe. On déplace l'enseigne de Willette en chantant le refrain de Bruant : « Je cherche fortune/Autour du Chat Noir/Au clair de la lune/À Montmartre le soir. » À la nouvelle adresse, on a vu grand. L'atelier de Stevens, au deuxième étage, est transformé en salle de spectacle que fréquente le monde artistique, et il n'est pas rare d'y rencontrer Émile Zola ou Alphonse Daudet. Henri Rivière est chargé d'y faire fonctionner un théâtre d'ombres,

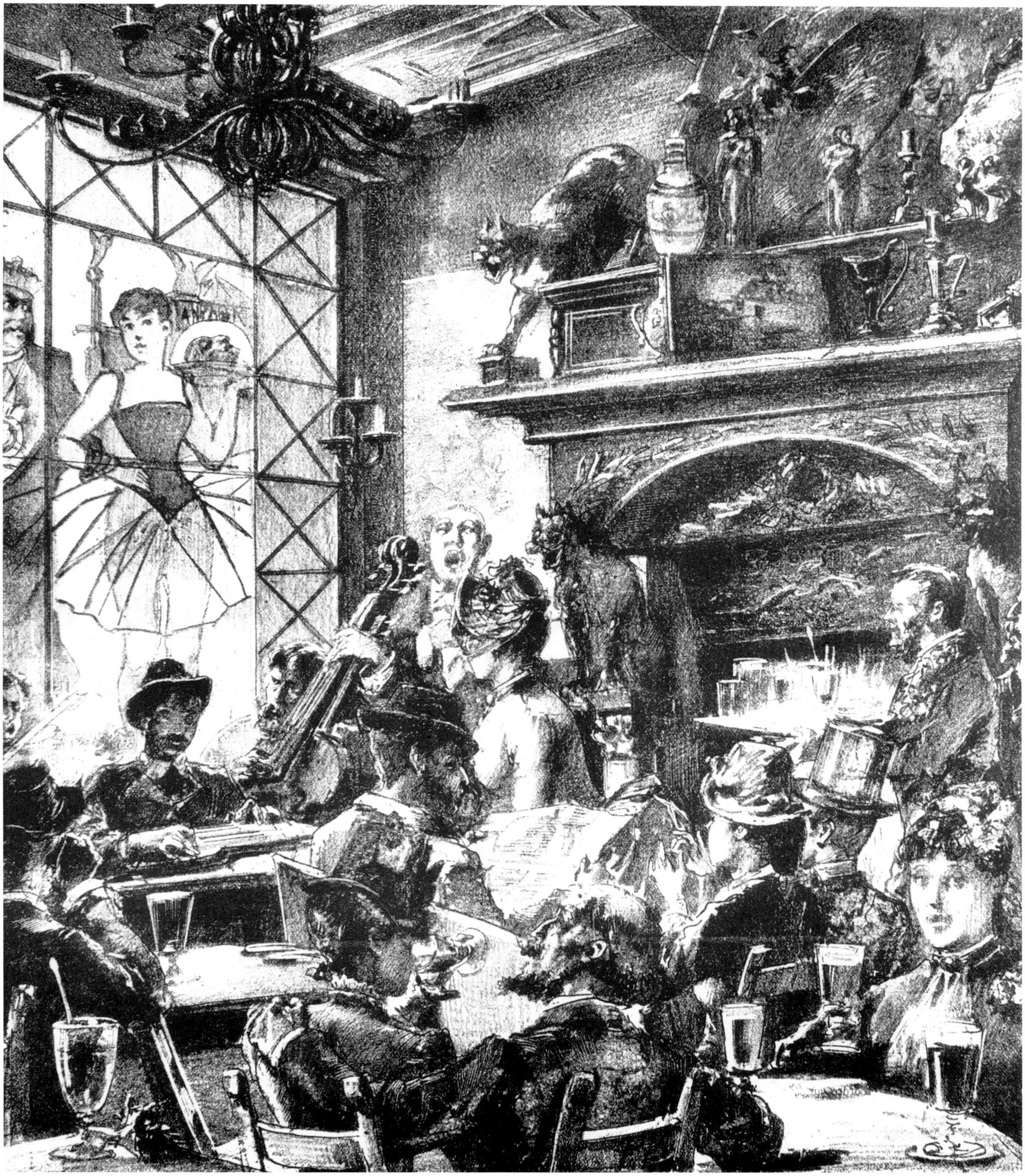

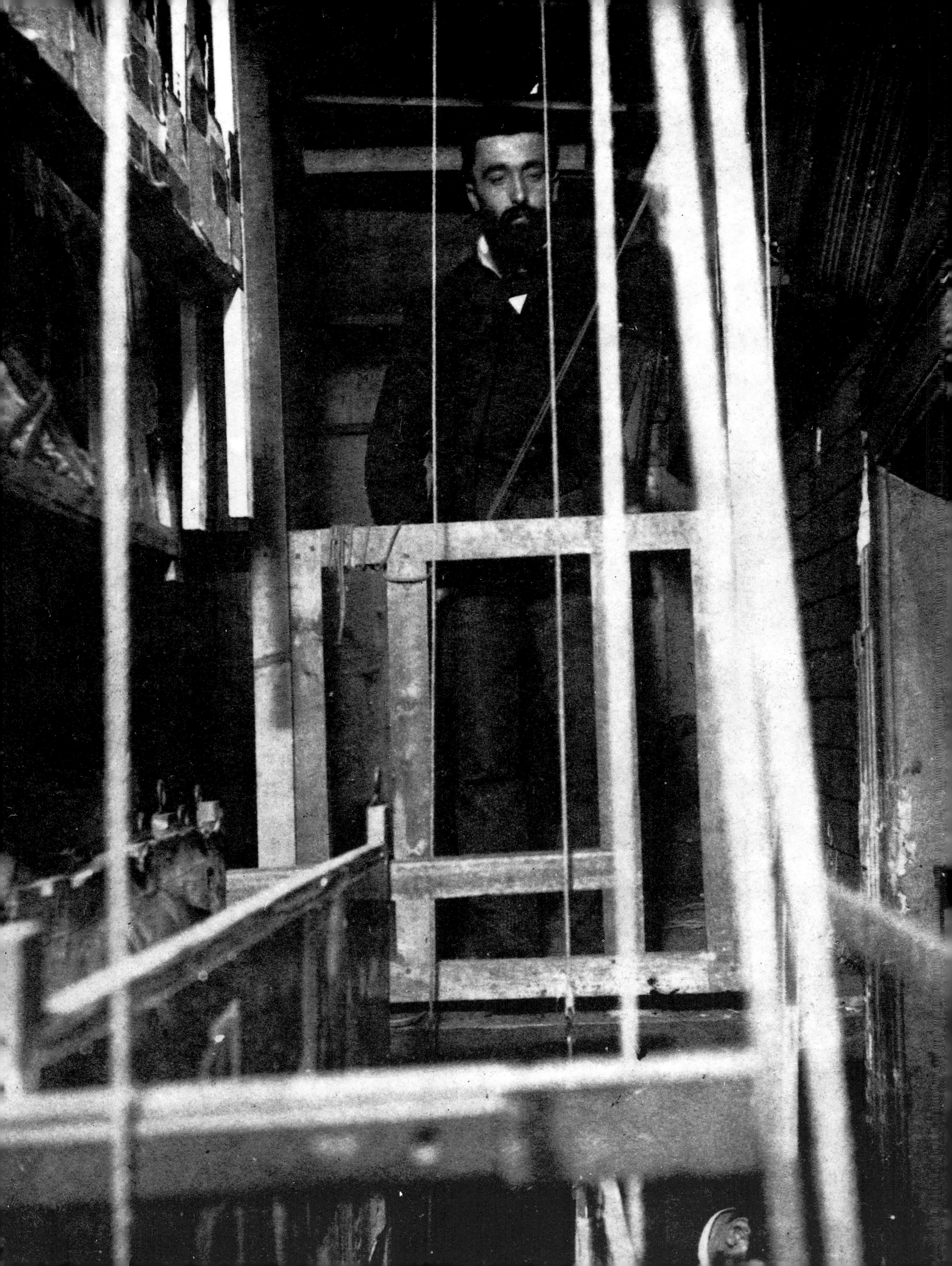

un art qu'il mène à sa perfection en parvenant à colorer les ombres animées. La technique remonte à l'Antiquité, mais cette évolution annonce le cinéma. C'est un triomphe, qui contribue à la réputation internationale du cabaret. Le dessinateur Caran d'Ache y conçoit une grande fresque historique, *L'Épopée napoléonienne*, et Alphonse Allais assure parfois le bruitage dans un style assez personnel.

Car l'écrivain humoristique est un assidu du cabaret de Salis. Depuis 1882, il est aussi rédacteur du *Journal du Chat Noir*, qui tire à douze mille exemplaires chaque semaine[1]. Jusqu'en 1895, plus de quatre-vingts illustrateurs viendront y conter en dessin la vie de Montmartre, caricaturer l'esprit du siècle finissant. Jules Laforgue et Albert Samain, Jules Vallès et Jules Renard y publient à l'occasion.

Théophile Steinlen, auquel on doit la couverture du premier numéro, est l'un de ces dessinateurs talentueux qui fera connaître le Chat Noir dans le monde entier par son affiche en rouge, beige et noir : élégante silhouette d'un félin noir assis. Mais son inspiration va plus volontiers au petit peuple des rues de la Butte dont il « chronique » la vie en illustrant des chansons de Bruant, violemment dénonciatrices de la misère. Il vit d'ailleurs, en plein Maquis, une maison rebaptisée *Cat's cottage*, en raison de ses nombreux chats[2].

Adolphe Willette est probablement, avec Steinlen, l'artiste montmartrois qui travaille le plus pour les cabarets. Il exécute pour le Chat Noir de la rue Victor-Massé le vitrail du *Veau d'or*, allégorie ironique de la réussite de Rodolphe Salis. Pour l'Auberge du Clou, qui ouvre ses portes en 1883 avenue Trudaine, il peint neuf grands tableaux, essentiellement sur le thème de la boisson et de Pierrot, personnage fantasque et léger en apparence, qui partage en réalité avec la jeunesse de Montmartre des tourments et des désirs insatiables. Ce fameux Pierrot, l'artiste le fera figurer sur l'enseigne de son « magasin », Au Noir et Blanc, rue Antoinette[3] : son Pierrot vêtu de blanc, un sac de charbon sur le dos, serre la main d'un homme vêtu de noir et chargé d'un sac de farine. Cet homme, un charbonnier auvergnat, n'est autre que le propriétaire de ce réduit de un mètre carré situé dans la devanture de la boutique du bougnat. Dans cette échoppe de misère, on ne vend rien. Elle contient en tout et pour tout une table, deux chaises et des dessins de Willette accrochés aux murs qu'un rideau protège des regards des curieux. À un ami qui s'étonnera de l'utilité d'un tel lieu, Willette déclarera : « C'est ici mon domicile légal, le seul que j'avoue... Les méchantes gens qui me persécutent peuvent m'envoyer les huissiers, ils ne rentreront pas dans leurs frais ! » En effet, l'artisan des décors et des invitations des bals du fantasque Élysée-Montmartre, en raison du déficit financier des nombreuses publications qu'il

Page de gauche
Georges Rivière
dans son théâtre d'ombres
au Chat Noir

Pages suivantes
Adolphe Willette
Parce Domine, parce domino tuo
1884, huile sur toile,
400 x 200 cm.
Musée de Montmartre, Paris.

1. La loi sur la liberté de la presse, votée le 29 juillet 1881, a entraîné la création de centaines de nouvelles publications.
2. Steinlen a collectionné les adresses montmartroises : rue Caulaincourt, le Maquis, le Château des Brouillards...
3. Aujourd'hui, rue Yvonne-Le-Tac.

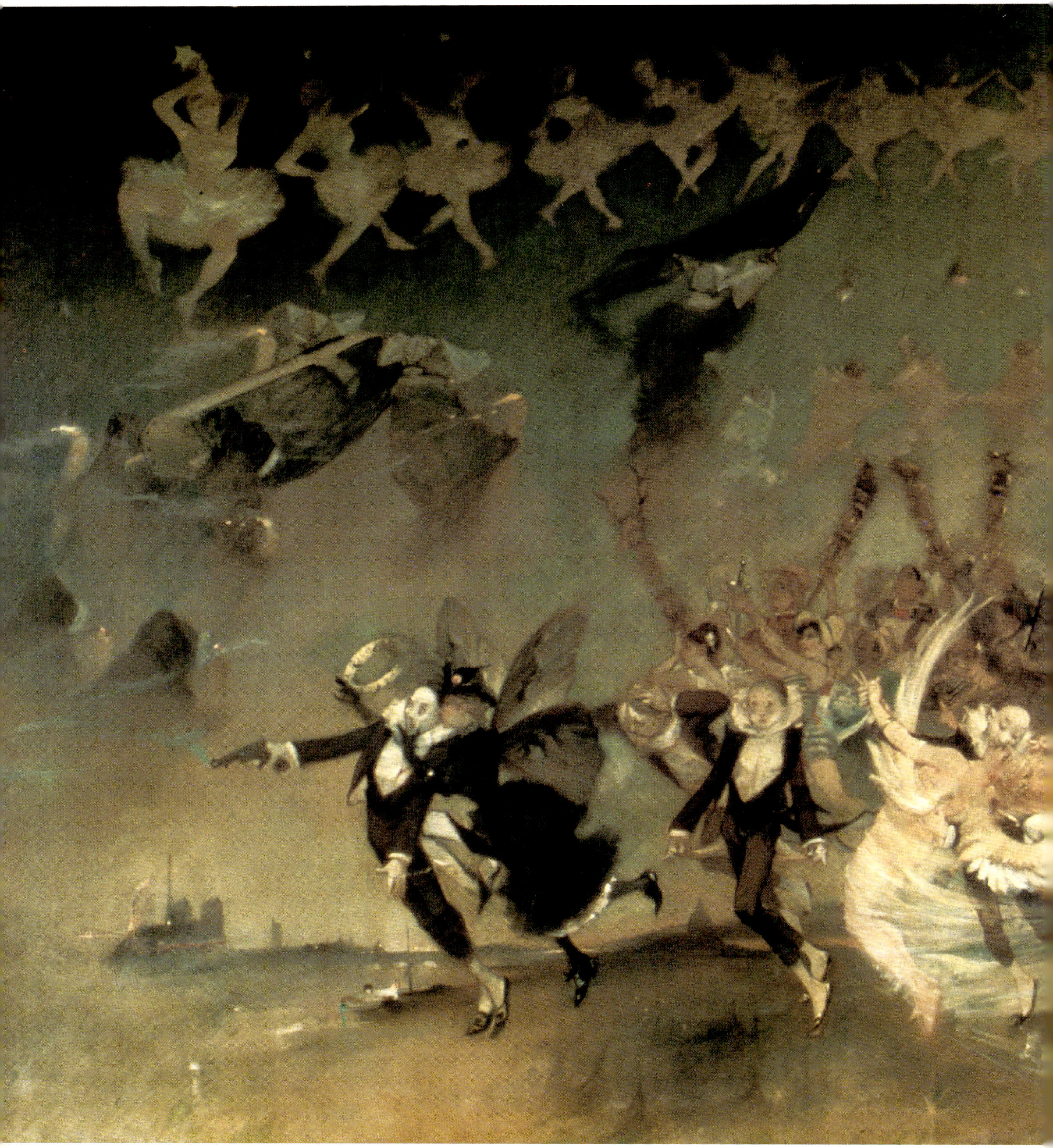

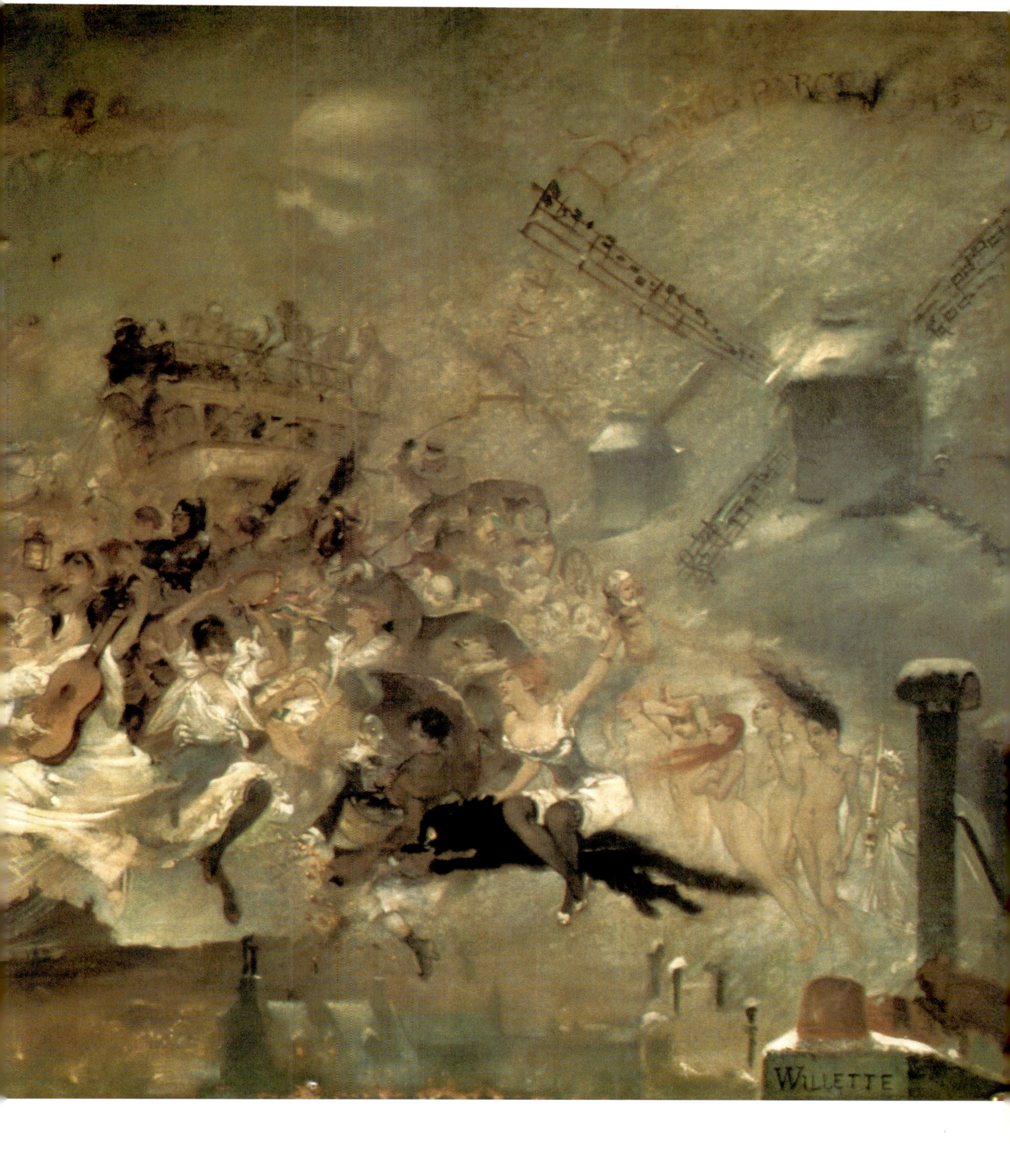
WILLETTE

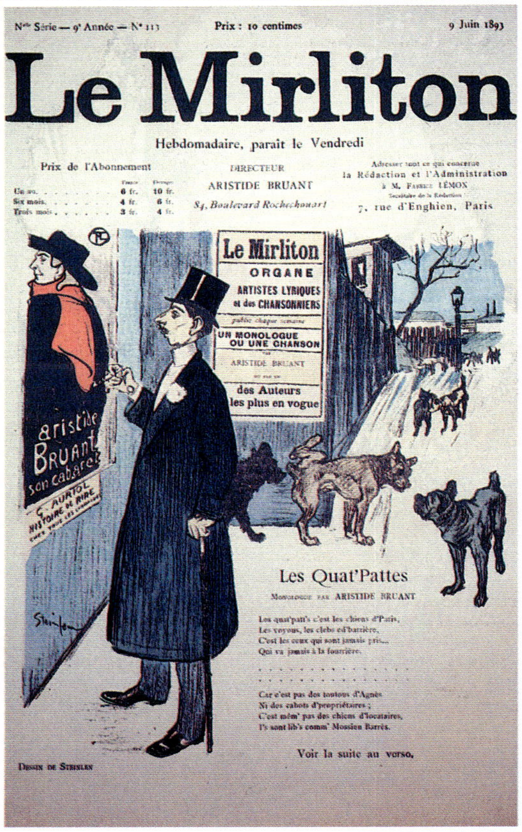

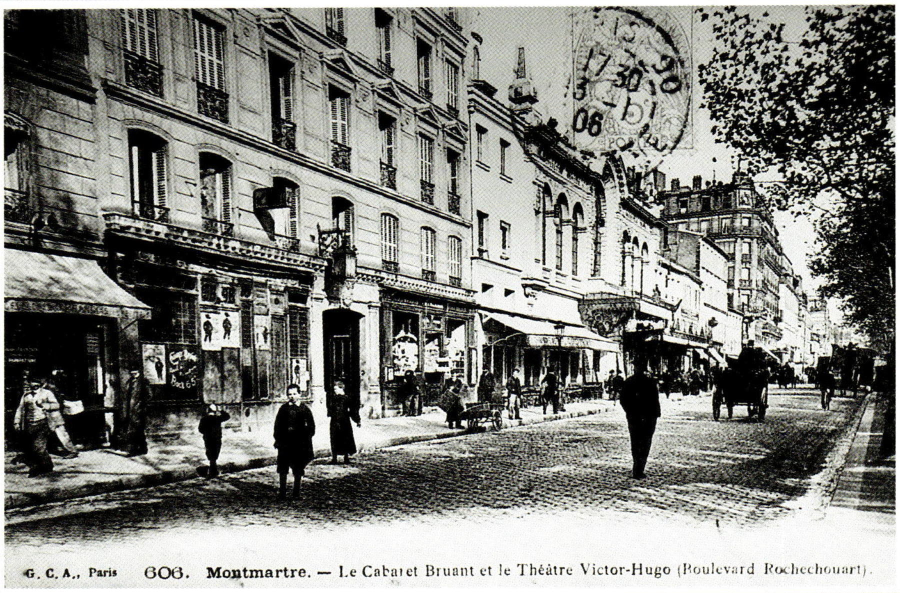

Couverture du journal
Le Mirliton du 9 juin 1893,
dessinée par Théophile
Steinlen

Le cabaret Bruant et le théâtre
Victor Hugo boulevard Rochechouart

Le cabaret des Quat'z'Arts

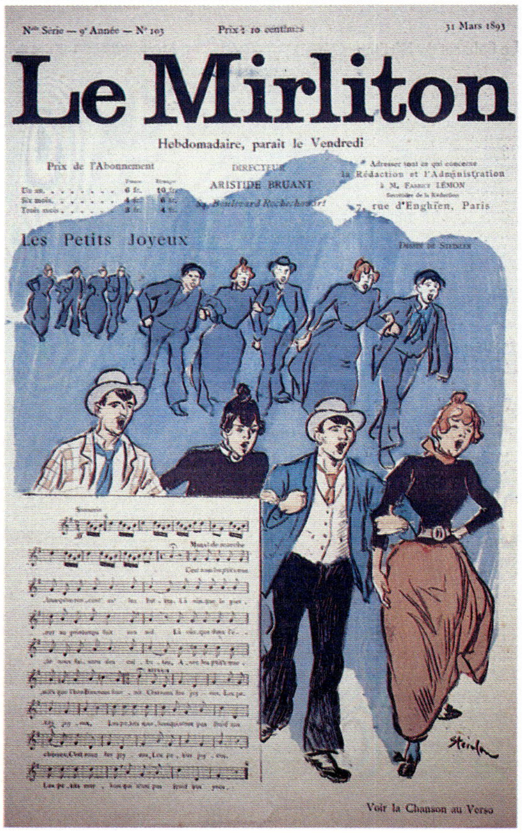

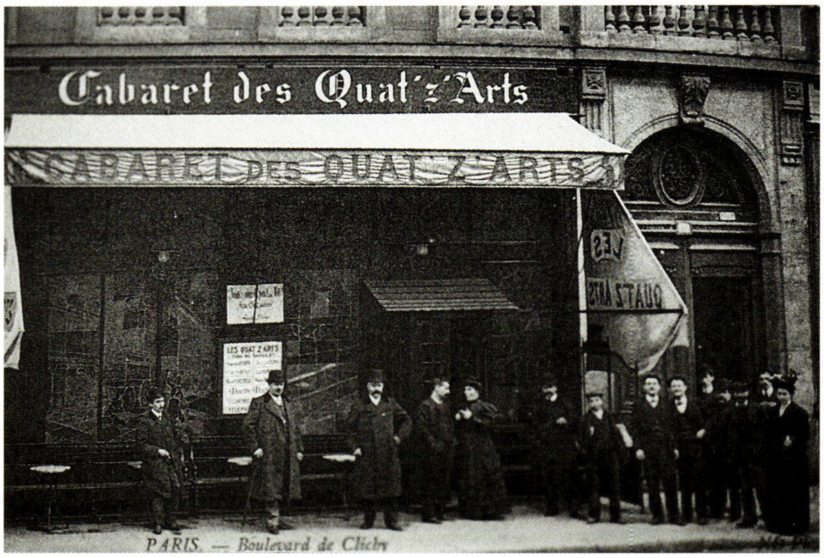

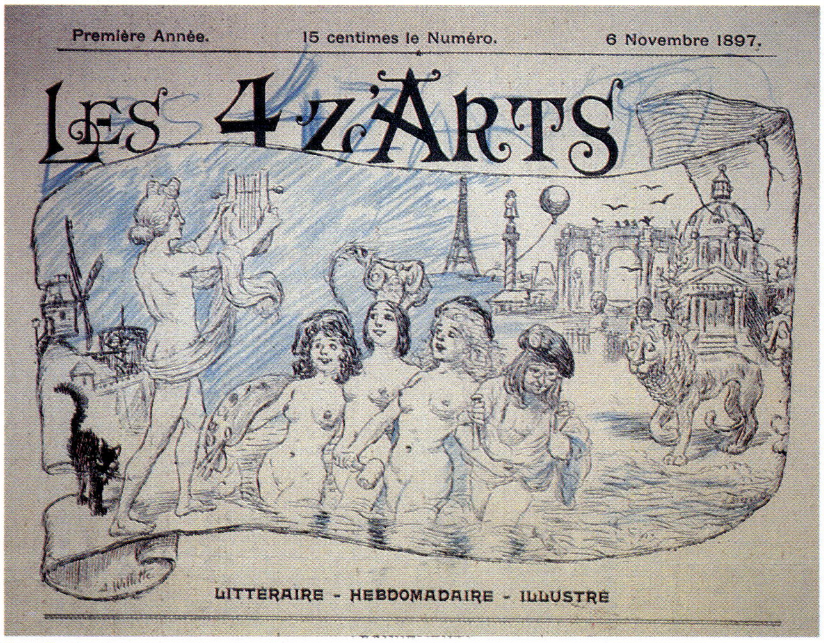

Couverture
du journal
Le Mirliton
du 31 mars 1893,
dessinée par
Théophile Steinlen

Couverture du journal
Les Quat'z'Arts du 6 novembre 1897,
dessinée par Adolphe Willette

Les cabarets et les journaux

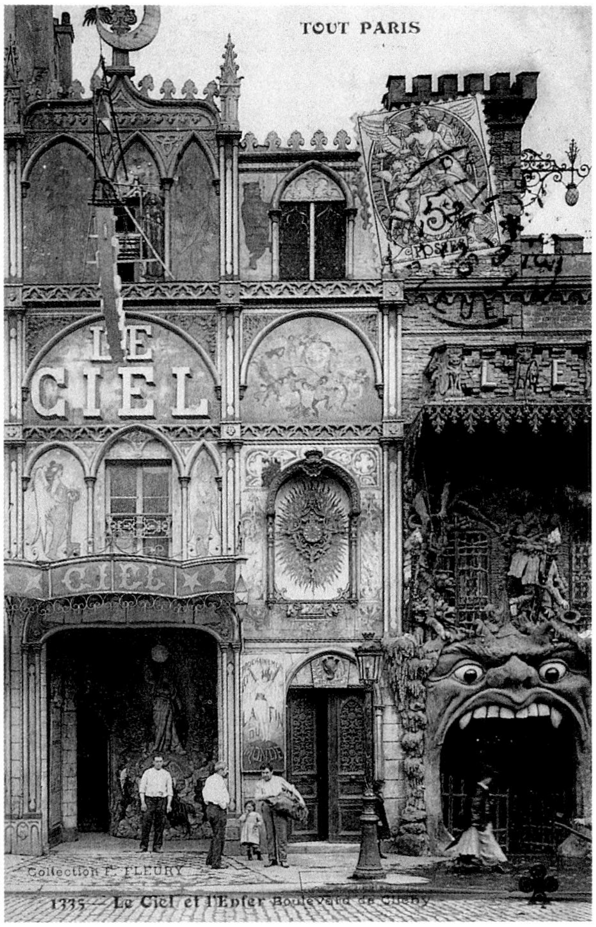

Les cabarets jumeaux Le Ciel et L'Enfer

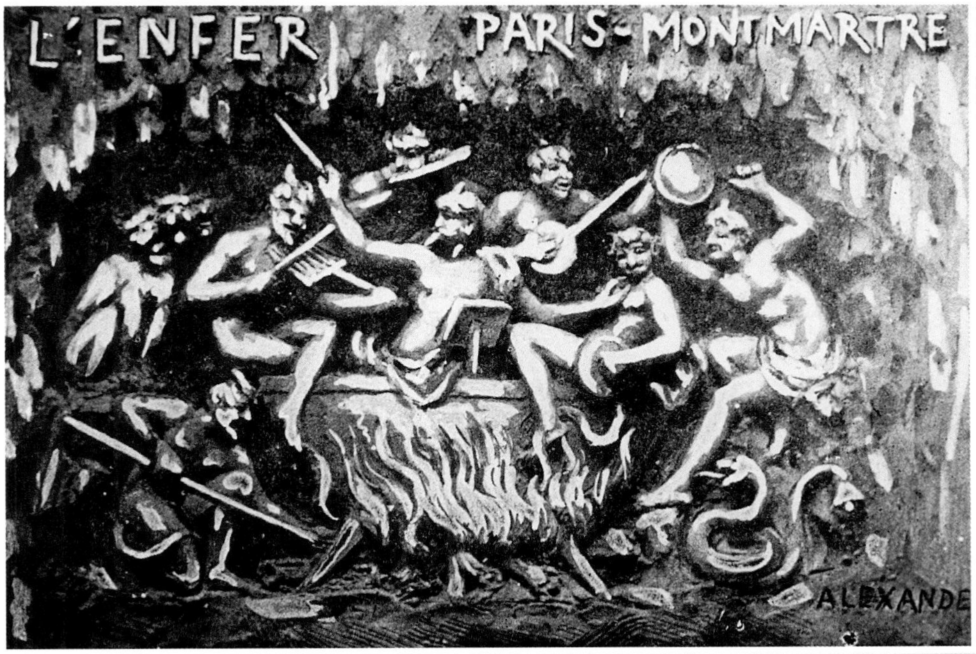

Décoration du cabaret L'Enfer

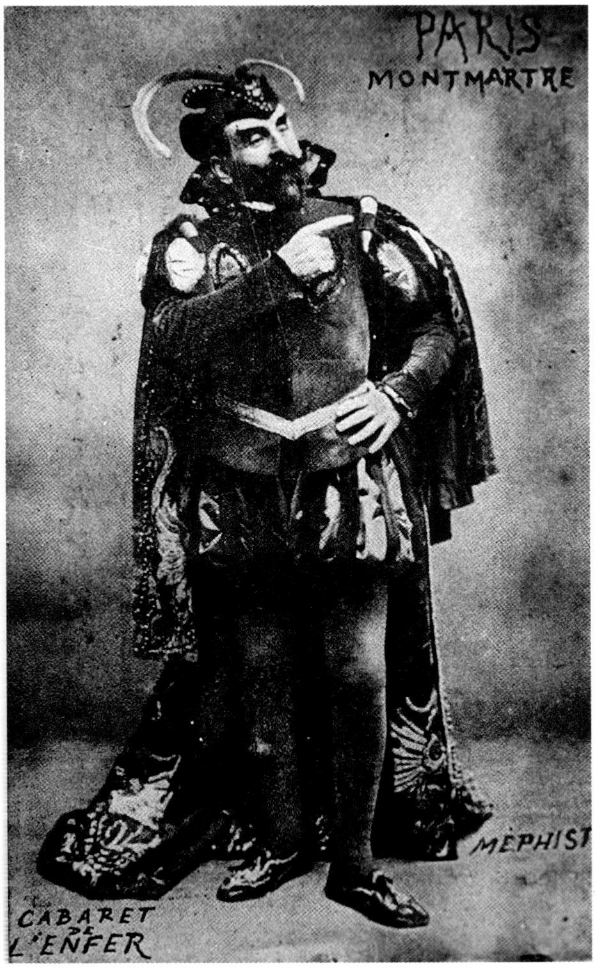

Méphisto au cabaret L'Enfer

Page de droite
Henri de Toulouse-Lautrec
Eldorado, Aristide Bruant
1892, affiche,
lithographie au pinceau
et au crachis, 138 x 94 cm.
Musée Carnavalet, Paris

Ci-dessous
Portrait d'Aristide Bruant

fondera, comme *Le Pierrot* en 1888, ne cessera d'être poursuivi par les huissiers[1].

D'autres cabarets ont ouvert au cours de ces années. À l'Auberge du Clou, Georges Courteline récite le *Désespéré fin-de-siècle*, sorte de ballade tragi-comique. Claude Debussy et Erik Satie – qui vient de composer les *Trois Gymnopédies* – s'y rencontrent en 1891. Un an plus tôt, le frère de Salis, Gabriel, a remplacé la Grande Pinte de l'avenue Trudaine, où le Père Laplace collectionnait les palettes de Pissarro, Monet, etc., par l'Âne Rouge ; Willette y expose *La Fédérée de l'impasse du Tertre*, inspirée d'un poème de Richepin. Place des Martyrs, Maxime Lisbonne, communard rentré du bagne de Nouvelle-Calédonie, a ouvert en 1885 la Taverne du Bagne, où les serveurs sont habillés en forçats et traînent un boulet. Place Pigalle, l'Abbaye de Thélème prend ses quartiers en 1886 en l'honneur de Rabelais ; sous des chapiteaux gothiques et des boiseries médiévales, des garçons en robe de bure officient dans des cérémonies pour le moins païennes. Païens sont également les cabarets jumeaux Le Ciel et L'Enfer installés boulevard de Clichy. Ce dernier offre à la vue du passant une façade de bas-reliefs en stuc glorifiant la nudité féminine en proie aux flammes infernales et accueille le client par une porte en forme de bouche ouverte, prête à le dévorer. À l'intérieur l'attendent des garçons travestis en squelettes qui distribuent des cocktails volontairement infâmes. Les anges du cabaret voisin servent, quant à eux, des boissons délicieusement sucrées aux clients échappés de L'Enfer. On pourrait en citer dix encore, au coude-à-coude dans ce Montmartre frivole, certains faisant office de galeries aux peintres qui les fréquentent, presque tous éditant leur propre feuille d'actualité. Mais le plus célèbre d'entre eux a été immortalisé par Toulouse-Lautrec.

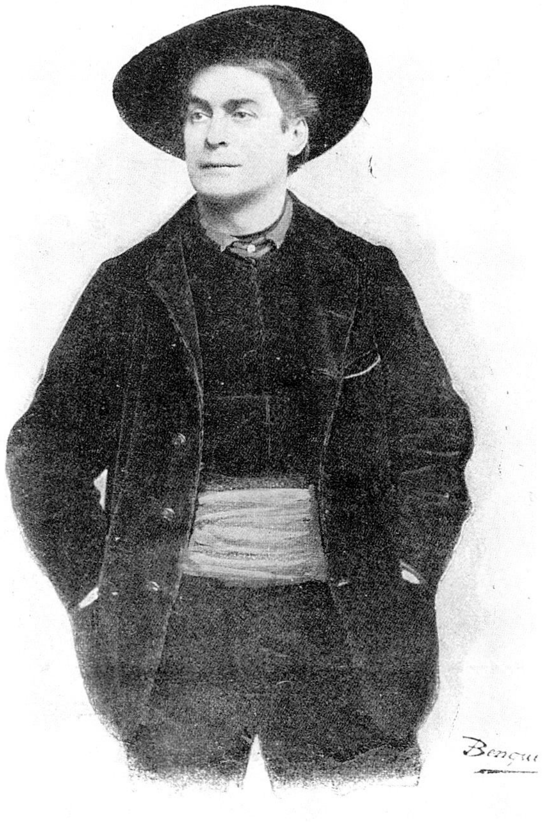

Lorsque le Chat Noir déménage, il cède la place au Mirliton, tenu par Bruant, le « maître de la rue » pour Anatole France. Le chansonnier populaire a débuté à l'Alcazar, boulevard Poissonnière. Sa rencontre avec Salis marque le début de son succès, dans un style néanmoins très différent de celui du patron du Chat Noir. Bruant engueule le bourgeois dès son entrée, en l'apostrophant : « Oh là là ! c'te gueule, c'te binette qu'il a ! » Celui-ci, ravi de s'encanailler à peu de frais, en redemande. Le poète François Coppée voit en Bruant un nouveau Villon ; son style cru et sa dégaine inimitable – costume de velours noir, écharpe rouge, bottes de pompier et large galure – séduisent Toulouse-Lautrec : le peintre rendra, par une série d'affiches, sa silhouette à jamais célèbre ; pour l'heure, il décore son cabaret avec des toiles dont les sujets sont inspirés de ses chansons – *À Batignolles, À Saint-Lazare, À la Bastille*. Et pendant des années, le public qui pousse la porte du Mirliton, croisant la devanture du cabaret, posera ses yeux indifférents sur le superbe portrait de Bruant, grande lithographie de l'art moderne.

1. Adolphe Willette, afin d'éviter les saisies, multipliera les adresses. De celles qu'il avouera retenons : rue Véron, place du Delta, rue Lepic, rue du Mont-Cenis, rue Saint-Vincent.

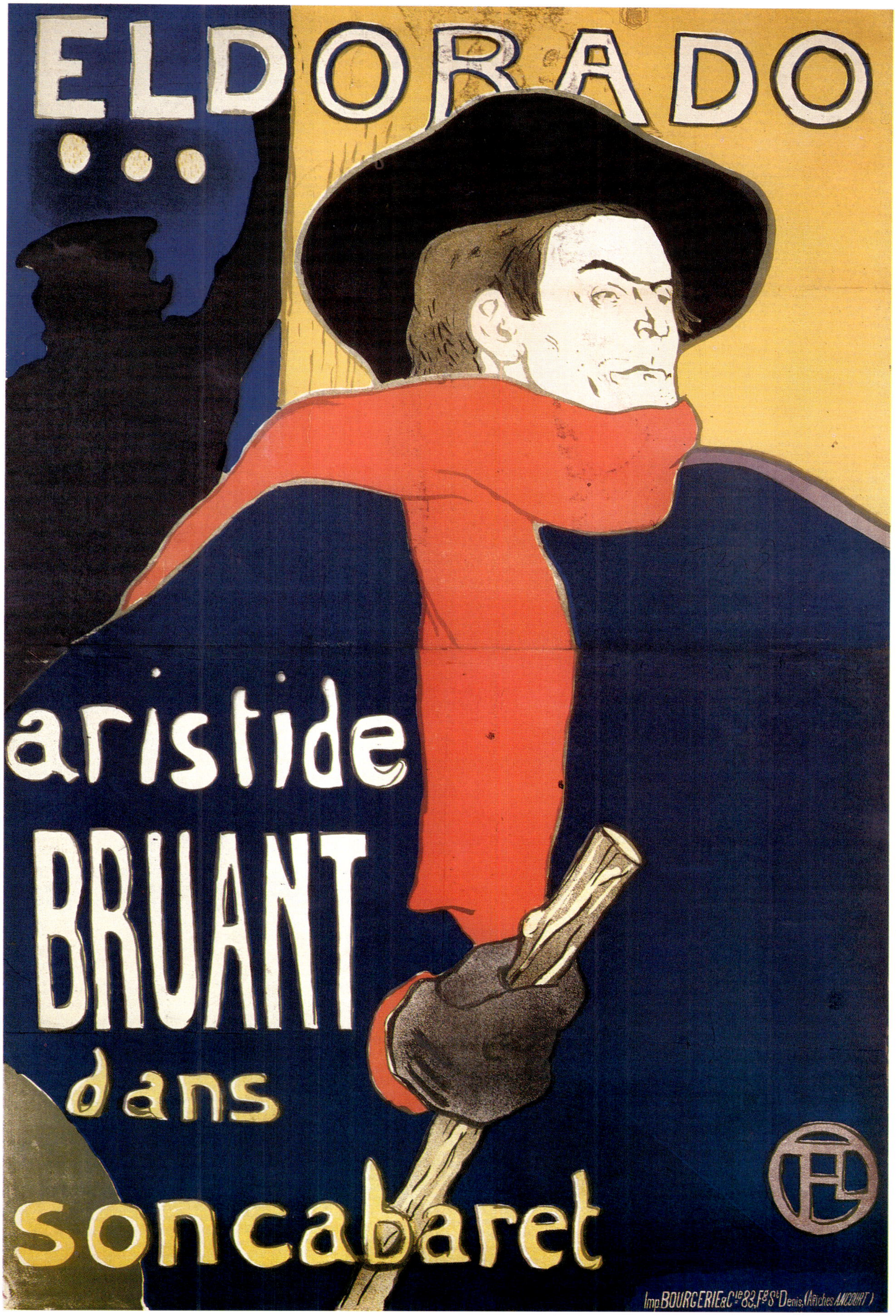
ELDORADO
aristide
BRUANT
dans
soncabaret
Imp. BOURGERIE & Cie 83, Fg St Denis, (Affiches ANCOURT)

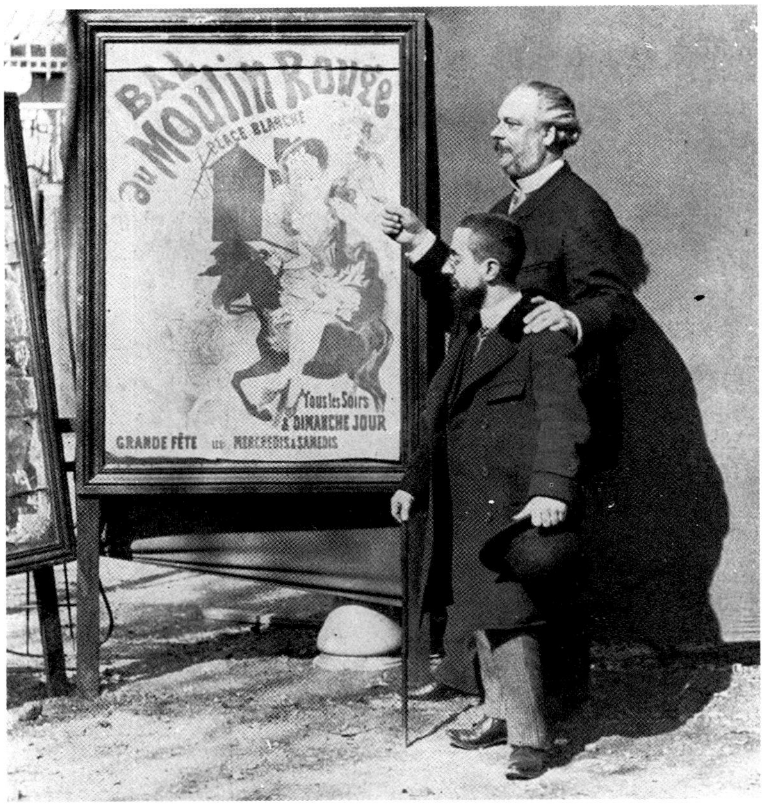

Toulouse-Lautrec
et Tremolado,
l'adjoint du propriétaire
du Moulin Rouge,
devant l'affiche
de Jules Chéret
vers 1891-1892

Lautrec « s'affiche »

Page de droite
Henri de Toulouse-Lautrec
Au Moulin Rouge :
le départ du Quadrille
1892, huile et gouache sur carton,
80 x 60,5 cm.
National Gallery of Art, Washington.

Avec Toulouse-Lautrec, Montmartre a trouvé son peintre. Chroniqueur d'une époque qu'on dira « Belle », il est, entre 1886 et 1901, le témoin – et l'acteur ! – infatigable des lumières de la nuit, qu'elles brillent au cirque, au café-concert, dans les bals ou dans les salons étouffants des maisons closes. « À Montmartre, il n'était pas un garçon de café, pas un maître d'hôtel, pas une femme qui ne connût ce nain difforme dont la générosité était proverbiale, écrit un journaliste à sa mort. Dans les tavernes, dans les restaurants de nuit, cet homme, qui ressemblait à un fou du roi, passait sa vie à étudier le Paris du vice, le Paris de la fête, le Paris de la noce, le Paris de l'orgie. Et ces études nous ont valu *Le Pendu*, *Reine de Joie*, *Babylone d'Allemagne*, *La Goulue et sa sœur*, et cent œuvres en lesquelles sont dépeints le vice grotesque, la fête ignoble et la noce crapuleuse... »

Le pinceau est vif et caustique, parfois grinçant ou cruel, jamais méprisant. Montmartre, c'est Lautrec ; Lautrec, c'est Montmartre, et il faut une bonne dose de lucidité doublée d'indulgence pour lire et accepter, sous l'ivresse de la fête et du chahut, le désespoir d'une nature trouble.

Il était né pourtant loin de Paris, Henri, Marie de Toulouse-Lautrec-Monfa, fils du comte Alphonse et de la comtesse, née Adèle Tapié de Céleyran, descendant en ligne directe des comtes de Toulouse, qui avaient campé devant Jérusalem. L'ombre de la cathédrale Sainte-Cécile d'Albi avait présidé à sa destinée, celle d'une enfance très choyée, entre

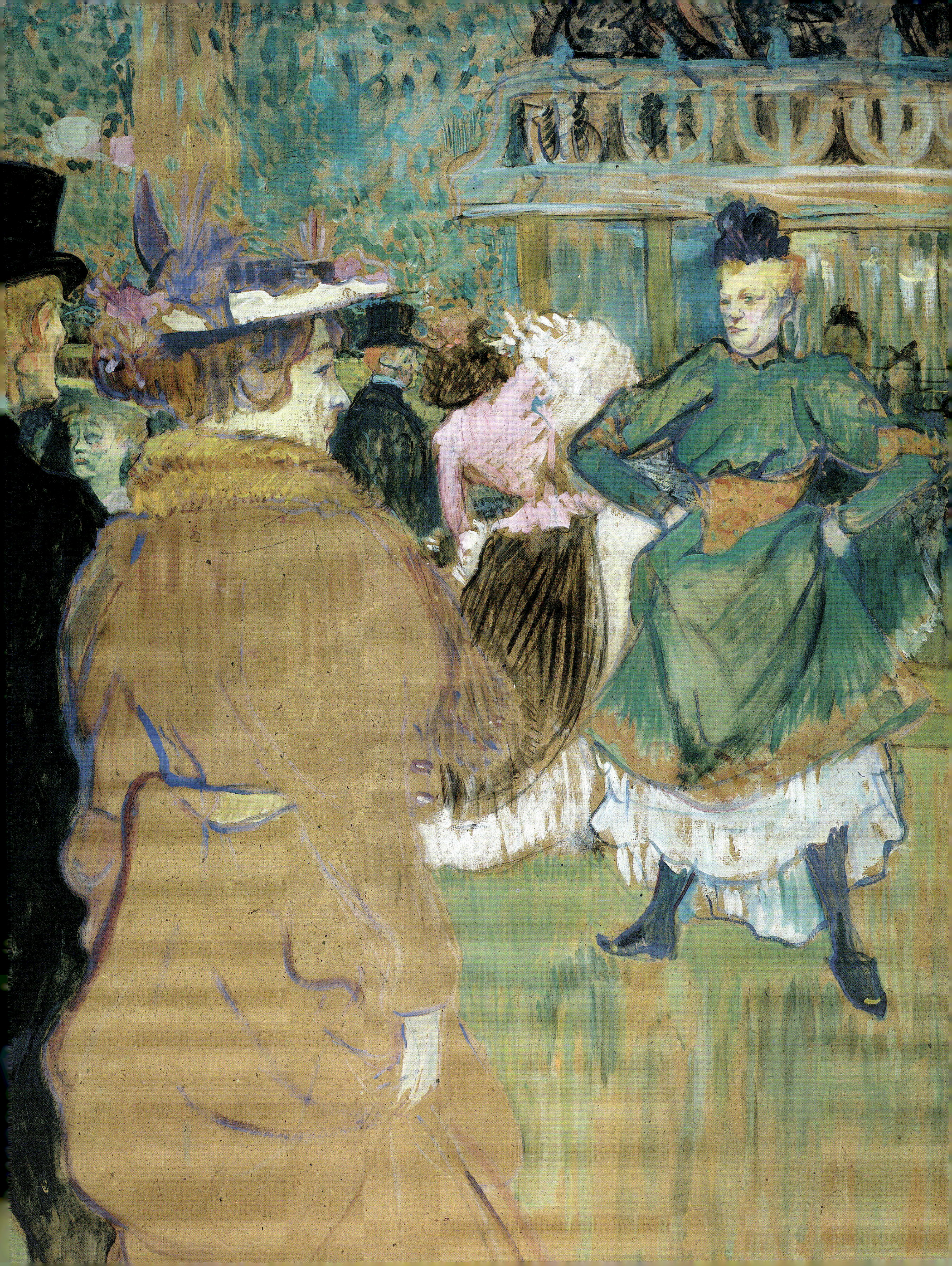

Le Moulin Rouge

Le 5 octobre 1899, le Moulin Rouge ouvre ses portes au 90, boulevard de Clichy sous la direction d'un ancien boucher qui a fait fortune, Charles Zidler.

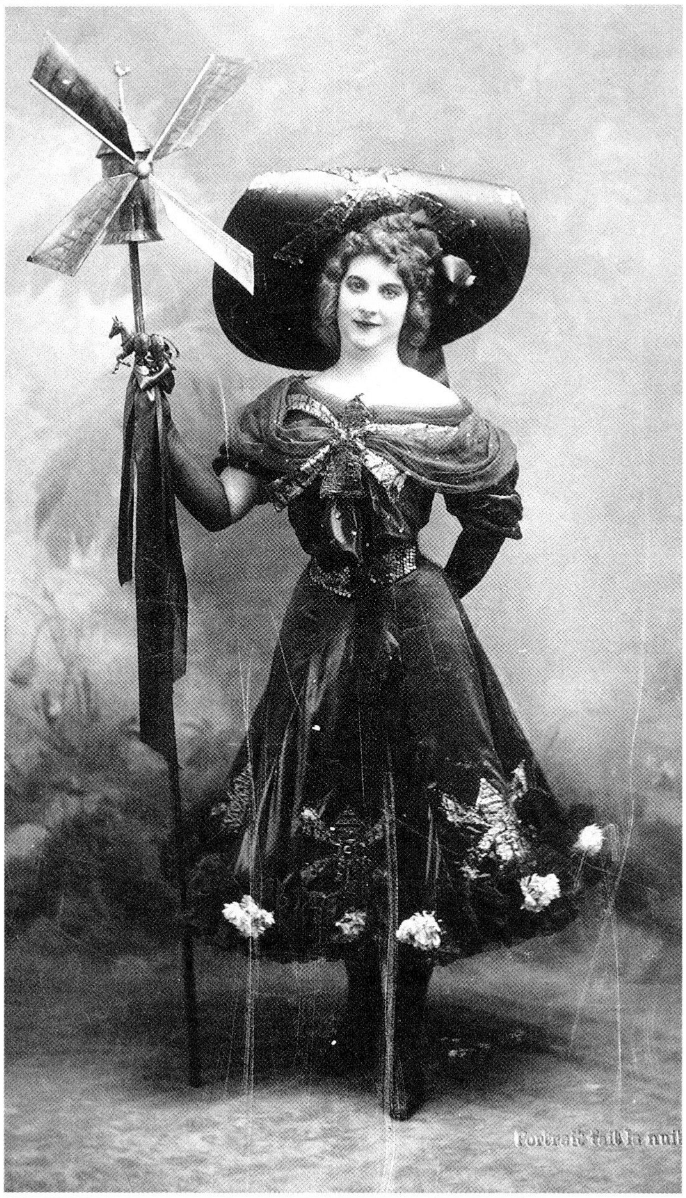

La Commère du Moulin Rouge

Le Moulin Rouge

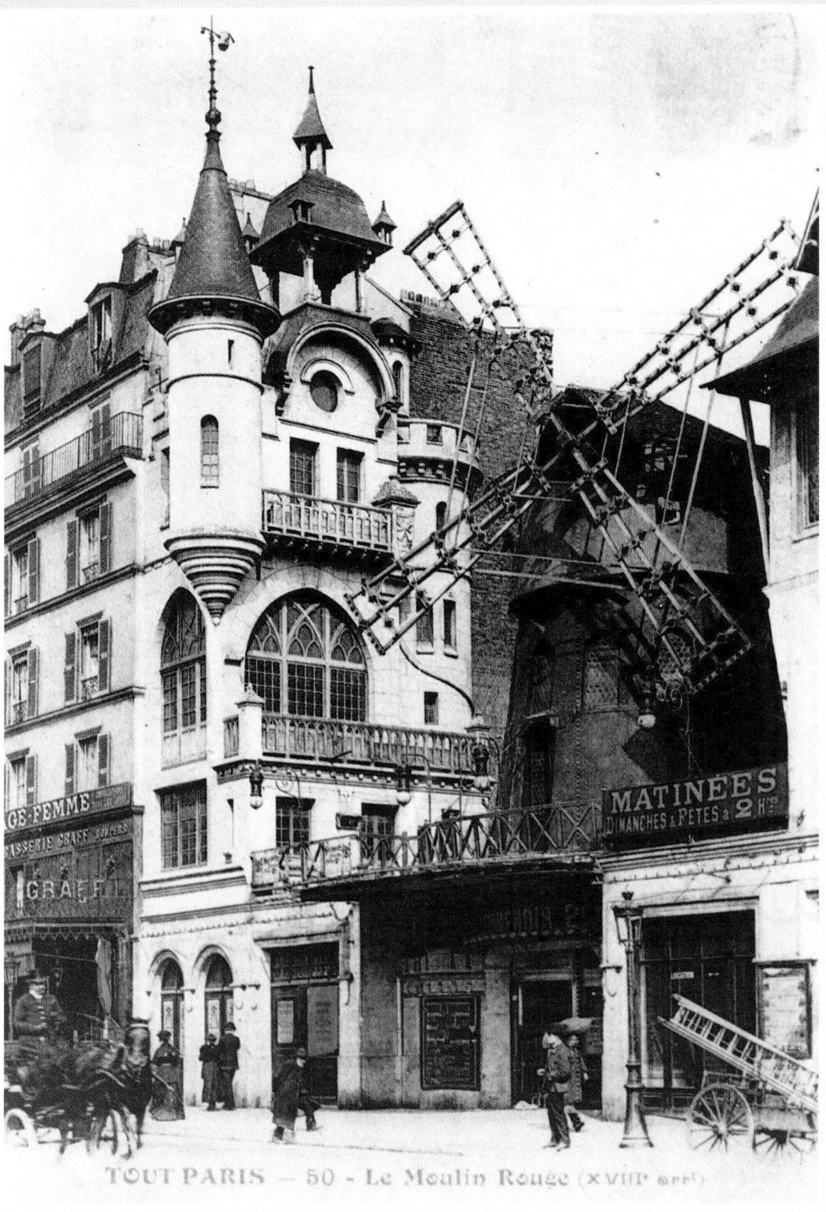

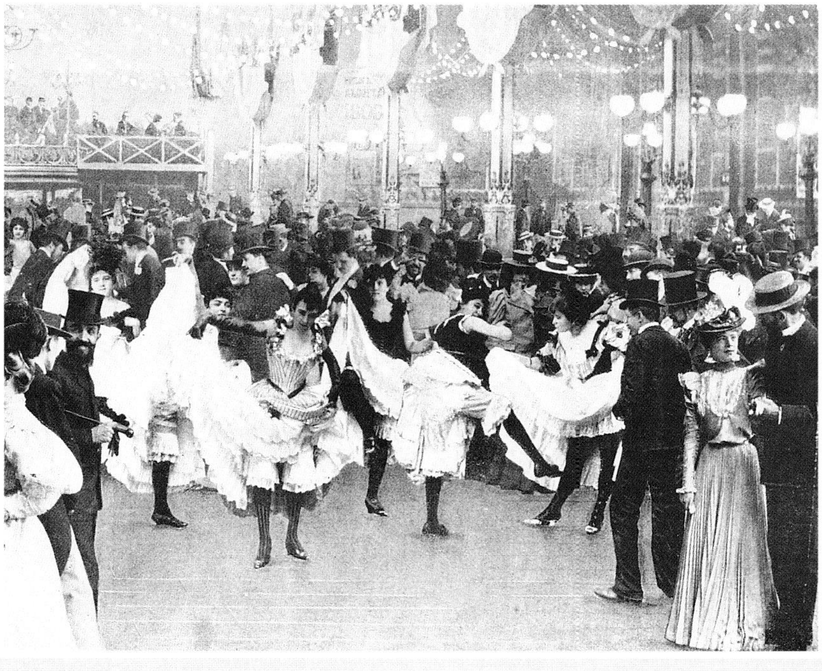

Le bal au Moulin Rouge en 1900

Danseuse du Moulin Rouge

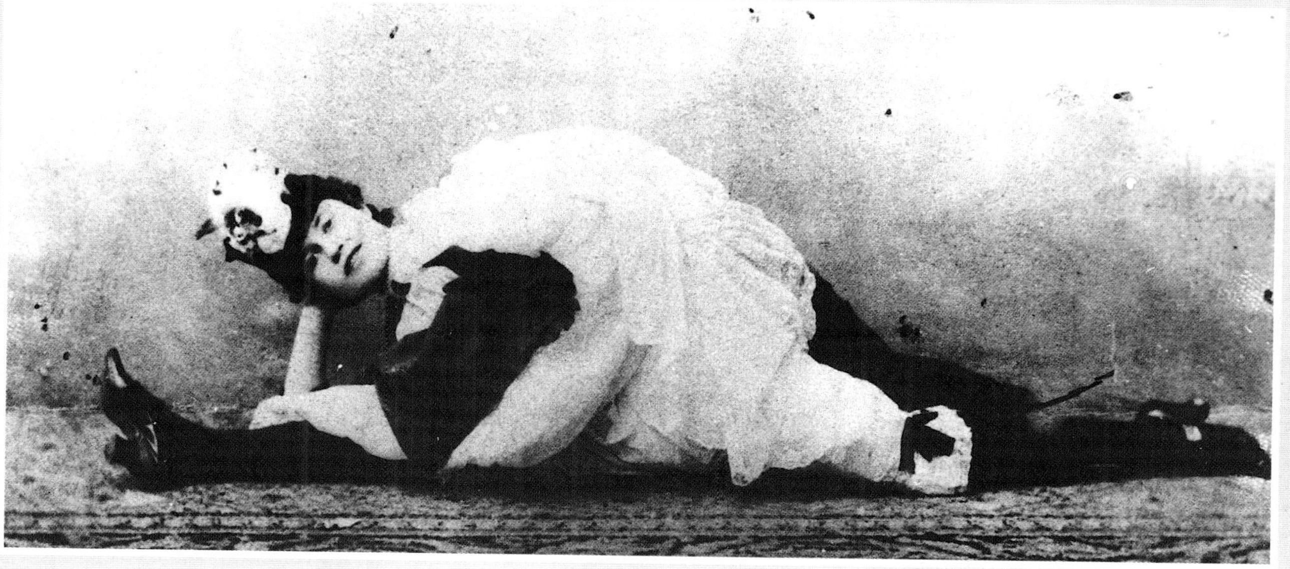

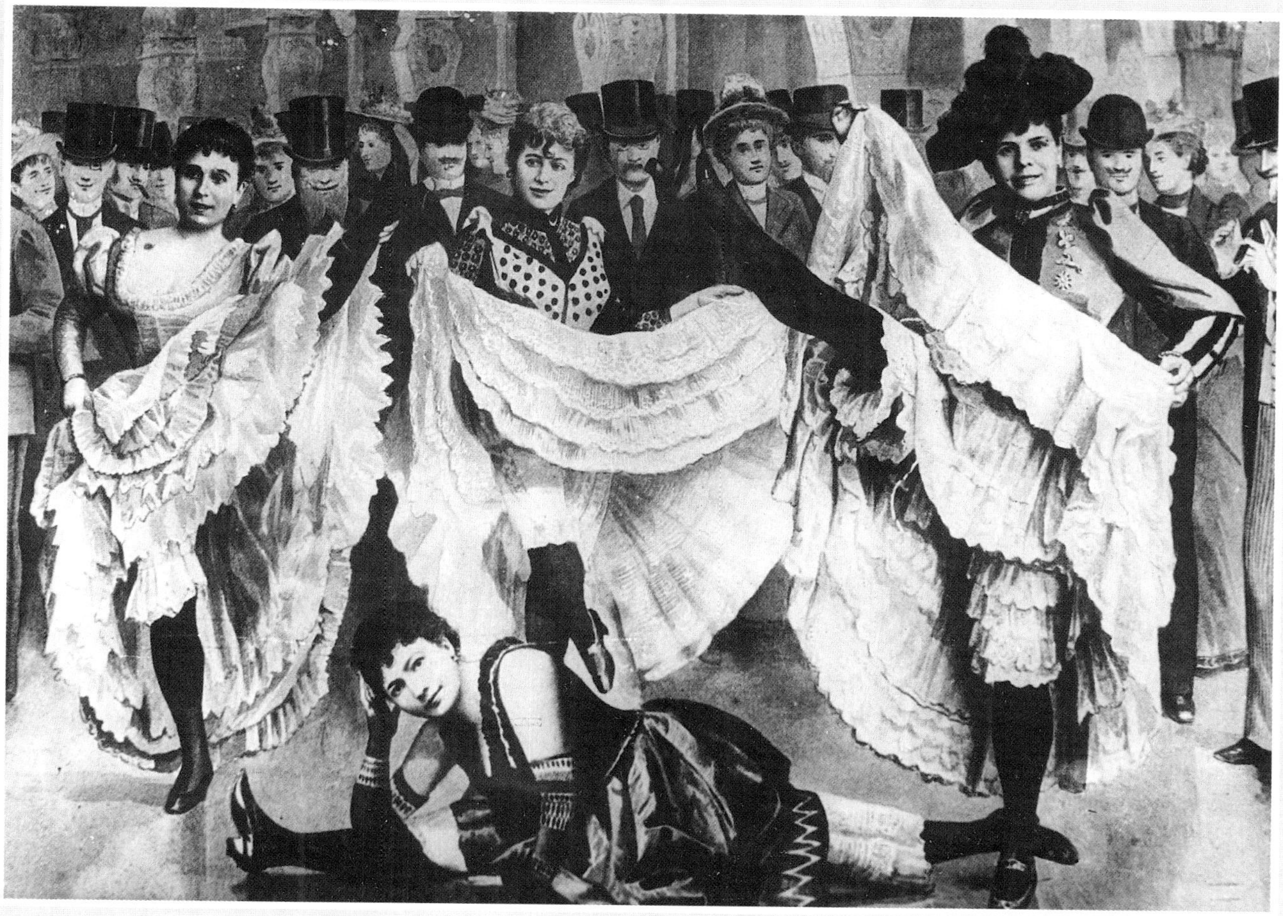

De gauche à droite,
Nini Patte-en-l'air, la Sauterelle,
Grille d'Égout
et devant elles, La Goulue.

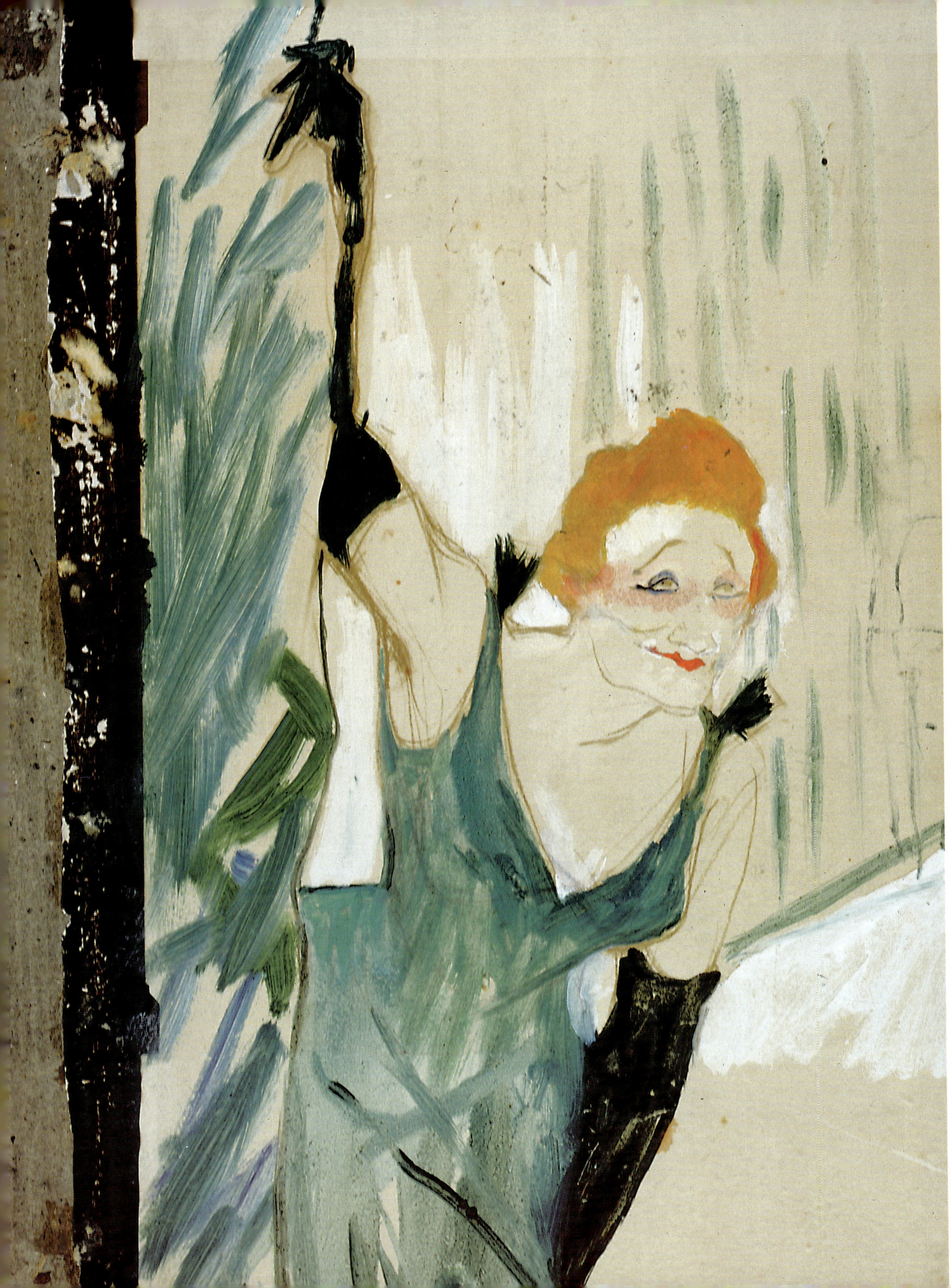

une mère pieuse et réservée, mais infiniment attentive aux besoins de son fils, et un père souvent absent, excentrique et oisif, féru de déguisements, de chasse à courre et de fauconnerie. À l'adolescence, alors que sa croissance est déjà retardée, il fait plusieurs chutes et souffre à chaque fois de fractures qui révèlent l'extrême fragilité de son système osseux, probablement due à la consanguinité qui règne dans sa famille depuis plusieurs générations : son père et sa mère sont cousins germains. Toulouse-Lautrec ne grandira jamais au-delà d'un mètre cinquante-trois, nabot difforme et boiteux qui se déplace à l'aide d'une canne ou d'une voiture roulante. Une épreuve terrible pour celui qui avouait volontiers que « s'il avait été construit comme tout le monde, au lieu de faire de la peinture, il aurait chassé à courre ». C'est en effet la maladie qui le conduit à l'art : à défaut de monter à cheval, il passe son enfance à crayonner, emportant toujours dans ses multiples cures des carnets de croquis. Sensibles à ses dons, sa mère et son oncle encourageront son apprentissage de peintre à Paris.

1882 le voit donc suivre d'abord les cours de l'académique Léon Bonnat, impasse Hélène, puis de Cormon[1], 10, rue de Constance. Et Montmartre s'empare de lui. Il ne quittera jamais ce quartier, vivant d'abord chez un camarade, rue Fontaine. Degas a son atelier au fond de la cour, qui lui lancera : « Ça, Lautrec, vous êtes du bâtiment ! » Il le rencontre aussi chez ses cousins Dihau, où il regarde religieusement la modernité du cadrage de son *Orchestre de l'Opéra*. Chez le vieux bougon il admire la modernité des thèmes, la technique des cadrages serrés, les emprunts à l'estampe japonaise. Il s'inspirera du maître dans *Miss Lala*, en peignant à son tour le cirque Fernando et son écuyère Ada Menken qui, dit-on, aurait entretenu une liaison avec l'impératrice Élisabeth d'Autriche. Dès ces années d'études, Lautrec montre son humour dévastateur : il parodie un jour *Le Bois Sacré*, la toile de Puvis de Chavannes, dans laquelle il n'hésite pas à se représenter lui-même de dos. La gaucherie volontaire, la stylisation décorative de son tableau ont déchaîné la critique au Salon de 1884, qui y voit une scène de constat d'attentat à la pudeur !

Des années de l'atelier Cormon il lui restera cependant quelques amitiés durables, celle d'Émile Bernard, et surtout celle de Vincent Van Gogh. Il est profondément impressionné par son aîné de dix ans, attentif à ses recherches, où il trouve la confirmation de son propre penchant pour la couleur pure ; il fait de lui un portrait au pastel, le représentant de profil, attablé au café du Tambourin. C'est Lautrec qui encouragera Vincent à quitter Paris en 1888 pour gagner le soleil du Midi.

Après avoir été hébergé dans des ateliers d'amis, Lautrec se fixe en 1887 au coin de la rue Caulaincourt et de la rue Tourlaque. Il y restera jusqu'en 1897, où il part pour l'avenue Frochot. La rue Tourlaque se trouve derrière le cimetière de Montmartre, en bordure de jardins et d'une

1. Régulièrement médaillé au Salon depuis 1870, Cormon, de son vrai nom Fernand-Anne Priestre, fut surnommé par ses élèves « le pompier major » ou le « père de la rotule », tant il s'enflammait devant une articulation mal dessinée.

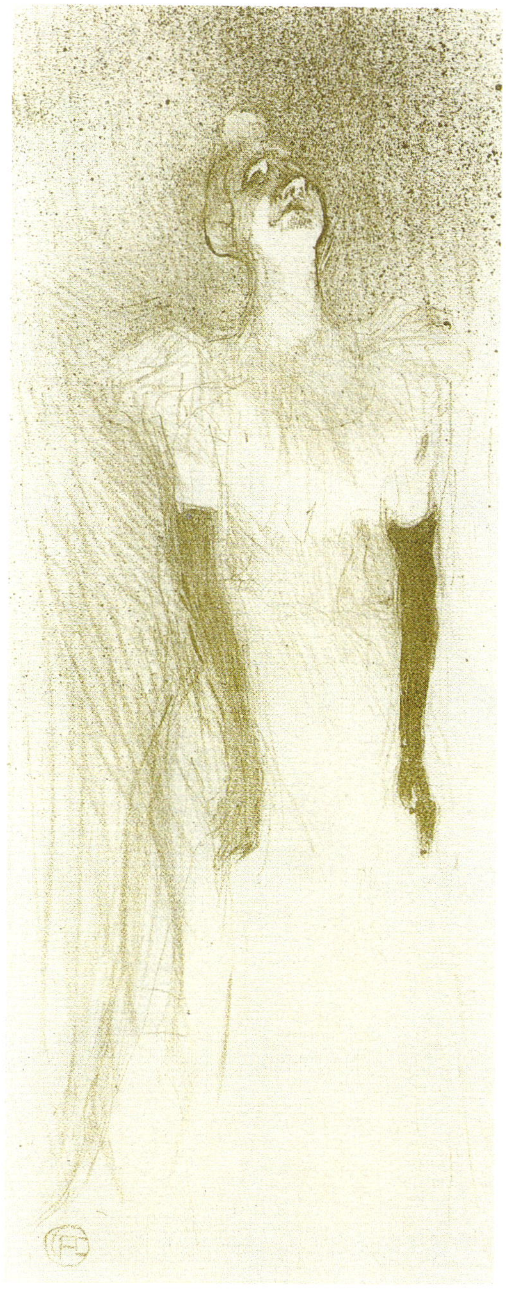

Henri de Toulouse-Lautrec
Yvette Guilbert
1894, troisième planche du livre
Yvette Guilbert
écrit par Gustave Geffroy.
Collection Josefowitz.

Page de gauche
Henri de Toulouse-Lautrec
Yvette Guilbert saluant le public
1894, gouache sur carton, 48 x 28 cm.
Musée Toulouse-Lautrec, Albi.

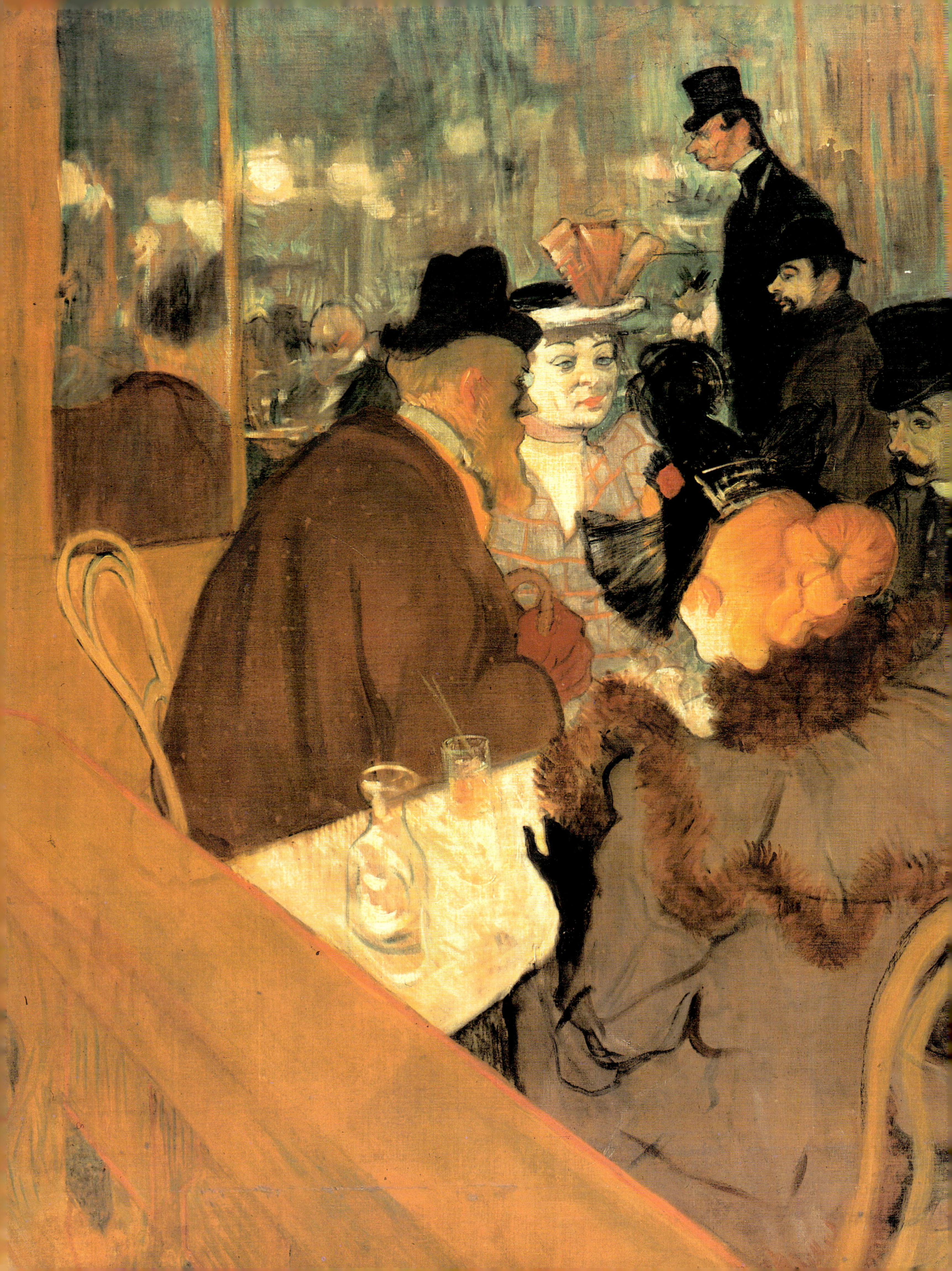

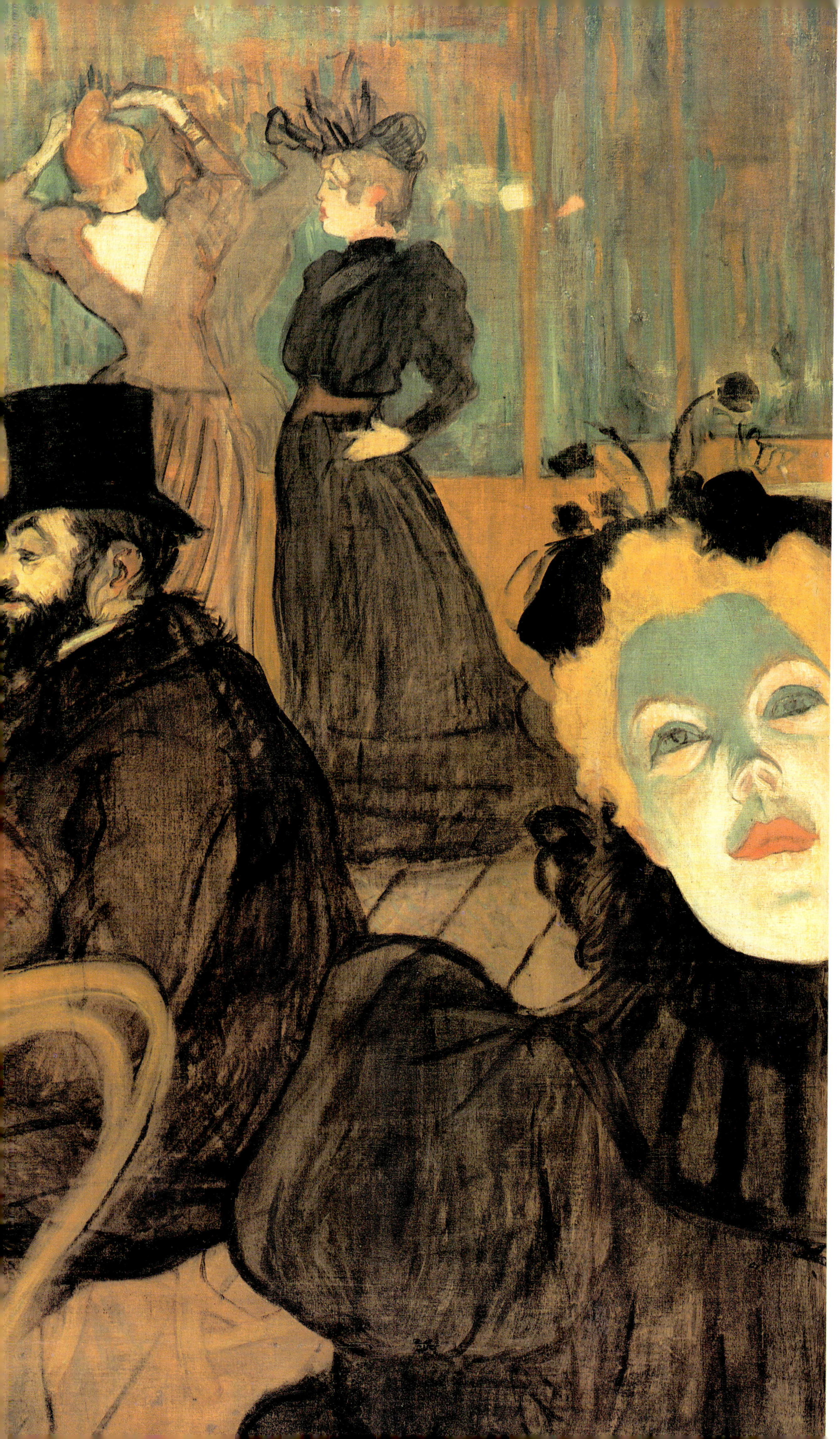

Henri de
Toulouse-Lautrec
Au Moulin Rouge
1892, huile sur toile,
123 x 140,5 cm.
Helen Birah
Bartlett Memorial,
collection 1928,
Art Institute
of Chicago.

Henri de Toulouse-Lautrec
La Buveuse
1889, encre de Chine noire, plume, pinceau et craie, 49,3 x 63,2 cm.
Musée Toulouse-Lautrec, Albi.

Couverture du journal
Le Rire du 9 janvier 1897, dessinée par
Henri deToulouse-Lautrec

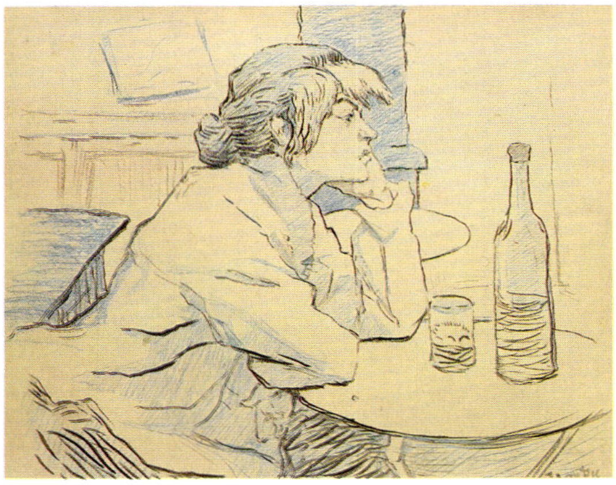

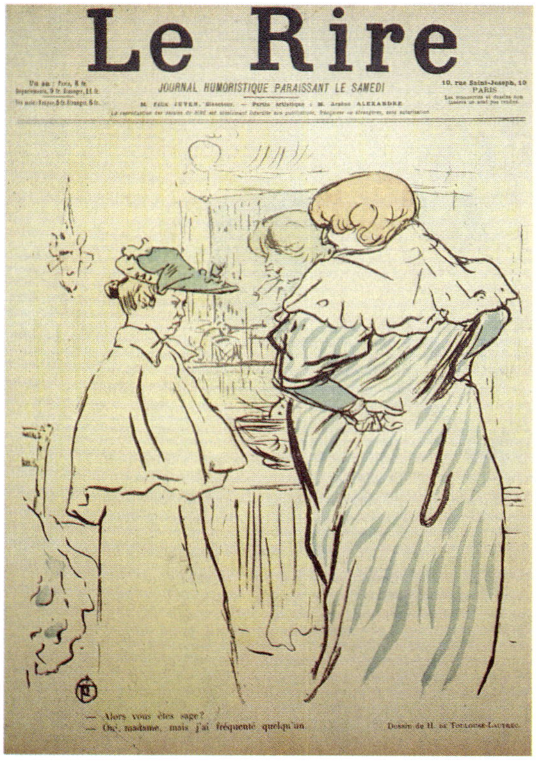

buvette où Lautrec fera poser ses modèles. Dès cette époque, il fréquente le Mirliton de Bruant, ce qu'il exprimera ainsi : « Tous les soirs, je vais au bar travailler. » Outre les illustrations déjà mentionnées des chansons, il collabore par des dessins au *Courrier Français*, peint quelques toiles montrant le café-concert ; surtout, il tombe sous le charme des créatures de la rue, comme Nini Peau-de-Chien ou Rosa la Rouge. Cette dernière, de son vrai nom Carmen Gaudin, chanteuse à ses heures et véritable ouvrière du pavé de Paris, le fascine avec sa chevelure cuivrée et son air effronté. Il la prendra souvent pour modèle, dans *Carmen la Rousse*, *La Blanchisseuse*, *La Rousse au caraco blanc*. Mais la plus célèbre de ces poseuses s'appelle Suzanne Valadon, une ancienne écuyère, inspiratrice tour à tour de Jean-Jacques Henner, Puvis de Chavannes, Degas et consorts. Lautrec vivra avec elle une histoire d'amour aussi passionnée que tumultueuse et la figurera en femme alcoolique dans *Gueule de bois*, un dessin au crayon et à l'encre.

Au Mirliton, Lautrec a découvert la lumière scénique qui accentue les traits jusqu'à les déformer, et cette révélation va désormais influencer sa technique. À partir des années 1890, il est un pilier des bals montmartrois. Au Moulin de la Galette, d'abord, la guinguette campagnarde en haut de la rue Tholozé, où il repère et observe les souteneurs et les ouvrières, blanchisseuses ou giletières. La Goulue y fait ses premières armes en compagnie de sa copine la Môme Fromage. Puis il passe à l'Élysée-Montmartre, sur le boulevard Rochechouart, dépeint par Zola dans *L'Assommoir*, où l'on a inventé le quadrille naturaliste – lever de jambe, grand écart... et surveillance du Père la Pudeur, inspecteur qui met à l'amende celles qui exhibent trop leurs dessous intimes – qui se termine par des galops effrénés. Lautrec y croise Jules Roques, directeur du *Courrier Français*, commanditaire de ses dessins, qui organise d'inoubliables bals costumés. Ayant un goût marqué du canular, Lautrec adore se déguiser et y apparaît travesti en enfant de chœur ou en imam prêchant devant une assemblée imaginaire. Ses farces sont célèbres. En 1886 n'a-t-il pas, sous le pseudonyme de Tolau-Segroeg, « Hongrois de Montmartre, élève de Pubis de Cheval », participé au Salon des Arts incohérents avec une toile intitulée *Les Batignolles, trois ans et demi avant Jésus Christ*? Toutes ces fêtes, pour être frivoles, n'en sont pas pour autant dénuées d'intelligence. Pour la Fête mystique du 4 mars 1891, Jules Roques conseille dans son journal « de lire Verlaine, Barrès, Albert Samain, Baudelaire, d'étudier parmi les peintres Rops, Gustave Moreau, Odilon Redon ». Montmartre est au zénith de son époque. D'autant que, quelques jours plus tard, Roques présente dans les jardins d'hiver une exposition de mille deux cents dessins de Toulouse-Lautrec, Jean-Louis Forain, Willette, Steinlen, etc.

Mais l'apothéose, Lautrec la vit au Moulin Rouge. Son ouverture, le 5 octobre 1889, au 90, boulevard de Clichy, est un grand événement parisien. Zidler, l'entrepreneur de spectacles, a demandé à Willette d'en construire le décor. C'est un faux moulin – « ses ailes n'ont jamais moulu

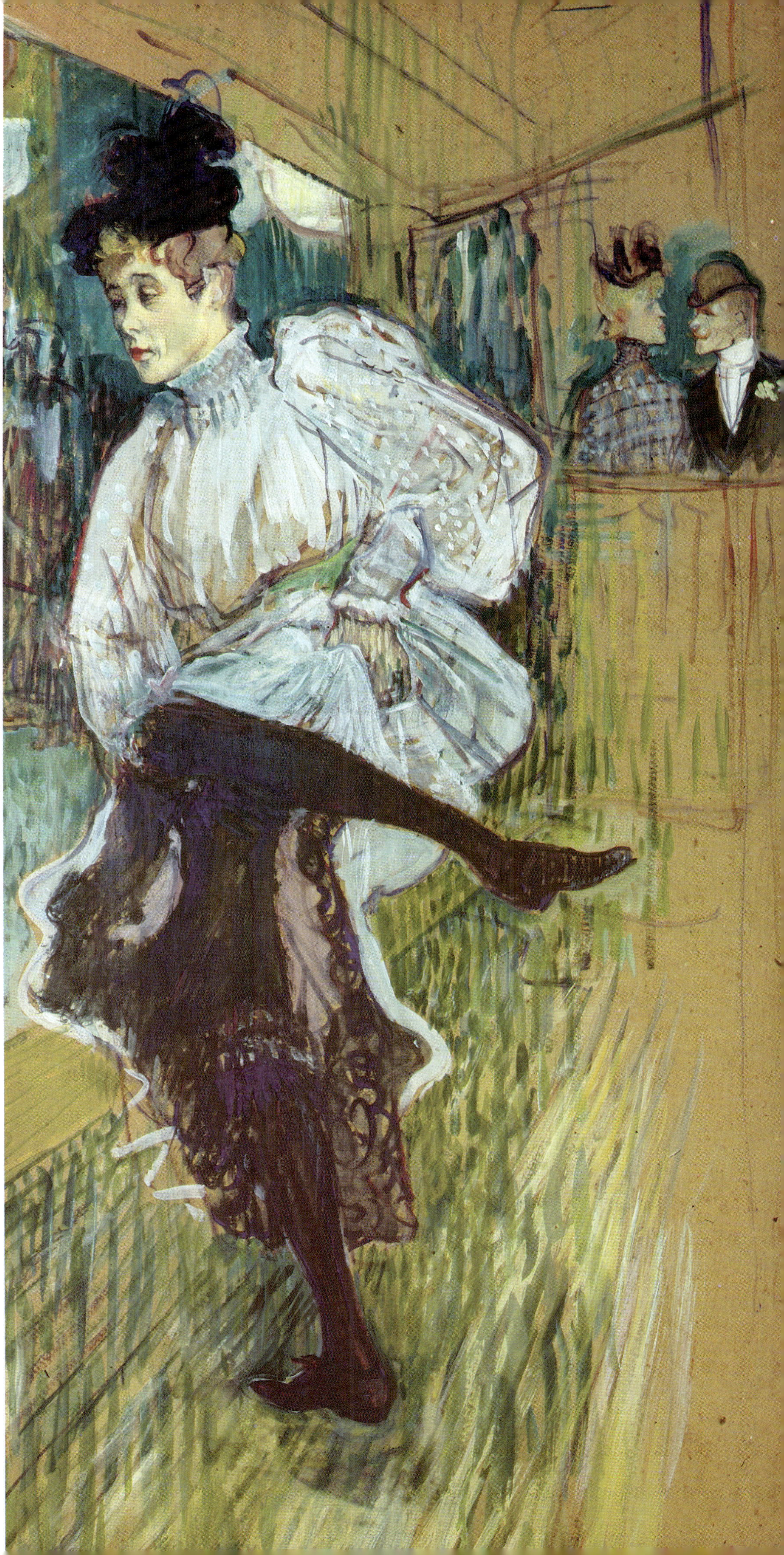

Henri de Toulouse-Lautrec
Jane Avril dansant
Vers 1892, huile sur toile,
85,5 x 45 cm.
Musée d'Orsay, Paris.

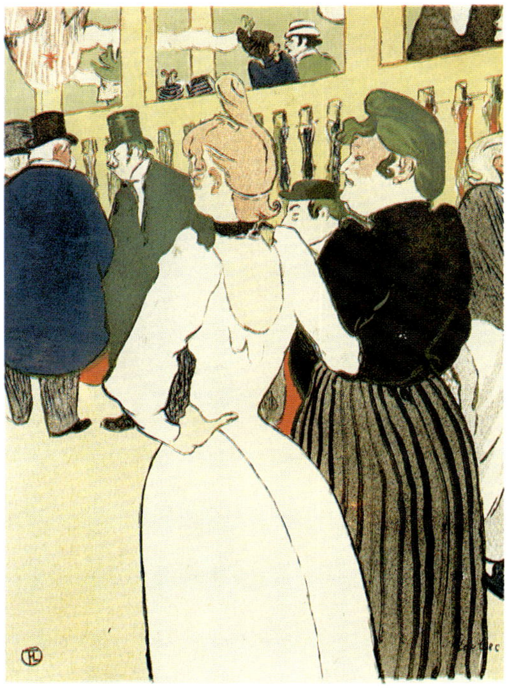

Henri de Toulouse-Lautrec
Au Moulin Rouge,
la Goulue et la Môme Fromage
Unique impression
d'un premier état couleur.
Collection Josefowitz.

Henri de Toulouse-Lautrec
Le Divan Japonais
1893, affiche, 40 x 60 cm.
D'après l'ouvrage de Maurice Joyant
Henri de Toulouse-Lautrec.

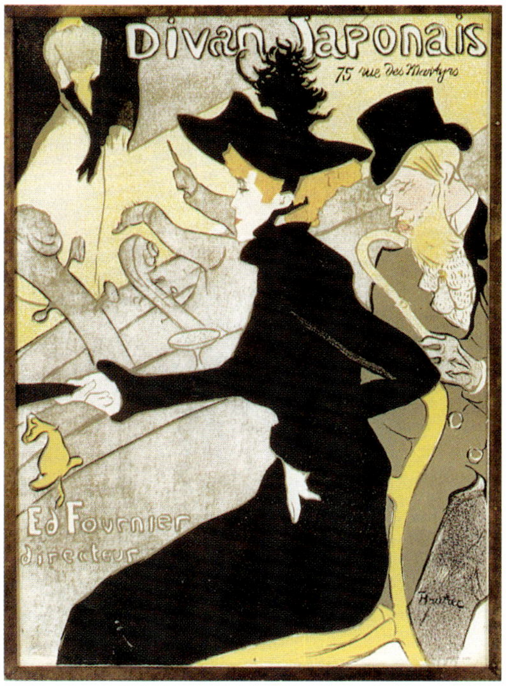

que l'argent des clients », disent les méchantes langues – inspiré de *Don Quichotte* et des chalets balnéaires normands et teint du plus bel écarlate. Le jardin comporte des palais espagnols pour voir des danses mauresques, un éléphant de carton de l'Exposition Universelle et des divertissements en nombre : numéros de clown, danse du ventre, ventriloques, etc.

Autrement dit, un paradis pour Lautrec, qui ne le quitte guère. D'ailleurs, Zidler lui propose d'accrocher deux de ses plus grandes toiles au-dessus du bar. La faune du Moulin Rouge offre un terrain d'observation idéal pour le peintre. Les gens du monde, et même du grand monde – le prince de Galles, futur Édouard VII, est un assidu – y côtoient les filles du peuple sans se compromettre. Mais, bien sûr, ce sont les danseuses qui retiennent toute son attention, et parmi elles La Goulue, étoile gouailleuse du quadrille, sorte de *french cancan* qu'elle termine par un grand écart assorti d'un cri retentissant. Ses gesticulations acrobatiques font le bonheur de Lautrec, qui devient, selon *Le Figaro*, son peintre officiel. Lorsqu'elle se retire en 1895 à la foire du Trône, il lui peindra deux grands panneaux pour sa baraque. Autour d'elle s'agite Valentin le Désossé, dont « on ne voyait, tant sa maigreur était grande, que les os », la Macarona, spécialiste de la danse du ventre, la Sauterelle, Nini Patte-en-l'air, Cha-U-kao la clownesse…

Deux silhouettes féminines éclairent bientôt les soirées de Toulouse-Lautrec. La première, Jane Avril, est saluée par la critique comme l'incarnation de la danse. Élégante et dynamique – son surnom est « la Mélinite » –, elle lève la jambe « en soliste, comme une orchidée en délire » au Moulin Rouge. Maîtresse d'Alphonse Allais, elle fréquente Verlaine et le grand maître de la poésie symboliste Mallarmé et pose dans l'atelier de Lautrec, dont elle admire la peinture. Ce sont ses affiches qui la rendront célèbre.

L'autre se nomme Yvette Guilbert et se produit comme chanteuse au Divan Japonais, rue des Martyrs, où elle interprète les chansons de Léon Xanrof, Bruant, Richepin. En 1890, « maigre dans son fourreau de soie verte, les bras gainés de noir, rousse, blafarde, avec son nez en pied de marmite, masque de clown sérieux, traînant la voix, appuyant sur les fins de mots, diseuse incomparable », comme la décrit Maurice Joyant, meilleur ami de Lautrec, elle fait aussi la fortune du Moulin Rouge. Les textes qu'elle chante sont corrosifs, féroces et elle les dit avec une froide ironie qui transporte les foules. Un jour de 1894, la « diseuse fin-de-siècle » écrit à Lautrec pour qu'il lui montre ses affiches. L'artiste lui consacrera tout un album de gravures qui enthousiasme Georges Clemenceau, peut-être parce qu'il y détecte le génial sens de l'ellipse dont fait preuve le peintre en immortalisant les gants d'Yvette Guilbert.

Car Lautrec est devenu le plus brillant créateur d'affiches de l'époque. Zidler ne s'y trompe guère, qui lui passe commande en 1891 de la deuxième affiche du Moulin Rouge, la première ayant été exécutée par Jules Chéret, le « Tiepolo du double colombier » (appellation due au

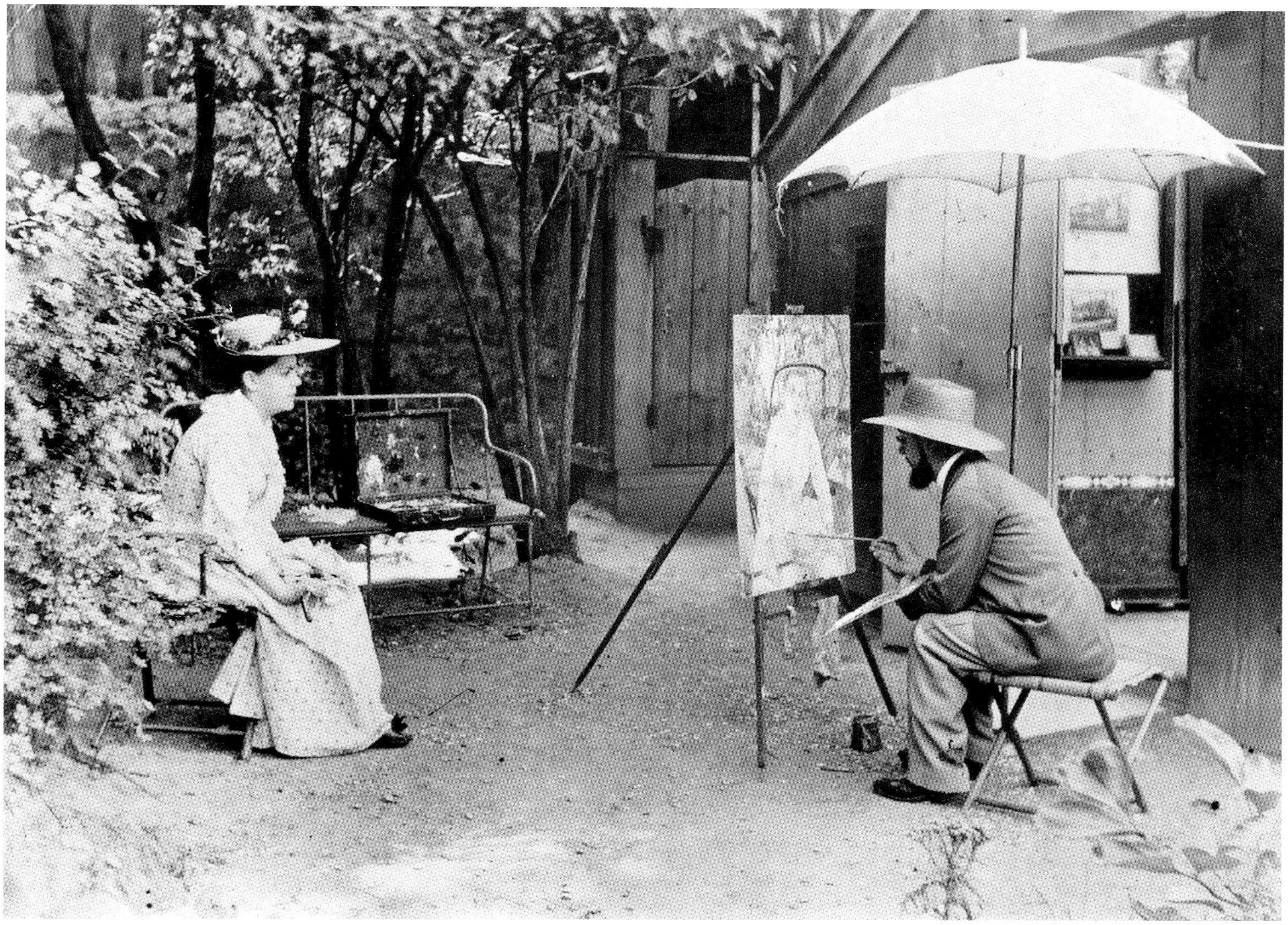

Henri de Toulouse-Lautrec avenue Frochot

format de l'affiche). Quatre couleurs et des silhouettes suffiront à Lautrec pour faire de son travail l'affiche la plus connue de Paris. Avec un extraordinaire sens de l'essentiel, il a représenté le profil d'oiseau de Valentin et La Goulue levant la jambe sous les lampions de la fête. Très vite, les collectionneurs, encouragés par le critique Félix Fénéon, arrachent les placards des murs, tant ils y voient la vraie peinture. Lautrec commence une extraordinaire carrière d'affichiste. Il y met toute sa connaissance de l'estampe japonaise, fasciné par les aplats de couleur et le jeu des formes des maîtres japonais Hokusaï ou Outamaro. Surtout, il est passionné par un procédé d'estampe que le grand peintre espagnol Goya avait déjà sérieusement développé, la lithographie, à laquelle il va donner ses lettres de noblesse. Il n'est pas rare que, sortant à cinq heures du matin du Moulin Rouge, il aille réveiller son lithographe, Ancourt. Là, méticuleux à l'excès, les poches pleines de ses propres outils, il dessine à même la pierre, avec une grande économie de moyens, ses souvenirs de la nuit ou, vers 1898, des illustrations pour les *Histoires naturelles* de Jules Renard. Il tire peu d'épreuves et veille à barbouiller lui-même la pierre lorsqu'il a terminé. Avec Lautrec, l'estampe devient un art à part entière.

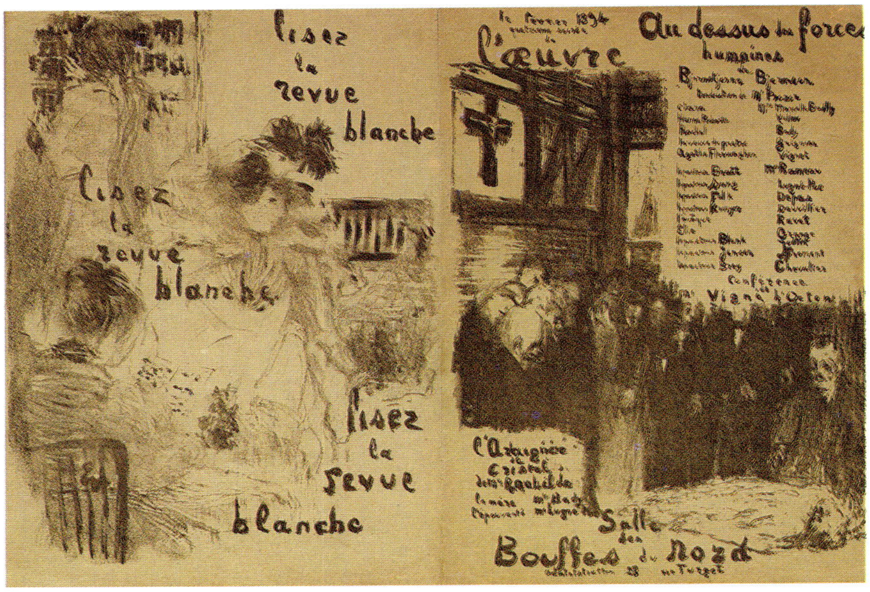

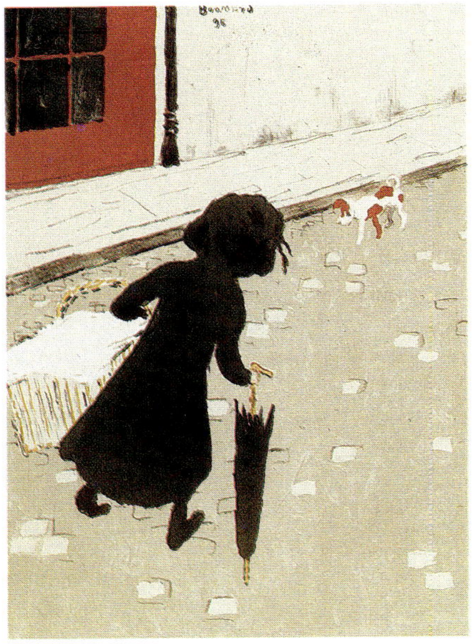

Jean-Édouard Vuillard
Publicité pour **LA REVUE BLANCHE**
1894, accompagnée d'une lithographie exécutée pour la première de la pièce *Au-dessus des forces humaines*,
30,2 x 23,5 cm.
Collection Josefowitz.

EN HAUT À DROITE
Pierre Bonnard
LA PETITE BLANCHISSEUSE
1896, lithographie en couleur,
30 x 19 cm.
Collection Josefowitz.

PAGE DE DROITE
Henri de Toulouse-Lautrec
LA REVUE BLANCHE
1895, lithographie au pinceau, au crachis et au crayon, 130 x 95 cm.
Affiche pour la *Revue Blanche*.
Musée Toulouse-Lautrec, Albi.

La Revue Blanche prophétise

À l'esthétisme d'avant-garde il faut toujours des mécènes. Ou, du moins, des esprits assez visionnaires et généreux pour se faire l'écho et le soutien des artistes novateurs. Le Paris de la fin du XIXe siècle eut les siens avec Leclercq et les frères Natanson et son support avec *La Revue Blanche*.

Fondée à Bruxelles par Paul Leclercq en 1889, elle est transférée à Montmartre deux ans plus tard sous la direction de Thadée et Alexandre Natanson, fils d'un riche banquier polonais. Son ambition est immense puisqu'il s'agit de laisser libre cours à la personnalité de ses créateurs qui solliciteront les « maîtres » et accueilleront les jeunes esprits. Ces maîtres sont Mallarmé, Barrès, Verlaine, et la nouvelle génération compte André Gide, Marcel Proust, Alfred Jarry, Paul Claudel, Guillaume Apollinaire, Claude Debussy, Léon Blum (qui tient la chronique sportive !)... Bref, la revue bimensuelle du 1, rue Laffitte devient vite une publication phare, une sorte de club de rencontre des talents les plus brillants de l'époque. Dès 1893, elle s'accompagne d'une estampe originale signée. Les Natanson, par le biais de leur frère cadet et surtout de Misia, la femme de Thadée, séduisante muse adulée des artistes, font bientôt la connaissance de Toulouse-Lautrec, qui leur dessine en 1895 une inoubliable couverture, figurant Misia coiffée d'un extravagant chapeau à plumes, et des peintres « nabis » : Pierre Bonnard, Jean-Édouard Vuillard, Félix Vallotton, Maurice Denis...

Qui sont ces mystérieux nabis ? Le mot est emprunté à l'hébreu et signifie « prophète », « illuminé ». Il aurait été proposé à Paul Sérusier par le poète Henri Cazalis. « Il nous donnait un nom qui, vis-à-vis des ate-

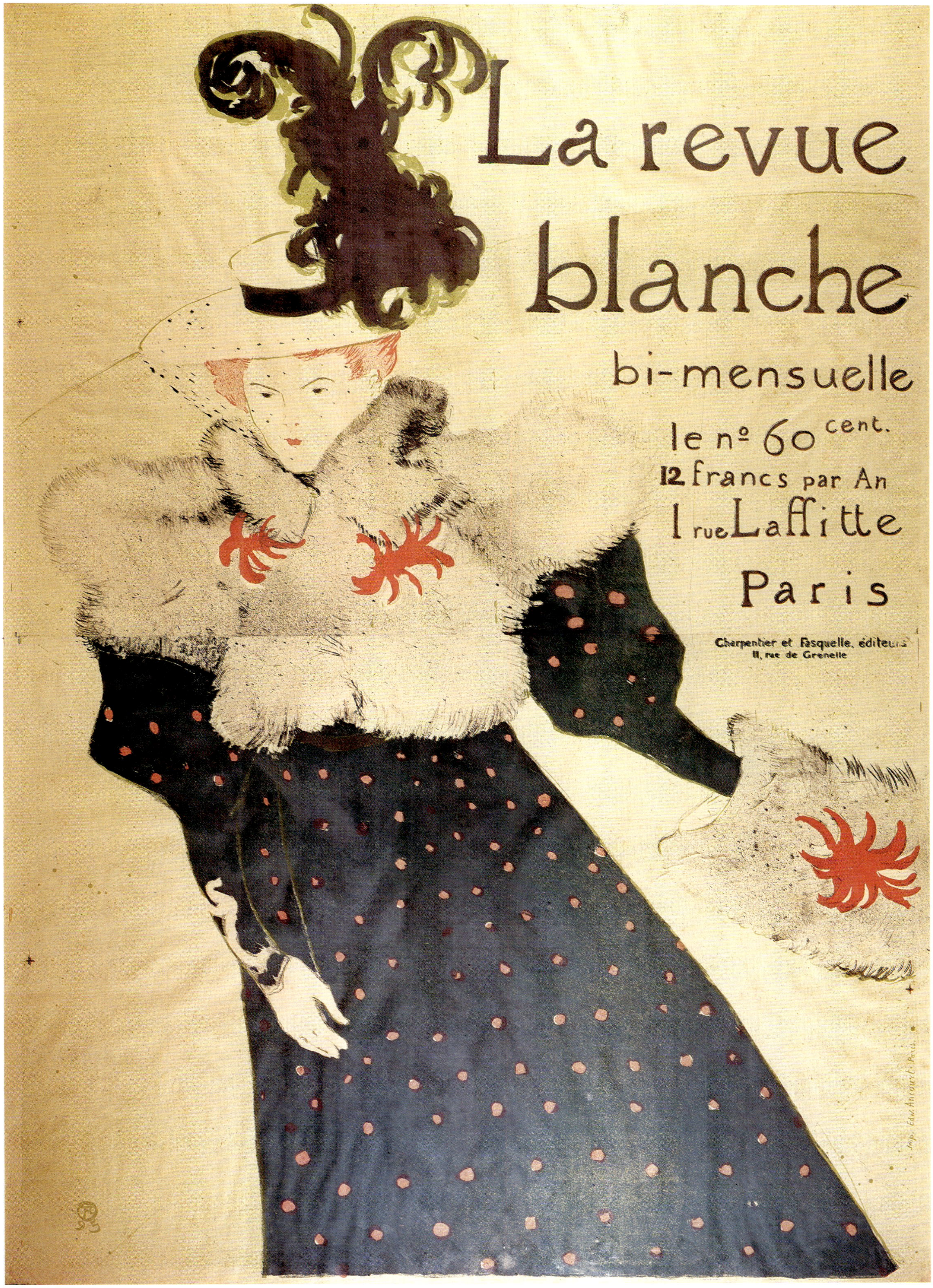
La revue
blanche
bi-mensuelle
le nº 60 cent.
12 francs par An
1 rue Laffitte
Paris
Charpentier et Fasquelle, éditeurs
11, rue de Grenelle

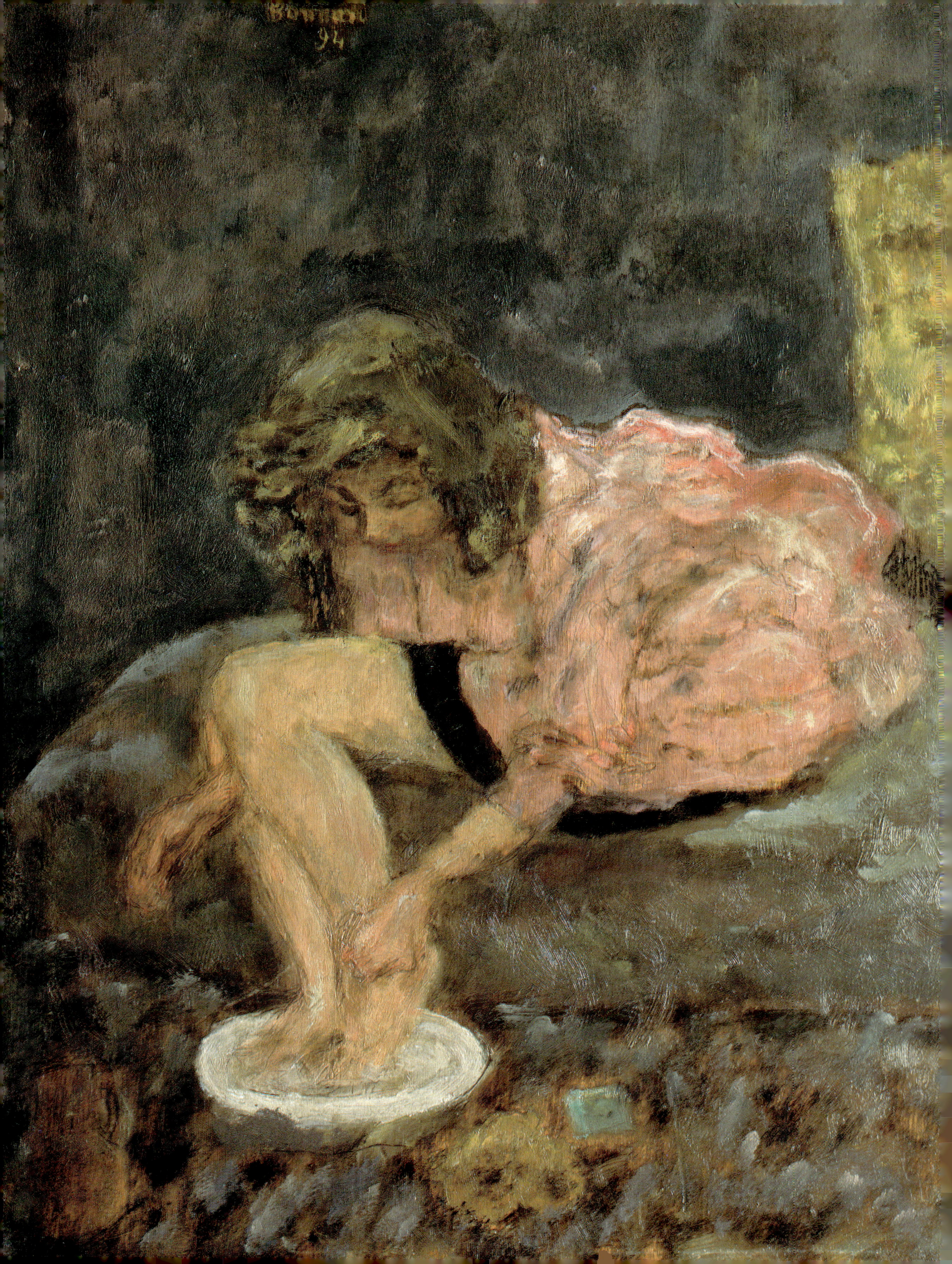
94

liers, faisait de nous des initiés, une sorte de société secrète d'allure mystique, et proclamait que l'état d'enthousiasme poétique nous était habituel », écrira par la suite Maurice Denis. Tous ces jeunes gens n'ont jamais vraiment quitté le IXe arrondissement. Sérusier, Roussel, Vuillard, Maurice Denis se sont connus sur les bancs du lycée Condorcet que fréquente aussi Marcel Proust. Ensemble, ils vont suivre les cours de la très courue académie Julian qui accueille étudiants français et étrangers, passage des Panoramas. À la rentrée de 1888, Sérusier leur réserve une surprise. Il a passé l'été avec Émile Bernard à la pension Gloanec de Pont-Aven, où il a rencontré Gauguin. Avant son retour à Paris, celui-ci lui a donné, au lieu-dit du Bois d'Amour, des conseils pour brosser un paysage : « Comment voyez-vous ces arbres ? demandait Gauguin. Ils sont jaunes, eh bien, mettez du jaune. Cette ombre plutôt bleue, peignez-la avec de l'outremer pur. Ces feuilles rouges ? Mettez du vermillon. »

Page de gauche
Pierre Bonnard
Femme se lavant les pieds
1894, huile sur panneau,
41,5 x 33,5 cm.
Collection Josefowitz.

Félix Vallotton
Félix Fénéon dans le bureau de la Revue Blanche
1896, huile sur carton,
52,5 x 66 cm.
Collection Josefowitz.

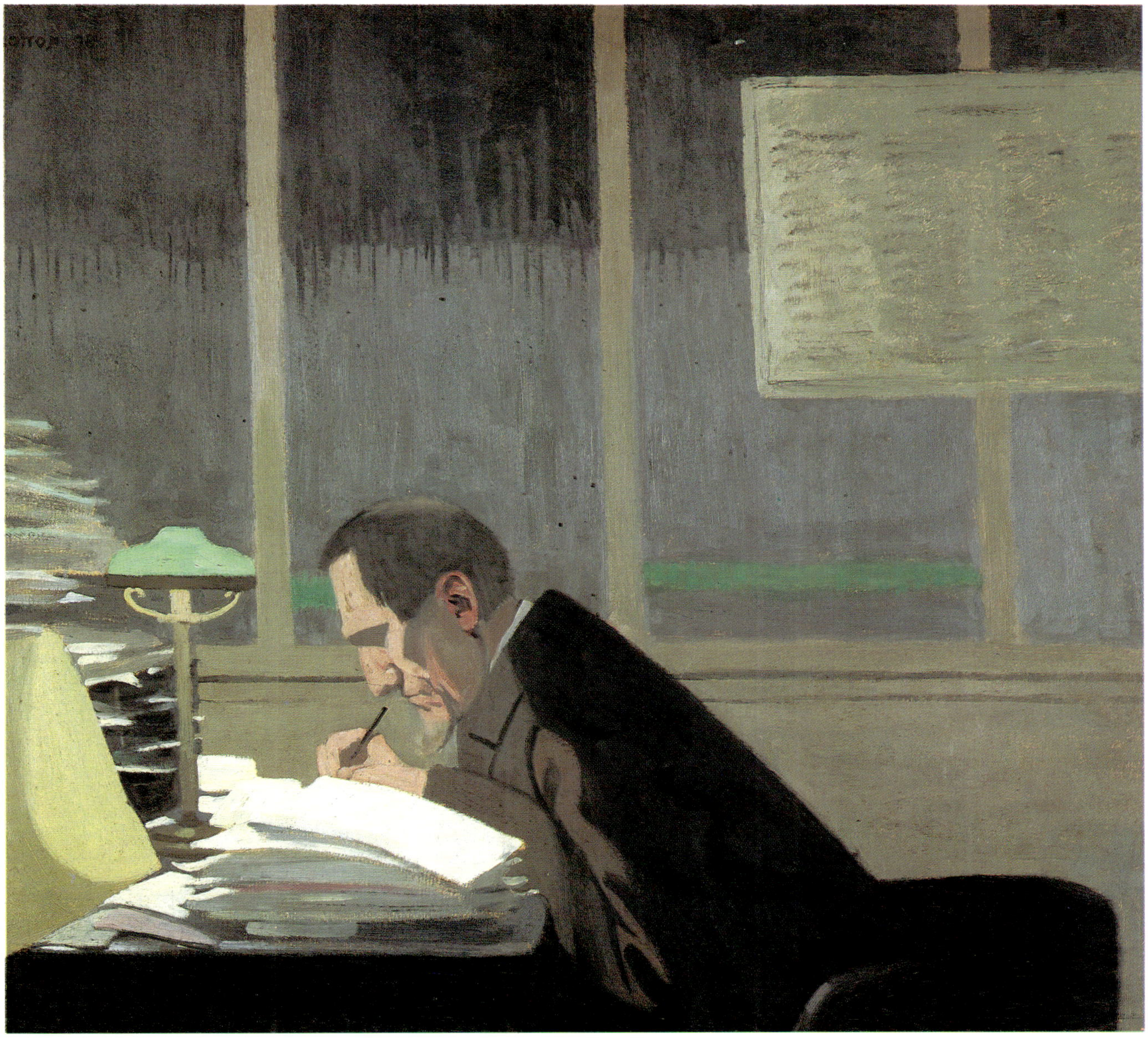

Pierre Bonnard

Place Clichy

1906-1907, huile sur toile,

103 x 117 cm.

Collection de M. et Mme Dumenil,

Paris.

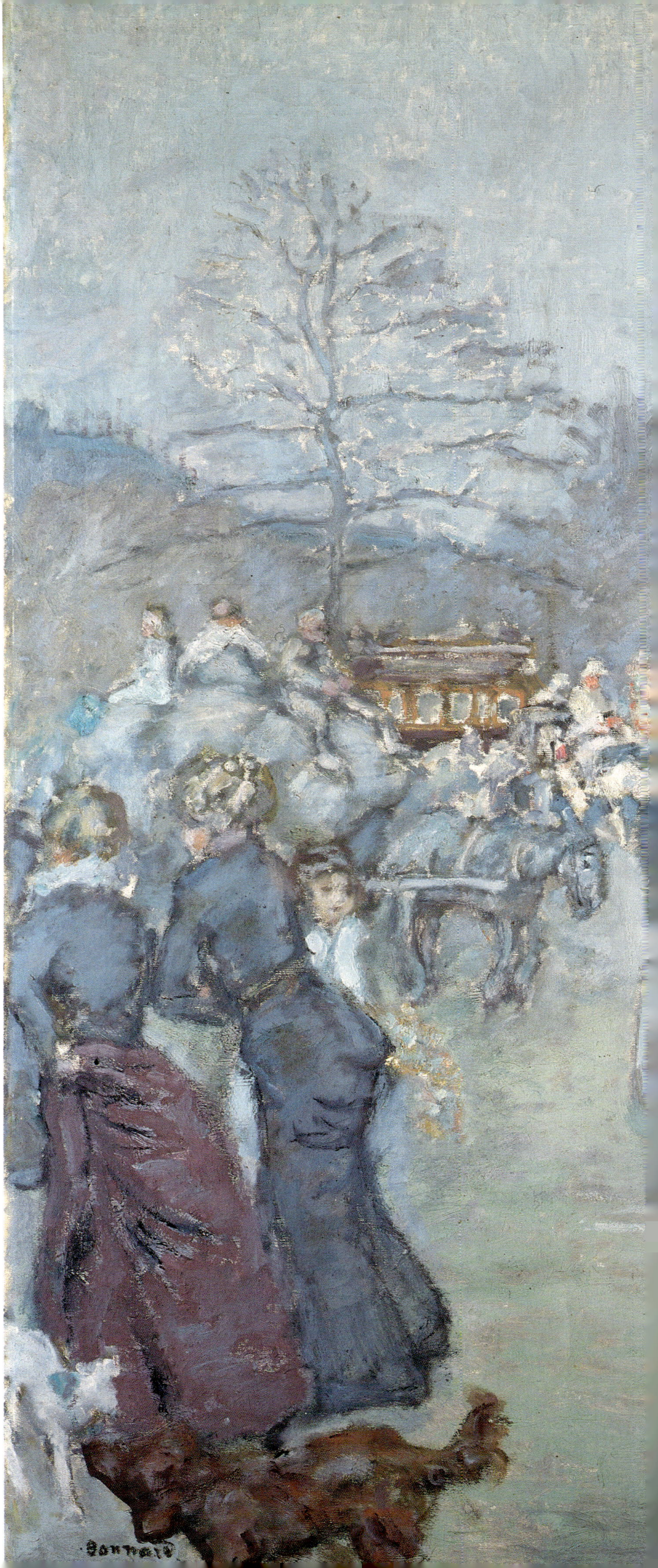

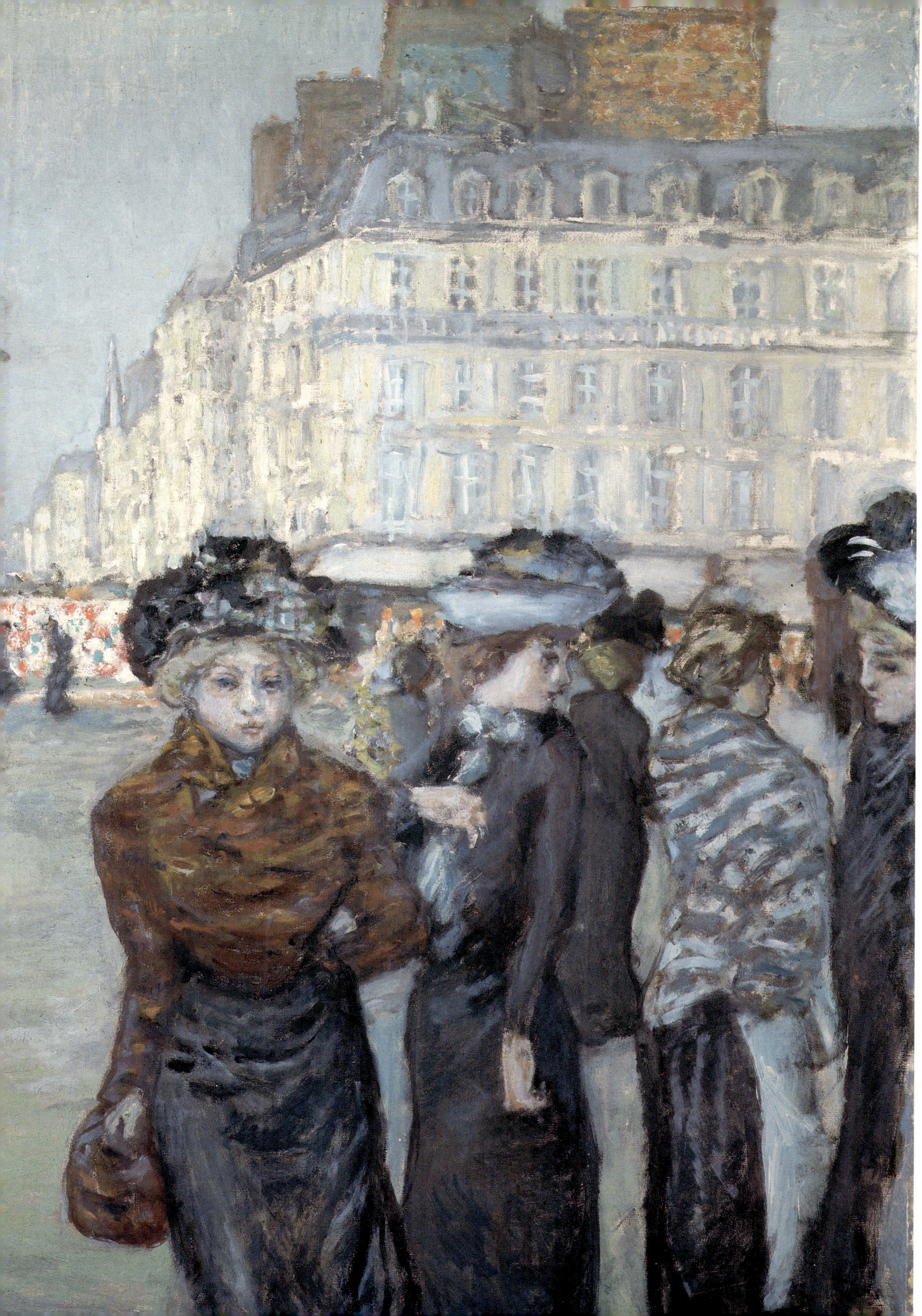

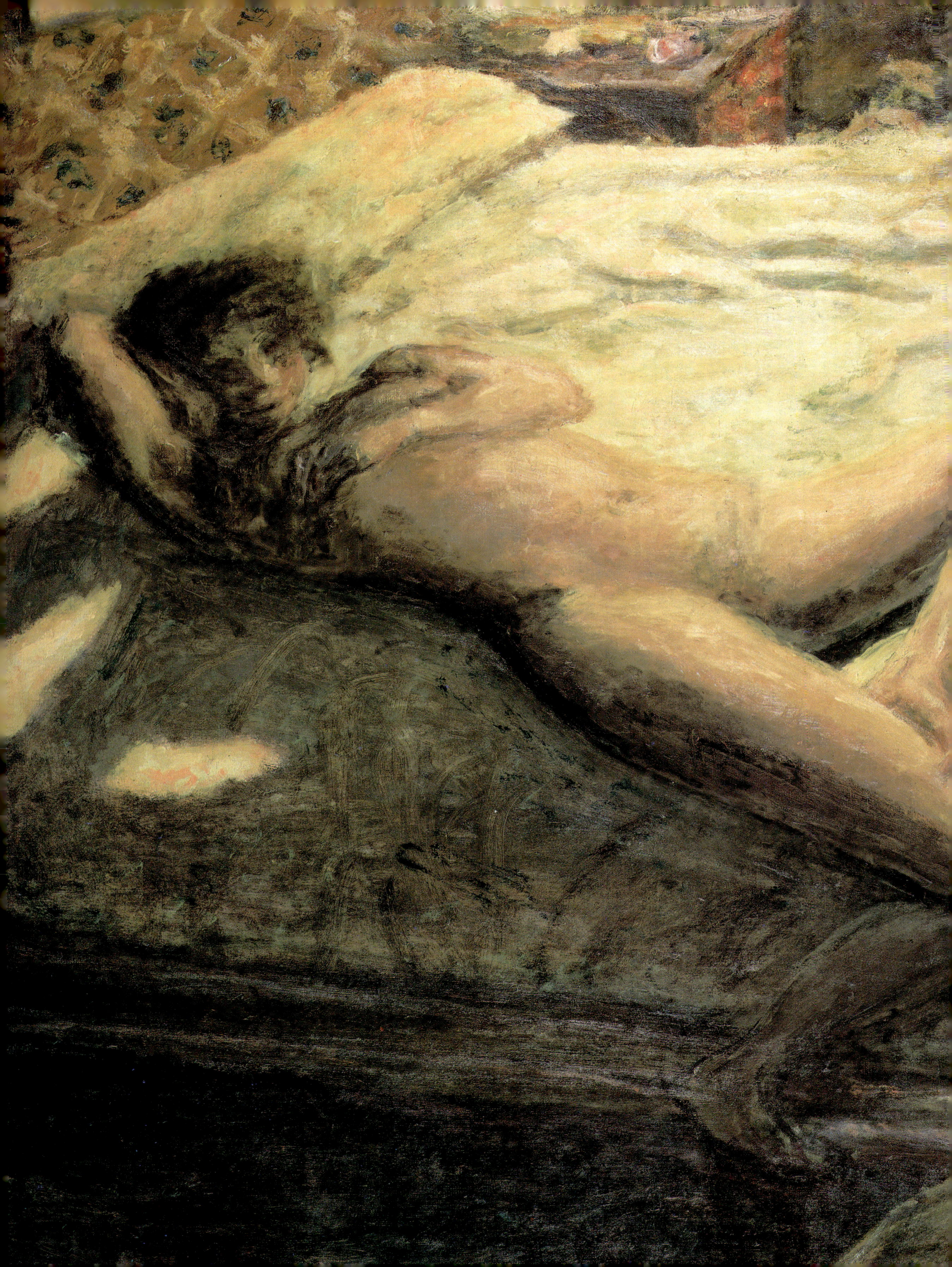

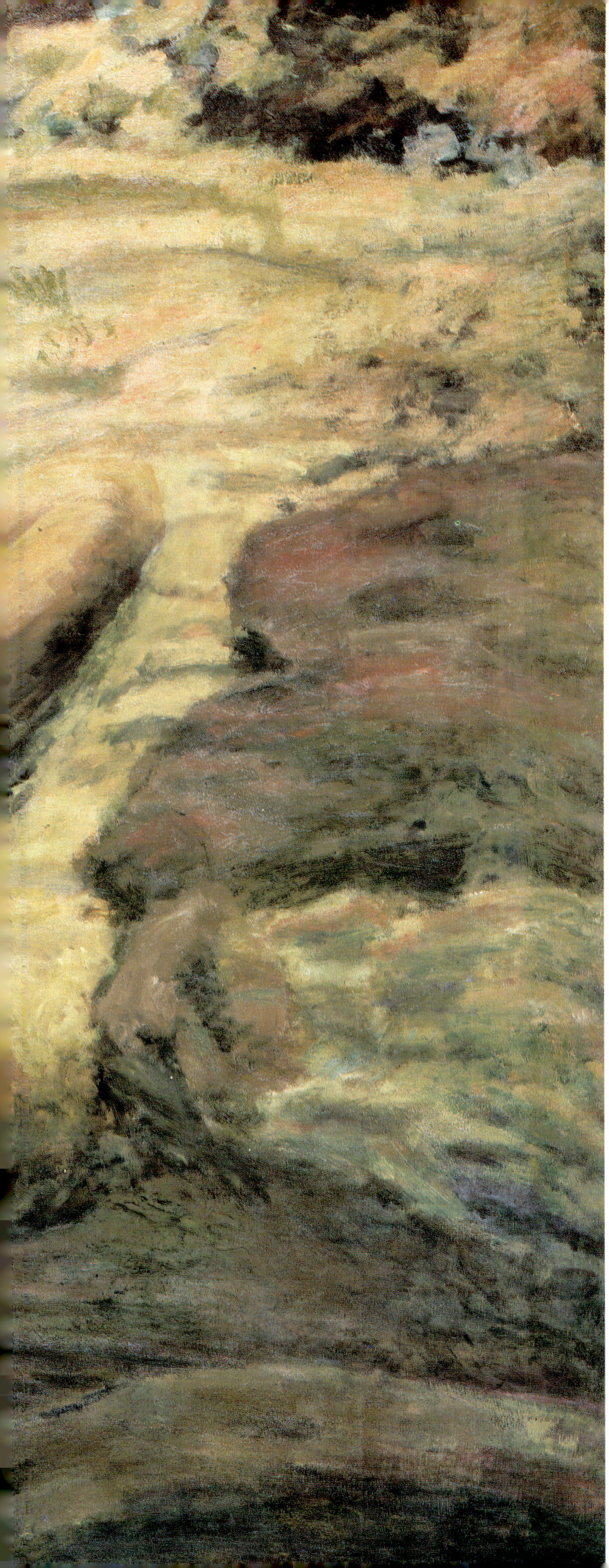

Pierre Bonnard
L'Indolente
1899, huile sur toile,
92 x 108 cm.
Collection Josefowitz.

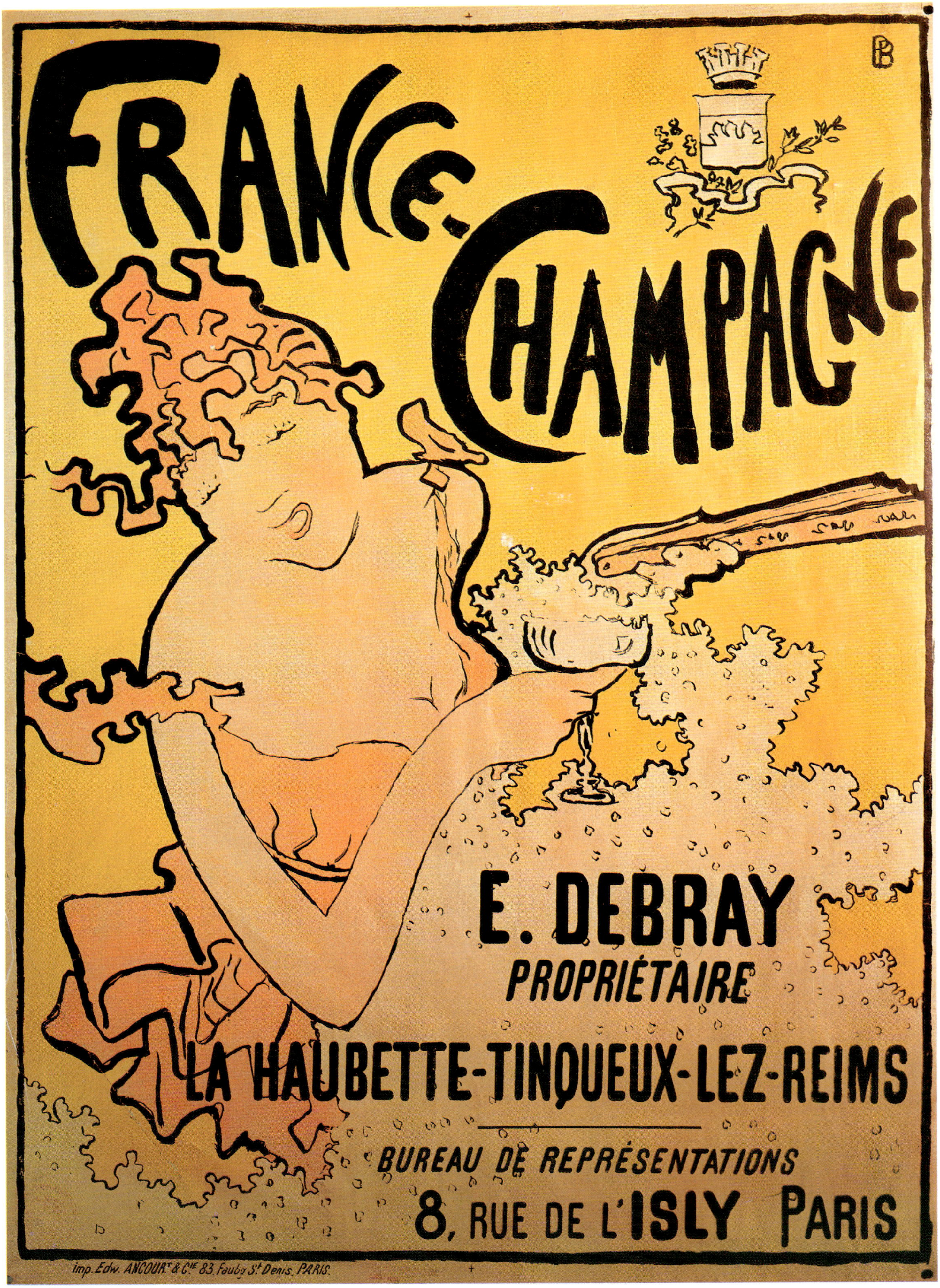
FRANCE-CHAMPAGNE
PB
E. DEBRAY
PROPRIÉTAIRE
LA HAUBETTE-TINQUEUX-LEZ-REIMS
BUREAU DE REPRÉSENTATIONS
8, RUE DE L'ISLY PARIS
imp. Edw. ANCOURT & Cie 83, Faubg St Denis, PARIS.

Et Maurice Denis s'en souviendra ; deux ans plus tard, il écrira : « Se rappeler qu'un tableau, avant d'être un cheval de bataille, une femme nue ou une quelconque anecdote, est essentiellement une surface plane recouverte de couleurs en un certain ordre assemblé. » Cette petite toile porteuse d'un si grand message esthétique, signe que l'art peut se livrer à une déformation subjective de la nature, Sérusier la nommera *Le Talisman*. Autour d'elle vont se réunir les jeunes amis, rejoints par un nouveau venu, Pierre Bonnard.

Bonnard, dès 1889, à l'heure où l'ombre nouvelle de la tour Eiffel plane sur la capitale, vit aux Batignolles. Dix ans plus tard, il laissera son appartement de la rue de Douai pour s'installer à la cité Les Fusains[1], clos bucolique au bas de la rue Caulaincourt, réservé aux ateliers, qu'il ne quittera qu'en 1925. Mais pour l'heure, en 1891, il rejoint Vuillard et Denis dans leur atelier du 28, rue Pigalle. Bonnard et Vuillard sont tous les deux les plus « laïcs » des nabis, les moins mystiques. Très vite, des commandes leur parviennent de la bourgeoisie aisée qui désire transformer son décor de vie. Cela tombe bien : l'un des objectifs des nabis, c'est de mettre de l'art dans la vie. « Notre génération a toujours cherché les rapports de l'art avec la vie, écrira plus tard Bonnard. À cette époque, j'avais personnellement l'idée d'une production populaire et d'application usuelle… » Les affiches, les meubles, les vitraux, les céramiques, tout leur paraît digne de leur talent. En mars de la même année, l'affiche *France-Champagne* de Bonnard, que ce dernier avait vendue deux ans plus tôt pour la somme de cent francs, connaît un vif succès et suscite l'intérêt de Lautrec, qui demandera au peintre de lui présenter son atelier de lithographie. Maurice Denis décore les plafonds de la maison d'Ernest Chausson, Vuillard effectue une série de neuf toiles, *Jardins publics*, pour Alexandre Natanson, tandis que Bonnard collabore aux décors d'*Ubu Roi* d'Alfred Jarry et illustre des romans publiés par *La Revue Blanche* ; ces dessins lui vaudront les félicitations de Renoir. Il n'oublie pas cependant la peinture de chevalet, et en 1897 il expose chez Ambroise Vollard, rue Laffitte, des vues de Paris. Surnommé par ses pairs le « nabi japonard », Bonnard a assimilé comme eux les données du japonisme. Le refus des effets de profondeur, la prédilection pour la ligne sinueuse, l'importance attachée à la synthèse des formes en sont les marques les plus visibles. Les différents plans d'un tableau se détachent par les oppositions de tons et la distinction des motifs géométriques des tissus. Quant au choix des sujets, ces scènes intimes d'intérieur, il doit beaucoup à Degas, bien sûr…

L'esprit nabi s'était, en cette fin de siècle, imposé en douceur. Ces artistes avaient marqué de leur « icône moderne » le monde du théâtre, de l'affiche, de l'estampe, du vitrail…. Et pour de nombreuses années, cette élégance de l'arabesque évoquera le parfum désuet des années 1900.

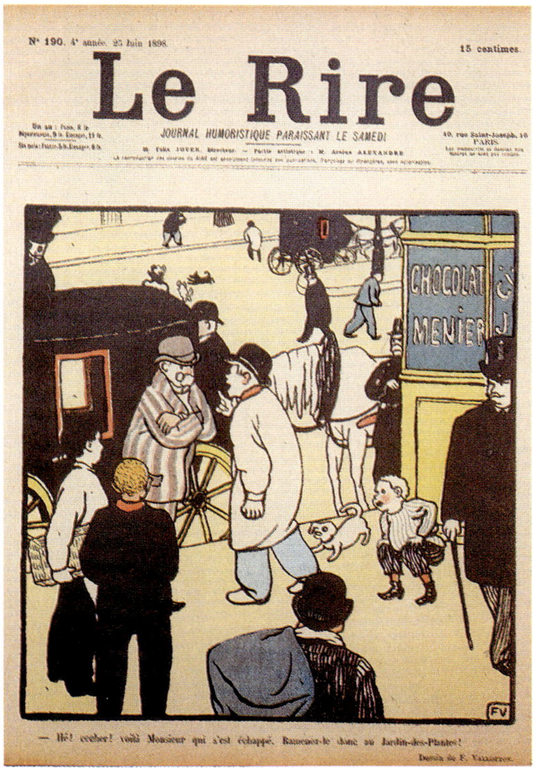

Couverture du journal **Le Rire**
du 25 juin 1898,
dessinée par Félix Vallotton

Page de gauche
Pierre Bonnard
France-Champagne
1891, affiche, lithographie,
78 x 50 cm.
Bibliothèque Nationale, Paris.

1. Cité d'une cinquantaine d'ateliers dont l'entrée est au 22, rue Tourlaque.

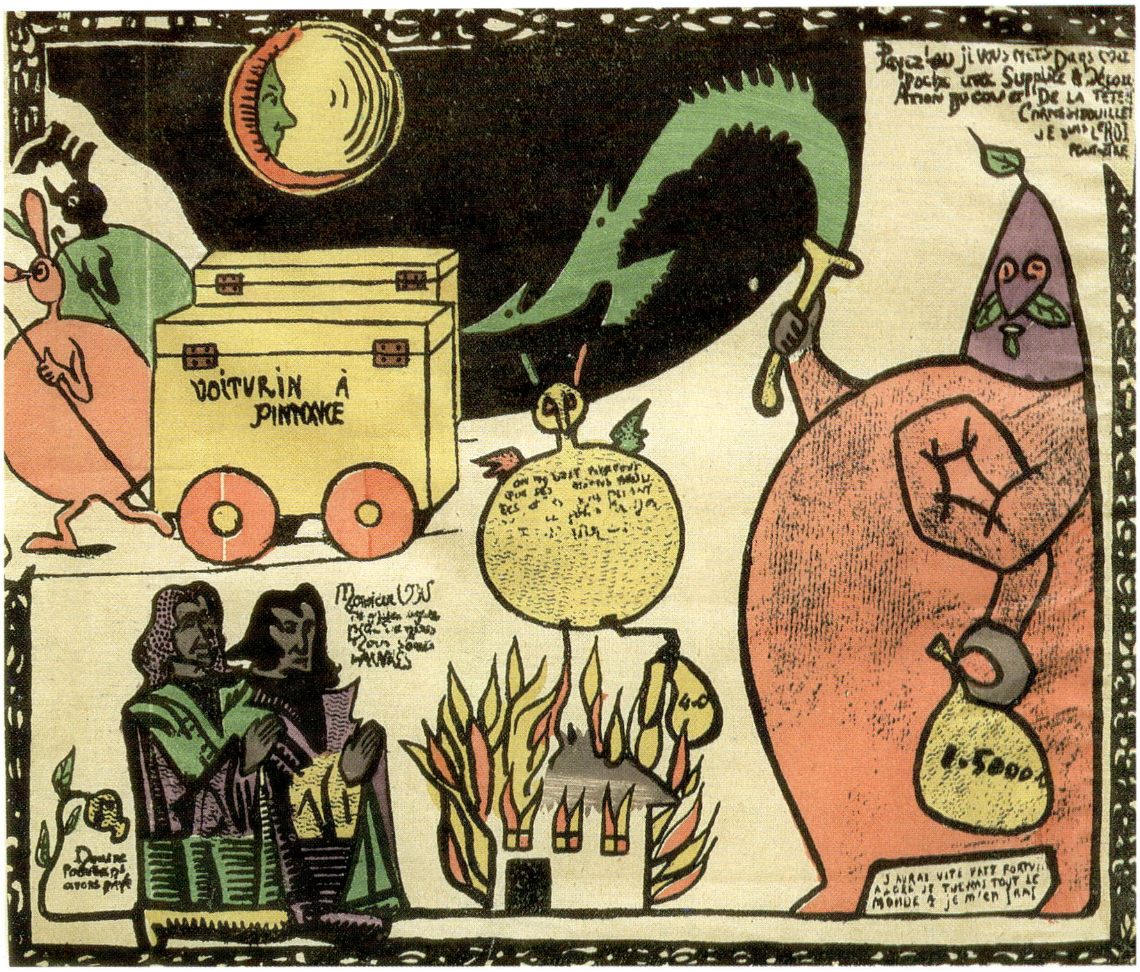

Alfred Jarry

Ubu Roi

Lithographie à fond rosé, 20,7 x 23,4 cm.
Programme du Théâtre de l'Œuvre,
reproduit dans la *Critique*, 1896-1897.
Collection Josefowitz.

Jean-Édouard Vuillard

Les Marronniers

1895, peinture à la colle sur carton,
110 x 70 cm.
Vitrail exécuté pour le marchand Bing.
Collection Josefowitz.

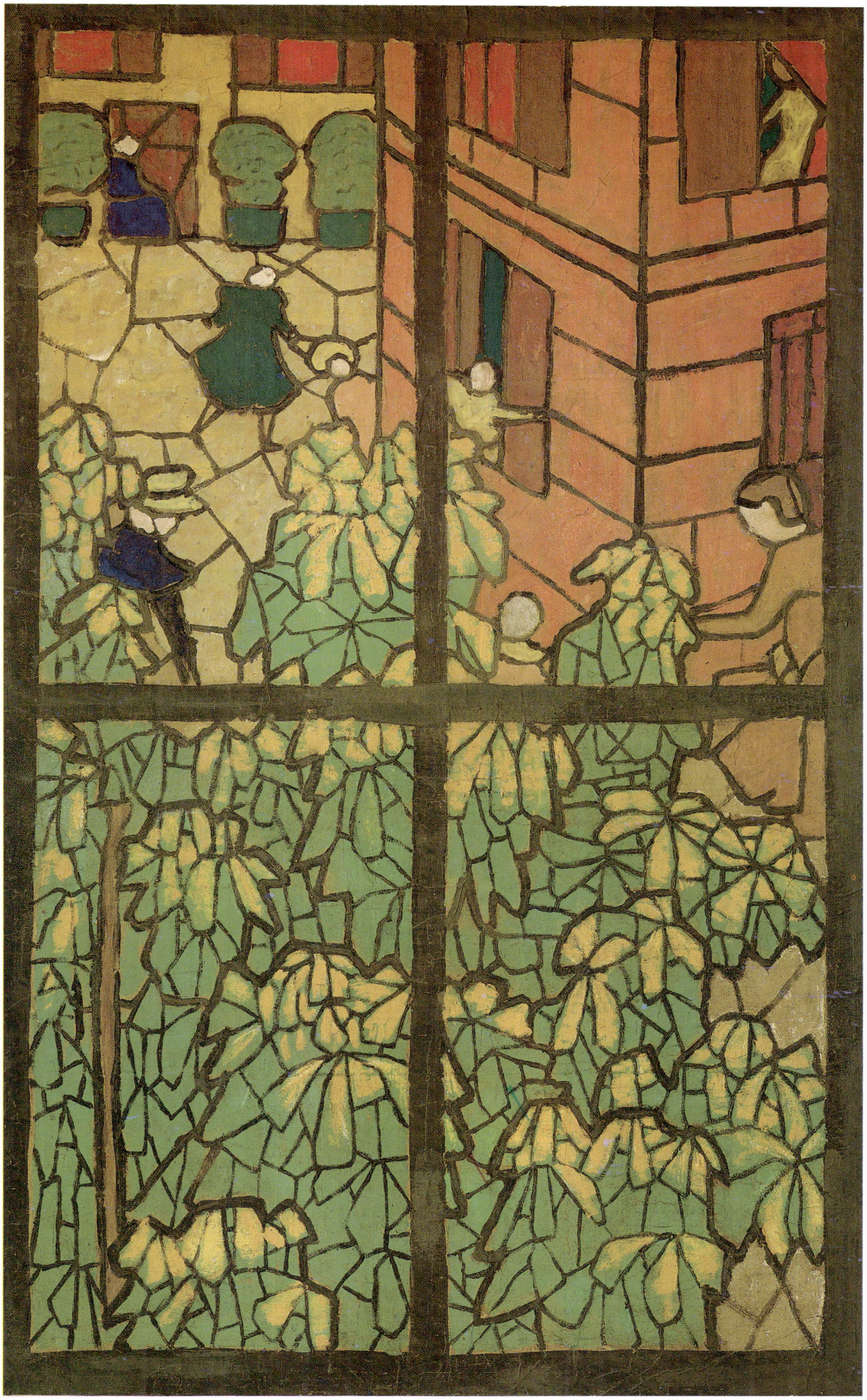

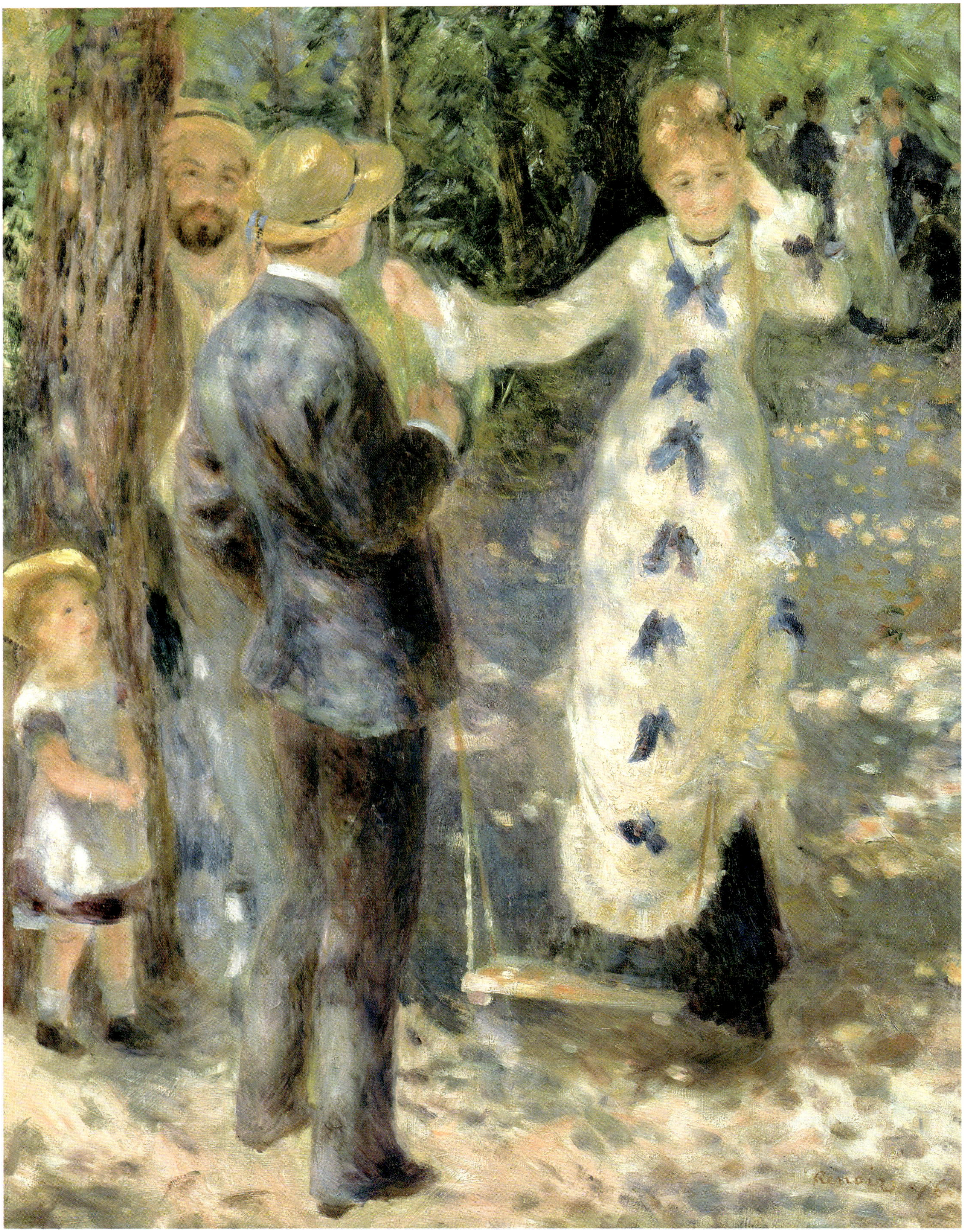
Renoir

Chapitre 2

Trois tempéraments sur les pentes montmartroises

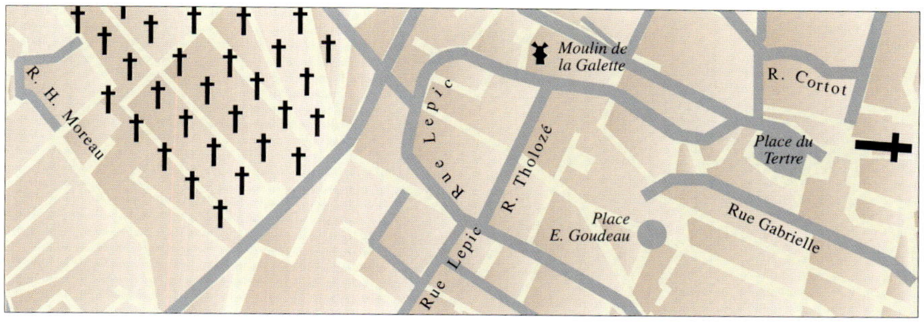

À l'orée du XXe siècle, les pentes montmartroises, suspendues entre le vacarme des boulevards et le silence du sommet, sont encore creusées de gorges, parfois profondes, résultant de l'extraction du gypse. Seule la rue de l'Empereur, actuelle rue Lepic, permet aux habitants de gravir la colline par le flanc sud-ouest. En haut de cette rue, le Moulin de la Galette, tenu par les Debray, descendants du meunier héroïque de 1814 qui fut tué par les Cosaques en défendant la Butte, est un lieu bon enfant, une guinguette qui date d'avant la Révolution : on y venait alors le dimanche manger de la galette et boire un verre de vin sous les frondaisons. Depuis, les ailes des deux moulins, le Blute-Fin et le Radet, ont cessé de tourner, mais pas les couples, qui voltigent gaiement au son de l'accordéon d'un honnête bal musette. À la belle saison, le jardin, assez vaste, est aménagé avec des tables disposées près des jeux de boules et de tir.

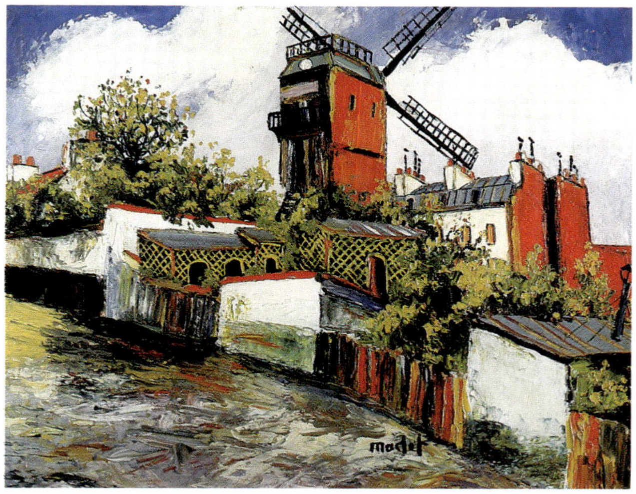

Élisée Maclet

Le Moulin de la Galette à Montmartre

1920, huile sur toile, 50 x 65 cm. Collection particulière.

Auguste Renoir

La Balançoire

1876, huile sur toile, 93 x 75 cm. Musée d'Orsay, Paris.

LE MOULIN DE LA GALETTE

Le Moulin de la Galette est transformé en bal musette en 1833 par son propriétaire, le Père Debray. Dix ans après la Commune, en 1880, une salle de danse sera construite dans la guinguette, très fréquentée par les ouvrières de Montmartre. La piste est entourée d'une allée d'où les chaperons peuvent veiller sur leur progéniture. Le jardin sera aménagé pour recevoir jeux de boules et de tir.

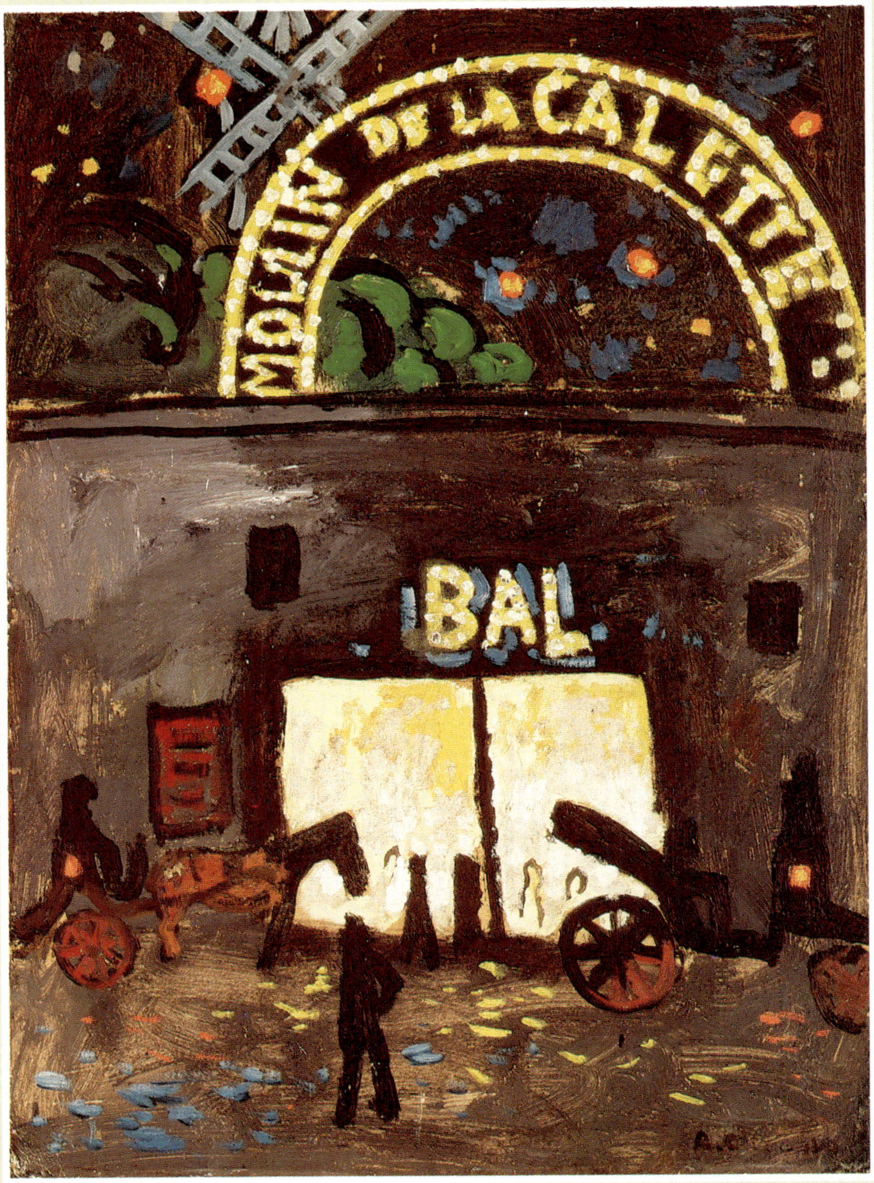

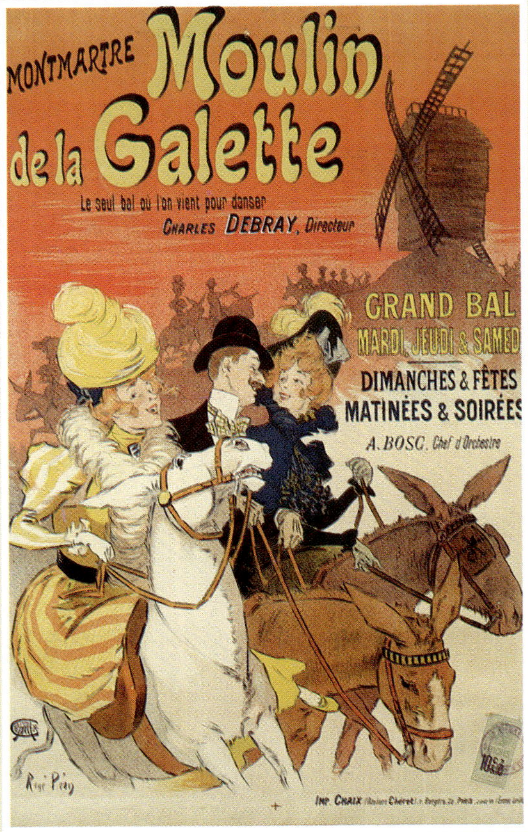

René Péan
Moulin de la Galette, Montmartre
1898, affiche, 59 x 39 cm.
Collection particulière.

En haut
Auguste Chabaud
Le Moulin de la Galette, la nuit
1905, huile sur toile,
52,5 x 61 cm.
Musée national
d'Art moderne, Paris.

Page de droite
À gauche : La rue Tholozé, à droite : Les escaliers de la rue Muller, actuelle rue Maurice Utrillo, en bas : Vue du Moulin de la Galette.

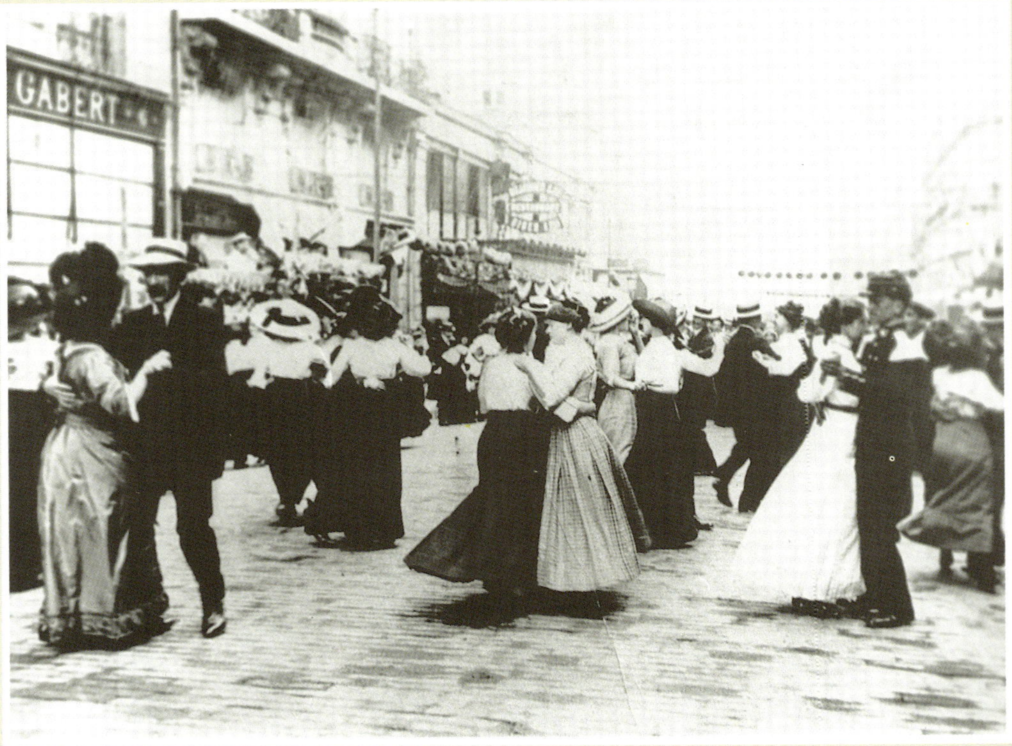

Bal à Montmartre

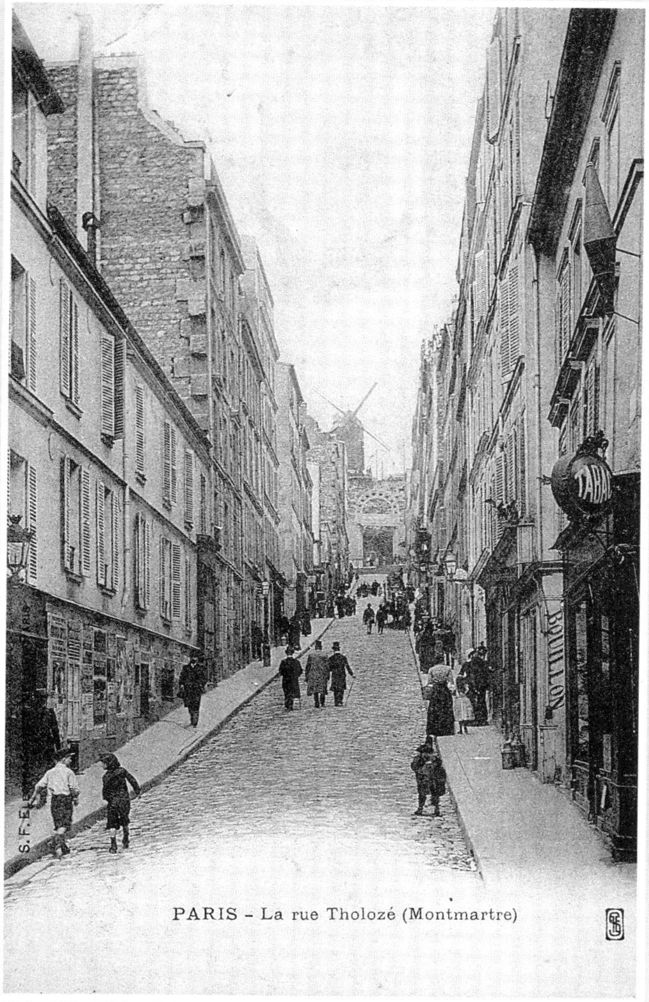
PARIS - La rue Tholozé (Montmartre)
TABAC
BOUILLON

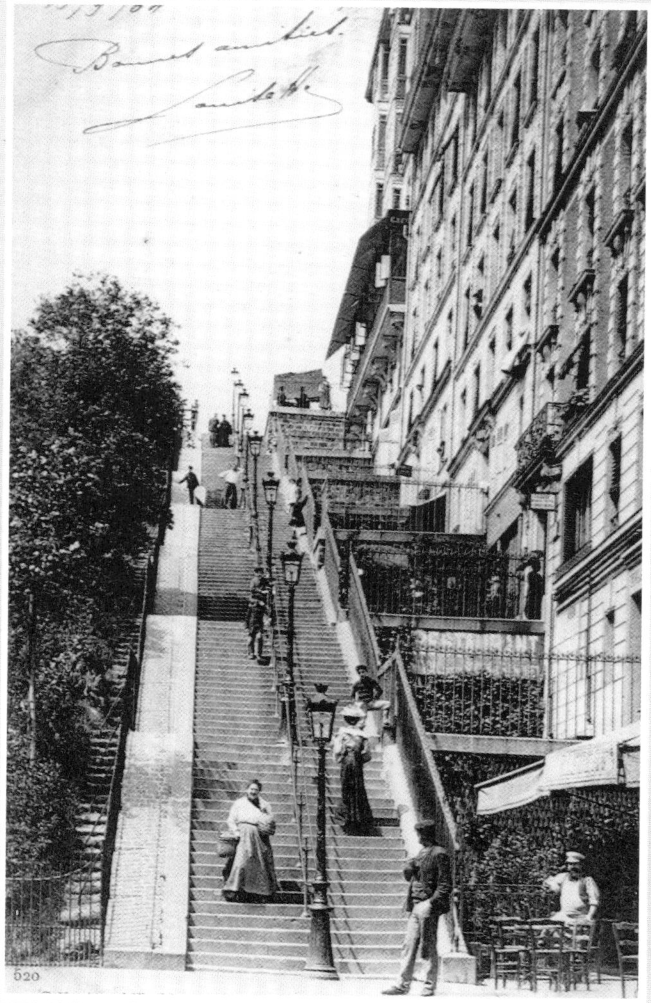
520

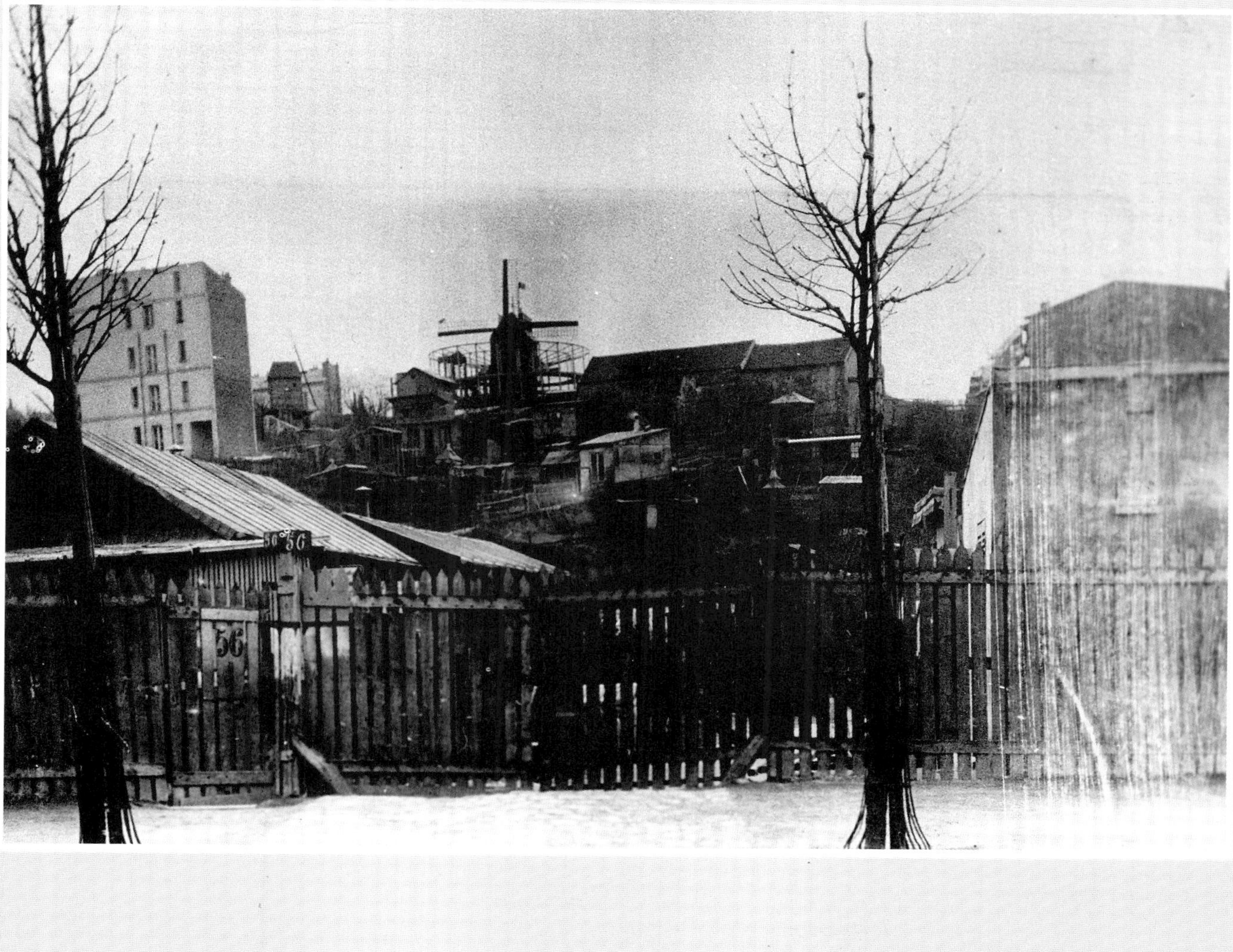
56

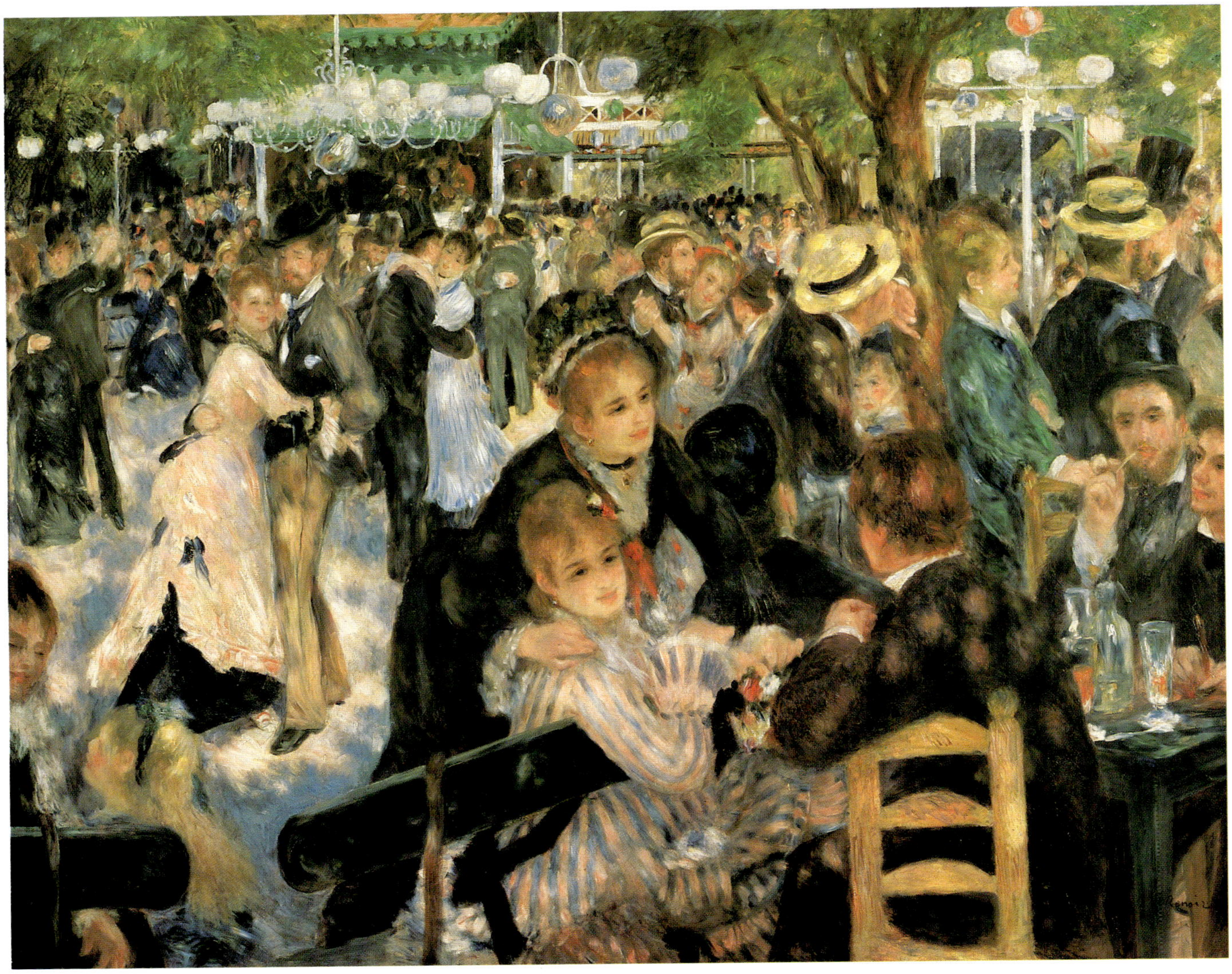

Auguste Renoir
Le Bal du Moulin de la Galette
1876, huile sur toile, 131 x 175 cm.
Musée d'Orsay, Paris.

Page de droite
et pages suivantes
Auguste Renoir
Le Bal du Moulin de la Galette
Détail.

Renoir radicalise sa peinture

Renoir, qui habite encore rue Saint-Georges, fréquente déjà le Moulin de la Galette avec ses amis l'écrivain Georges Rivière et le peintre Goeneutte. Fasciné par ces moments d'heureuse insouciance, le peintre se lance au printemps 1875 dans une série de petites esquisses. La commande providentielle d'un portrait de groupe lui permet de louer au 12 de la rue Cortot un atelier avec un jardin, nécessaire pour la mise en place de sa composition. « Dès que Renoir eut franchi le seuil de la porte, témoigne son ami Georges Rivière, il fut charmé par la vue d'un jardin qui ressemblait à un beau parc abandonné ; dès qu'on avait traversé l'étroit couloir de la maisonnette, on se retrouvait devant une pelouse inculte dont le gazon était parsemé de pavots, de liserons, de pâquerettes. Au-delà, une belle allée plantée de grands arbres et, derrière encore, un verger, un potager, puis des arbres touffus... Nous étions émerveillés. »

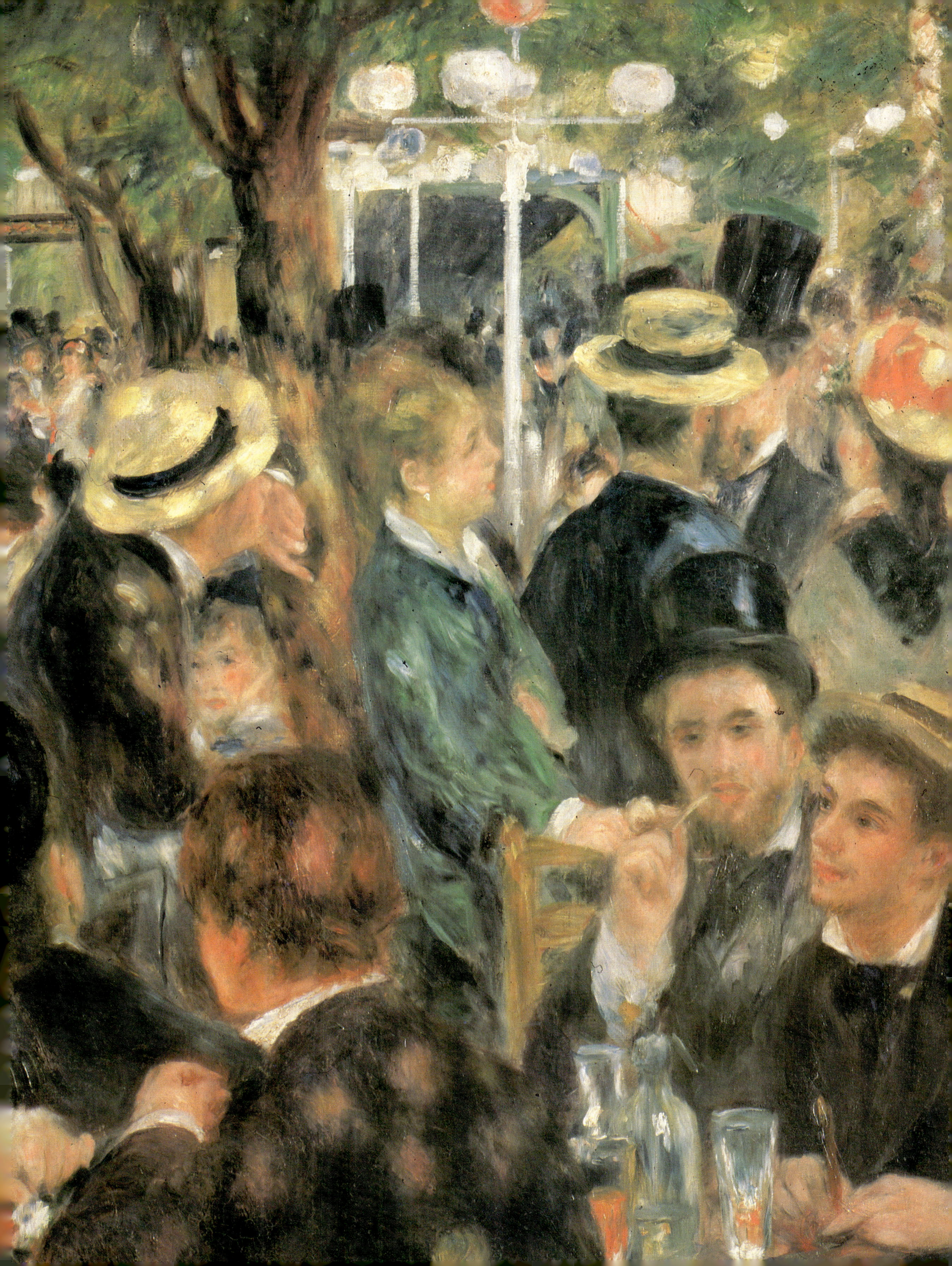

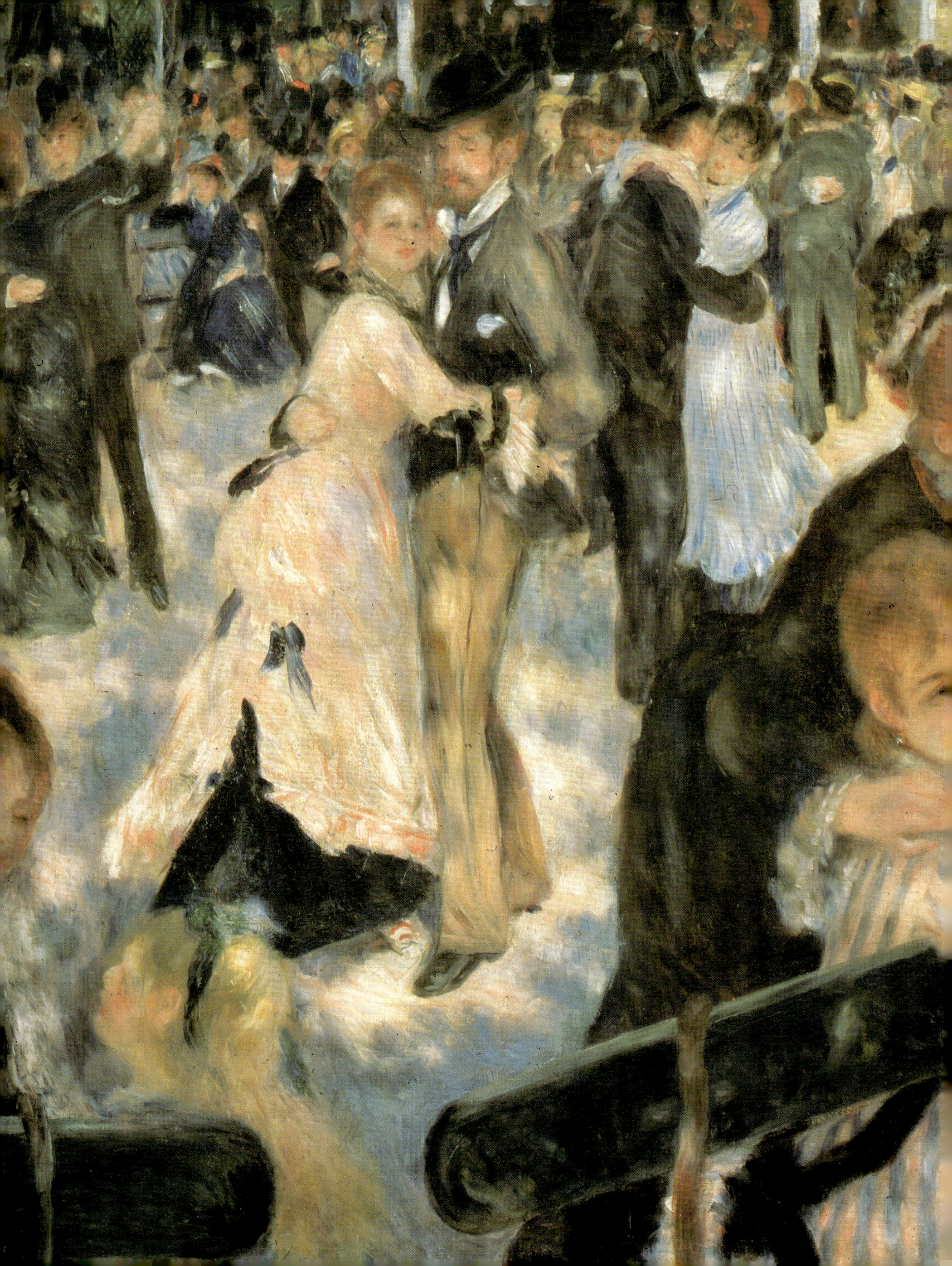

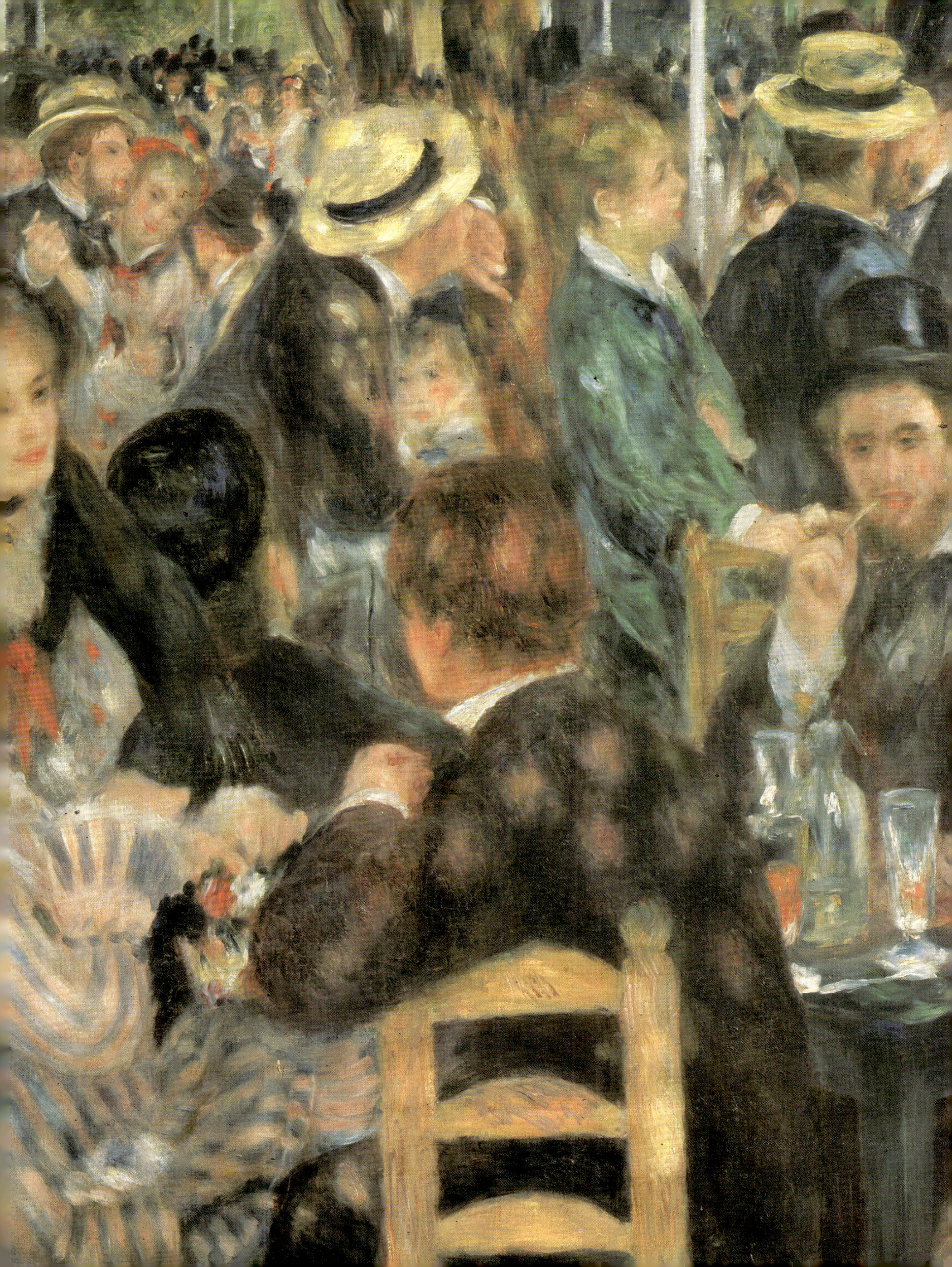

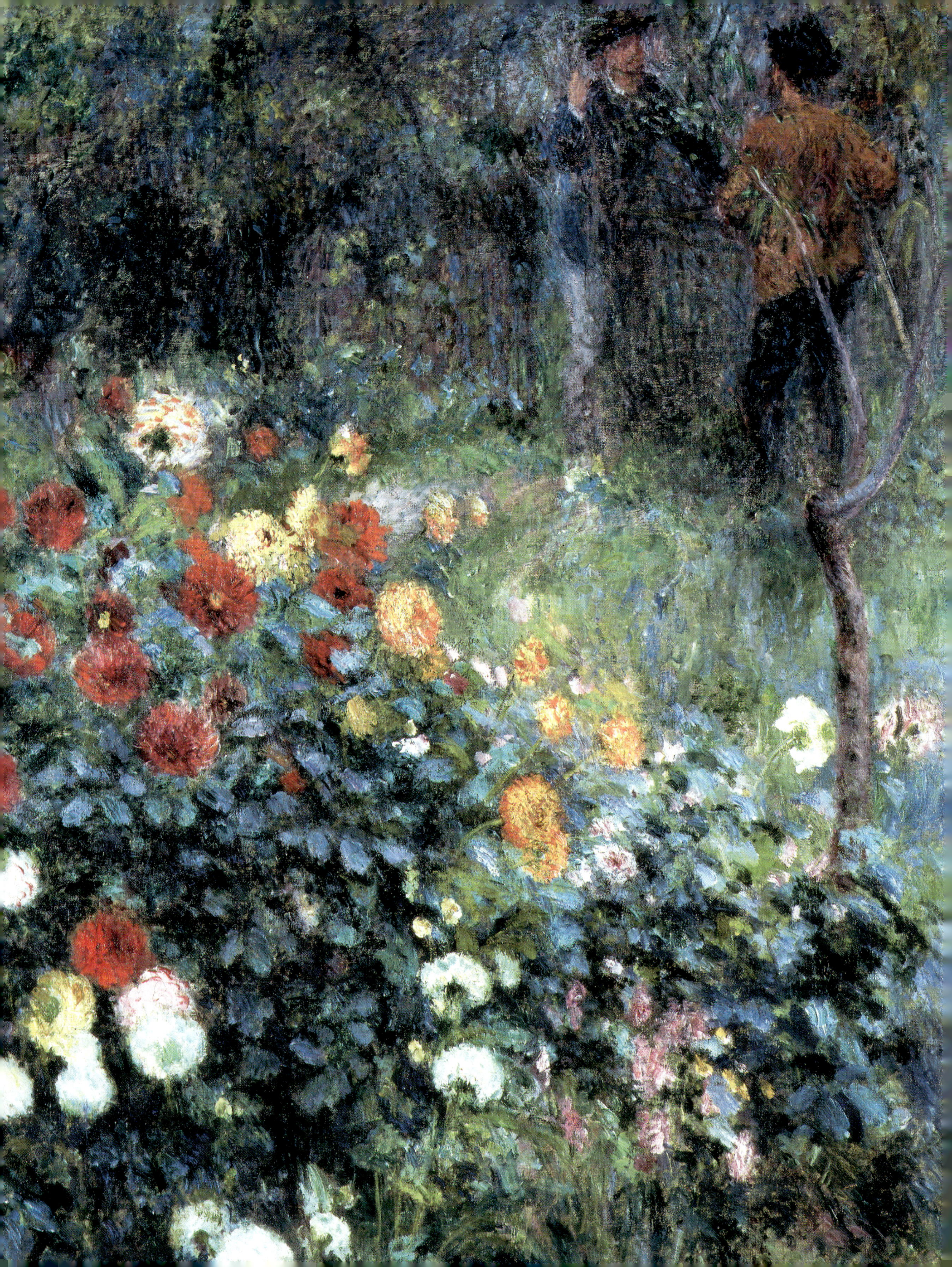

Renoir s'attelle alors à une toile immense – un mètre trente et un sur un mètre soixante-quinze – qui met en scène une multitude de personnages, *Le Bal du Moulin de la Galette*. Tous les jours, la joyeuse troupe de ses amis l'aide à transporter dans l'enclos du Moulin le grand châssis, qui menace de s'envoler à chaque coup de vent, pour qu'il y travaille les variations lumineuses. Il en profite pour les faire poser : l'écrivain Georges Rivière et les peintres Pierre Franc-Lamy et Norbert Goeneutte sont attablés au premier plan ; sur le banc, deux modèles, Estelle et Jeanne. « J'avais eu la chance de trouver au Moulin de la Galette des fillettes qui ne demandaient pas mieux que de poser », se souvient l'artiste. Parmi les couples tourbillonnants on reconnaît le modèle Margot dans les bras du peintre Solarès et, plus loin, le journaliste Paul Lhote et le peintre Henri Gervex.

La scène est éclaboussée d'une lumière filtrée par les feuillages. C'est la première fois que Renoir déploie sur un tableau de grandes dimensions cette technique légère qu'il a expérimentée dès 1869 à la Grenouillère avec le jeune Monet. À l'instar de ses amis Pissarro et Monet, Renoir s'attache à observer et retranscrire les variations de la lumière. Ses modèles, comme les boulevards pour Pissarro ou la Seine pour Monet, sont un prétexte à étudier les effets fugitifs d'ombre et de lumière, les reflets verts et bleus, les points lumineux qui dansent sur les visages. Adaptant sa technique au grand format, il radicalise la touche rapide et divisée, les tons rompus. À l'heure où dans le domaine scientifique la conception de la « matière-énergie » certifie que le ton local n'existe pas, que le noir n'existe pas non plus, que tout est coloré et que le monde est une constante activité chromatique, l'œuvre de Renoir n'est qu'un chatoiement d'ombres mouvantes, aussi gaies que la scène elle-même, un « miroitement d'arc-en-ciel », selon un critique de l'époque.

En 1894, à la mort de son ami peintre et collectionneur Gustave Caillebotte, Renoir, nommé exécuteur testamentaire, devra faire face aux nombreux refus du directeur des Beaux-Arts, Henri Roujon, de voir figurer les soixante-sept œuvres impressionnistes du legs de son ami au musée du Luxembourg. Après deux ans de négociations, l'État acceptera seulement trente-huit toiles au total, dont *Le Bal du Moulin de la Galette*. Renoir racontera : « La seule toile de moi qu'il (Henri Roujon) admit de confiance… parce que Gervex y figurait. »

L'œuvre monumentale inaugure une longue série de toiles, toutes inspirées par le jardin de la rue Cortot. Le même été, Renoir peint *La Balançoire*, pour laquelle Goeneutte et Jeanne posent à nouveau. Avec une grâce et une légèreté qui ne sont pas sans rappeler les œuvres de Watteau – que Renoir a beaucoup copiées dans sa jeunesse – le peintre jette sur eux la candeur d'une ombre blonde et tachetée. Suivra *Torse, effet de soleil*, une œuvre qui montre Anna assise nue dans la pénombre d'un feuillage, et sur laquelle se déversera la fureur des critiques lors de la seconde exposition impressionniste, en 1876 : « Essayez donc d'expliquer à monsieur Renoir que le torse d'une femme n'est pas un amas de chairs en décomposition avec des taches vertes, violacées, qui dénotent

Auguste Renoir
Le Jardin de la rue Cortot
1876, huile sur toile, 151,8 x 97,5 cm.
Carnegie Museum of Art, Pittsburgh.

Page de gauche
Détail.

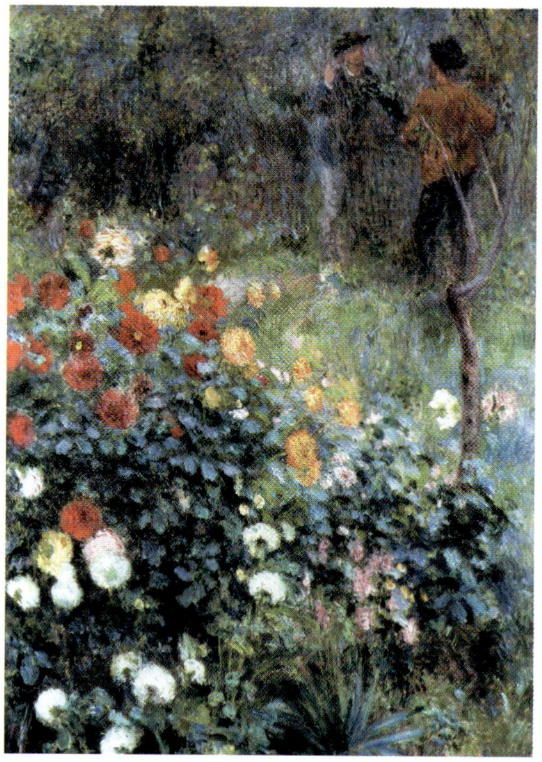

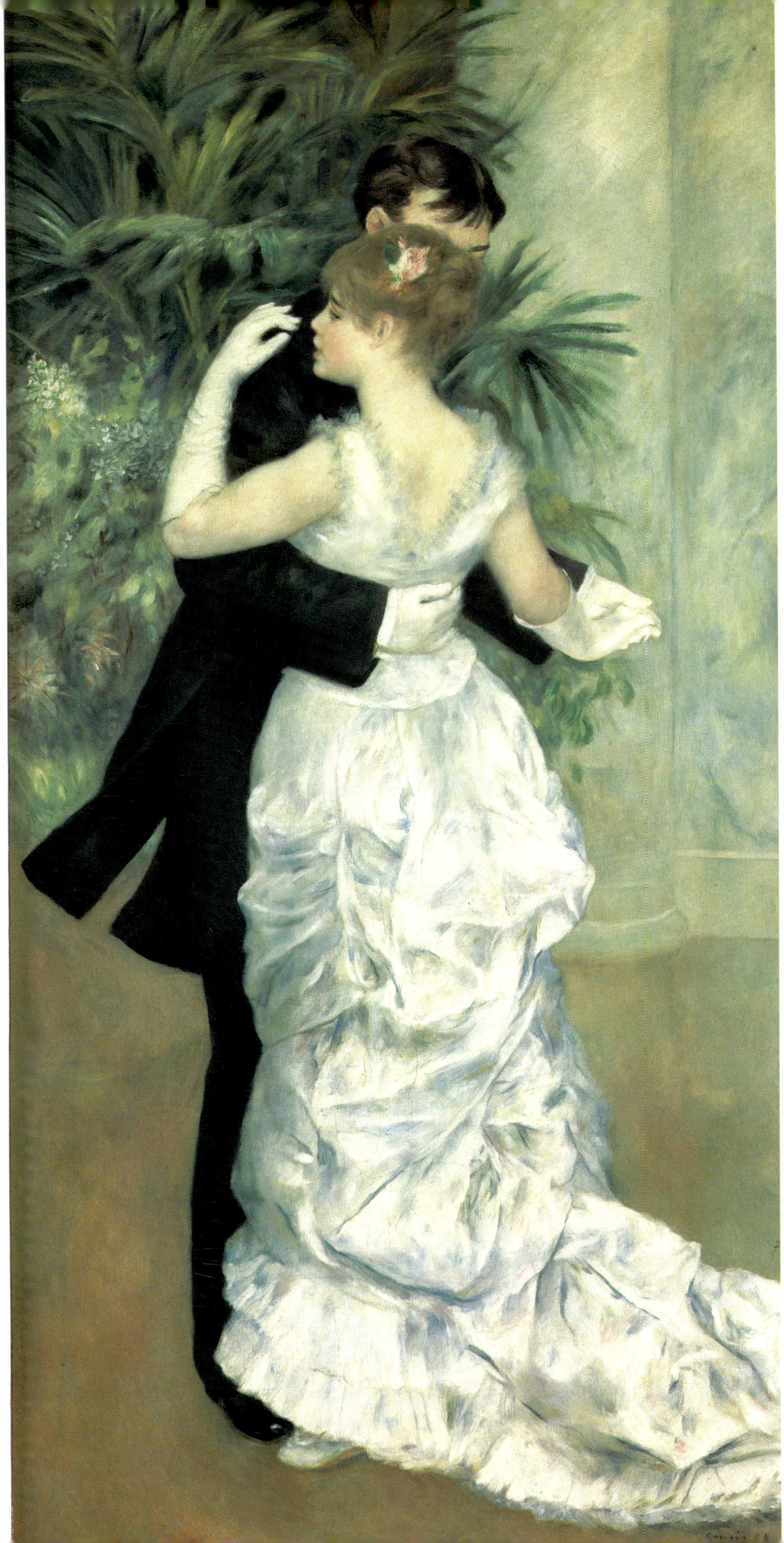

Auguste Renoir

La Danse à la ville

1883, huile sur toile,

180 x 90 cm.

Musée d'Orsay, Paris

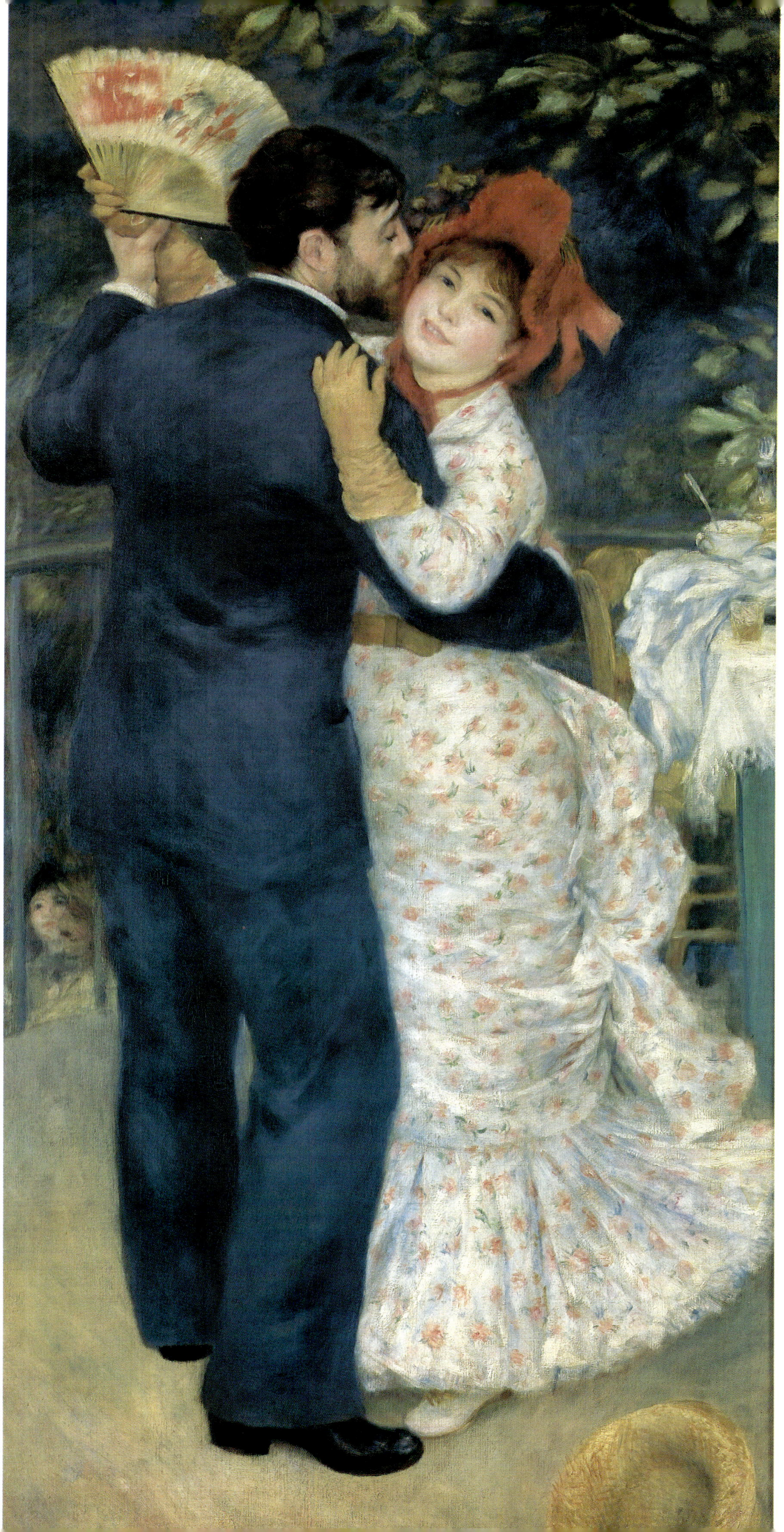

Auguste Renoir
La Danse à la campagne
1883, huile sur toile,
180 x 90 cm.
Musée d'Orsay, Paris.

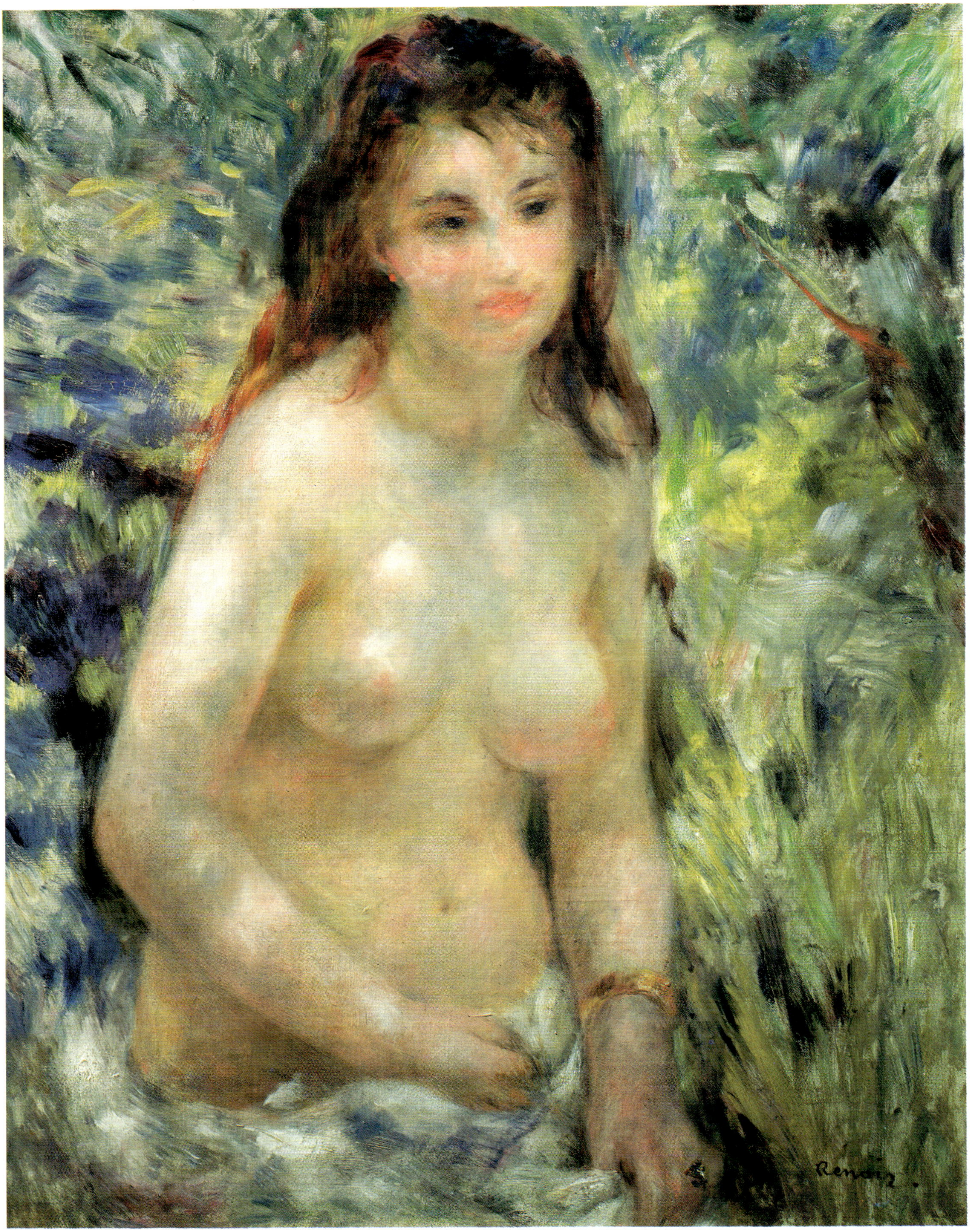
Renoir

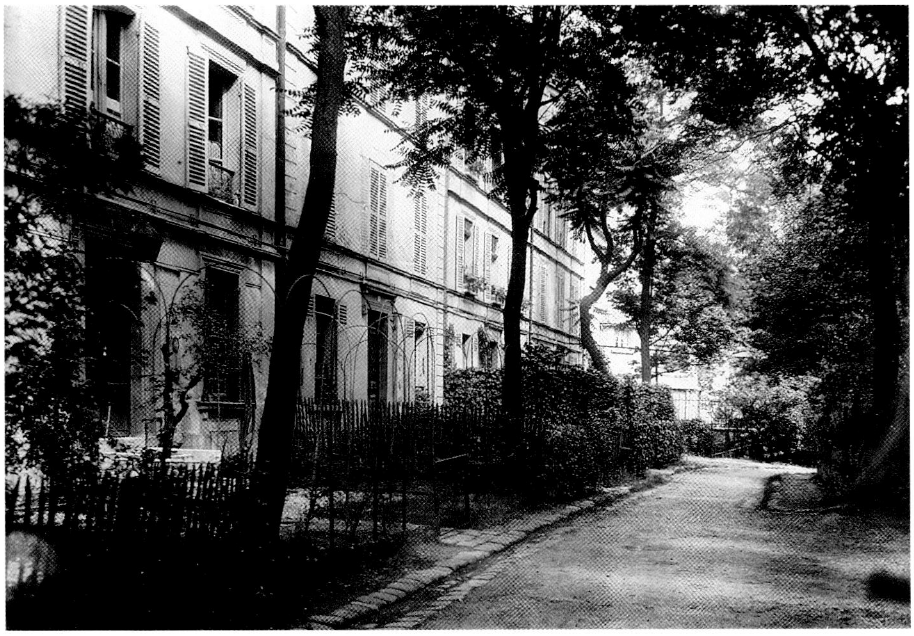

Le pavillon d'Auguste Renoir au Château des Brouillards

Page de gauche
Auguste Renoir
Étude. Torse, effet de soleil
Vers 1876, huile sur toile,
81 x 64,8 cm.
Musée d'Orsay, Paris.

l'état de complète putréfaction d'un cadavre ! » vocifère Albert Wolff dans *Le Figaro*. Et Renoir de raconter qu'un journaliste lui avait lancé : « Votre modèle a eu la petite vérole ! »

En trente ans, Renoir aura occupé à Montmartre une bonne dizaine d'ateliers et de domiciles différents : rue Tourlaque, rue Saint-Georges, rue Norvins, boulevard Rochechouart..., et aura brossé le portrait de son quartier familier, marqué dorénavant par l'empreinte de son tempérament d'artiste : « De la bourgeoise à l'ouvrière, de la midinette à la fille qui danse au bal, Montmartre, une petite personne svelte, pimpante, habillée gentiment, rieuse, ingénue... » Comme certains de ses confrères, choisit-il ses poseuses sur le marché aux modèles qui se tient chaque lundi place Pigalle ? Depuis 1876, l'omnibus de la Halle aux Vins, qui s'arrêtait auparavant à Notre-Dame-de-Lorette, monte la rue des Martyrs et débarque là son lot de jeunes blanchisseuses de la rue de Bièvre ou de Saint-Michel, cousettes ou Lison, fleurs fraîches du pavé de Paris, après lesquelles Renoir soupirera dans ses voyages en Italie et en Sicile : « Je m'ennuie un peu, loin de Montmartre, la moindre grisette vaut la plus belle Napolitaine... »

L'une de ses dernières demeures parisiennes est le Château des Brouillards[1], au bout de la rue Girardon, où il s'installe dans le pavillon numéro 6 en 1889. Il y peindra, entre autres, toute la série des *Baigneuses*. La reconnaissance, à défaut de la consécration, le rejoint enfin dans ce lieu qu'a connu Gérard de Nerval et qui a conservé une poésie extravagante. Mais celui qui en garde un souvenir ébloui, lui faisant dire : «...ce petit paradis de lilas et de roses semblait le bout du monde... », c'est son fils Jean qui deviendra le célèbre cinéaste.

1. Le Château des Brouillards désigne une grande bâtisse et un groupe de petits pavillons et de jardins entourés d'une haie fleurie, en bordure du Maquis et de la rue Caulaincourt, l'allée des Brouillards.

Paul Cézanne
PORTRAIT DE DELACROIX
Vers 1870-1871, crayon,
14 x 13 cm.
Musée Calvet, Avignon.

CÉZANNE S'ISOLE À MONTMARTRE

« Je ne vous donne pas la maing, Monsieur Manet ; je ne me suis pas lavé depuis huit jours. » La voix forte exagère volontairement son accent du Midi. Sous les lumières blanches du café Guerbois, le jeune homme grand et maigre, barbu, à la forte tête, a remonté son pantalon et rajusté sa ceinture rouge de flanelle avant de se planter devant Édouard Manet, qui sourit au provocateur. Le bourgeois dandy est aussi le maître d'*Olympia* et sait apprécier un caractère lorsqu'il en rencontre un.

Et de caractère, Paul Cézanne n'en manque pas. Il est né à Aix-en-Provence, fils de Louis-Auguste, chapelier prospère qui se convertit un jour à la banque, comme dans un roman de Balzac. Personnage opiniâtre, Louis-Auguste n'a qu'un problème : son fils, qui non seulement veut peindre, mais encore pas comme les vrais peintres, les sérieux, ceux qui exposent au Salon officiel. D'où lui viennent donc ses idées étranges ? Peut-être de ses longues promenades dans l'ardente campagne aixoise avec son inséparable ami de lycée, cet Émile Zola qui nourrit également de vastes ambitions littéraires. En 1862, Paul a raison de la résistance paternelle et obtient l'autorisation de monter à Paris. Il travaille tous les jours à l'académie Suisse, quai des Orfèvres, pour préparer l'entrée à l'école des Beaux-Arts.

Passionnément absorbé par son travail, fruste et peu disert, il est la risée de ses camarades. Un homme pourtant voit immédiatement son talent : Pissarro. Malgré sa sollicitude, Cézanne ne supporte pas la capitale et rentre chez son père, ses rêves brisés. La peinture le hante pourtant, il repart quelques mois plus tard. Paris le reprend, et il passera ainsi toute sa vie entre les deux villes.

Déjà aux côtés des Refusés en 1863, il se réjouit de n'être pas non plus reçu au Salon officiel en 1864 ; il y voit la confirmation de son originalité et se délecte à l'idée que ses œuvres vont faire « rugir l'Institut de rage et de désespoir ». Il reste néanmoins solitaire. Ses visites au Guerbois le montrent. « Tous ces gens-là sont des salauds ! Ils sont aussi bien mis que des notaires ! » clame-t-il à son ami le paysagiste Antoine Guillemet. Pourtant ses invectives à l'égard de ces « châtrés de l'Institut » ne l'empêchent pas de reconnaître le talent : « Monet, déclarait-il, ce n'est qu'un œil. Mais quel œil ! » Puis il s'assoit dans un coin et écoute tranquillement. S'il intervient, c'est avec conviction et véhémence, et si le débat lui déplaît, il s'en va sans un mot.

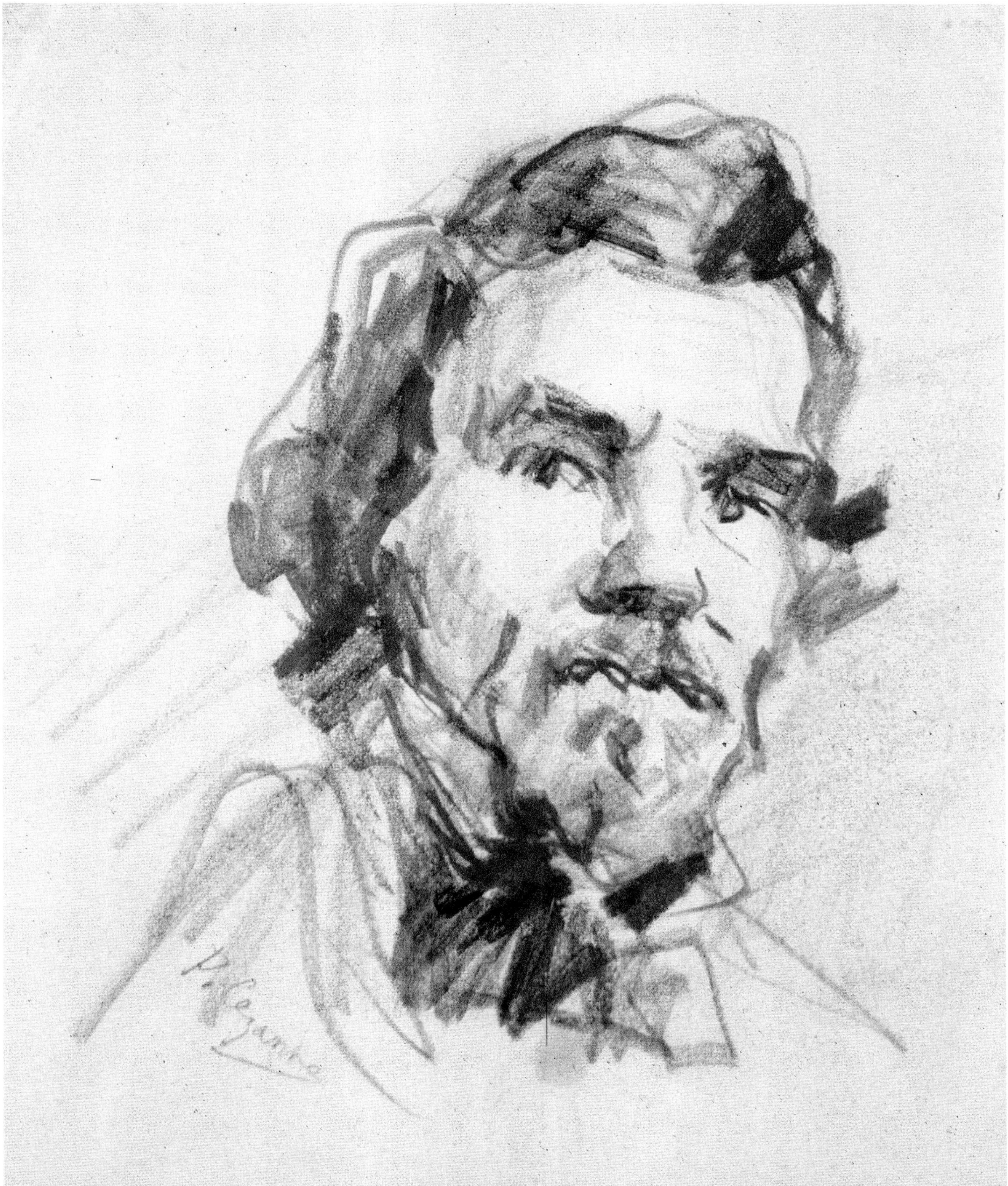
P. Cezanne
Rig

Paul Cézanne

Une moderne Olympia

1872-1873, huile sur toile,

46 x 55 cm.

Musée d'Orsay, Paris.

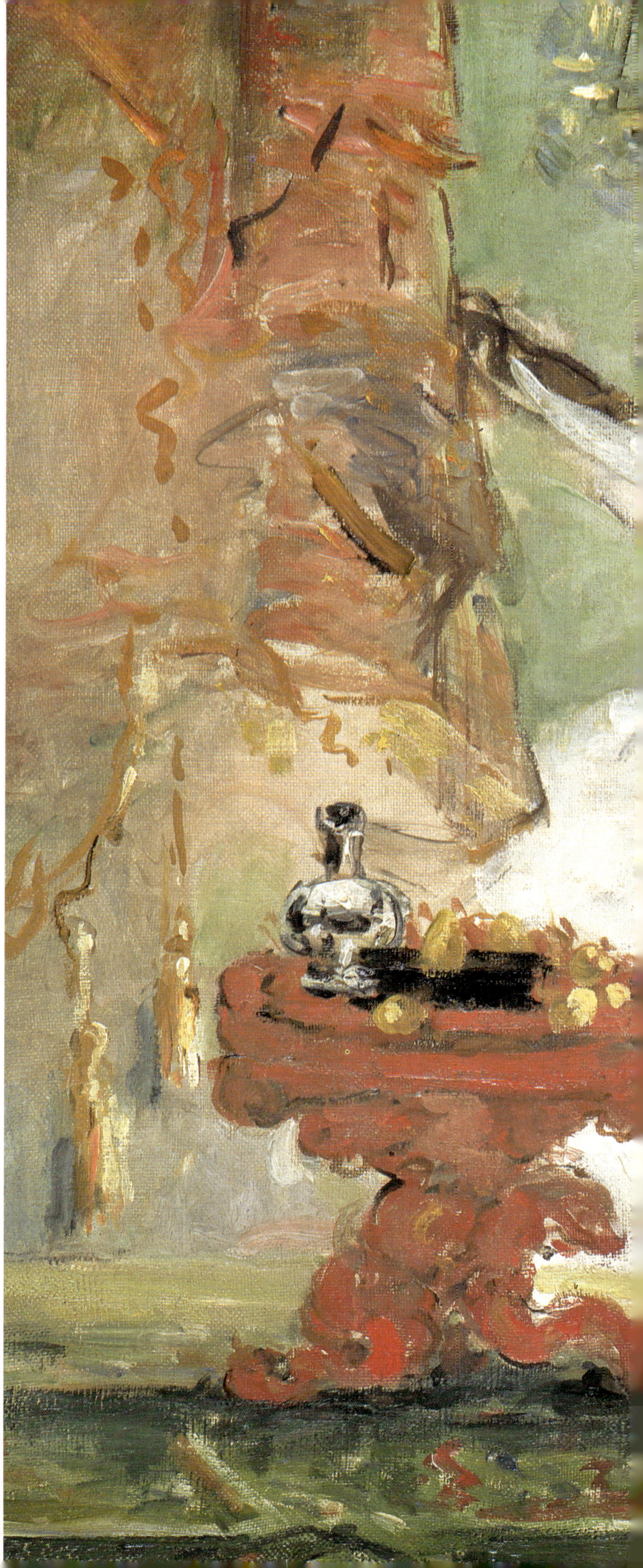

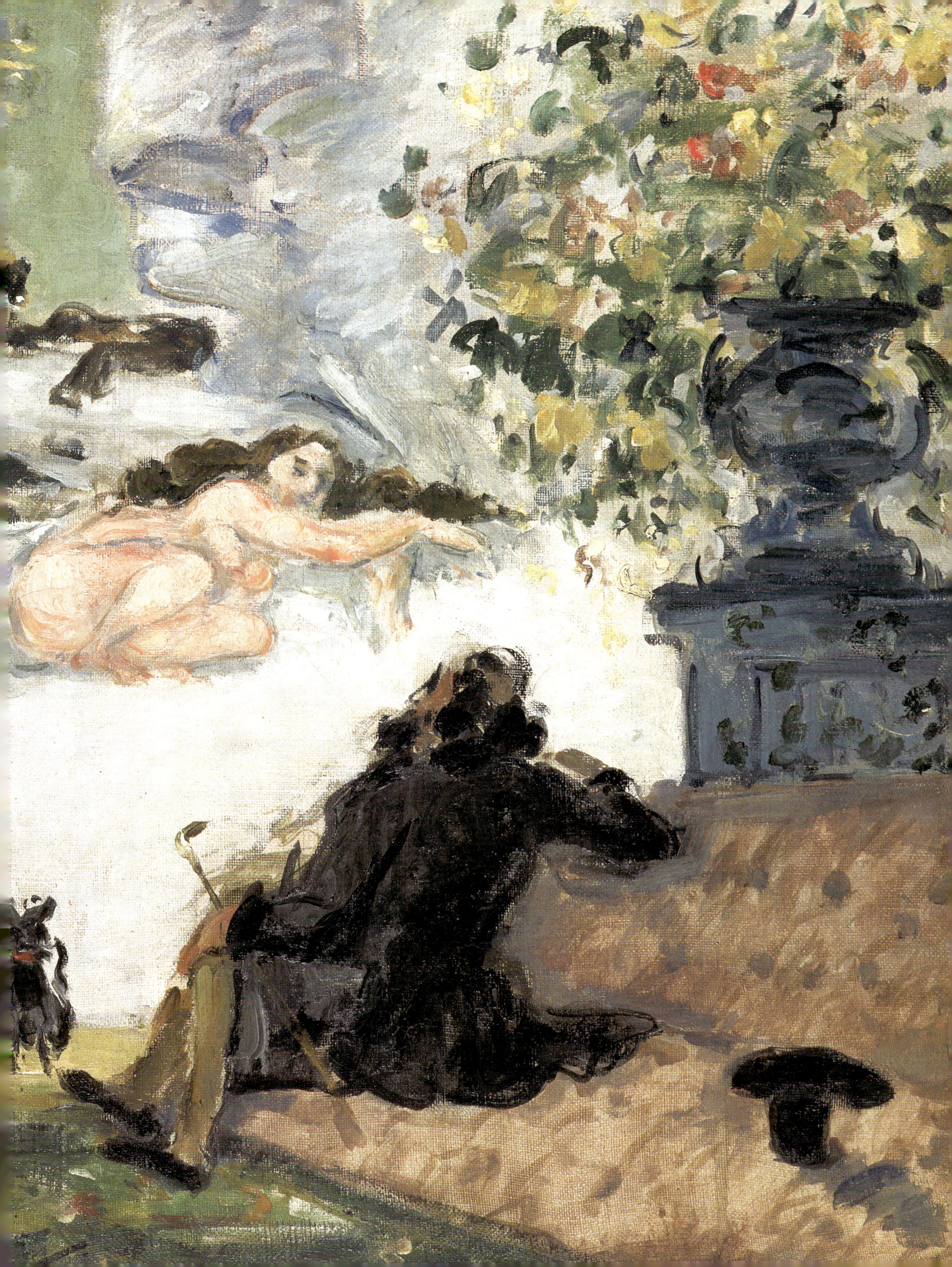

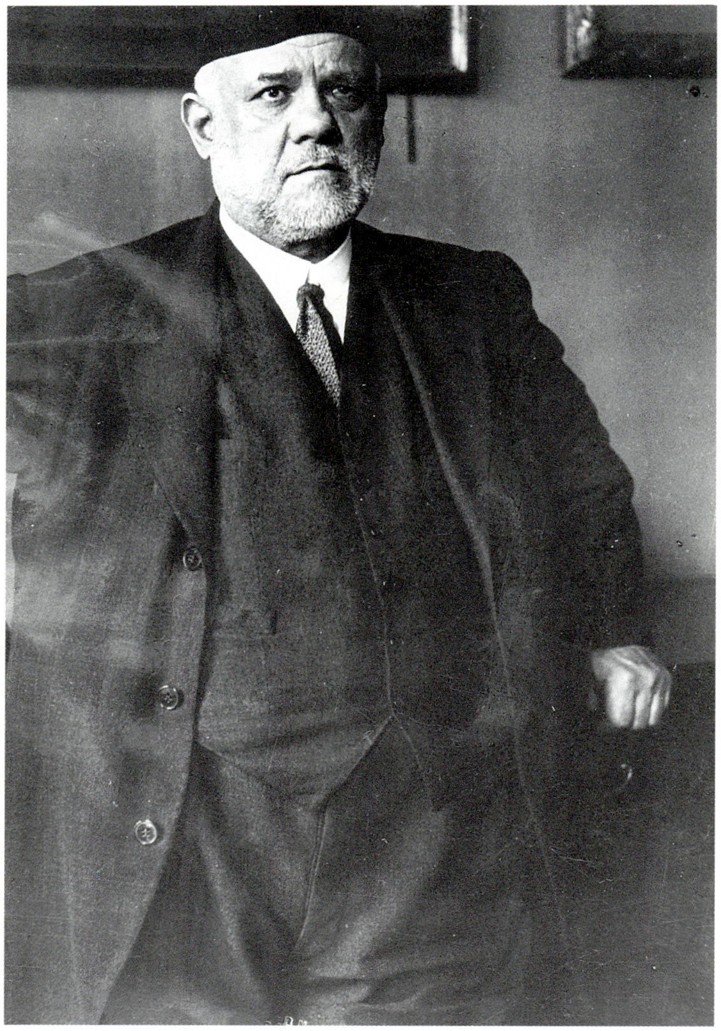

Portrait d'Ambroise Vollard

PAGE DE DROITE
Paul Cézanne
PORTRAIT D'AMBROISE VOLLARD
1899, huile sur toile,
103 x 81 cm.
Musée du Petit Palais, Paris.

Est-il seulement des leurs ? Pissarro a bien du mal à l'imposer à ses collègues dans la première exposition impressionniste, en 1874. Il y présente *La Maison du pendu* qu'il rapporte de son séjour à Auvers-sur-Oise et *Une moderne Olympia*. Et en 1876, il refuse de faire partie de la deuxième exposition. Il est déjà ailleurs, sur l'Estaque, plongé dans une recherche picturale singulière. À la touche dansante des impressionnistes il oppose dans ses paysages la densité des formes et des volumes, car, explique l'artiste, « la nature, pour nous les hommes, est plus en profondeur qu'en surface ». Et il ajoute : « L'œil ne suffit pas, il faut la réflexion. »

Montmartre le retiendra donc très peu au temps de sa jeunesse. Il fréquente surtout, au 14 de la rue Clauzel, la boutique du Père Tanguy. Cet ancien plâtrier, charcutier puis employé de la Compagnie de l'Ouest s'est mis marchand de couleurs depuis 1867. Il va sur le terrain, proposant sa marchandise où s'installent les peintres : Barbizon, La Grande Jatte, Argenteuil... Bientôt, il les expose dans sa boutique. Souvent, il vend à Cézanne des couleurs en échange de toiles, car celui-ci se désintéresse royalement de sa production. Alors la boutique devient le seul lieu où voir des Cézanne. « Pendant des années, raconte Émile Bernard, on allait

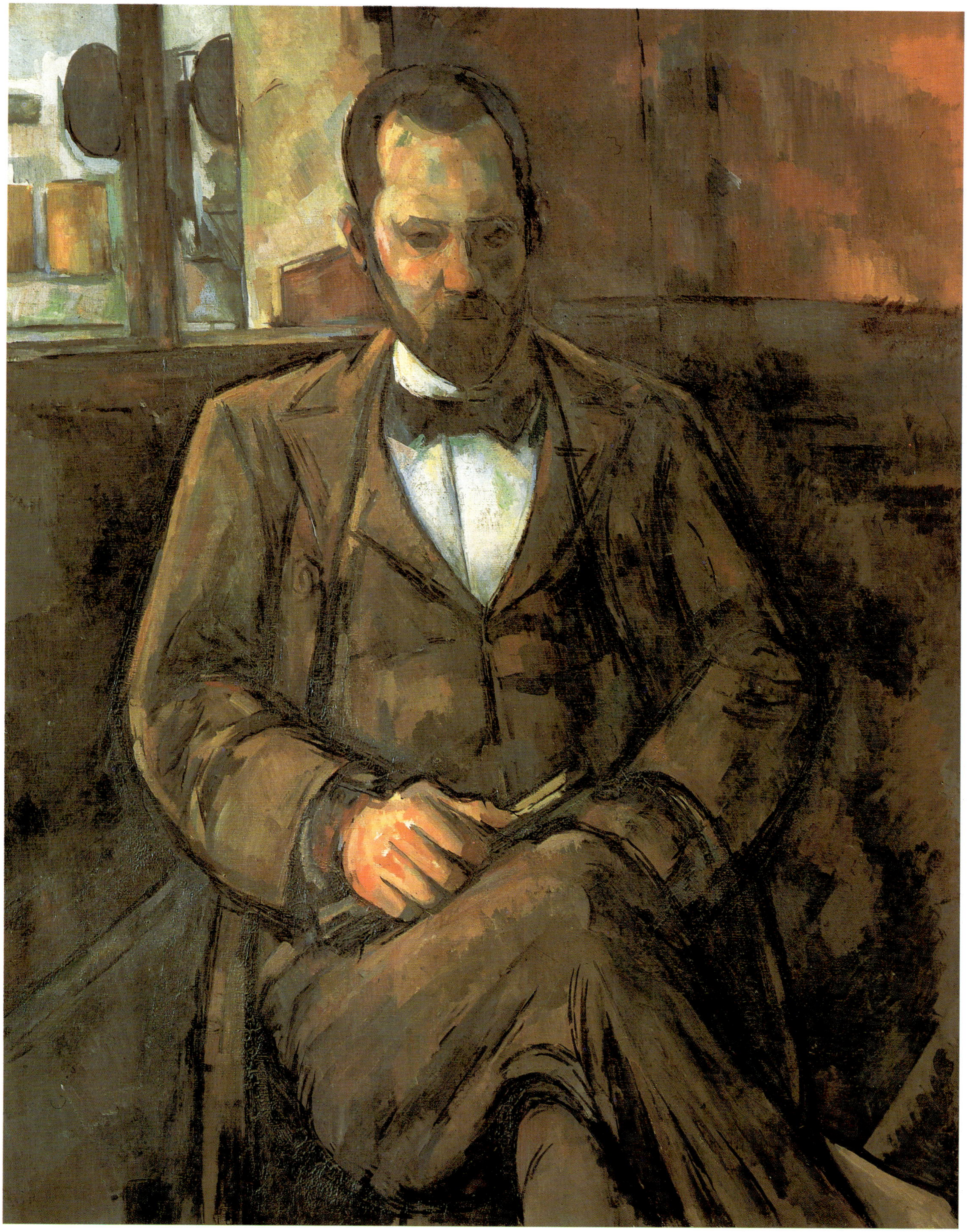

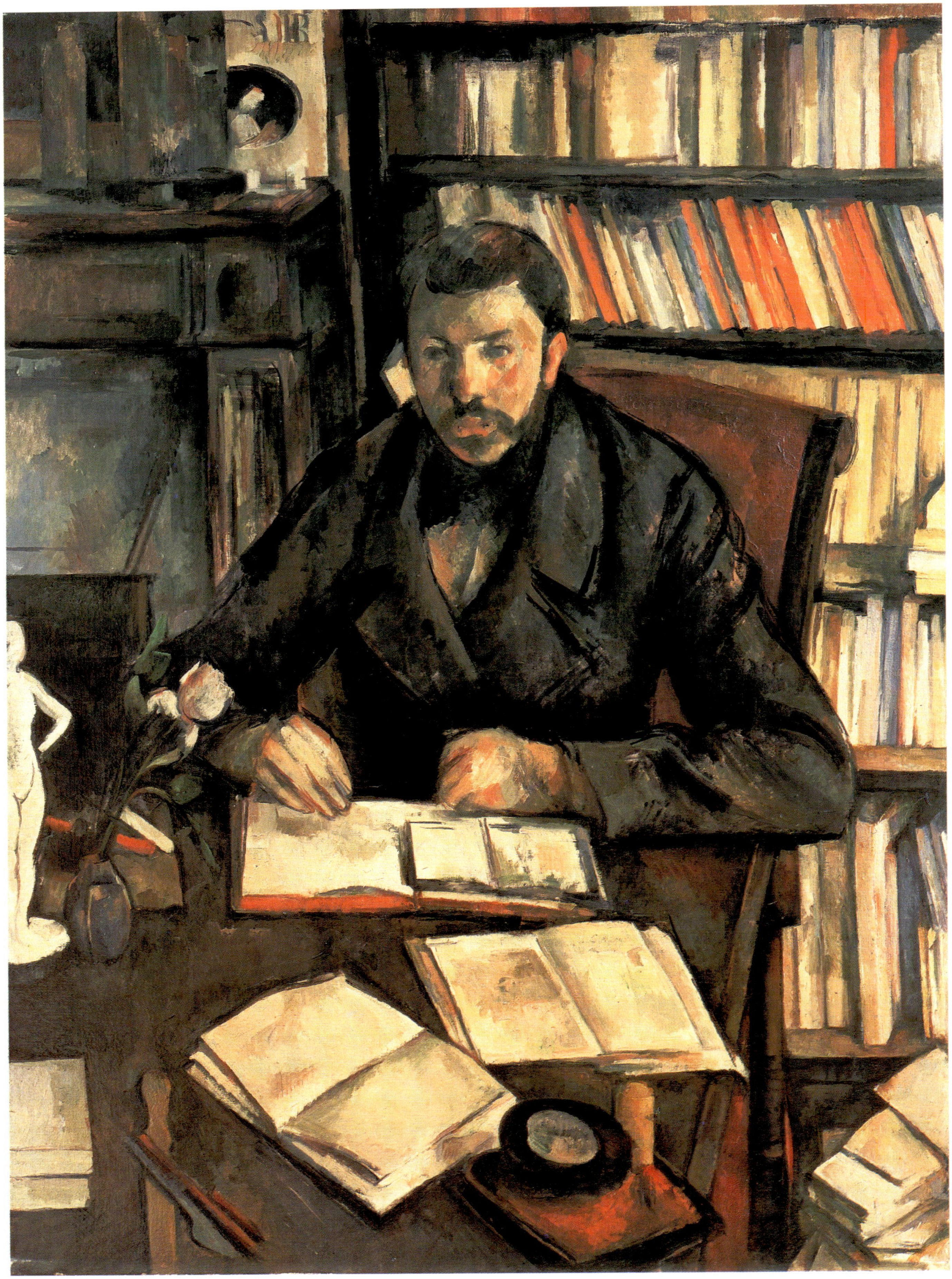

chez Tanguy comme au musée pour voir les quelques études de l'artiste inconnu Paul Cézanne. Il était alors l'une des très rares personnes qui eussent foi en son talent. Les membres de l'Institut, les critiques influents et les critiques réformateurs visitaient ce modeste magasin, devenu à son insu la fable de Paris et la conversation des ateliers. C'est que rien ne déconcertait comme ses toiles... Les jeunes gens y sentaient le génie, les vieillards, la folie du paradoxe, les jaloux criaient à l'impuissance. »

Cézanne reviendra sur la Butte en 1898 pour s'installer à la Villa des Arts, au 15, rue Hégésippe-Moreau. Il y exécute, entre autres, *Le Portrait d'Ambroise Vollard,* qui est son marchand depuis qu'il a, trois ans plus tôt, organisé dans sa galerie de la rue Laffitte la première exposition à Paris entièrement consacrée à Cézanne. Pas moins de cent quinze séances furent nécessaires au peintre pour venir à bout du travail... et de Vollard ! « On m'avait dit que Cézanne faisait du modèle son esclave », avouera la victime que l'artiste avait installée sur une estrade branlante dans le but de l'empêcher de bouger, « je ne l'ai que trop éprouvé... Il usait du modèle comme d'une nature morte... "Il faut vous tenir comme une pomme, tonnait Cézanne, est-ce que cela remue, une pomme ?" » « Lorsqu'il commençait sa séance, raconte encore Vollard, Cézanne, le pinceau levé, me regardait, les yeux fixes, un peu durs. Parfois, il semblait inquiet ; je l'entendais qui mâchait rageusement entre ses dents : "Ce Dominique (Ingres) est bougrement fort", puis se reculant pour juger de l'effet : "mais il est bien emm...dant." »

Puissant et solitaire, ainsi s'affirme Cézanne. Il vit en marge de Montmartre, et les paysages urbains, les scènes de la vie moderne ne l'intéressent pas. « Je ne crois pas, concluait Renoir, que dans toute l'histoire des peintres on trouve un cas semblable à celui de Cézanne. Avoir vécu soixante-six ans et, depuis le premier jour où l'on a tenu un pinceau, demeurer aussi isolé que sur une île déserte. Et aussi, à côté de cet amour passionné de l'art, une telle indifférence pour son œuvre une fois faite. » De cette recherche incessante, de ce travail lent et pénible Vollard témoigne une nouvelle fois. À l'issue de ce nombre invraisemblable de séances de pose, il découvre avec étonnement sur la toile deux petits points vierges de peinture sur la main. Cézanne lui réplique qu'il doit trouver le ton exact pour remplir ces espaces blancs. « Si je mettais quelque chose au hasard, je serais forcé de reprendre tout mon tableau en partant de cet endroit. » À la fin, le portrait n'était toujours pas « terminé », mais Cézanne aurait déclaré à son modèle qu'il « n'était pas mécontent du devant de la chemise ».

« Il n'y a pas de ligne, il n'y a pas de modelé, il n'y a que des contrastes. Ces contrastes, ce ne sont pas le noir et le blanc qui les donnent, c'est la sensation colorée », disait Cézanne. Et de renchérir : « Lorsque la couleur est à sa richesse, la forme est à sa plénitude. » Un peu plus tard, les cubistes se souviendront : « Dans la nature, tout se ramène à la sphère, au cylindre, au cône... »

Paul Cézanne
Portrait de Gustave Geffroy
1895-1896, huile sur toile,
116 x 89 cm.
Musée d'Orsay, Paris.

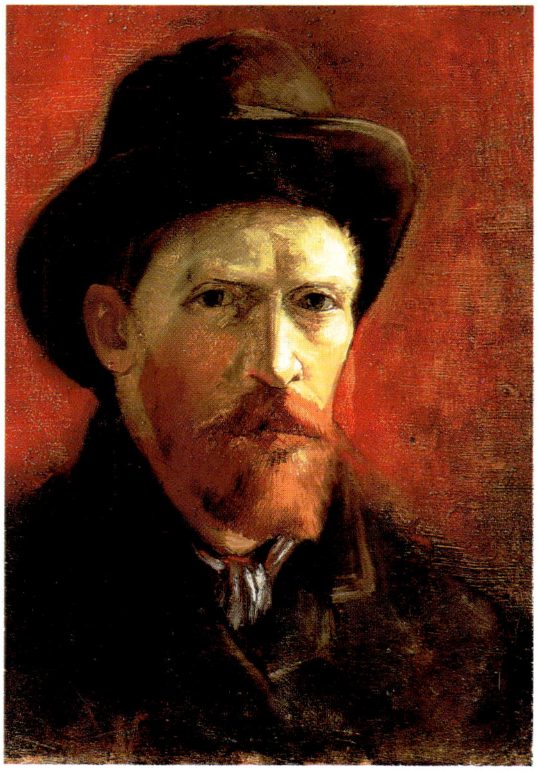

Vincent Van Gogh
Autoportrait
Début 1886, huile sur toile,
41,5 x 32,5 cm.
Van Gogh Museum,
Amsterdam.

Vincent Van Gogh
Autoportrait
Fin de l'été 1887,
huile sur toile, 44 x 37,5 cm.
Van Gogh Museum,
Amsterdam.

Van Gogh devient Vincent

« Moi, j'ai toujours espéré étant à Paris avoir une salle d'exposition à moi dans un café (...). L'exposition de crépons que j'ai eue au Tambourin a influencé Anquetin et Bernard joliment, mais cela a été un tel désastre ! Pour la deuxième exposition dans la salle du boulevard de Clichy, je regrette moins ma peine... » Qui écrit ainsi ? Un artiste du Chat Noir, un enfant de Paris nourri de l'ambiance des cabarets ? Point. Vincent Van Gogh, pasteur protestant, ancien vendeur d'estampes et de tableaux de la maison Goupil & Cie, ancien répétiteur d'une école anglaise, écrit à son frère Théo.

Vincent est de retour à Montmartre. Il a séjourné dans la capitale dix ans plus tôt, travaillant rue Chaptal pour Goupil et logeant dans une petite chambre de Montmartre « qui donne sur un petit jardin tapissé de lierre et de vigne ». Cette fois, il débarque chez son frère, ayant quitté précipitamment l'école des Beaux-Arts d'Anvers sans un sou. Le 20 février 1886 en effet, Théo, qui travaille dans la galerie Boussod et Valadon, boulevard de Montmartre, reçoit inopinément un billet de Vincent qui lui fixe rendez-vous dans le salon carré du Louvre : « Viens-y le plus tôt possible. »

Vincent s'installe donc pour deux ans chez son frère, rue Victor-Massé. À Anvers, un désir l'a pris de connaître enfin ces impressionnistes dont il n'a jamais vu une toile. Ses premières semaines parisiennes y seront consacrées. Il faut dire que le quartier où vit Théo se prête à cette fréquentation. La Nouvelle-Athènes est à deux pas, et la boutique du Père Tanguy, marchand de couleurs, rue Clauzel, plus près encore. Le vieil homme vend parfois, à regret, un ou deux Cézanne pour quelques francs. À ses yeux, un homme qui vit avec plus de cinquante centimes par jour est une canaille. Qu'on juge si Vincent, sans un sou, peut lui plaire...

Mais Vincent est venu pour travailler. En avril, il entre à l'atelier Cormon, où il se lie avec Toulouse-Lautrec et Émile Bernard. « Je le revois l'après-midi, écrit ce dernier, alors que l'atelier vide lui devenait une sorte de cellule, assis devant un antique plâtre. Il copie les belles formes avec

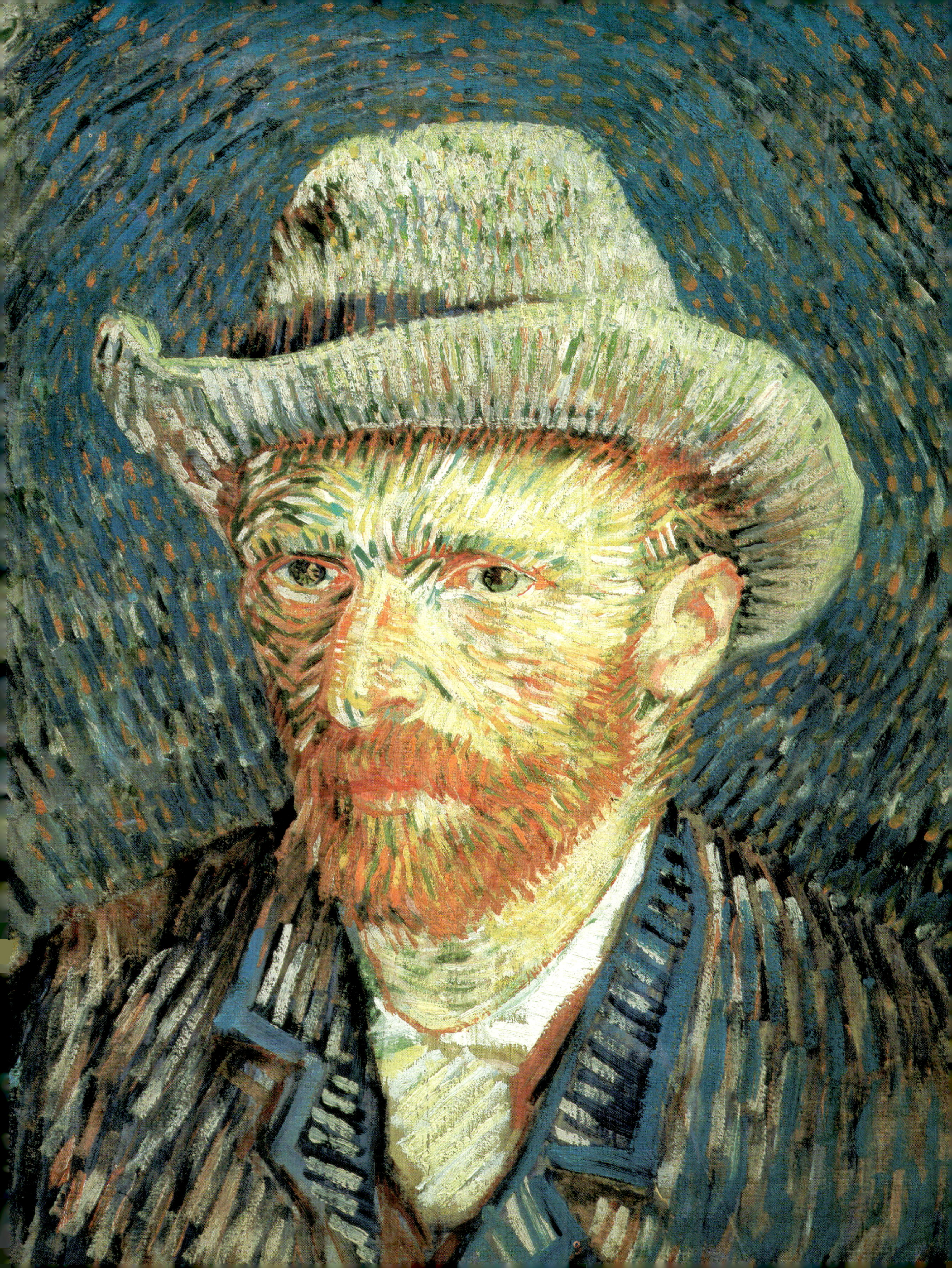

Page de droite
Vincent Van Gogh
Vue de sa chambre, rue Lepic
Été 1887, huile sur toile,
46 x 38 cm.
Van Gogh Museum,
Amsterdam.

Vincent Van Gogh
La Guinguette
1886, huile sur toile,
49 x 64 cm.
Musée d'Orsay, Paris.

une patience angélique. Il veut s'emparer de ces contours, de ces masses, de ces reliefs. Il se corrige, recommence avec passion, efface, et finalement troue sa feuille de papier à force de la frotter avec une gomme. » Il était rarement satisfait : à un ancien ami d'Anvers il se plaignit de ne pas avoir assez d'argent pour payer les modèles de Cormon et d'être contraint à faire des natures mortes. Après quatre mois, il cesse de fréquenter l'atelier, dont l'enseignement ne lui apporte pas ce qu'il cherche.

La première réaction de Van Gogh face aux toiles impressionnistes avait été une déception. « On pense que leurs tableaux sont laids, bâclés, mal peints, mal dessinés, d'une vilaine couleur... » Les discussions avec Théo, et surtout sa rencontre avec Pissarro que lui présenta son frère allaient changer sa manière de voir et de peindre. Alors que sa palette était sombre, initié par Pissarro à la technique impressionniste, il la transforma complètement, allant même jusqu'à adopter pendant un moment un style quasi pointilliste.

Théo et lui ont emménagé rue Lepic, au 54, d'où ils ont une vue aérienne sur les toits du quartier des Abbesses. C'est cette vue qu'il peint à la manière de Seurat au printemps 1887 ; l'année précédente, la huitième exposition impressionniste a montré *Un dimanche à la Grande Jatte*. Fasciné par le divisionnisme, Van Gogh n'empâte plus pour obtenir des coloris composés, mais juxtapose et superpose des touches de tons divers tout en faisant de la couleur une utilisation déjà expressionniste. Il dispose d'une pièce pour atelier, où il peint des natures mortes. « J'ai peint

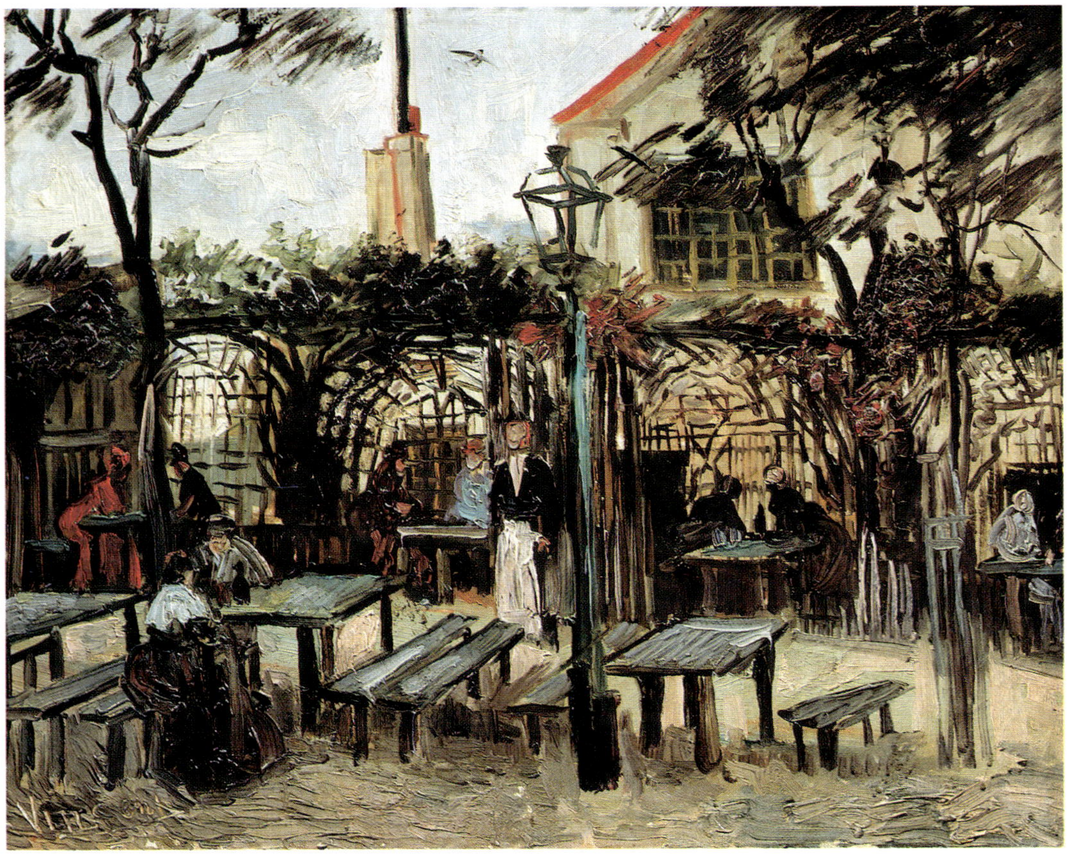

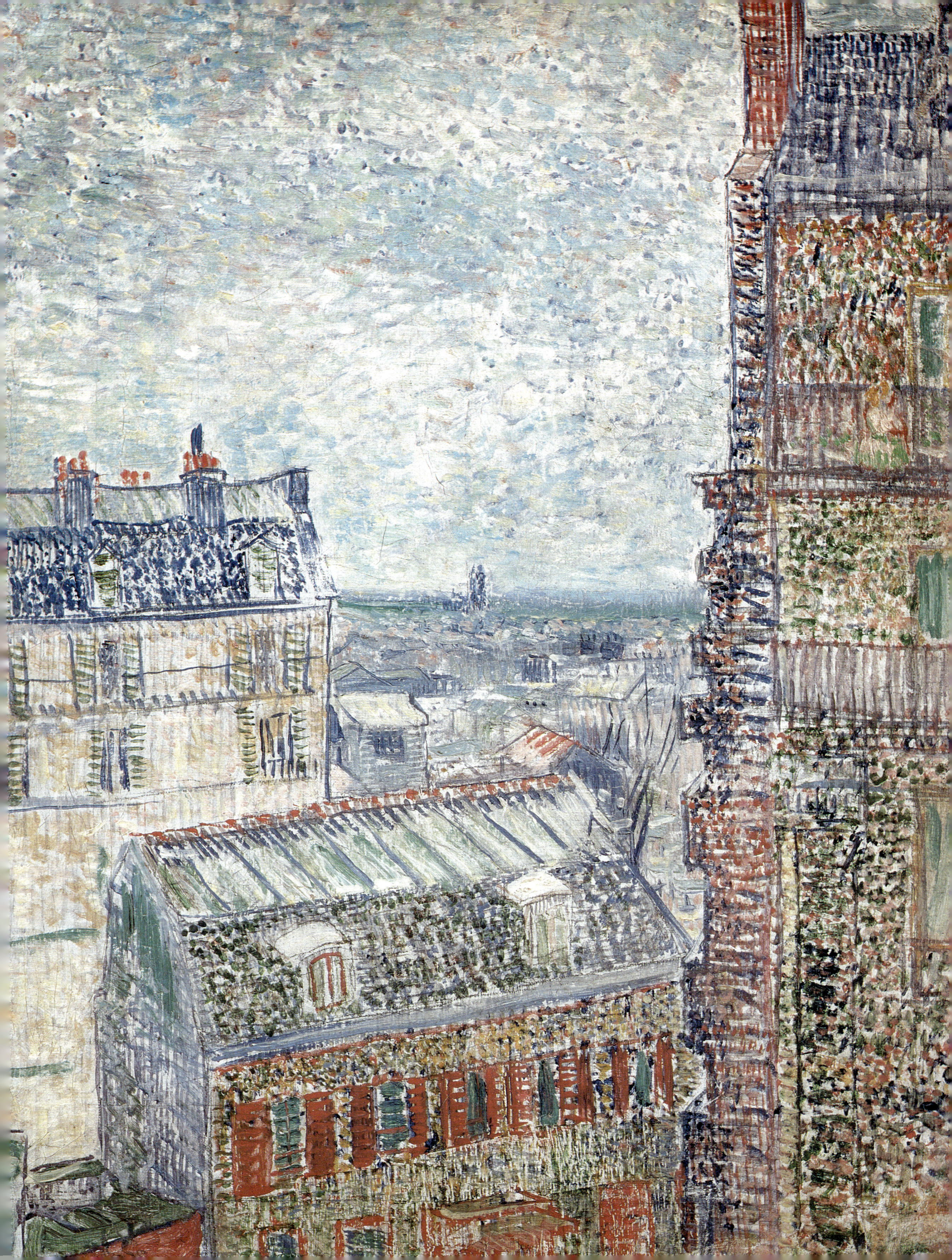

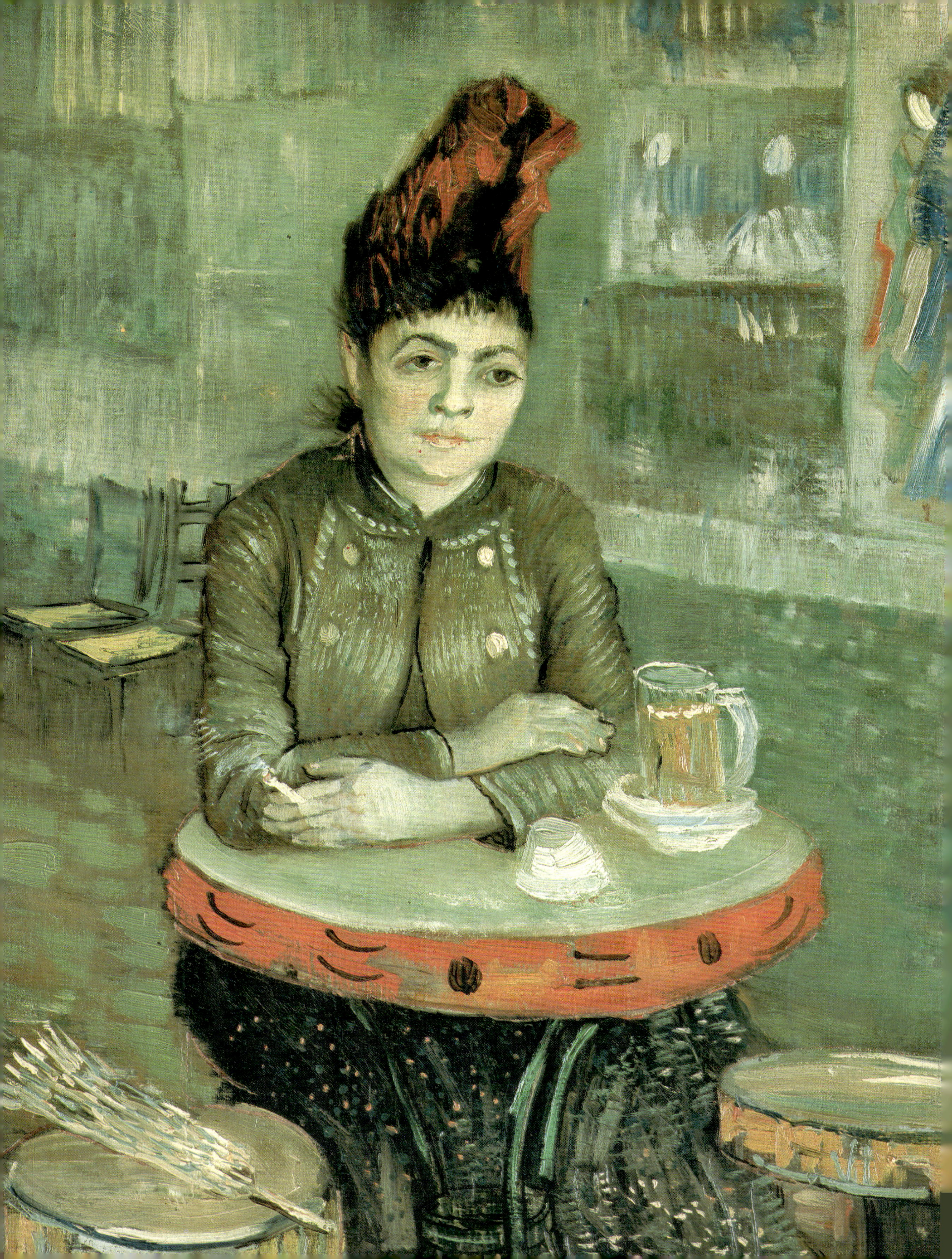

une série d'études de couleur, simplement des fleurs, coquelicots rouges, bleuets, myosotis ; des roses blanches et roses, des chrysanthèmes jaunes ; cherchant des oppositions de bleu avec l'orange, de rouge avec le vert, de jaune avec le violet, cherchant des tons rompus et neutres pour harmoniser la brutalité des extrêmes, essayant de rendre des couleurs intenses (...). » Mais il pose aussi son chevalet sur la terrasse du moulin Blute-Fin ou de l'ensemble du Moulin de la Galette – il en exécute une douzaine de vues –, renouant avec la tradition du paysage montmartrois. Les jardins, les vignes et les toits de Paris deviennent son académie, tout comme les lieux où il passe ses soirées. Il peint ainsi le restaurant Bataille où Willette croise Jaurès et Lautrec, et le Billard en Bois, guinguette à l'angle de la rue des Saules et de la rue Saint-Rustique. À Asnières, où il accompagne Émile Bernard chez ses parents, il travaille aux côtés de Signac et il « voit plus de couleurs qu'auparavant ». Il fréquente assidûment le peintre impressionniste Armand Guillaumin dans l'île Saint-Louis et se lance dans des discussions passionnées avec Lautrec. Surtout, son amitié avec le Père Tanguy va grandissant, même si madame Tanguy voit d'un mauvais œil son mari fournir au jeune Hollandais couleurs et toiles en échange de tableaux qu'elle n'apprécie guère. Tanguy, paraît-il, l'avait présenté à Cézanne, lequel se serait écrié : « Vous faites une peinture de fou. » Indifférent au commentaire de celui qu'il admirait pourtant par-dessus tout, Tanguy demanda à Vincent son portrait : le peintre le réalisa sur un fond tapissé d'estampes japonaises. Trônant au centre de la toile, le vieil homme assis bien droit, pétri de couleurs juxtaposées, superposées, entrecroisées, s'impose sur un fond rapidement brossé. Sa palette claire issue de l'impressionnisme, la dissolution des plans, l'aplat japonisant récusent l'art du portrait illusionniste.

Pendant l'hiver 1886 Vincent fait la connaissance de Gauguin ; naît alors une amitié singulière, bouillante, nourrie d'ambitions immenses, de déceptions sordides, d'orgueil et de dédain.

Moins d'un an après son arrivée, ce peintre qu'on dit asocial est entré en contact avec tout ce qui compte dans le Paris du monde de la peinture. En janvier 1887, avec ses amis du « petit boulevard » (les peintres du « grand boulevard » étant Monet, Renoir, Degas, Sisley), Bernard, Anquetin, Toulouse-Lautrec, il a exposé quelques œuvres au Tambourin. Le cabaret avait ouvert au 42 du boulevard de Clichy en 1885. « C'est un café bien retiré, chaud, plutôt musée que café, qui trahit dans son agencement l'intervention et la direction d'une femme de goût... qui a réuni, classé, placé avec un sentiment artistique les œuvres des maîtres qui ont transformé son établissement en une des plus intéressantes galeries de tableaux qui se puisse. » Des tambourins décorés par les habitués couvraient les murs.

Là, Van Gogh fait le portrait de la tenancière, un ancien modèle de Corot, l'Italienne Agostina Segatori, figure songeuse mais résolue, accoudée au milieu des tables devant une chope de bière. De plus, Vincent aurait décoré « gratis entièrement », selon Gauguin, le Tambourin,

Vincent Van Gogh
Femme assise au café Le Tambourin
Février 1887, huile sur toile,
55,5 x 46,5 cm.
Van Gogh Museum,
Amsterdam.

y organisant en mars une exposition d'estampes japonaises – il les achète rue de Provence –, dont la représentation d'une geisha en kimono, qu'il appelle des « crépons ». Le japonisme à cette époque marque fortement sa facture. Il s'inspire de l'aspect chiffonné, allonge les points colorés, similaires à des fibres.

En novembre, Gauguin se joindra aux amis de Vincent pour exposer au Grand Bouillon, avenue de Clichy, à la Fourche. Pissarro, Seurat viendront voir l'exposition, et Antoine, le directeur du Théâtre Libre, séduit par son style, l'invite en compagnie de Seurat et Signac à venir décorer sa salle de répétition, rue Blanche.

Mais bientôt Vincent n'en peut plus de vivre à Paris. Il annonce : « Et puis je me retire quelque part dans le Midi, pour ne pas voir tant de peintres qui me dégoûtent comme hommes. » Pendant ces deux années écoulées, marquées par l'excès d'absinthe et de tabac, Van Gogh a produit une centaine de toiles, dont pas moins de vingt-trois autoportraits. La barbe courte, le poil roux, les cheveux taillés en brosse et, dans les yeux, une expression amère, grave et révoltée. L'air bourgeois et les teintes douces et chaudes des premiers autoportraits ont laissé peu à peu la place à un visage vibrant sous les touches – parfois juxtaposées, parfois superposées – de couleurs à jamais expressionnistes. Bleus et orangés s'affrontent pour résonner encore plus fort. Le 20 février 1888, deux ans jour pour jour après son arrivée à Paris, Vincent débarque du train en Arles. Il écrit à Théo : « Il me semble presque impossible de pouvoir travailler à Paris, à moins que l'on ait une retraite pour se refaire, et pour prendre son calme et son aplomb. Sans cela on serait fatalement abruti. »

Vincent Van Gogh
Portrait du Père Tanguy
Vers 1887, huile sur toile,
92 x 73 cm.
Musée Rodin, Paris.

Le monde entier connaît aujourd'hui la suite. Arles, Saint-Remy, l'exil de la folie, Auvers-sur-Oise en mai 1890, après une brève et émouvante visite à la boutique du Père Tanguy où il retrouve ses toiles, et le suicide, le 27 juillet 1890. Vincent avait écrit : « Dans un tableau, je voudrais dire quelque chose de consolant comme une musique. » Pissarro, Tanguy, Bernard, le docteur Gachet[1] suivront au milieu des blés de l'été le corbillard de celui qui, par l'affirmation de sa ligne épaisse, aura contribué à faire de la peinture le langage de son créateur. Théo serre la dernière lettre de Vincent : «...Eh bien, mon travail à moi, j'y risque ma vie, et ma raison y a sombré à moitié... »

L'intelligence, pourtant, ne l'a jamais quitté. En 1888, n'avait-il pas écrit : « Il me semble toujours, de plus en plus, que les tableaux qu'il faudrait faire pour que la peinture actuelle soit entièrement elle... dépassent la puissance d'un individu isolé ; ils seront donc créés probablement par des groupes d'hommes se combinant pour exécuter une idée commune. » Vincent visionnaire, croyant parler du mouvement impressionniste qui avait vécu, ouvrait en fait la porte du XXe siècle.

1. Le docteur Gachet, peintre, graveur, collectionneur et médecin de ses amis peintres a fréquenté bon nombre d'impressionnistes. L'étude des maladies mentales à laquelle il se consacrait amena Pissarro à lui demander de suivre Vincent Van Gogh. Ce dernier, à la fin de sa vie, lui rendra visite plusieurs fois par semaine dans sa maison d'Auvers-sur-Oise.

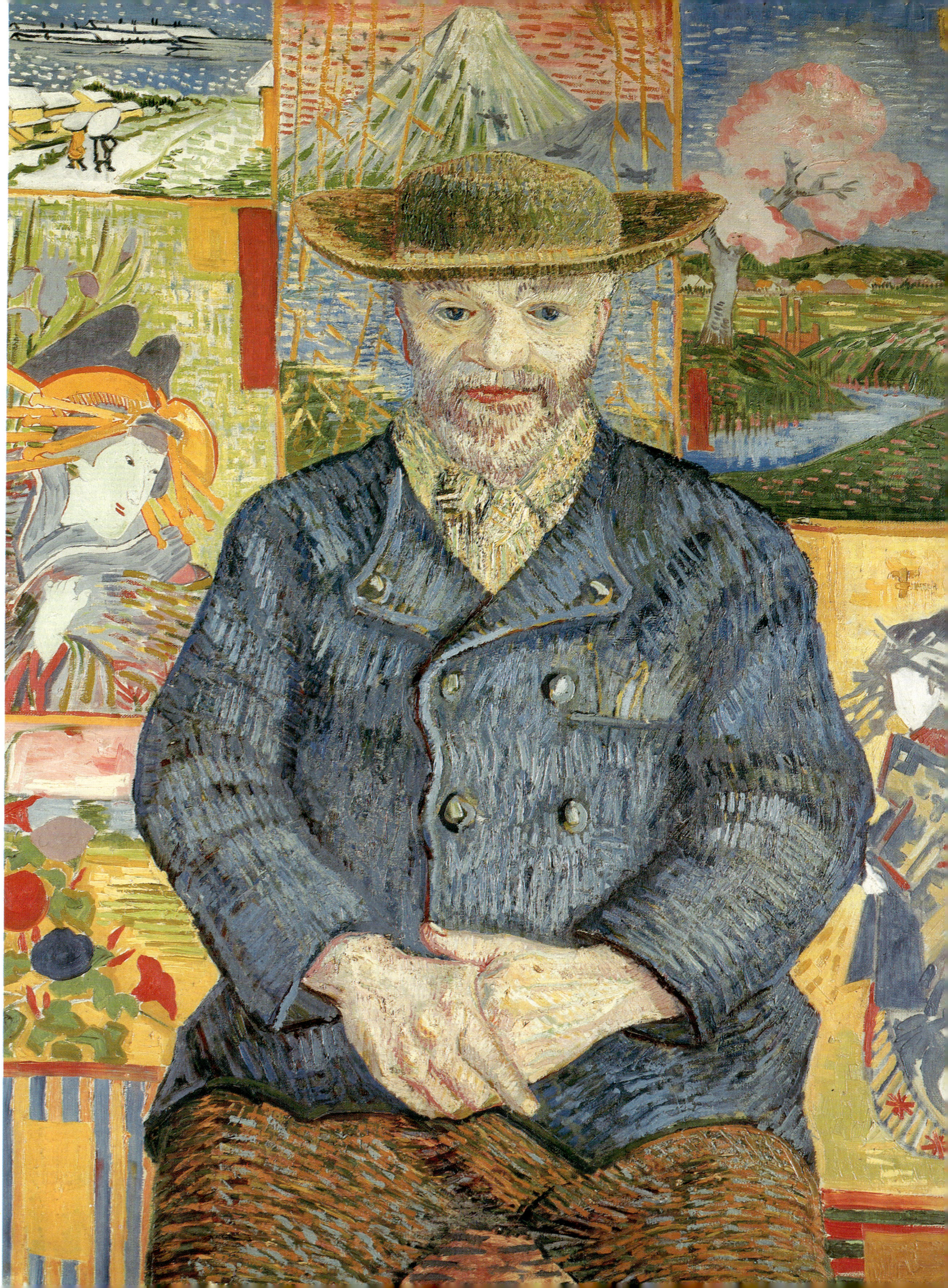

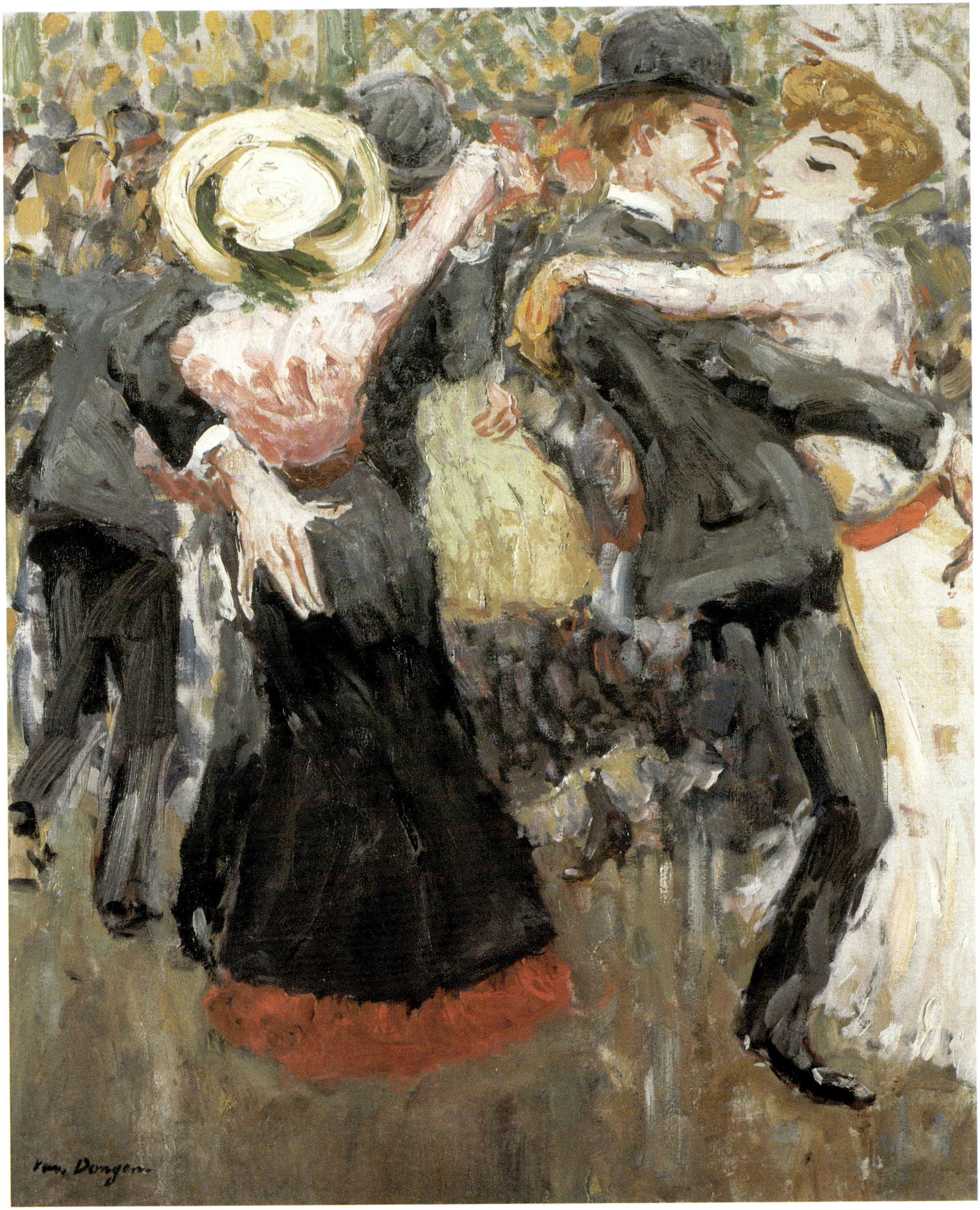
van Dongen

Chapitre 3

LA BUTTE, REPAIRE DE LA BOHÈME

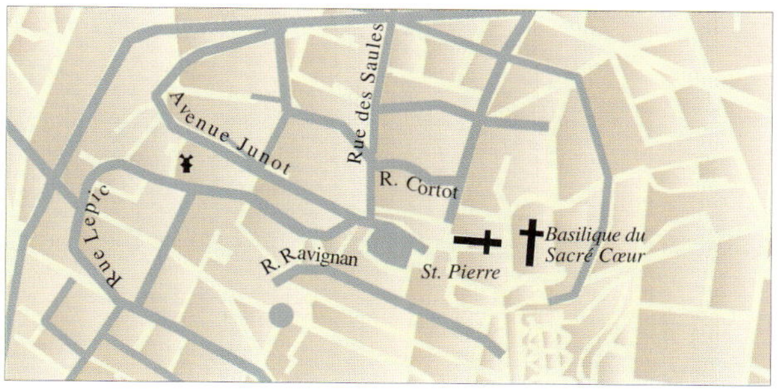

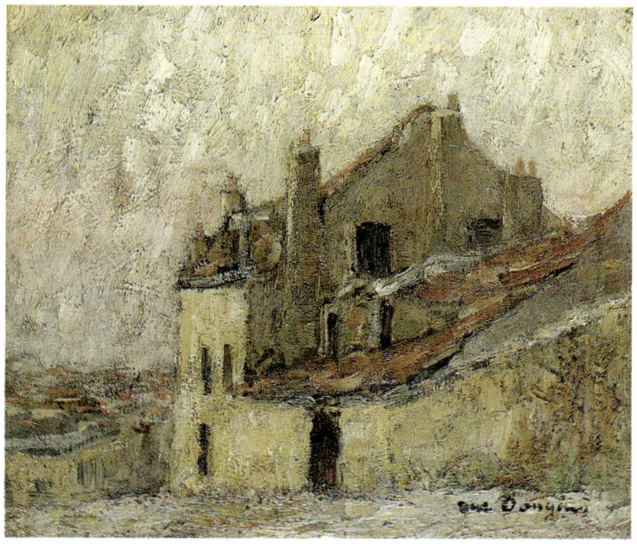

Kees Van Dongen. **La Maison de Mimi Pinson**
1901, huile sur toile, 22 x 27cm.
Collection particulière.

En 1900, Montmartre est une île aux loyers modestes, isolée de la frénésie parisienne et de l'alignement haussmanien. Attirés par la renommée sulfureuse et internationale de leurs pères spirituels impressionnistes, les peintres y affluent de toute l'Europe.
Car la peinture du siècle qui prend naissance sur ces hauteurs sera faite par des Espagnols – Picasso, Juan Gris –, des Italiens – Modigliani –, des Hollandais – Van Dongen –, des Polonais – Marcoussis. « À nos yeux, devait écrire plus tard Francis Carco, la vieille Butte passait pour La Mecque des artistes. Peut-être le méritait-elle quand nous l'escaladions dans l'intention de rompre avec l'existence bourgeoise, placide, qu'on menait loin de ce mamelon. »
« Rien ne ressemblait moins à un quartier de Paris que cette paroisse attardée, peut-être respectée sur le plan d'Haussmann parce qu'il y avait la côte à grimper. (...) Passé la rue Lepic, on renonçait aux usages courants. Chacun agissait à sa guise, se fichant du tiers comme du quart », raconte avec brio Roland Dorgelès dans *Bouquet de Bohème*.
Et d'ajouter : « D'ailleurs, pour ce qui est du costume, on n'en était plus à une surprise près (...). Picasso en veste de toile bleue ressemblait à un zingueur, et son ami Vlaminck à un coureur cycliste sous son chandail à col roulé. Max Jacob se distinguait par un caban soutaché de rouge ramené de Bretagne, André Salmon par son carrick de cocher londonien (...). Quant aux chaussures, elles allaient des espadrilles de Van Dongen aux souliers vernis de Derain.»

Kees Van Dongen
Le Moulin de la Galette
1904, huile sur toile, 65 x 54 cm.
Musée d'Art moderne, Troyes.

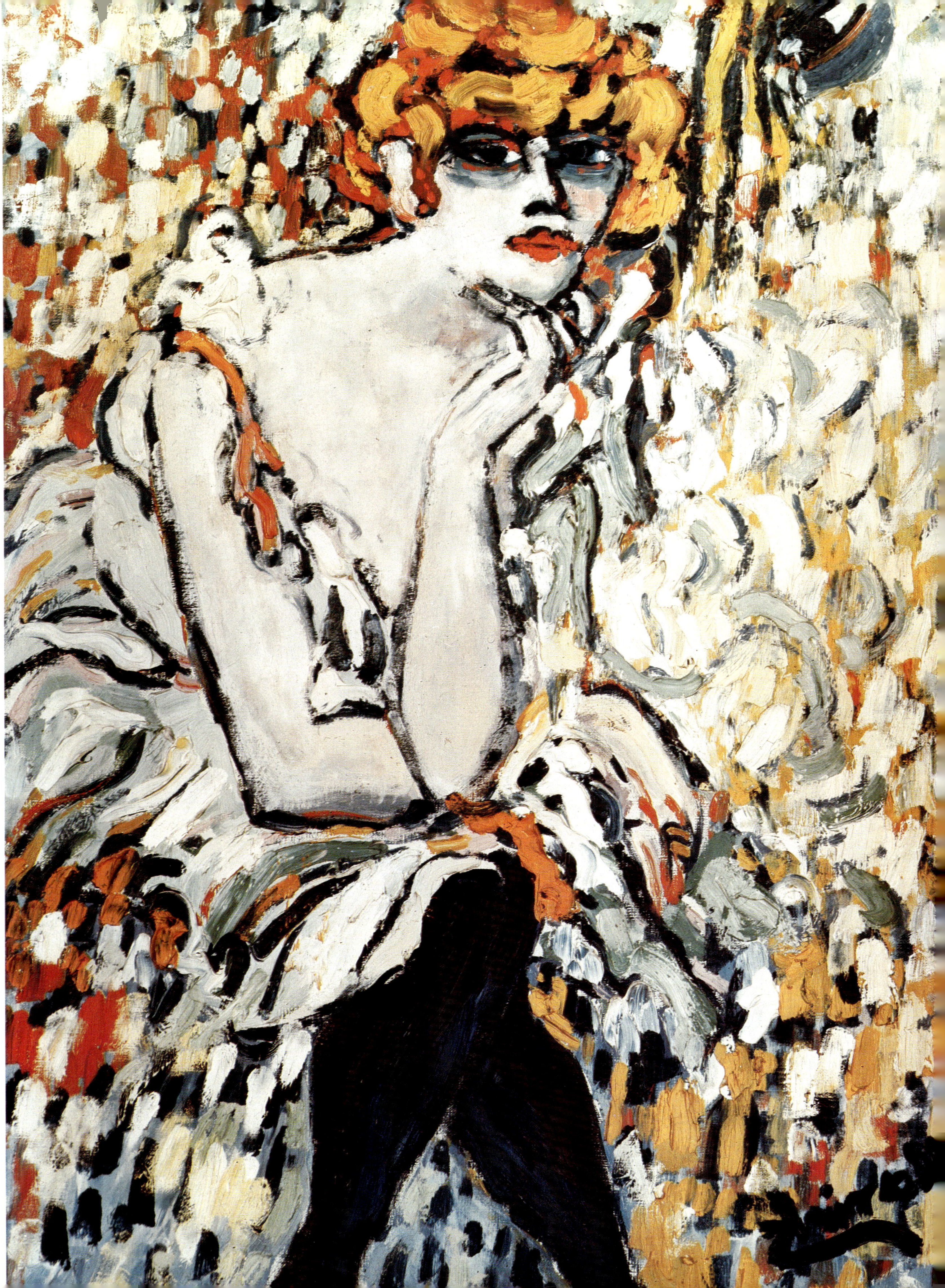

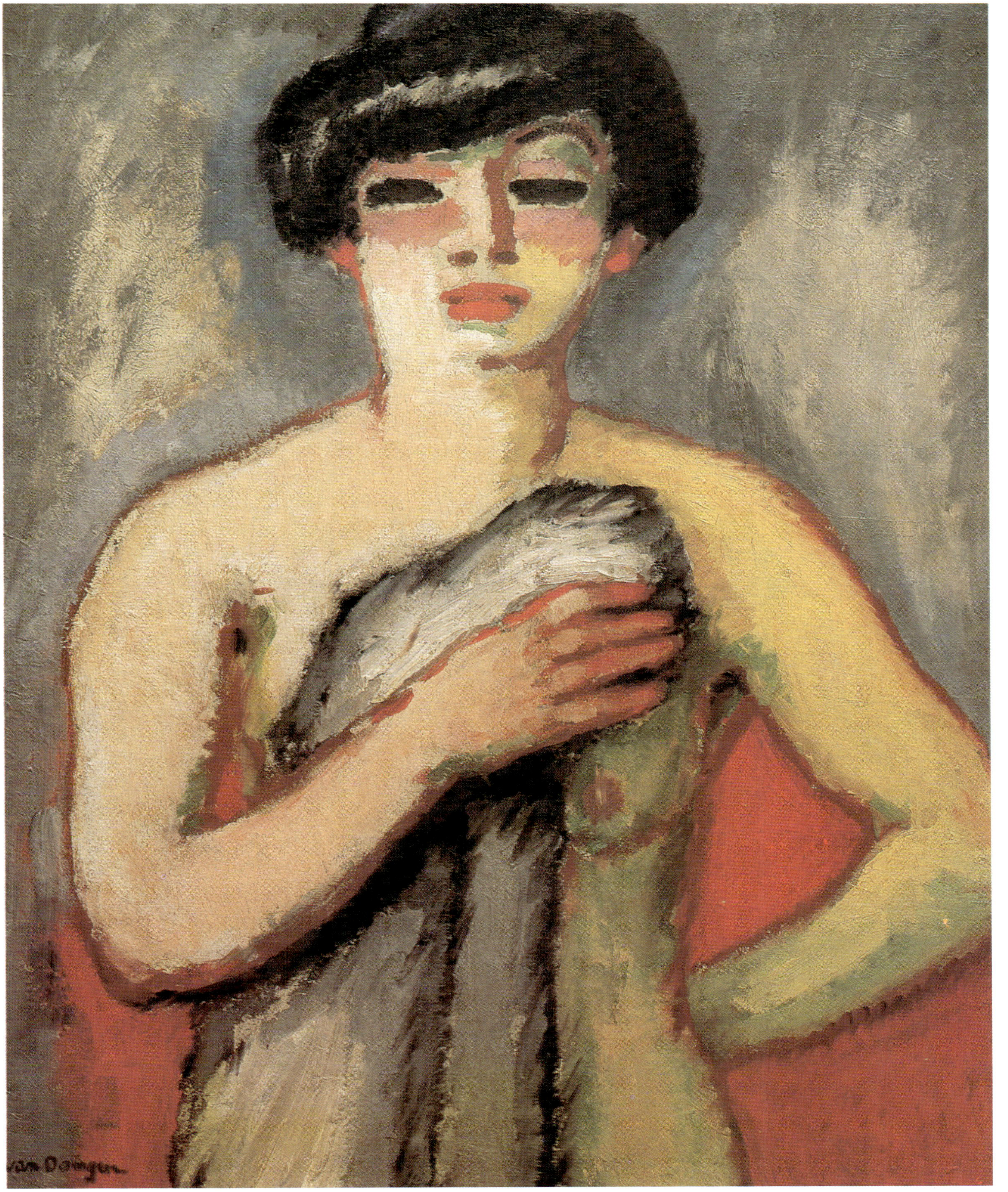
van Dongen

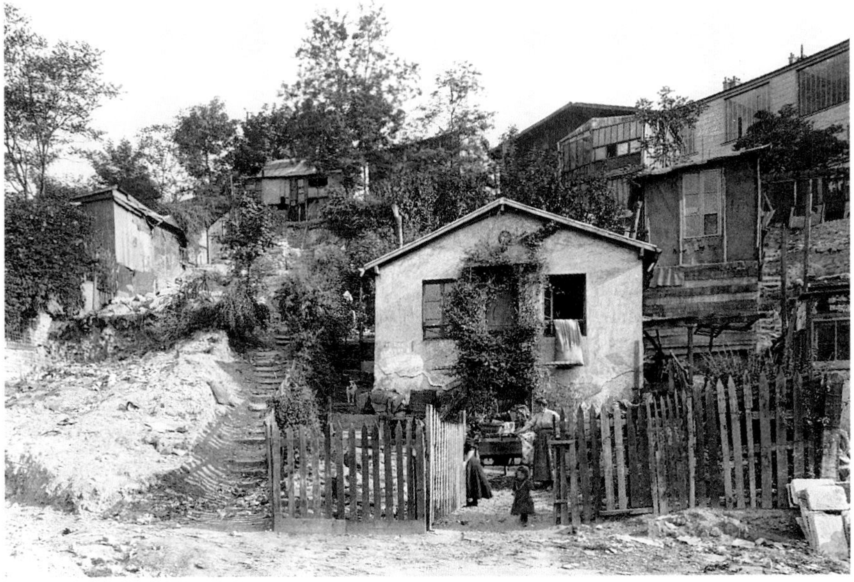

L'arrière du Bateau-Lavoir,
surplombant le Maquis

PAGE 124
Maurice de Vlaminck
LA DANSEUSE DU RAT MORT
1906, huile sur toile,
73 x 54 cm.
Collection particulière, Paris.

PAGE 125
Kees Van Dongen
LA BELLE FERNANDE
1906, huile sur toile,
100 x 81 cm.
Collection Samir Traboulsi,
Paris.

PAGE DE DROITE
Fernande Olivier
et Dolly Van Dongen

Les artistes montmartrois regardent à peine l'océan de la ville en bas. Pourtant, en ce début de siècle, les arts y sont à l'honneur. Tandis que l'architecte Hector Guimard sème des petits pavillons « art nouveau » sur les entrées de métro, le président Loubet vient d'inaugurer l'Exposition Universelle, pour laquelle on a construit la gare d'Orsay, le pont Alexandre III, le Grand et le Petit Palais. Cinquante millions de visiteurs vont se presser, certains portant une « chambre photographique ». Et, signe des temps, l'exposition centennale de l'art français se termine sur le triomphe des impressionnistes. Quant à Cézanne, trois de ses œuvres y figurent à la place d'honneur. « Il est très en vogue, c'est extraordinaire », écrit Pissarro à son fils Lucien. Un clin d'œil ironique de l'histoire qui devrait donner confiance aux nouveaux locataires de Montmartre. Mais les jeunes gens de la Butte n'ont guère le temps d'écouter les leçons du temps qui passe ; il leur faut peindre, vite, parfois en oubliant de vivre.

Un fauve hollandais sur la Butte

Dorgelès le souligne : en peinture, le siècle est neuf. « Ce n'était pas seulement le costume qui les distinguait ; les idées les séparaient encore plus. Van Dongen, qui peignait l'herbe en rouge, les figures en vert et se proclamait athée, n'était pas du même siècle qu'Émile Bernard. » Le peintre hollandais est arrivé à Paris en 1897. « Un homme en salopette bleue, pieds nus dans ses sandales, la barbe rouge agrémentée d'une pipe et d'un sourire... » Il habite la maison d'un cordonnier, une mansarde exiguë, et pour survivre il fait tous les métiers : lutteur, débardeur aux Halles, démonteur de baraques foraines, caricaturiste pour des journaux comme *Gil Blas*. Il expose devant le cirque Médrano du 63, boulevard Rochechouart (qui remplace le cirque Fernando, détruit en 1900) ses tableaux à même le sol, qu'il vend cent sous ; il chaparde le lait et le pain déposés par les laitiers sur les paliers des immeubles. Et il peint quelques vues de Montmartre : le Moulin de la Galette, les filles du boulevard de Clichy, la fête foraine, posant sur la toile des couleurs franches et brutales.

En novembre 1904, il expose avec Henri Matisse chez Vollard, rue Laffitte, et un an plus tard participe au troisième Salon d'Automne, où il accroche ses toiles – *Torse* et *La Chemise* – dans la fameuse salle VII, celle par laquelle le scandale arrive. Il est retentissant et claque comme les couleurs des tableaux incriminés. À cause d'une sculpture classique en bronze signée Albert Marque demeurée au centre, le critique Louis Vauxcelles s'écrie « C'est Donatello parmi les fauves ! » Et le mot est lancé : « la cage aux fauves ». Que leur reproche-t-on ? Leurs couleurs trop vives, excentriques, violentes assassinent l'impressionnisme et le divisionnisme. « On a jeté un pot de peinture à la face du public », renchérit Mauclair, critique au *Figaro*. Eux revendiquent le rejet de l'illusion spatiale des impressionnistes, la nostalgie de la couleur pure comme « des charges de dynamite ». Il y a là *La Femme au chapeau* d'Henri Matisse, les *Vues de Collioure* d'André Derain, une *Vallée de la Seine à Marly* de Maurice de Vlaminck, etc.

En 1906, Kees Van Dongen quitte l'impasse Girardon avec femme et enfant et emménage au 13 de la rue Ravignan, dans une bicoque surnommée mystérieusement « la maison du Trappeur ». Max Jacob le poète, lui, appelle « Bateau-Lavoir » (et plus tard « laboratoire central ») cet étrange phalanstère de la peinture moderne, par analogie avec les bateaux brinquebalants où les lavandières viennent laver leur linge au bord des rivières. Le confort y est plus que rudimentaire : un seul point d'eau, ni gaz ni électricité, mais « punaises à tous les étages », selon une mauvaise langue. La façade lépreuse n'isole guère plus du froid que les planches disjointes qui séparent les ateliers. Chacun sait tout de la vie des autres dans ce manoir à surprises, installé de guingois au flanc raide de la Butte et dont le nouvel arrivant met quelque temps à comprendre la géographie. Place Ravignan, un seul étage, ramassé, façon entrepôt ; côté cour, une vertigineuse descente de quatre étages. Avec ça, des entrées « dérobées », une concierge plus que compréhensive qui réveille vivement ses locataires lorsque se présente un marchand et les laisse dormir s'il s'agit d'un créancier...

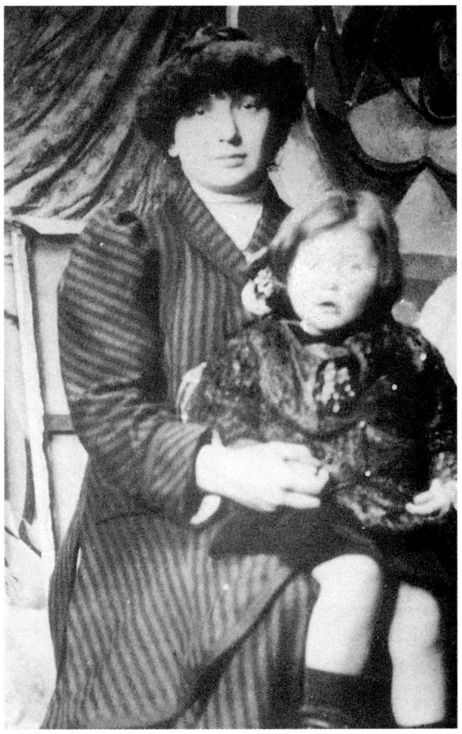

Un jeune Espagnol arrivé de Barcelone, Pablo Ruiz Picasso, y est installé depuis deux ans pour la modique somme de quinze francs mensuels et y dort, le pistolet sous l'oreiller. Van Dongen occupe, avec sa femme Augusta et sa petite fille, l'atelier au-dessus du sien. La vie de famille se fait au milieu de l'atelier, le poêle central sert aussi bien à la cuisine qu'à la lessive ou à la toilette, et l'on enjambe les pots à pinceaux, les récipients à essence, la cuvette pour l'eau-forte... Le défilé de ses amis « fauves » est incessant : Derain, Vlaminck, Camoin, Matisse viennent voir, discuter, invoquer les leçons de Van Gogh, Seurat, Gauguin... Et parfois, les rencontres sont amoureuses... Van Dongen voit un jour débarquer une belle jeune femme indolente qui partagera désormais la vie de

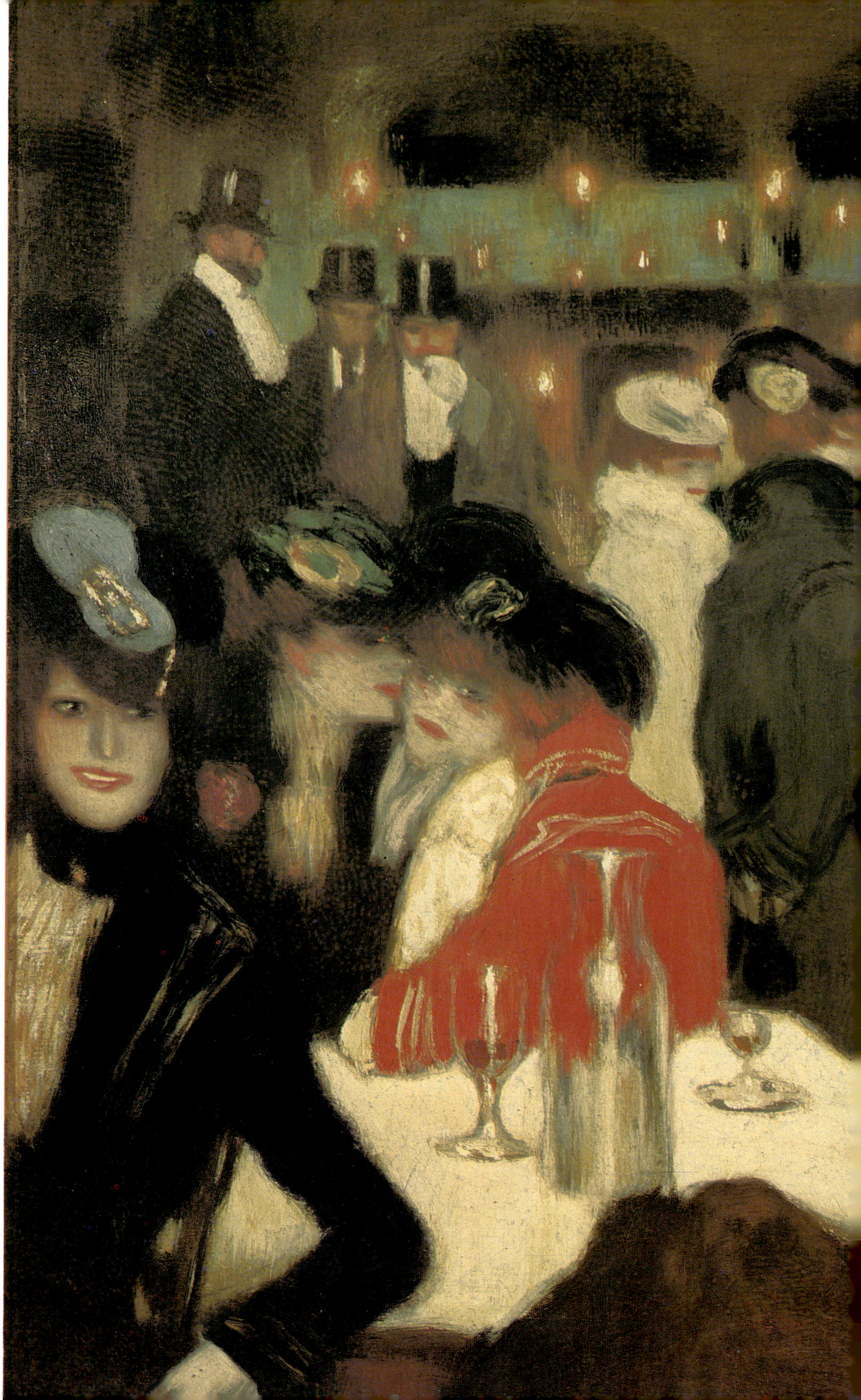

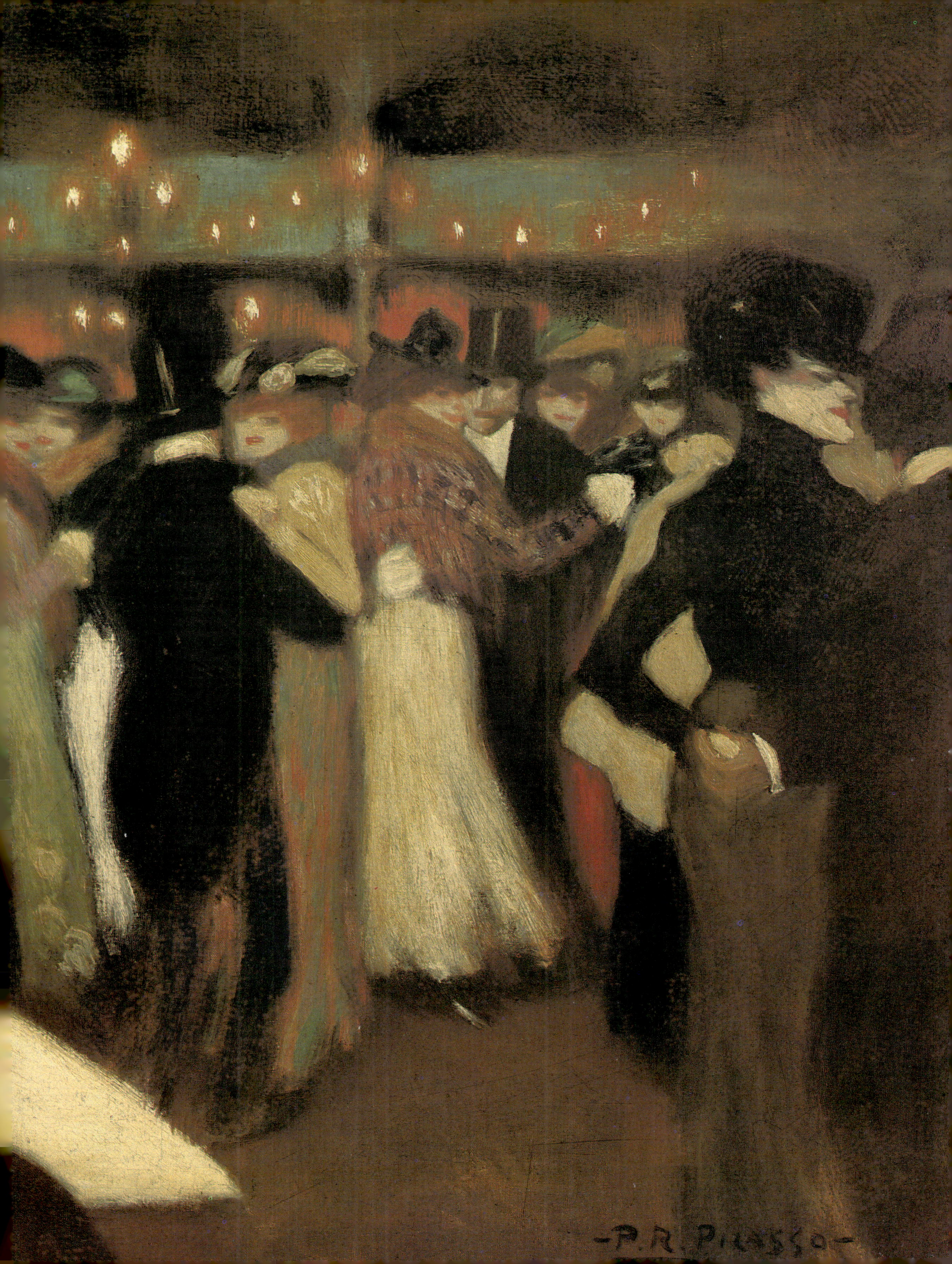
-P.R. PICASSO-

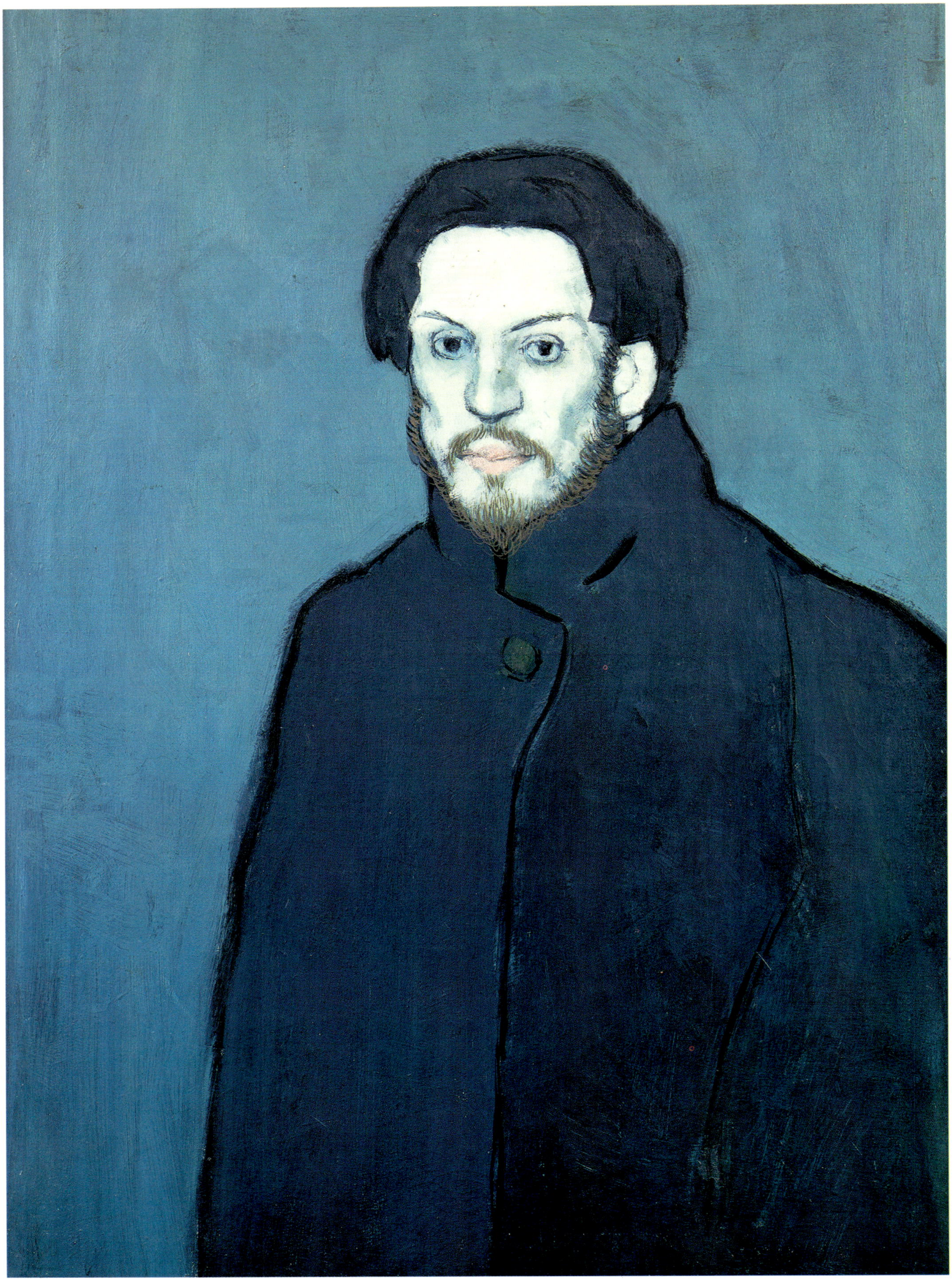

Pablo. C'est Fernande Olivier, dont le Hollandais réalisera un portrait – malgré l'attitude de Pablo voyant d'un mauvais œil ces séances de pose – qui inaugurera son style fait d'une succession de pourtours colorés, baigné d'un érotisme assez cru mais toujours harmonieux et caressant. Les joues sont balafrées de jaune, de vert, de vermillon, de bleu de Prusse, la chevelure est noir ébène, les contours du corps soulignés de rouge, les yeux violemment cernés inspirent le désir trouble de cet artiste qui deviendra le peintre de la Femme. Mais la belle odalisque va surtout bouleverser la vie du jeune Malaguène.

Le cubisme s'empare du Bateau-Lavoir

Pablo Picasso est un habitué de Paris : il a déjà fait trois séjours dans la capitale, habitant en 1900 rue Gabrielle, puis les années suivantes dans l'atelier de Camasegas, place de Clichy. À Montmartre, il admire les affiches de Toulouse-Lautrec et de Steinlen. En juin 1901 il expose soixante-cinq œuvres chez Vollard : des tauromachies et des nus ; l'une d'elles par sa couleur rouge et jaune sans concession annonçait déjà les fauves. L'exposition n'a pas de succès. Découragé, affamé et transi, le peintre repart en Espagne au début de 1903.

Pages précédentes
Pablo Picasso
Le Moulin de la Galette
1900, huile sur toile,
90 x 116 cm.
Collection particulière,
New York.

Page de gauche
Pablo Picasso
Autoportrait
1901, huile sur toile,
81 x 60 cm.
Musée Picasso, Paris.

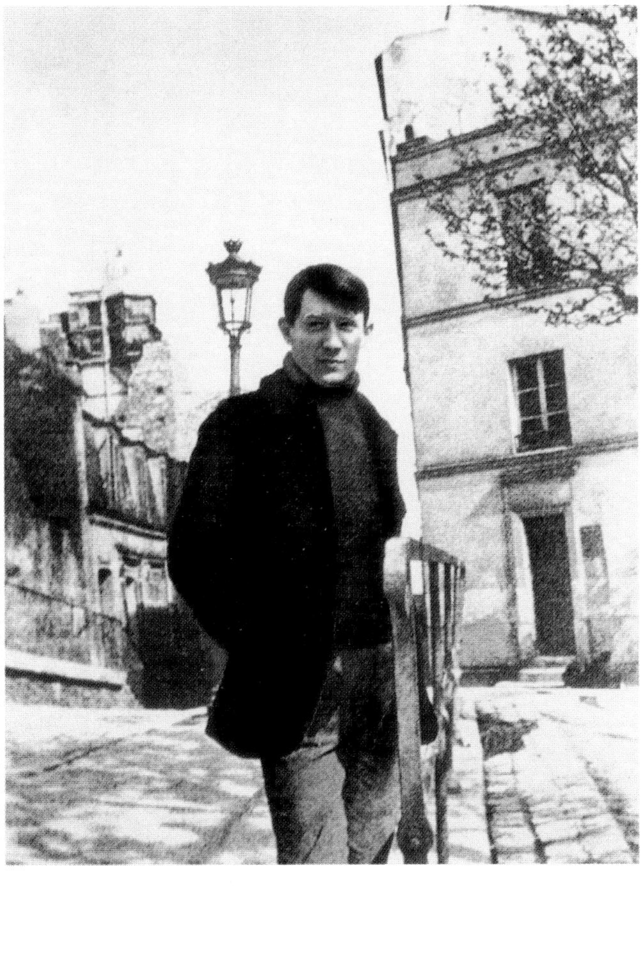

Pablo Picasso
à Montmartre
en 1904

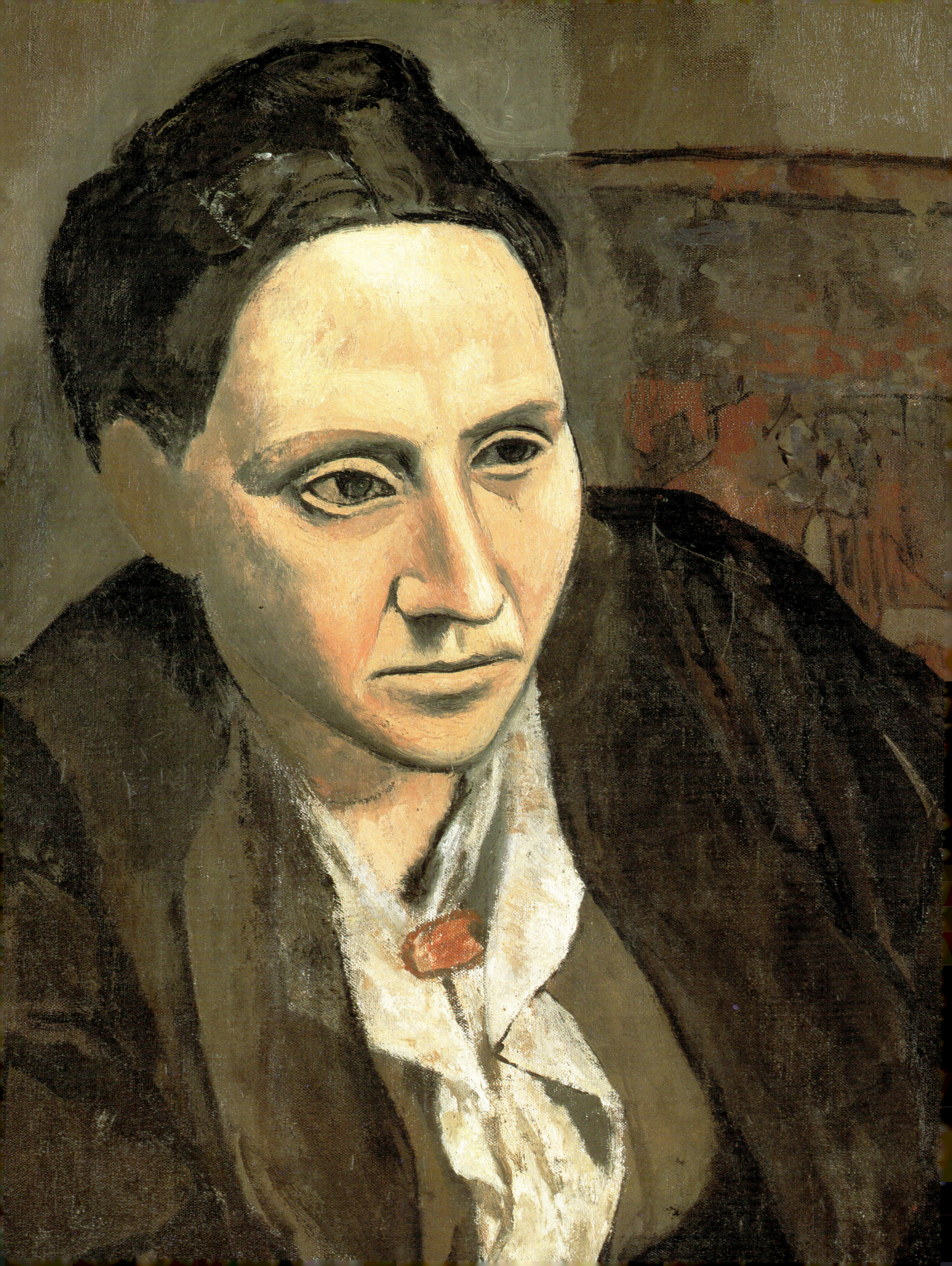

Lorsqu'il revient un an après, sa peinture a changé. Dans ses bagages il rapporte tout un lot de peintures monochromes, dites « de la période bleue ». Cette manière montre un univers famélique d'enfants misérables, décharnés, de mères au maigre sein, de mendiants. Dorgelès témoigne : « Montmartre crève de faim. » Le bleu a-t-il été choisi parce que le peintre dispose d'un stock de tubes de cette couleur ? Ou parce que pendant ces années de détresse matérielle, le bleu envahit l'univers de Picasso comme une pulsion mortifère qui se combine d'ailleurs à la jalousie maladive dont il couve Fernande ? Ou encore parce que Pablo peint la nuit, à la lueur de la lampe à pétrole ou d'une chandelle ? Toujours est-il que le grand *Autoportrait* où il prend des allures de poète maudit espagnol, voire de bandit, appartient à cette période d'un bleu céruléen qui donne le frisson et que Picasso va bientôt quitter sous l'influence nouvelle de son amour pour Fernande.

Ils se sont rencontrés sous un orage d'été, au seul robinet d'eau du Bateau-Lavoir. Il sauve un chaton de l'averse et le lui offre. Elle rit, il lui fait visiter son atelier. Elle y restera sept ans... Le cadre est sommaire, pourtant : un sommier, un poêle, une cuvette, une malle, une chaise paillée et une table de cuisine, le tout racheté pour huit cents francs au sculpteur Pablo Gargallo, et une souris blanche apprivoisée. Et puis des chevalets et des pinceaux. Mais la fiancée n'a pas d'exigences ; quelques livres, du thé, des cigarettes, la belle indolente passe ses journées à lire, et Pablo l'observe. Il est fier de la sortir à son bras chez Azon, rue Ravignan, ou chez Vernin, rue Cavalotti, les restaurants de la bohème. Et au cirque Médrano, où s'illustrent les Fratellini et le jeune acrobate américain Barbette, sa passion du moment et le rendez-vous des artistes. Il s'y émerveille devant les clowns et les acrobates, remarque l'écuyère sur son cheval, l'enfant en équilibre sur un ballon, le lutteur, bref tous ces saltimbanques qu'il fera entrer dans ses toiles. Il laisse les ténèbres bleutées et mélancoliques derrière lui, ses couleurs s'éclaircissent et s'avivent. *La Famille de saltimbanques* a apporté ses lumières ; tout un monde de comédiens nomades où Picasso reconnaît son propre parcours. Guillaume Apollinaire, qu'il a rencontré chez le sculpteur Manolo, ne tarit pas d'éloges sur ces toiles. Ne va-t-il pas dédier à Picasso ses propres vers d'*Alcools* chantant les baladins ? Picasso fréquente d'autres poètes, et surtout Max Jacob, qui vit à deux pas, son ami, son frère, et son... comptable ! Il l'a rencontré chez Vollard au moment de son exposition, alors que le petit monsieur, ex-critique du *Moniteur des Arts,* veut écrire un article sur lui. Le peintre lui propose aussitôt de faire son portrait. « Huit jours après, commente Dorgelès, ils étaient des amis d'enfance, se tutoyaient, s'admiraient mutuellement. "Tu es le plus grand peintre...Toi le plus grand écrivain." Et sincères tous les deux.» Le poète André Salmon et lui viennent si souvent voir Pablo qu'il a inscrit au-dessus de la porte : « Au rendez-vous des poètes. »

Pablo Picasso
Portrait de Gertrude Stein
Détail.
1906, huile sur toile,
100 x 81 cm.
Don de Gertrude Stein,
Metropolitan Museum of Art,
New York.

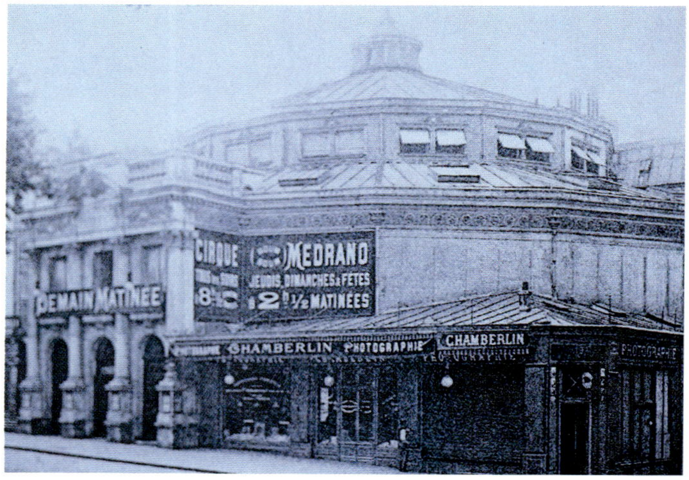

Le cirque Médrano,
planté au 63, boulevard Rochechouart,
succède au cirque Fernando après
la destruction de celui-ci en 1900.
Il prendra par la suite le nom d'un de
ses clowns, Boum-Boum, et ne fermera
ses portes qu'en 1963.

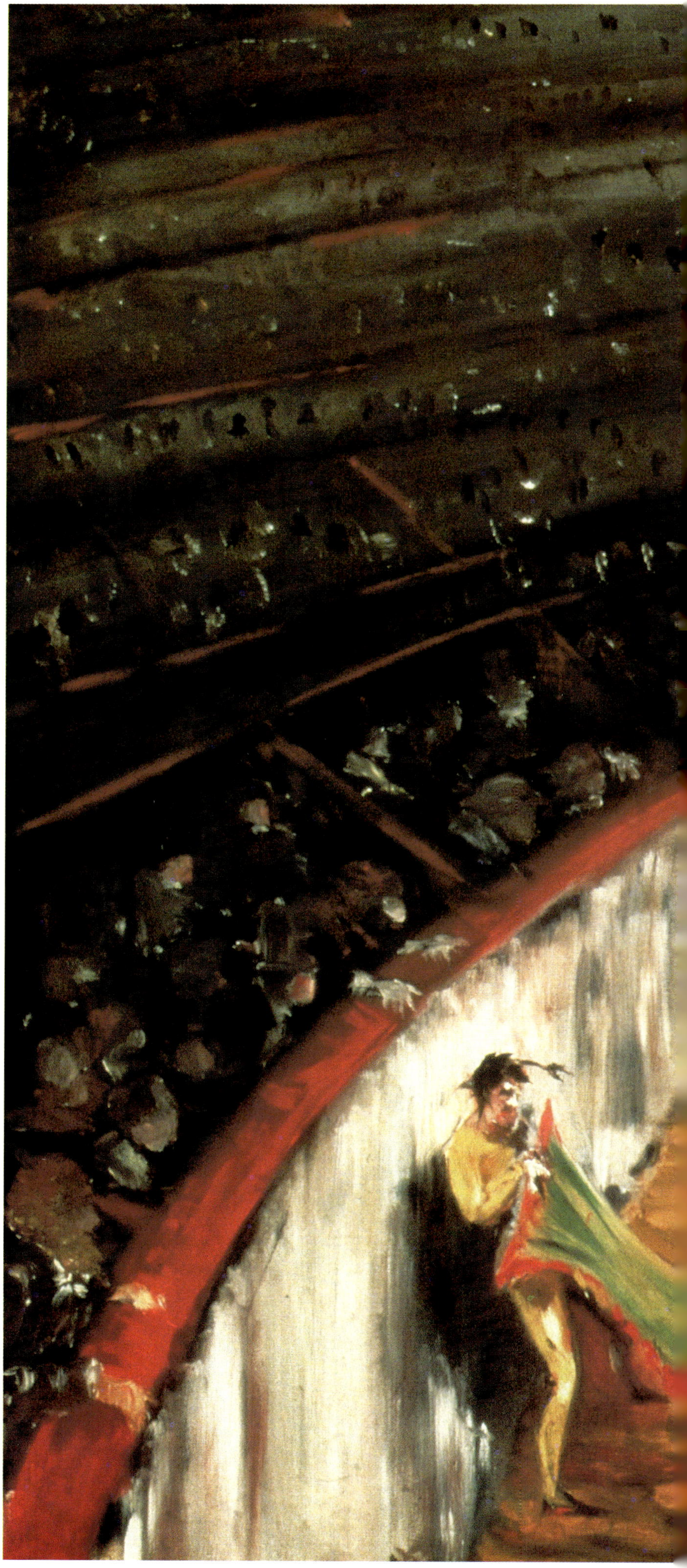

Max Jacob
Au cirque
1912, huile sur toile,
73 x 93 cm.
Petit Palais, Genève.

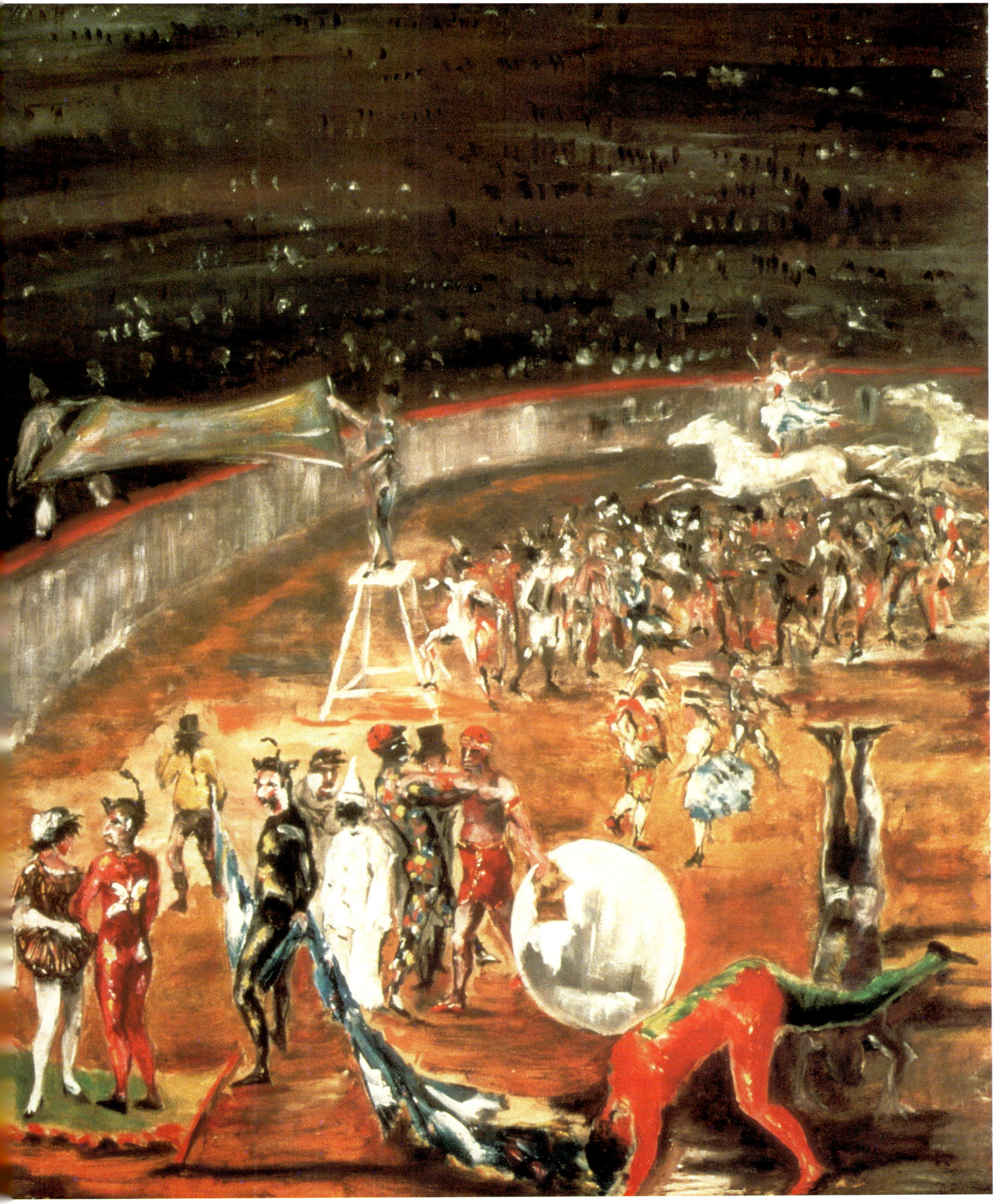

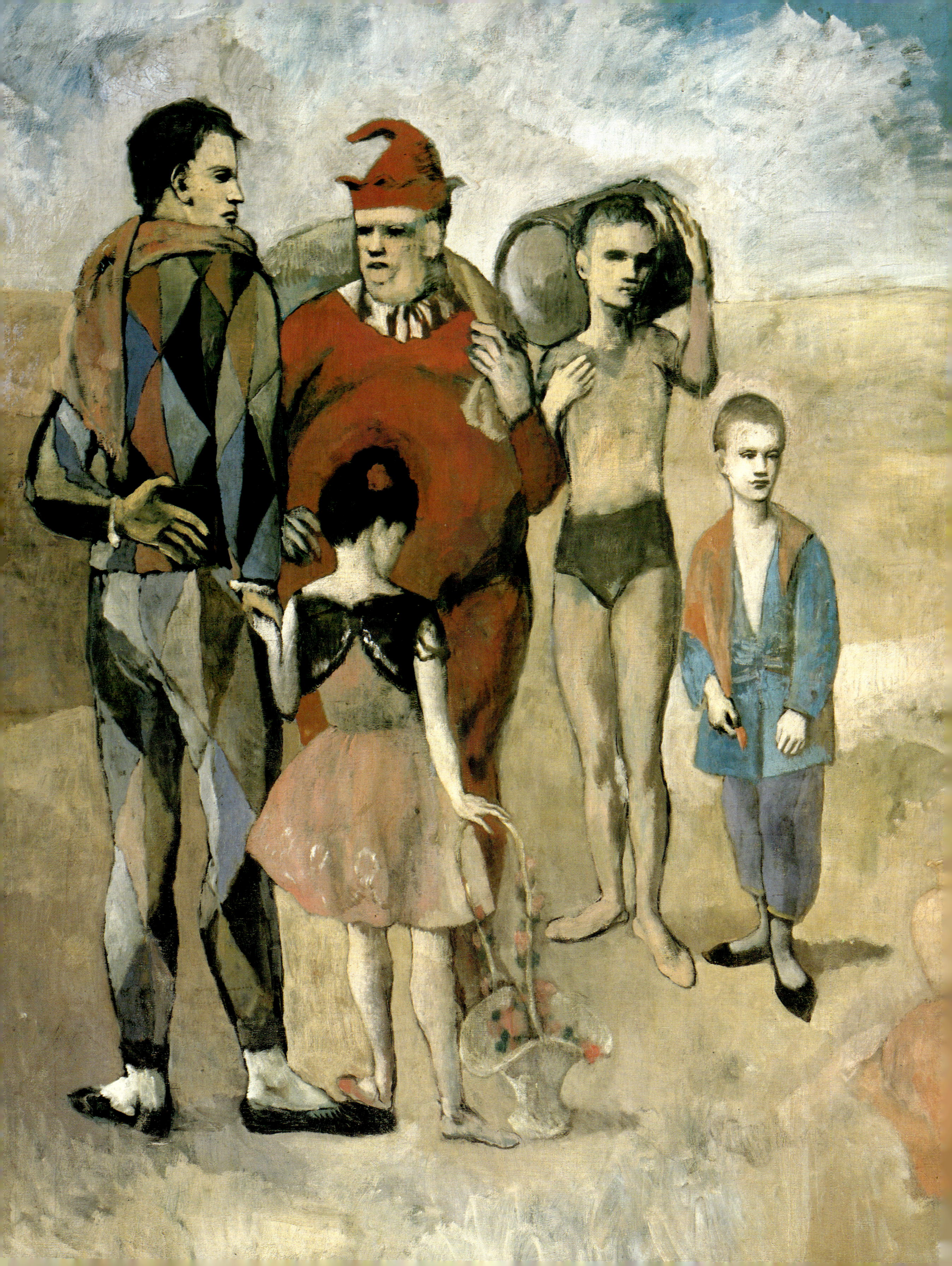

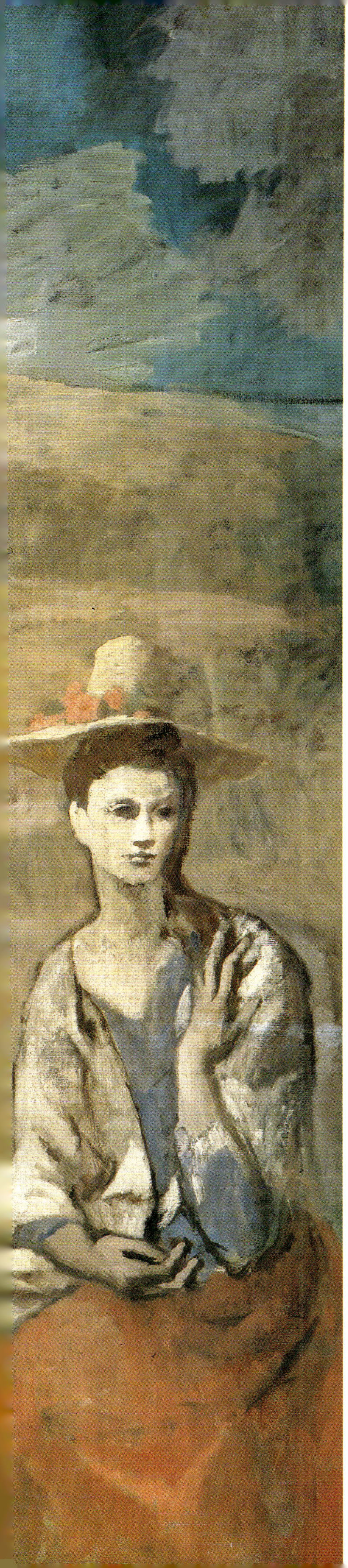

Pablo Picasso
La Famille de saltimbanques
1905, huile sur toile,
212,8 cm x 229,6 cm.
National Gallery of Art, Washington.

Ci-dessous
Portrait de Picasso dédicacé

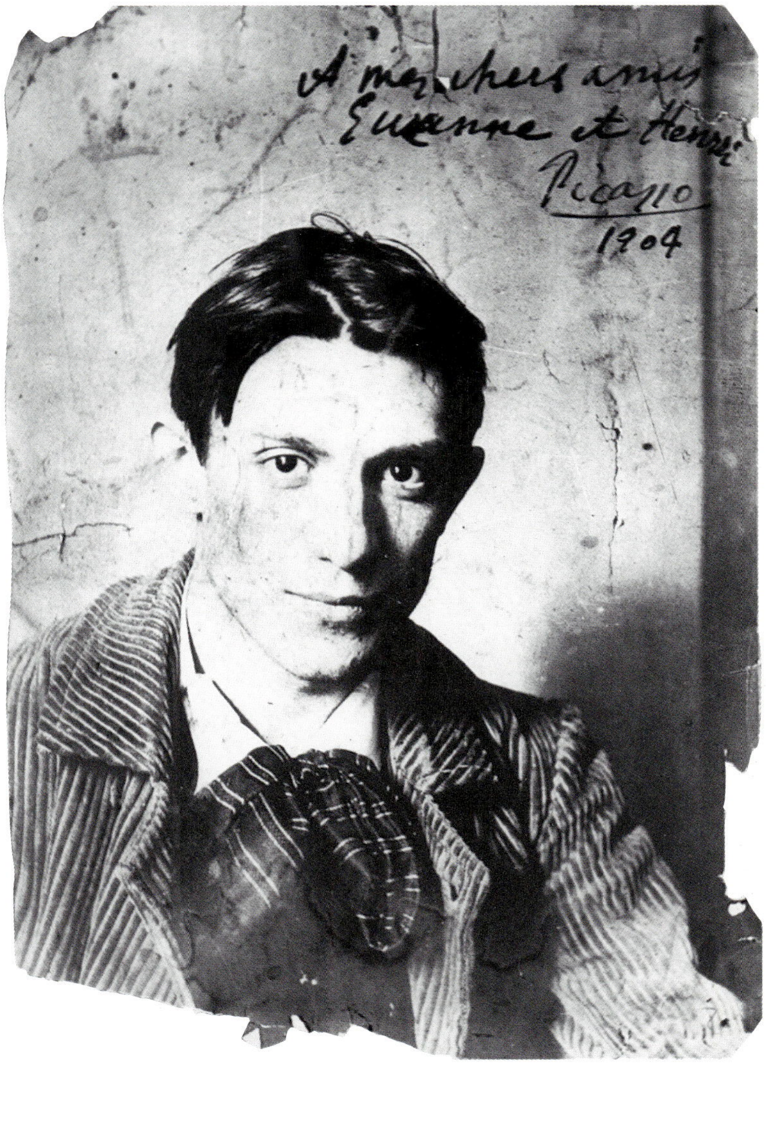

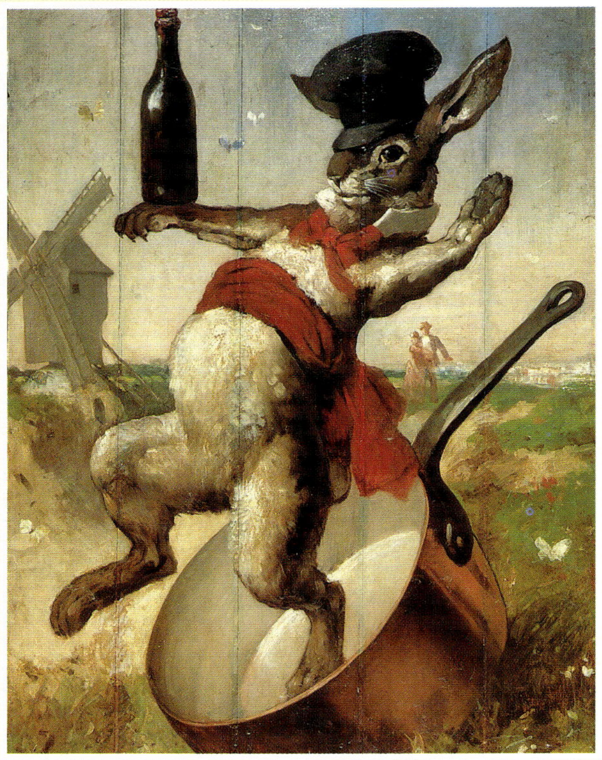

Le Lapin Agile

Ouvert en 1860, ce cabaret s'appelait alors Au rendez-vous des voleurs ; puis il prendra successivement les noms de Cabaret des Assassins et À ma campagne.
En 1903, il est racheté par Aristide Bruant.

André Gill
Enseigne du Lapin Agile
Musée de Montmartre, Paris.

En haut
Le Lapin Agile
avant 1914

En bas
Soirée au Lapin Agile
autour du tenancier,
le Père Frédé

Le cabaret du Lapin Agile, rue des Saules

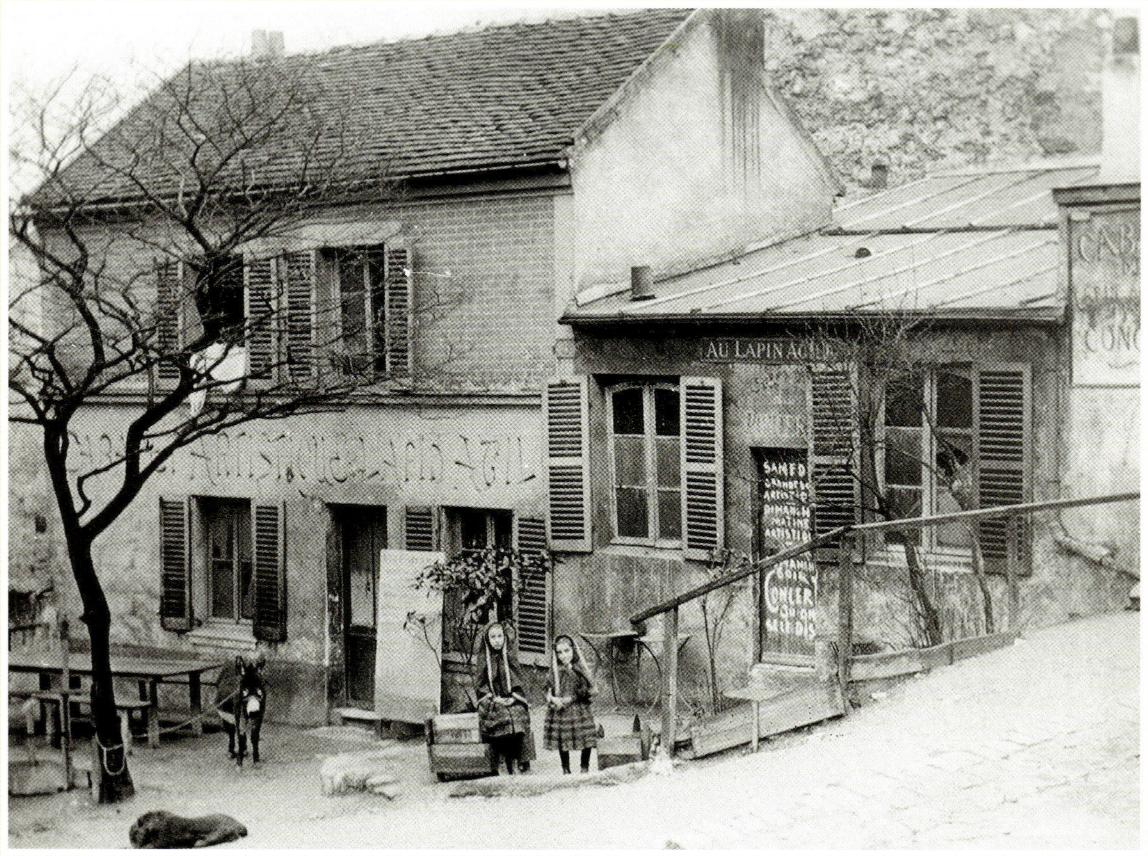

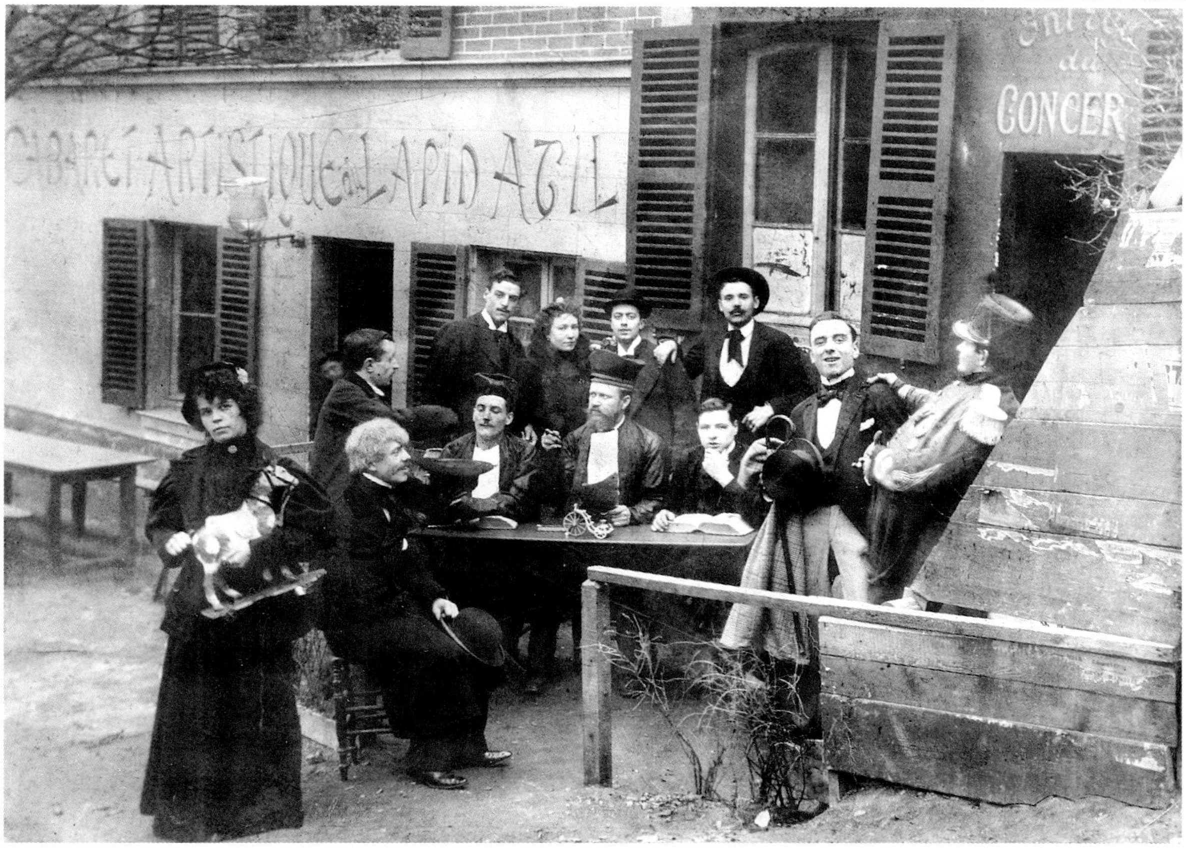
CABARET ARTISTIQUE du LAPIN AGIL
CONCER

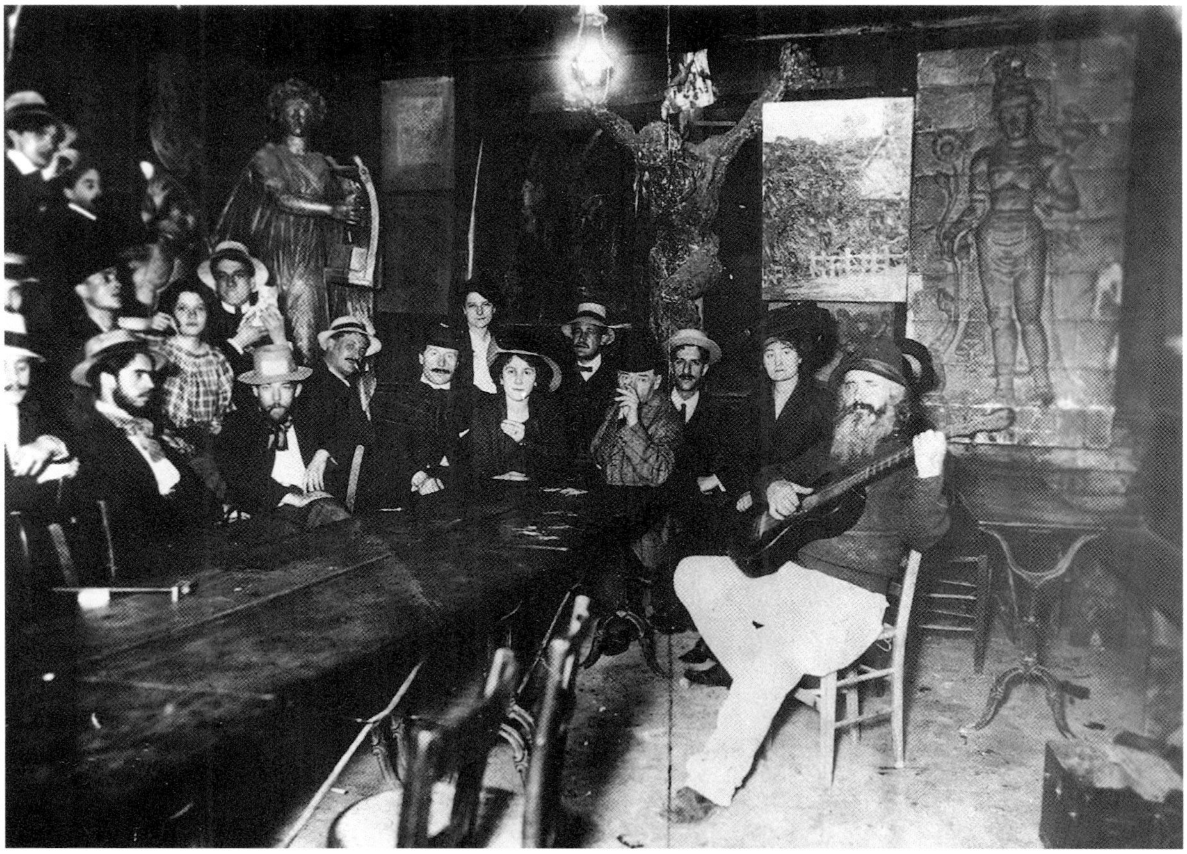

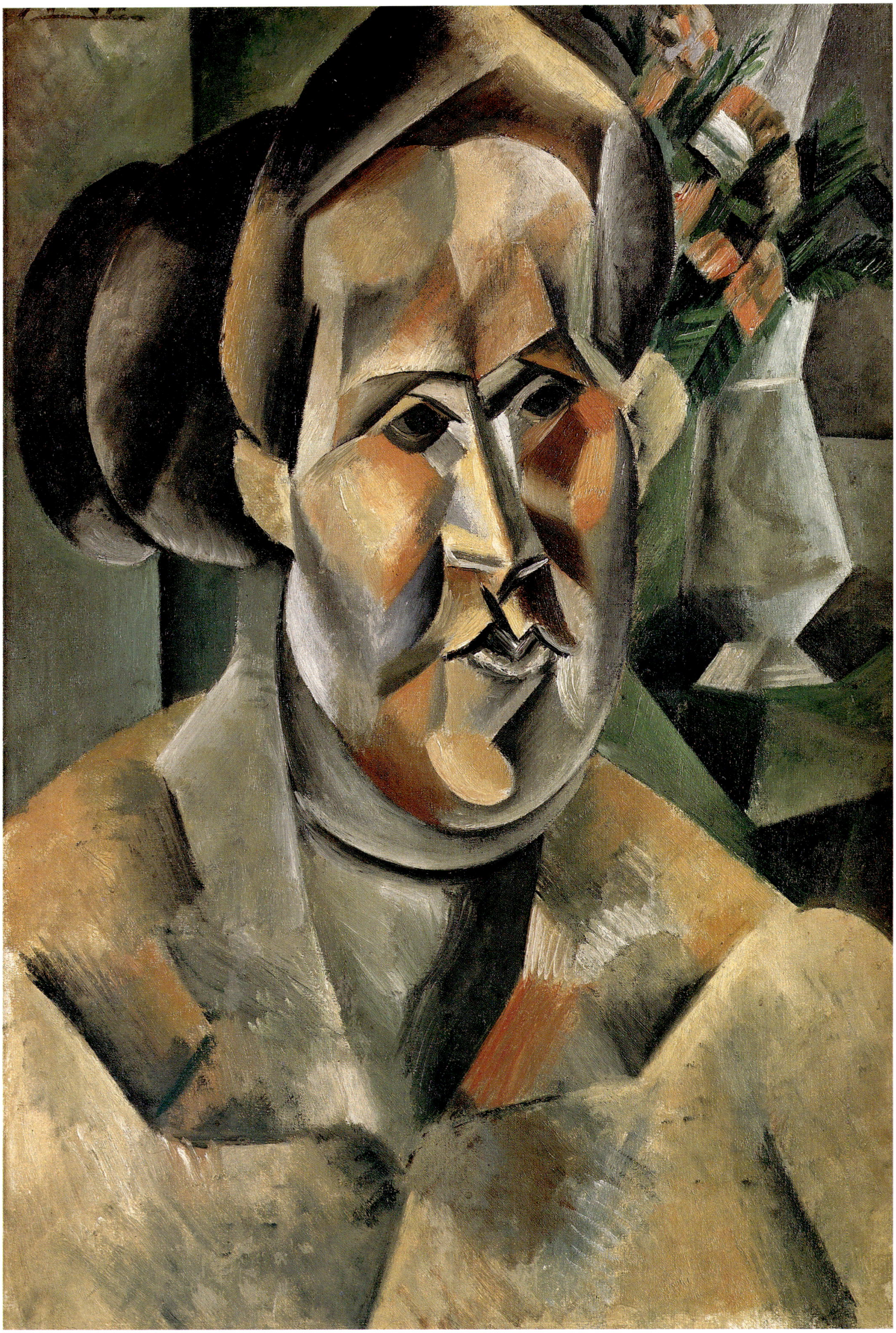

Ils passent leurs soirées au Lapin Agile, rue des Saules, le cabaret du Père Frédé, auquel Picasso offre un jour une grande toile représentant un arlequin ténébreux et une buveuse à boa de plumes écoutant le cabaretier jouer de la guitare. Ce tableau va servir de toile de fond aux années de bohème, jusqu'à la Grande Guerre. Le patron n'aime que les artistes et chante « Le Temps des cerises » tous les soirs en leur servant une « combine », un mélange de pernod, de grenadine et de guignolet. André Gill a peint l'enseigne – un lapin bondissant d'une casserole, d'où le nom du caboulot – ; Aristide Bruant a donné l'argent en 1903 pour l'acheter à Adèle, ancienne danseuse de *french cancan*, le sauvant de la démolition. Dans la salle, la bande révolutionnaire – Salmon, Apollinaire, Jacob – côtoie les traditionalistes – Carco, Mac Orlan, Dorgelès. Picasso et son équipe y sont chez eux. Il faut dire qu'avant la rue des Saules, le Père Frédé tenait bistrot rue Ravignan, le Zut.

Déprimés par le décor indigent, les artistes avaient tout refait, peint des fresques bleues dans une manière toute en arabesque. C'est probablement depuis ce changement que le Père Frédé ne rêvait plus que de décor qui ait « quelque chose d'artistique », comme il grommelait en modelant une balustrade romantico-champêtre pour sa terrasse plantée de deux acacias. Le soir, de jeunes poètes inconnus faisaient lecture de leurs œuvres ; Apollinaire, placide, écoutait rêvant à son amour, Marie Laurencin.

Max Jacob[1] est désormais le factotum de Picasso, le marchand Ambroise Vollard étant réticent face à la lugubre période bleue. Il court les brocanteurs pour placer les toiles de son ami et frappe chez l'ancien clown du cirque Médrano, Clovis Sagot, rue Laffitte, chez Berthe Weill, rue Victor-Massé, ou chez le Père Soulier[2], rue des Martyrs. Les ventes ne rapportent pas grand-chose ? Qu'importe, si on touche de quoi rapporter assez de victuailles pour inviter les amis à un banquet. Fernande pose son livre pour dresser la table. Max anime les soirées, joue le rôle du chef de protocole et d'acteur. Une fois lancé, il peut incarner tous les personnages d'un spectacle, imitant et mimant l'éclairagiste, le souffleur, le clown bègue. Plus raffiné : on joue « à Degas » et on critique son entourage avec une ironie qui confine à la cruauté. Picasso rit et oublie la misère. Cela suffit à Max.

Or, les années de misère, sans qu'ils le sachent, seront bientôt derrière eux. Deux collectionneurs, frère et sœur, les Stein, achètent un jour chez Sagot un nu malingre de petite fille. À la suite de quoi ils veulent connaître le peintre, un certain Picasso. Comme le conte Dorgelès : « Ce fut une date dans l'histoire du Bateau-Lavoir. Dès sa première visite,

1. Après avoir habité boulevard Barbès, le poète se rapproche du Bateau-Lavoir en louant un petit appentis au 7 de la rue Ravignan.
2. Quelques années plus tard, Picasso achètera par hasard au Père Soulier une œuvre du Douanier Rousseau qu'il paiera cent sous. En 1908, ce grand portrait de femme trônera au centre de l'atelier de Picasso pour un grand banquet donné en l'honneur de son auteur, qui sera convié à la fête.

PAGE DE GAUCHE
Pablo Picasso
PORTRAIT DE FERNANDE OLIVIER
1909, huile sur toile,
61,8 x 42,8 cm.
Kunstsammlung Nordhein,
Düsseldorf.

André Salmon devant
LES DEMOISELLES D'AVIGNON
dans l'atelier de Picasso
en 1908

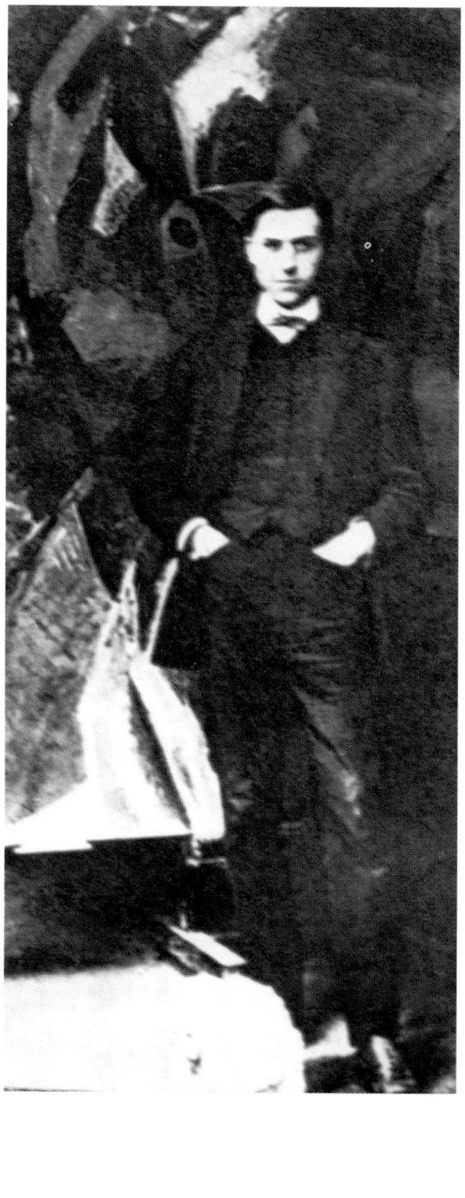

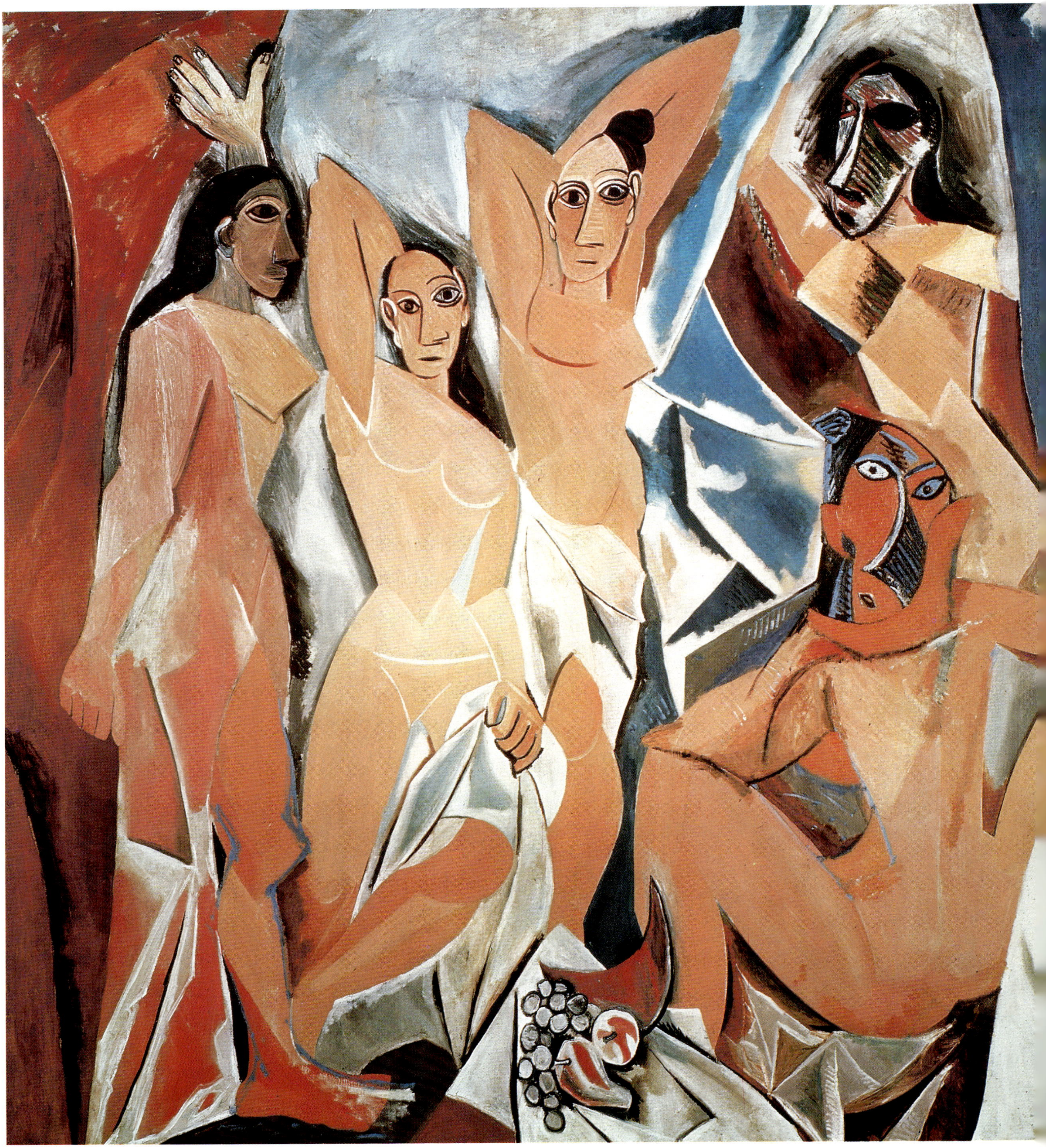

madame Gertrude Stein laissa huit cents francs pour un lot de tableaux. » Picasso jauge sa carrure d'homme, son regard résolu, et lui propose de faire son portrait. Elle pose tout l'hiver 1905 dans l'atelier glacé, pendant que Fernande lit à haute voix les *Fables* de La Fontaine ! Après quatre-vingts séances, insatisfait, il la congédie. Il part tout l'été à Gosol, dans les Pyrénées, où il croque les lignes simples et massives des églises romanes. Revenant à Paris, il peint d'un seul jet et en l'absence du modèle le portrait de Gertrude Stein, inspiré de l'art nègre. Le fauviste Vlaminck, en effet, collectionne avec passion la statuaire et l'art nègres, s'engouffrant dans le sillage exotique tracé par Gauguin. Les arts primitifs ont conquis Matisse et Derain, et Picasso reproduit avec fièvre, après un dîner chez Gertrude Stein, une statuette vue dans son appartement. Cette même année, le Madrilène Juan Gris a rejoint la troupe du Bateau-Lavoir avec femme et enfants, et seize francs en poche. Le cubisme est prêt à naître.

Pendant l'hiver 1906-1907, Picasso se lance sur une voie très différente de celle de ses congénères. Alors que Matisse travaille le chromatisme fauve, l'Espagnol, qui a dans les yeux les couleurs cuivrées des Pyrénées et les silhouettes solides des paysans, cherche plutôt à rendre les volumes, à creuser les visages, à faire sortir les arêtes nasales, à structurer les corps. Ses études de femmes prennent un tour géométrique. Et « l'impossible » tableau naît après deux périodes de travail acharné, en février et juillet, à la suite de sa découverte de l'art nègre au musée du Trocadéro : il se nomme *Les Demoiselles d'Avignon* – Apollinaire, lui, l'a baptisé le « bordel philosophique » –, et évoque, sur le plan anecdotique, les prostituées devant leur porte du Barrio Chino de la Carrer d'Avinyo, une rue chaude de Barcelone, près de laquelle le peintre a habité. Son ascendance picturale puise évidemment ses origines dans *Les Grandes Baigneuses* de Cézanne et répond au *Bain turc* d'Ingres exposé au Salon d'Automne deux ans auparavant. Quant à sa facture... Elle est révolutionnaire. Picasso a radicalisé ses études, introduisant des hachures vertes et rouges quasi cézanniennes, simplifiant les visages, creusant les orbites, dressant les silhouettes anguleuses aux hanches étroites et aux cuisses monumentales dans des poses contorsionnées. Ces cinq femmes, gigantesques déesses solidement bâties, ont été taillées à coups de hache, punaisées sur la surface plane, mettant un terme à toute perspective héritée de la Renaissance italienne. La peinture occidentale s'écroule, frappée à mort.

« Son tableau, c'est une entreprise désespérée. On trouvera un jour Picasso pendu derrière », dit Derain. Matisse, lui, parle de venger la peinture de l'affront qui lui est fait. Le critique Félix Fénéon qualifie cela d'« intéressant. Vous devriez essayer la caricature, mon ami ». Henri Kahnweiler, marchand établi depuis peu rue Vignon et dont le nom restera à jamais lié au destin du jeune peintre, devait en faire le compte rendu suivant : « Ce que je voudrais vous faire sentir, c'est l'héroïsme incroyable d'un homme comme Picasso dont la solitude morale à cette époque était quelque chose d'effrayant, car aucun de ses amis peintres ne l'avait suivi.

Pablo Picasso
Les Demoiselles d'Avignon
1907, huile sur toile,
243,9 x 233,7 cm.
Donation Lillie P. Bliss,
Museum of Modern Art,
New York.

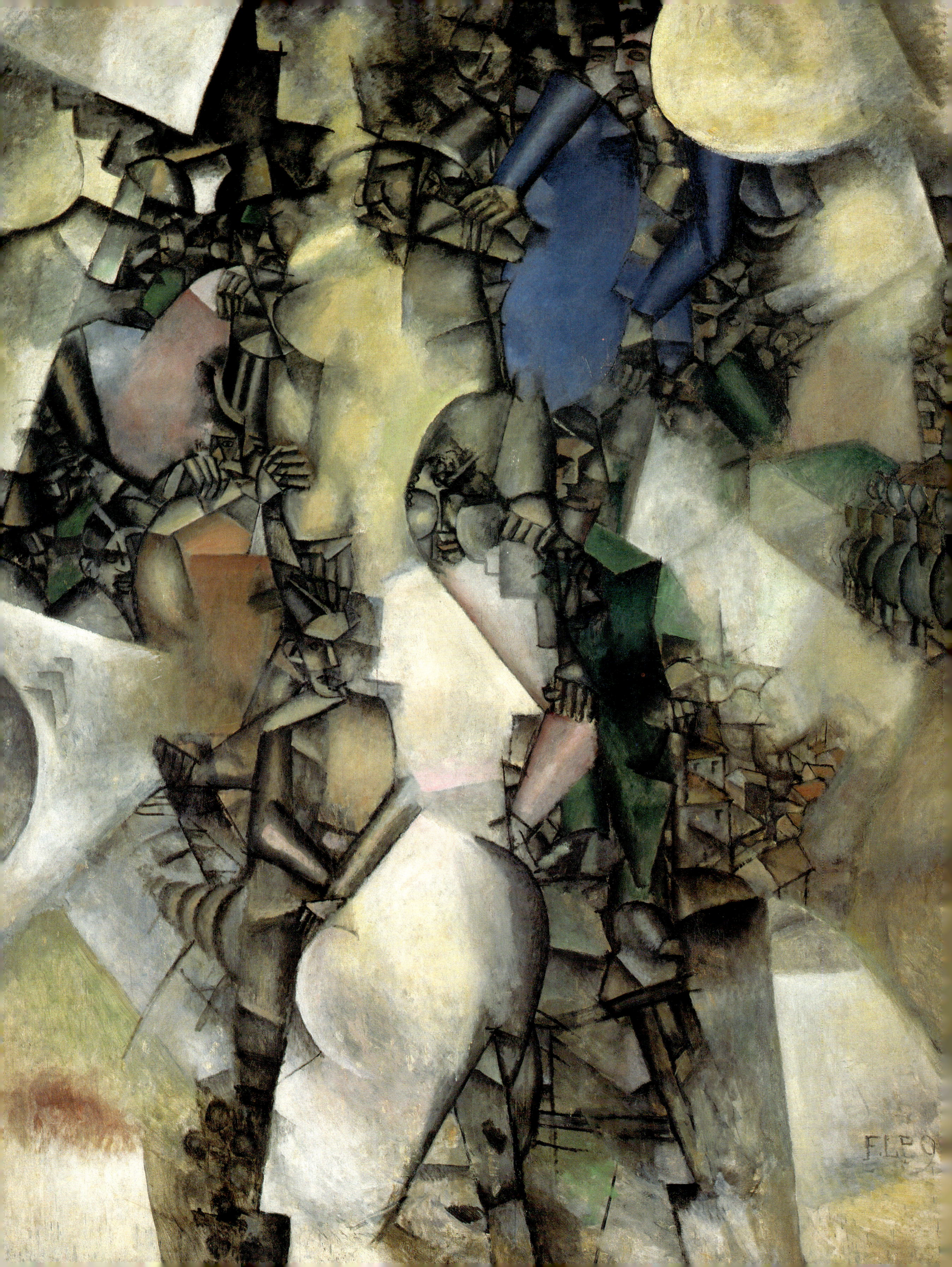

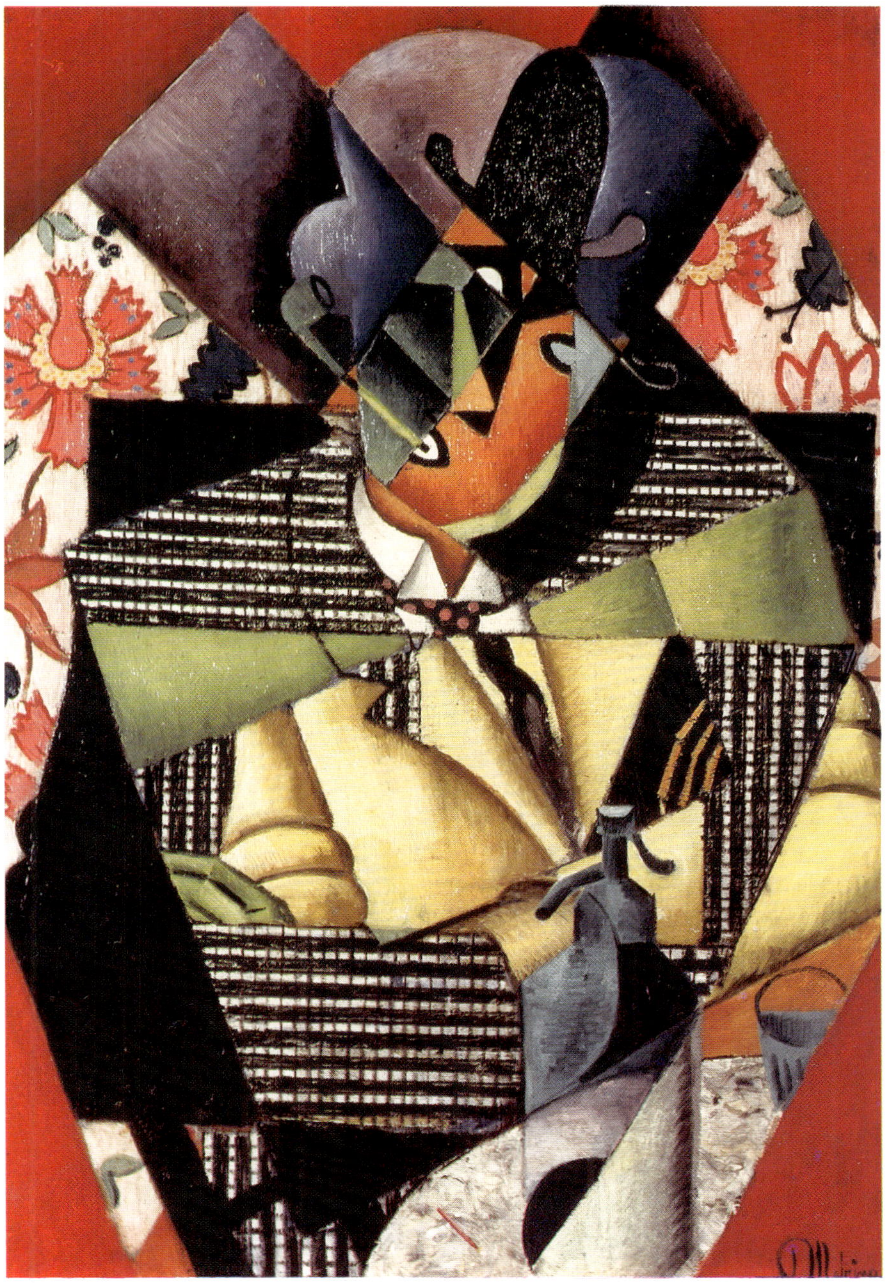

Fernand Léger
La Noce
1911-1912, huile sur toile,
257 x 206 cm.
Musée national d'Art moderne, Paris.

Jean Metzinger
Portrait de Max Jacob
1913, huile sur toile,
93 x 65 cm.
Collection particulière.

Georges Braque
L'homme à la guitare
1914, huile et sciure de bois sur toile, 130 x 72,5 cm.
Musée national d'Art moderne, Paris.

Page de droite
Pablo Picasso
Portrait d'Ambroise Vollard
1909, huile sur toile,
92 x 65 cm.
Musée Pouchkine, Moscou.

Page 148
Juan Gris
Le Petit déjeuner
1915, huile et fusain
sur toile, 92 x 73 cm.
Musée national d'Art moderne, Paris.

Page 149
Georges Braque
Paysage de Montmartre
1910, huile sur toile,
55,5 x 41 cm.
Musée d'Art moderne de Villeneuve-d'Ascq.

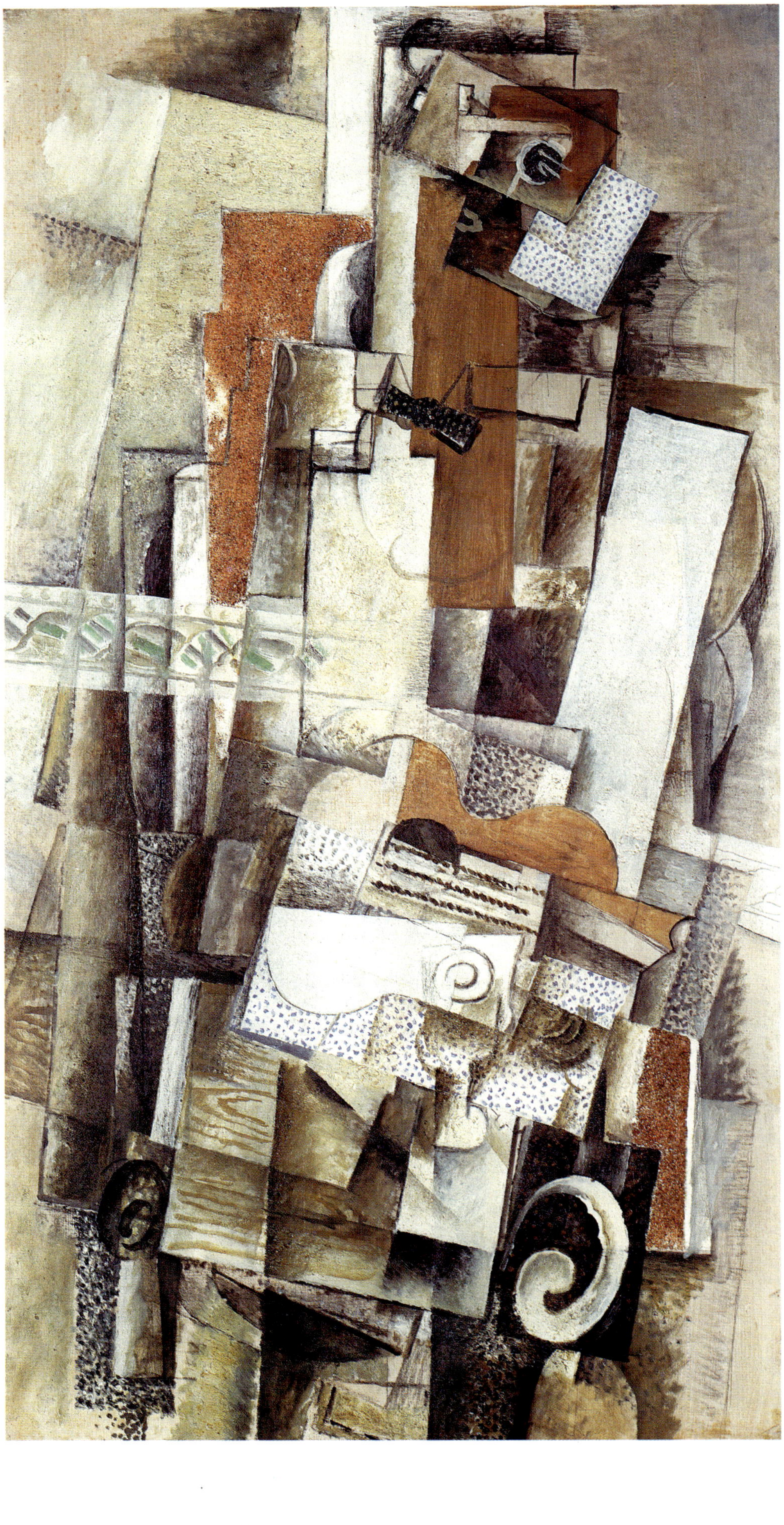

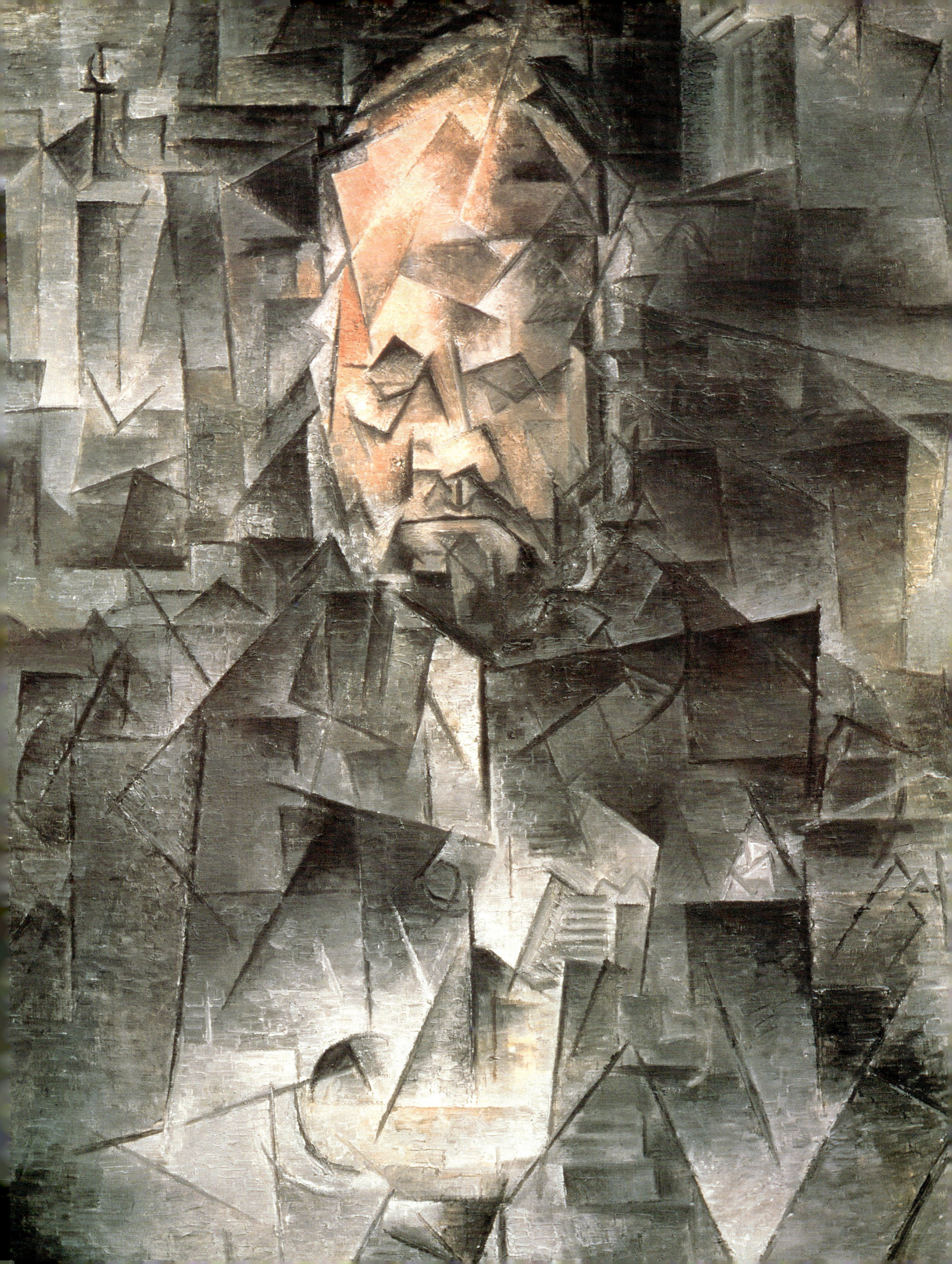

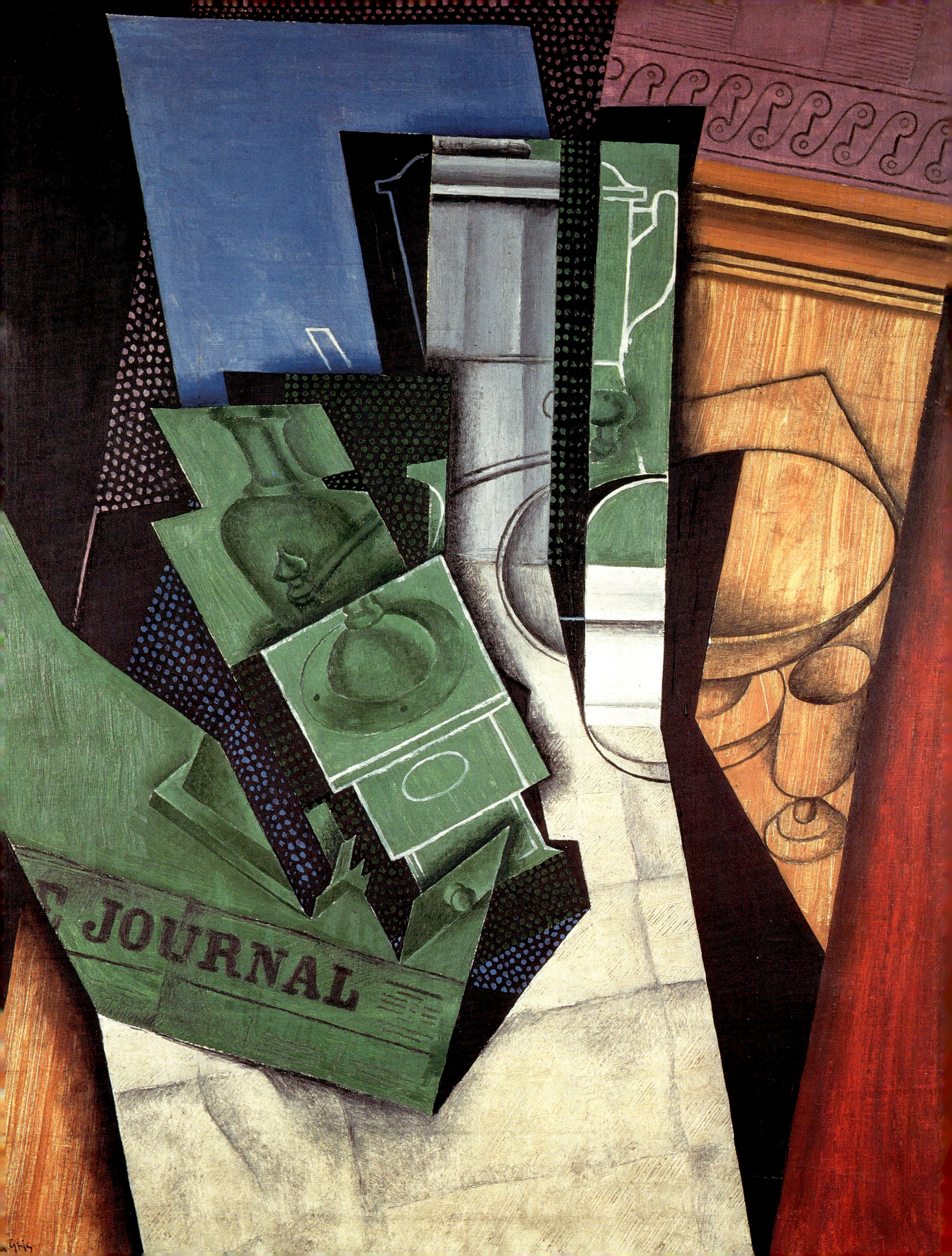
JOURNAL

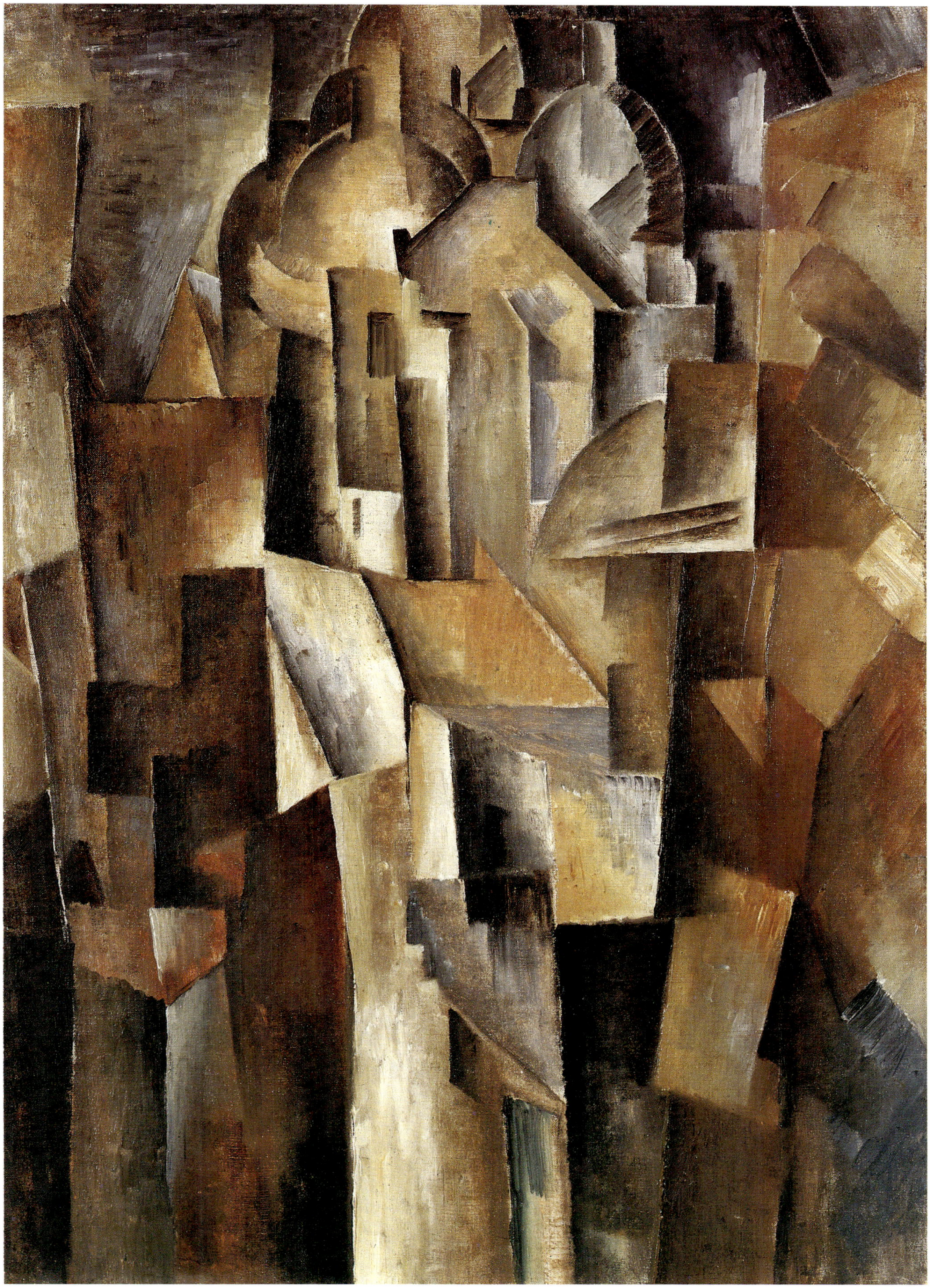

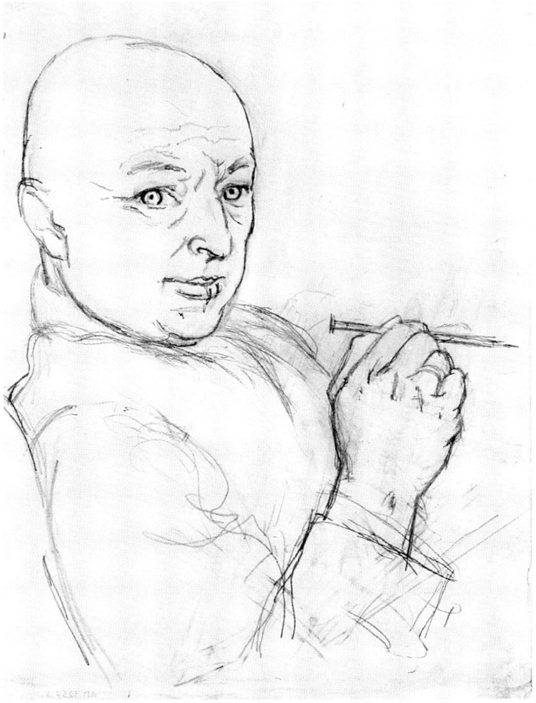

Louis Marcoussis
AUTOPORTRAIT
1932, crayon sur papier,
34,50 x 26,50 cm.
Musée national d'Art moderne,
Paris.

Le tableau qu'il avait peint là paraissait à tous quelque chose de fou et de monstrueux. » Picasso roulera sa toile dans un coin de l'atelier. Quant à Georges Braque, qui vit à dix minutes du Bateau-Lavoir, au 48, rue d'Orsel, présenté à Picasso par Apollinaire, il découvre à l'automne la toile. Il résume entièrement la situation en déclarant que « franchement, peindre de cette façon lui faisait l'effet de boire du pétrole ». Oui, pour la majorité du monde artistique de Montmartre, en 1907, Picasso est l'assassin de la peinture.

Néanmoins, le sacrilège doit faire son chemin dans l'esprit de Braque, et le pétrole s'adoucir puisque, quelques mois plus tard, selon le témoignage de Gertrude Stein – la seule avec son frère Léo à avoir aimé *Les Demoiselles* –, « Derain et Braque se sont ralliés à Picasso ». Au Salon d'Automne de 1908, les six toiles envoyées par l'artiste sont refusées. Loin du fauvisme auquel il était affilié jusqu'ici, le Français oppose à la rage de l'Espagnol l'équilibre et la mesure. À la déconstruction du visible, la reconstruction géométrique. Vauxcelles, à la suite de son exposition chez le marchand Kahnweiler, rend compte dans le grand quotidien *Gil Blas* : « M. Braque est un jeune homme très audacieux. (...) Il réduit tout, sites, figures et maisons, à des schémas géométriques, à des cubes... » Plus qu'opérer une réduction, Braque fracasse l'image du monde réel, réduit le trompe-l'œil à néant et œuvre pour la sensation. Le cubisme est né.

En 1910, Picasso donnera une illustration merveilleuse de la portée de ce nouveau style en peignant *Le Portrait de Vollard*, brisé en une multitude d'éclats. L'artiste montre l'homme de l'art sous toutes ses facettes, de face, de profil, de haut, du bas, multiplie les profondeurs de champ et efface encore une fois la perspective renaissante. Il fouille l'image et ouvre la porte à l'universel de l'âme humaine. Quel curieux mystère alors que ce visage fermé, réfléchissant les yeux clos à quel avenir esthétique ?

Fernand Léger, nouveau venu, ne manquera pas de souligner en contemplant les œuvres de ses amis du Bateau-Lavoir : « Ils sont au-dessus de l'événement, moi, je ramasse tout dans la rue. » De cette différence naîtra *La Noce* dans laquelle, par la perception des différents moments de la scène, il recrée le mouvement et la vie. D'ailleurs, quatre ans après la naissance du cubisme, l'exposition de la Section d'Or à la galerie de La Boétie, à laquelle il participe en compagnie de ses amis de la Butte Marcoussis[1] et Jean Metzinger, montrera que désormais le mouvement annoncé par Braque et Picasso est entré dans une phase bel et bien théorique, codifiée dans le livre *Du cubisme* par Albert Gleizes et Metzinger.

1. Rebaptisé par Apollinaire, Louis Marcoussis était d'origine polonaise et s'appelait en réalité Ludwik Markus. Il habita dans la Villa des Arts, au 15, rue Hégésippe-Moreau, qui avait eu comme locataire un illustre prédécesseur, Paul Cézanne.

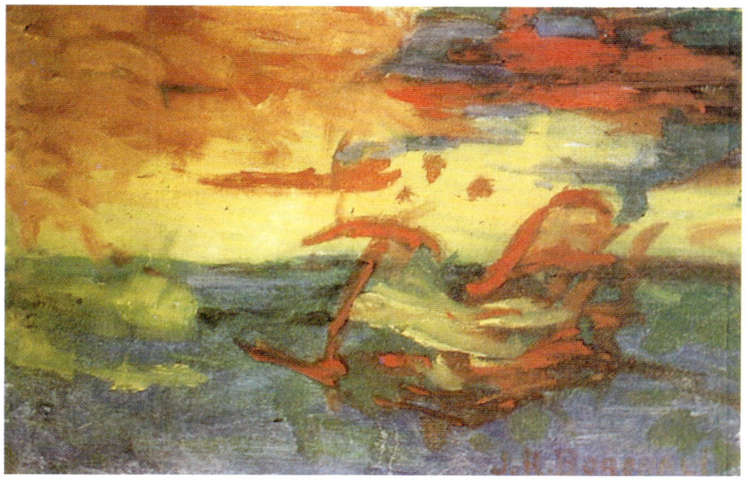

Boronali
(anagramme du nom
de l'âne Aliboron)
Coucher de soleil sur l'Adriatique
1910, huile sur toile.

À Montmartre, la révolution n'a pas que des adeptes, et l'esprit facétieux de la Butte s'exerce sans faiblir. Ainsi, Dorgelès, qui ne comprend pas le cubisme et le dit, est vexé d'entendre Apollinaire lui reprocher de n'aimer « que la peinture de singe ». Qu'à cela ne tienne ! Les rapins imaginent une farce d'un goût douteux. Dorgelès et deux de ses amis, André Warnod et Pierre Girieux, empruntent au Père Frédé son âne Aliboron. En présence d'un huissier, ils attachent à sa queue un pinceau qu'ils trempent dans des pots de peinture. Il barbouille alors une toile posée près de sa croupe. On donne un titre au chef-d'œuvre – *Et le soleil se coucha sur l'Adriatique* – et on signe Joachim-Raphaël Boronali, peintre italien, anagramme d'Aliboron. La toile est déposée au Salon des Indépendants, où un collectionneur l'achètera cinq cents francs. Dorgelès révèle la supercherie le jour même du vernissage en publiant dans *Le Matin* un article intitulé « Un âne chef d'école ». Le critique André Salmon aura le dernier mot de l'affaire : « Est-il nécessaire de préférer au pinceau la queue d'un âne pour peindre un mauvais tableau ? »

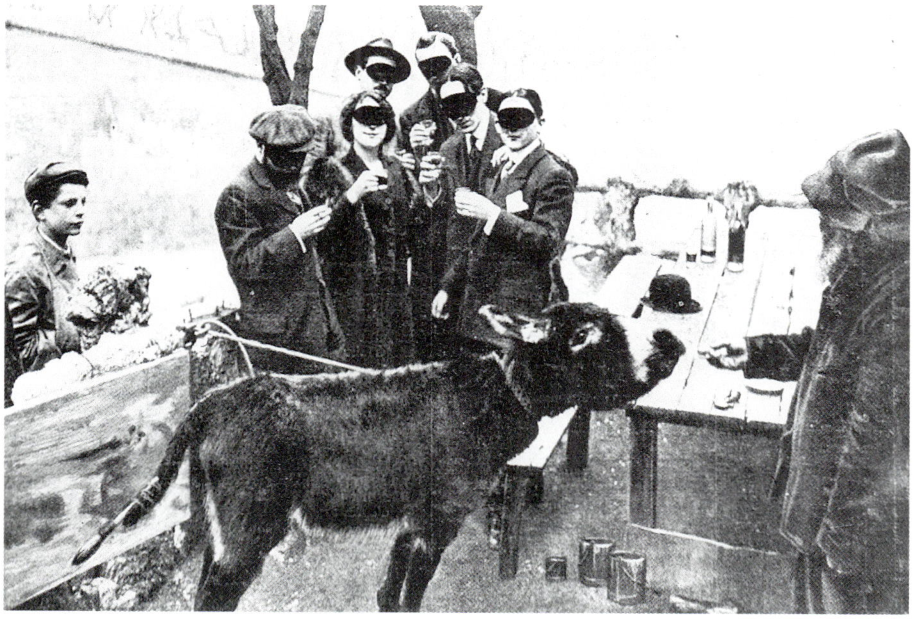

Edmond Dorgelès
et ses amis avec Aliboron,
l'âne du Père Frédé

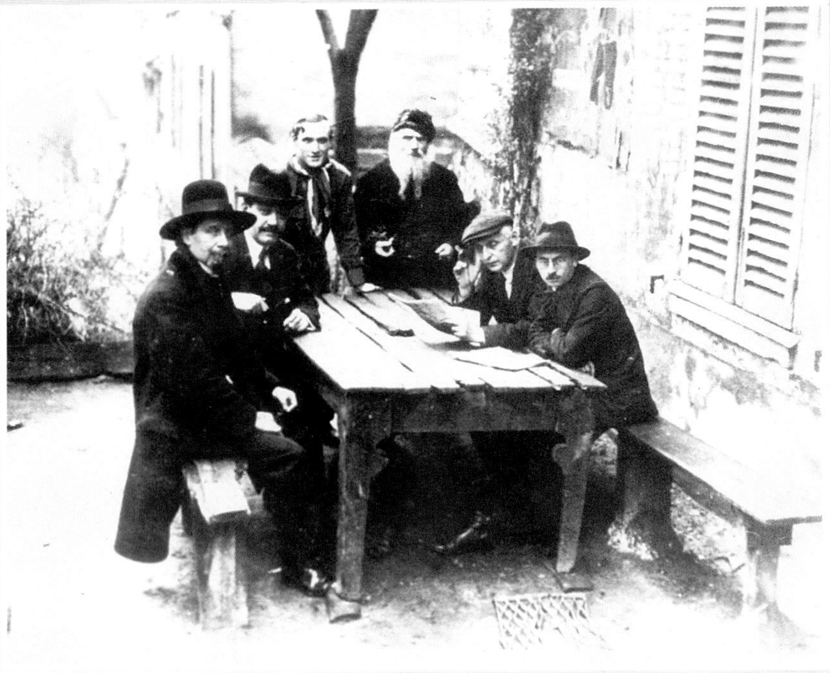

Portrait de groupe
avec Modigliani
au centre

Le maquis

Le Maquis, qui s'étendait sur la pente nord de la colline, au-delà de la rue Girardon, sera défriché sur ordre de la préfecture de Police de Paris et remplacé vers 1900 par la construction de la rue Caulaincourt et de l'avenue Junot.
Il succédait à la propriété appelée le Château des Brouillards construite vers 1773 par un ancien avocat du parlement de Paris, Lucien Ducampjean. Selon la légende, son nom viendrait des brouillards se formant au-dessus des nombreuses sources qui jaillissaient à cet endroit. Après des années de gloire, les communs du château furent rasés en 1850, et les potagers laissés à l'abandon se transformèrent en une zone que l'on appela le Maquis : sorte de no man's land couvert de bâtisses en bois, en carton goudronné ou en toile cirée habitées par des marginaux, des truands et des artistes.

Le Maquis vers 1900

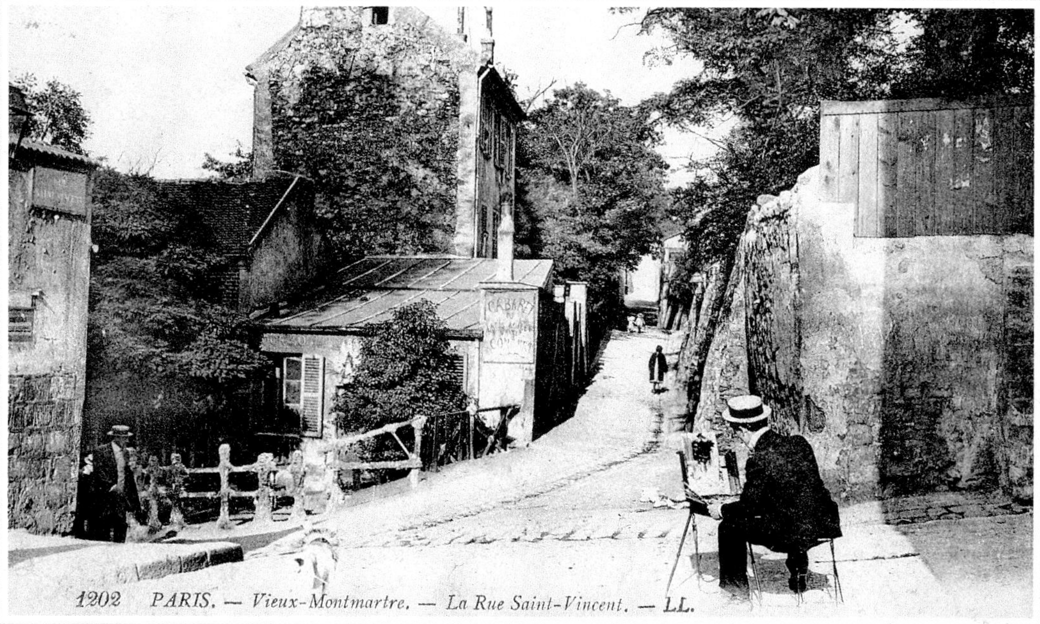

La rue Saint-Vincent

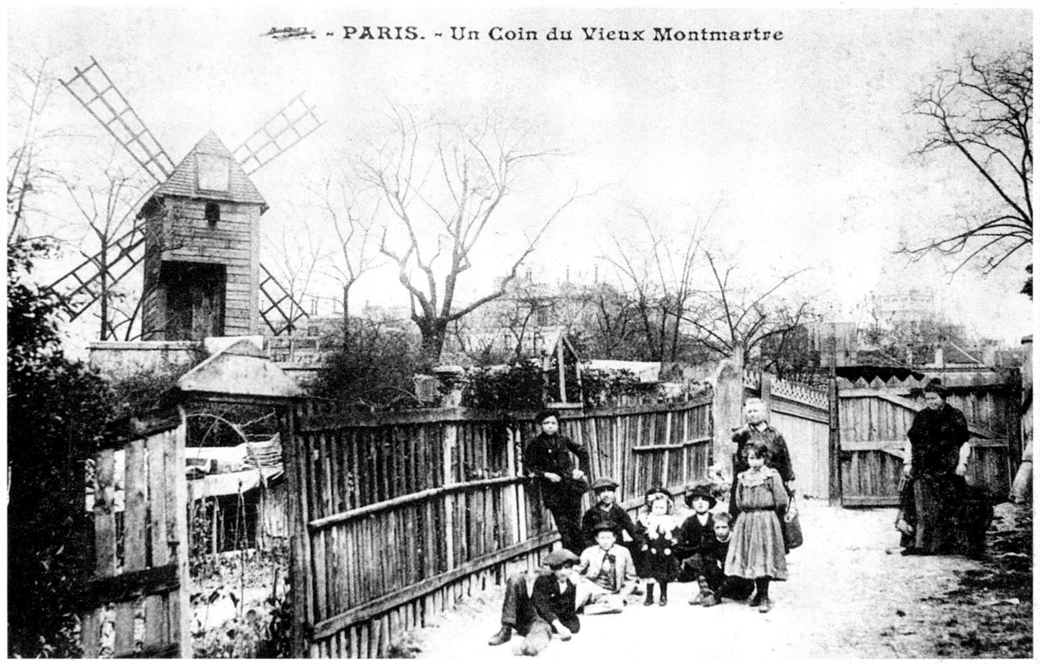

Un coin du vieux Montmartre.

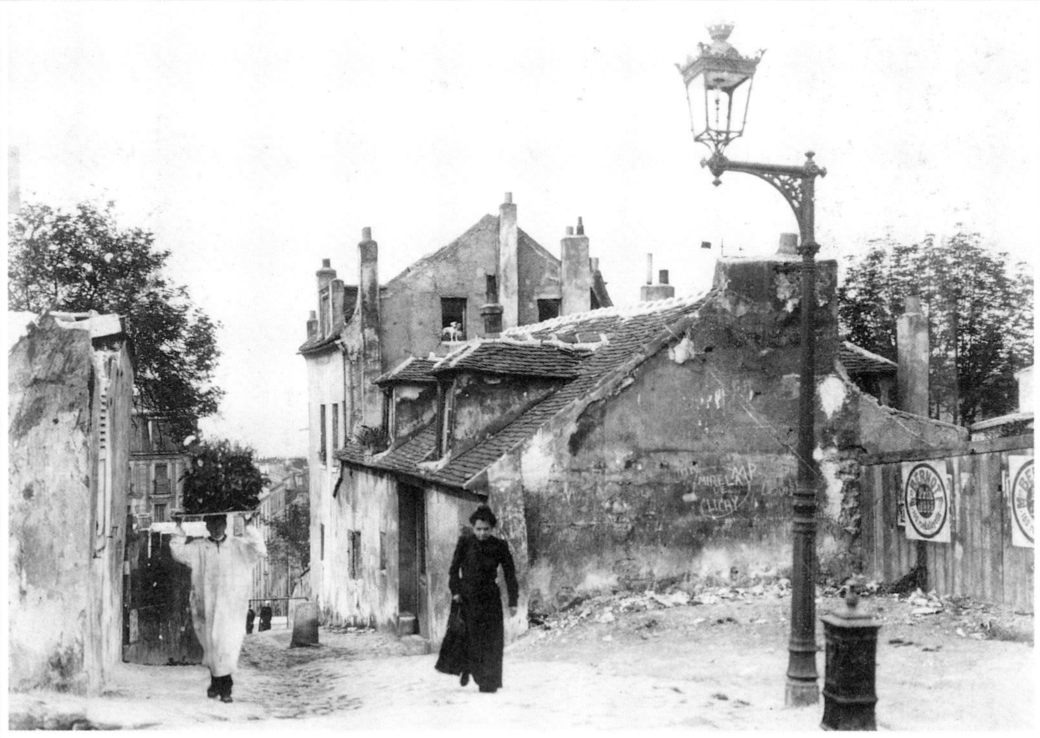

La maison de Mimi Pinson. Personnage allégorique créé par Alfred de Musset en 1845, l'ouvrière amie des artistes va inspirer de nombreux chansonniers. Elle donnera son nom à une petite bâtisse au 18 de la rue du Mont-Cenis, qui sera démolie en 1925.

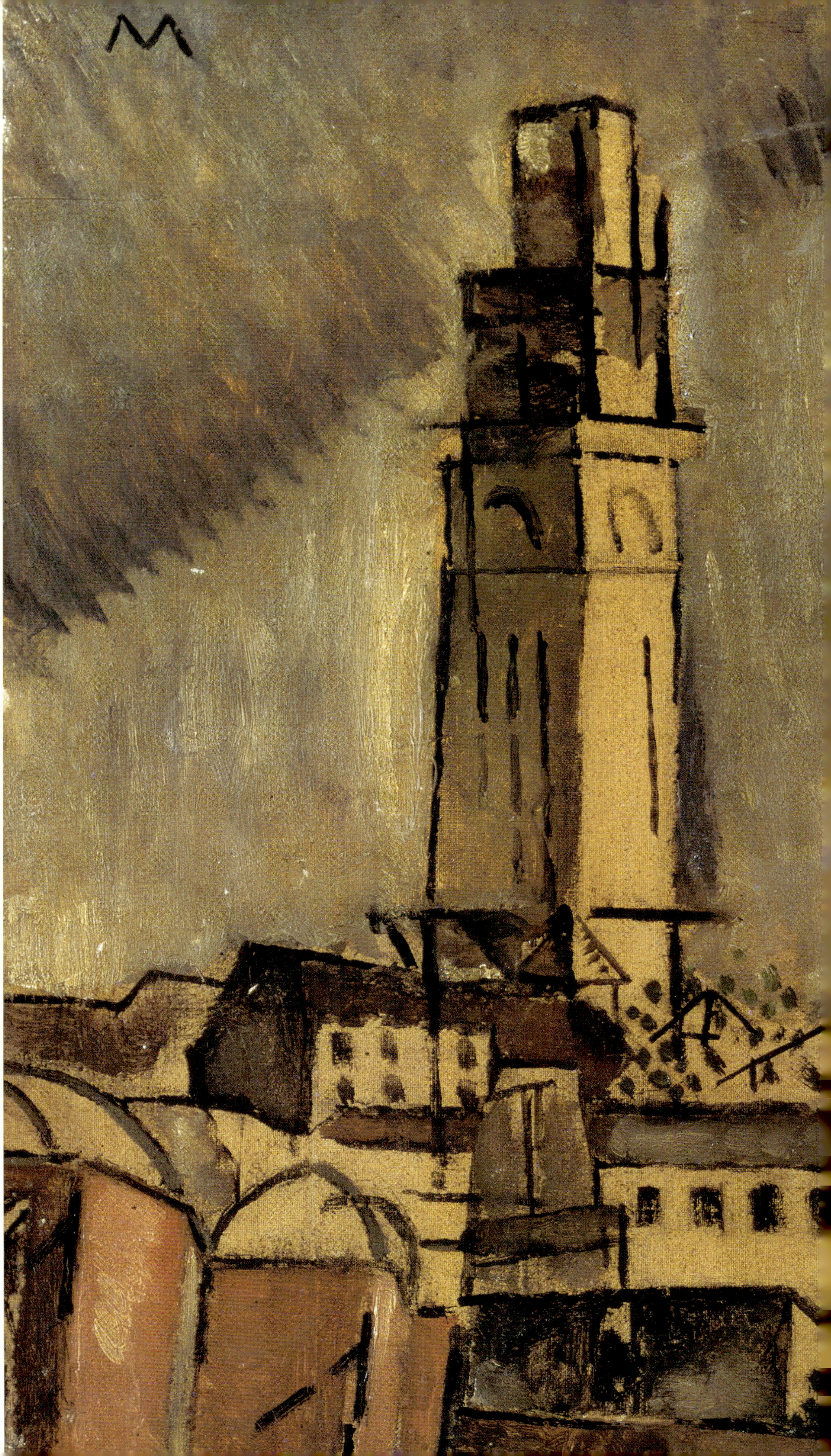

Louis Marcoussis
Le Sacré-Cœur
1910, huile sur toile,
27 x 35 cm.
Collection particulière.

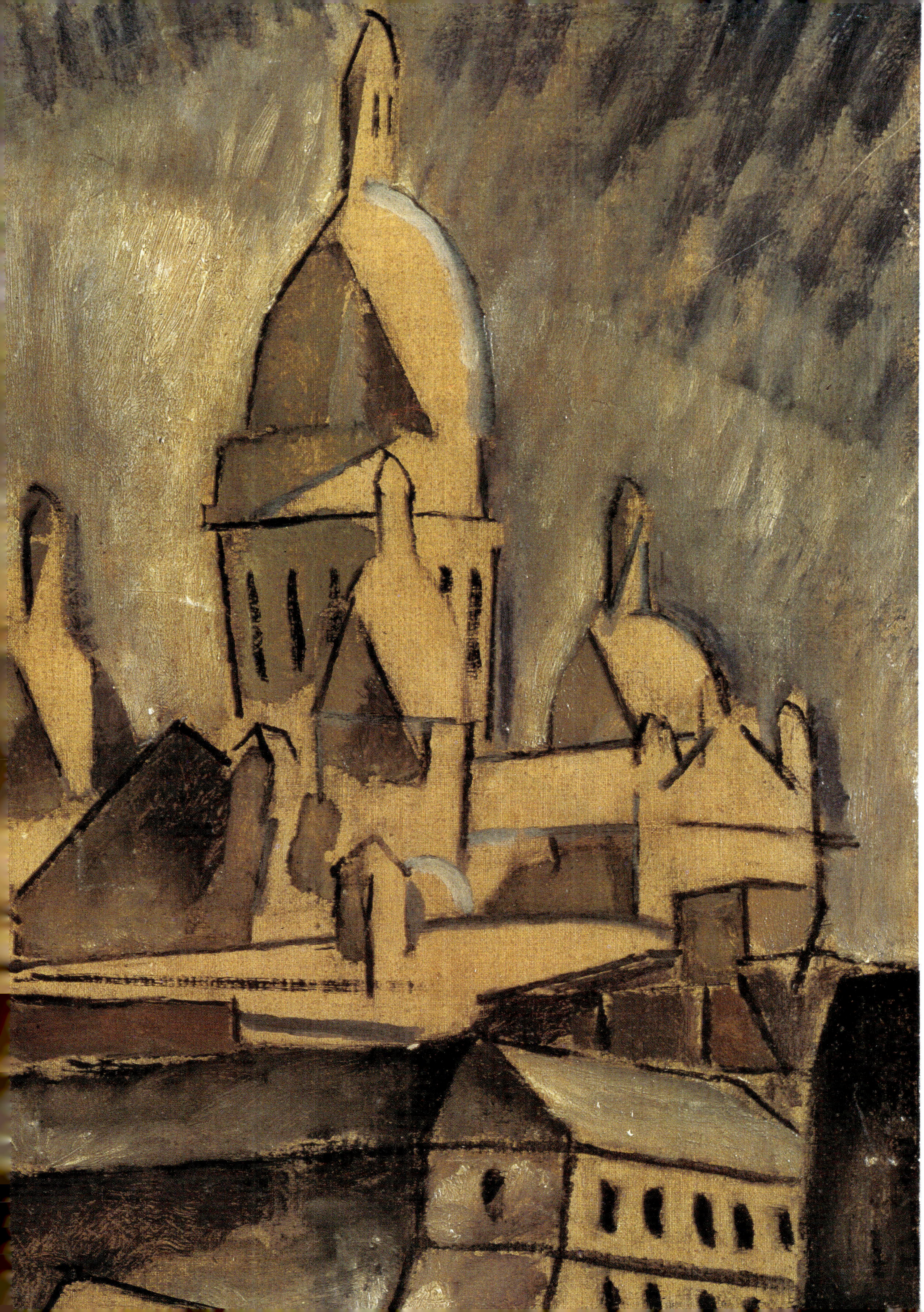

Marie Laurencin
Apollinaire et ses amis
1909, huile sur toile,
130 x 194 cm.
Musée national
d'Art moderne, Paris.

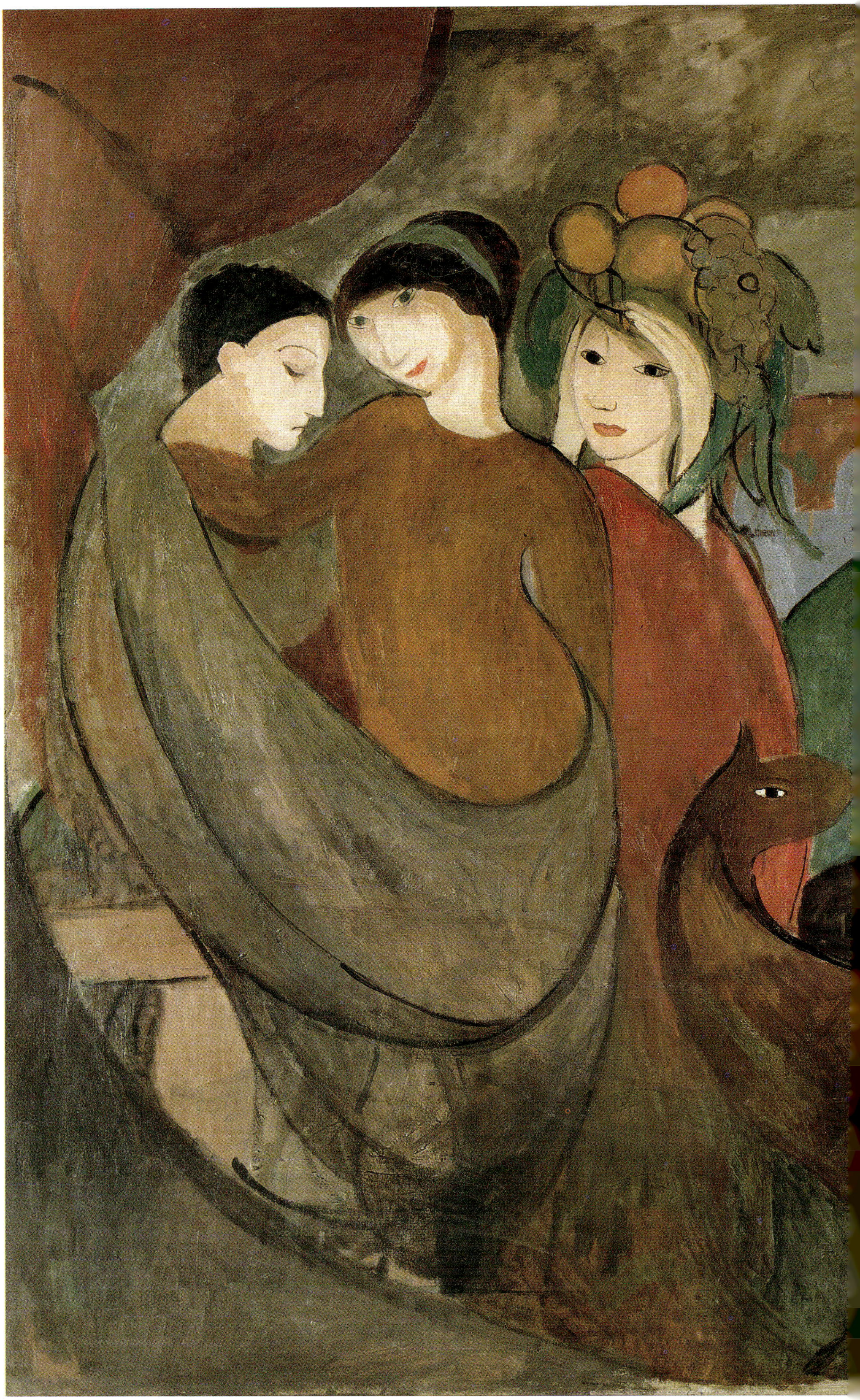

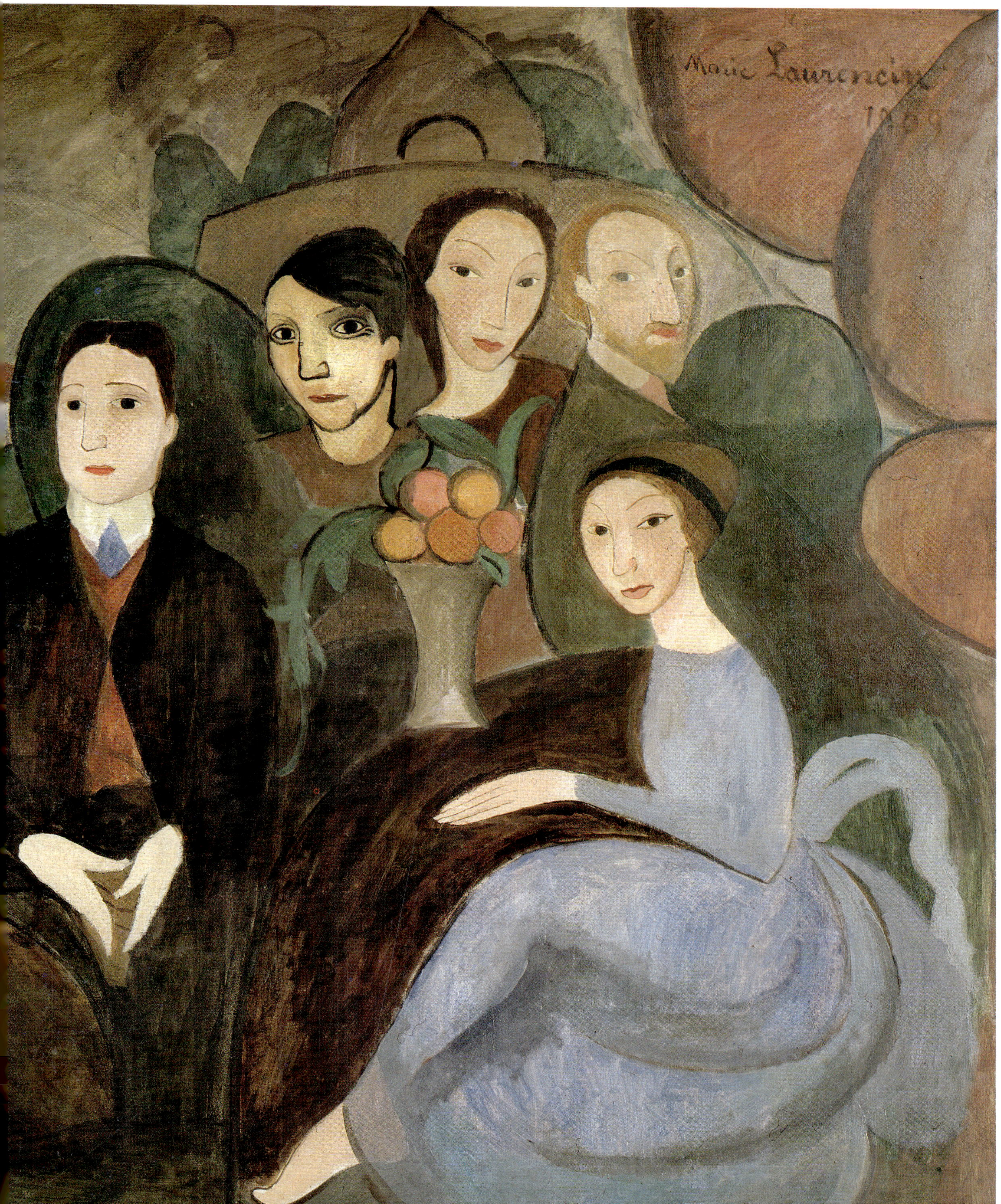
Marie Laurencin

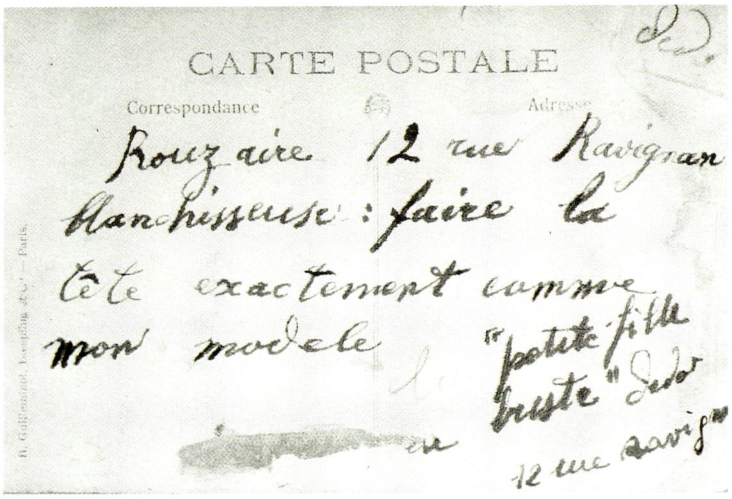
CARTE POSTALE
Correspondance
Adresse
Rouzaire 12 rue Ravignan
blanchisseuse : faire la
tête exactement comme
mon modele "petite fille
triste" Dedo
12 rue Ravign

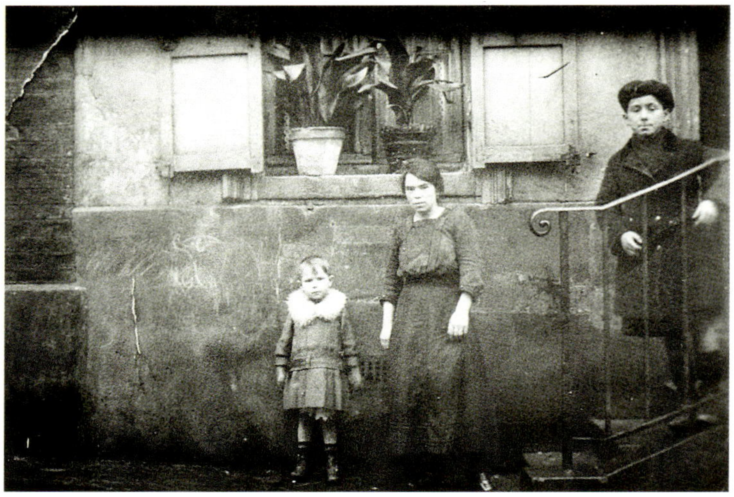

En haut
Carte postale de Modigliani adressée à Mlle Rouzaire

En bas
Mlle Rouzaire, la blanchisseuse d'Amedeo Modigliani

Page de droite
Portrait d'Amedeo Modigliani dans son atelier

Les noctambules de la dernière heure

En 1906 l'air de la Butte se renouvelle. Un jeune peintre italien de Livourne, fort de ses vingt-deux ans, débarque à Paris et s'installe rue Caulaincourt. Il s'appelle Amedeo Modigliani et vient étudier à l'académie Colorassi, rue de la Grande-Chaumière. La découverte de Toulouse-Lautrec est pour lui un choc, et la grande rétrospective Cézanne de 1907 fait évoluer le chromatisme de sa palette. Ce jeune homme de bonne famille qui a étudié aux Beaux-Arts de Venise, francophile (il correspond avec sa mère uniquement en français), connaît des débuts assez sages dans son atelier du haut de la rue Lepic qui ressemble à une serre ou à une cage de fleurs, au dire des témoins. Mais la vie de bohème s'empare de lui et on le voit bientôt apparaître aux soirées du Lapin Agile, entouré de sa « bande », rivale de celle de Picasso. Celui-ci ne l'apprécie guère, ne voyant en lui, sous son éducation bourgeoise, qu'un amateur de scandales. Modigliani juge sévèrement le négligé de Picasso. Ils évolueront jusqu'à la guerre dans le même quartier, mais dans des sphères distinctes, Modigliani se refusant toujours à enfermer son art dans les querelles du moment.

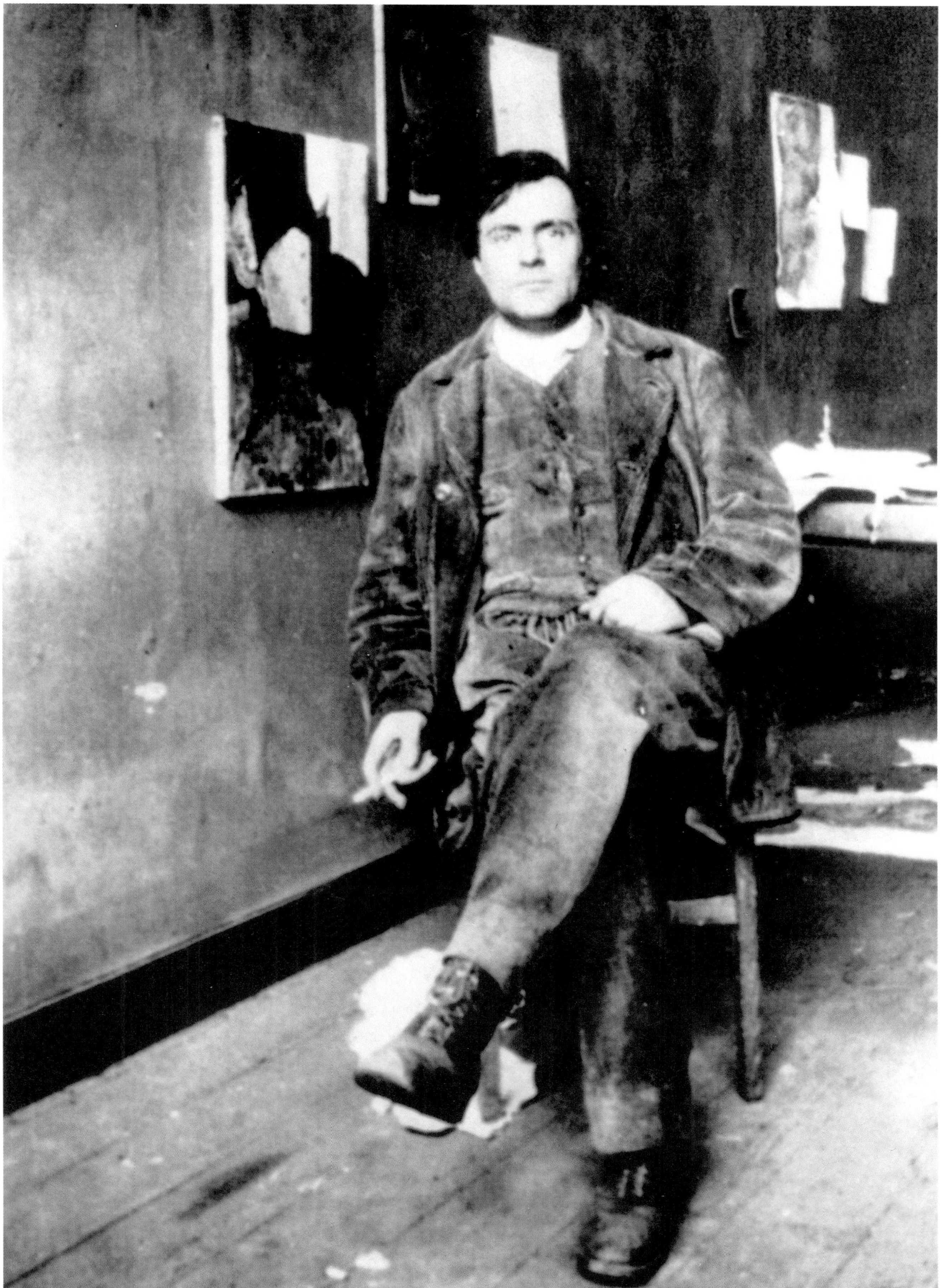

Vêtu de velours marron, coiffé d'un large feutre, un foulard orange ou rouge autour du cou, il reste toujours distingué, conscient de son image. Ses amis sont le sculpteur Drouard, qui l'héberge parfois dans sa maison, place du Tertre, et Paul Alexandre, jeune docteur épris d'art qui rassemble une sorte de phalanstère chez lui, rue du Delta. Il rencontre là Albert Gleizes, Constantin Brancusi (aux côtés duquel plus tard il travaillera la sculpture sur bois à Montparnasse), le peintre Henri Doucet, et il y installe son atelier, délaissant un refuge du Maquis Caulaincourt où il s'était mis à sculpter après avoir obtenu des pierres des maçons des chantiers voisins. Il exécute bientôt les portraits de la famille Alexandre et couvre leurs murs de nus et de portraits – *La Juive*, *Le Joueur de violoncelle*. En 1909, les Alexandre le mettent en rapport avec la baronne de Hasse de Villers, qu'il peint en costume d'équitation, une main sur la hanche, assez hautaine. Toutefois, contrairement à Van Dongen, Modigliani peindra toute sa vie des portraits sans jamais devenir un peintre mondain. Il traque sans relâche sous les traits de ses modèles la propre couleur de son âme. Le « modèle-miroir », telle est sa quête, son choix.

Il ne participe guère non plus aux soirées théâtrales, littéraires ou musicales des Alexandre ; mais les gratifie parfois d'une de ses crises de fureur au cours desquelles il s'empare de ses œuvres et les brûle.

S'il ne fraie pas avec Picasso, Modigliani connaît une amitié profonde et sincère avec Max Jacob ; il discute avec lui de culture hébraïque (tous les deux viennent d'une famille juive) et de symbolique catholique. En 1916, l'artiste fera du poète un magnifique portrait qu'il lui dédicace comme suit : « Jacob, à mon frère, très tendrement. » Peut-être trouvaient-ils aussi un terrain commun dans leur fréquentation des paradis artificiels, au-delà de leur échange intellectuel.

Amedeo Modigliani
Tête de femme, chevelure rousse
1915, huile sur toile,
41 x 33 cm.
Collection particulière.

En 1909, après avoir échoué rue de Douai, dans un couvent désaffecté, il quitte Montmartre pour Montparnasse. Mais en 1914, Modigliani reviendra sur la Butte. Paul Guillaume, un jeune marchand, est à cette époque le seul acheteur de ses toiles. Il observe de près la vie de cet artiste tumultueux et décide de lui louer un atelier au 39, passage de l'Élysée des Beaux-Arts. Non seulement la vie agitée de Montparnasse et l'insalubrité de son logement du boulevard Raspail lui paraissent menacer l'équilibre précaire du peintre, mais surtout, Béatrice Hastings a emménagé rue Norvins. Britannique, poète et correspondante du journal politico-littéraire *The New Age*, Miss Hastings est cette jeune femme qui impressionne si fort Max Jacob qu'il écrit à Apollinaire : « J'ai découvert une poétesse anglaise qui se saoule toute seule avec du whisky. » Modigliani et elle vivront pendant deux ans une passion agitée et bruyante qui donnera naissance à bon nombre de toiles et de dessins. Ange inspirateur ou compagne de débauche, Béatrice, femme fantasque coiffée d'invraisemblables chapeaux, féministe d'avant-garde, projette son rayonnement sur les dernières années montmartroises de l'artiste. Objet de vénération, elle sera surnommée par Modigliani « Beata Beatrix ».

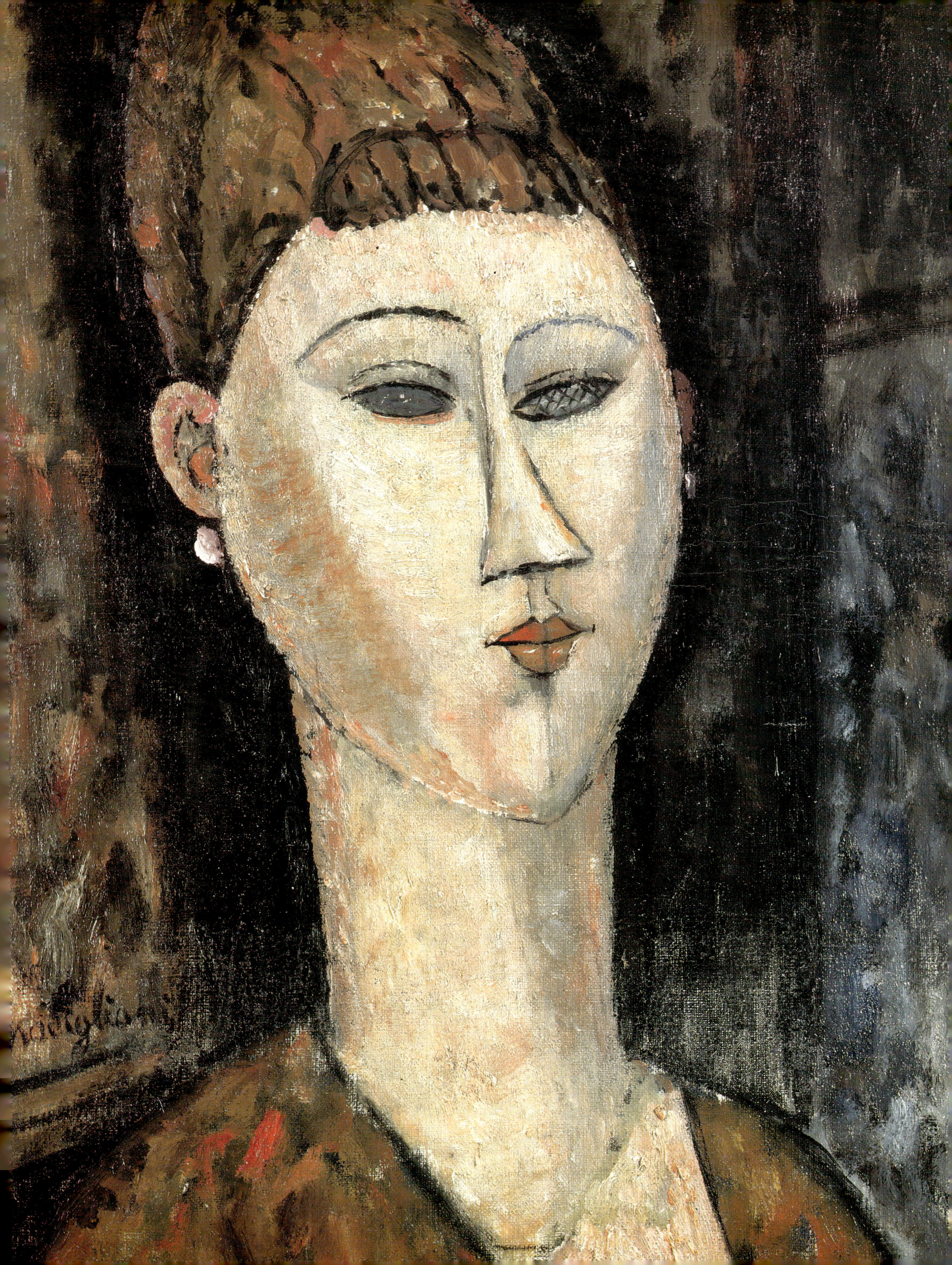

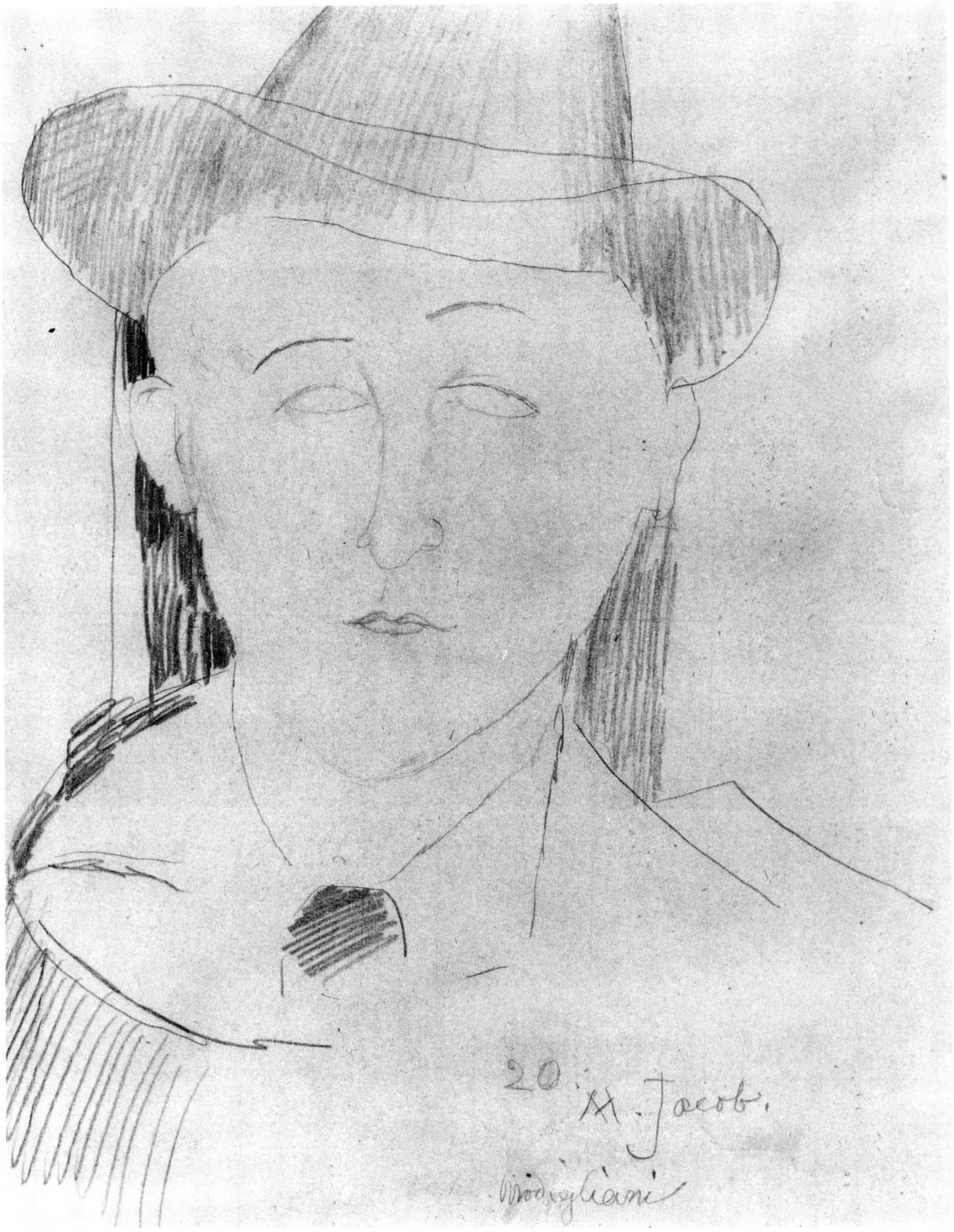

Amedeo Modigliani
Portrait de Max Jacob
1918, crayon sur papier,
27 x 21 cm.
Collection particulière.

Amedeo Modigliani
Portrait de Max Jacob
1916, dessin à la mine de plomb,
34,5 x 26,5 cm.
Collection particulière.

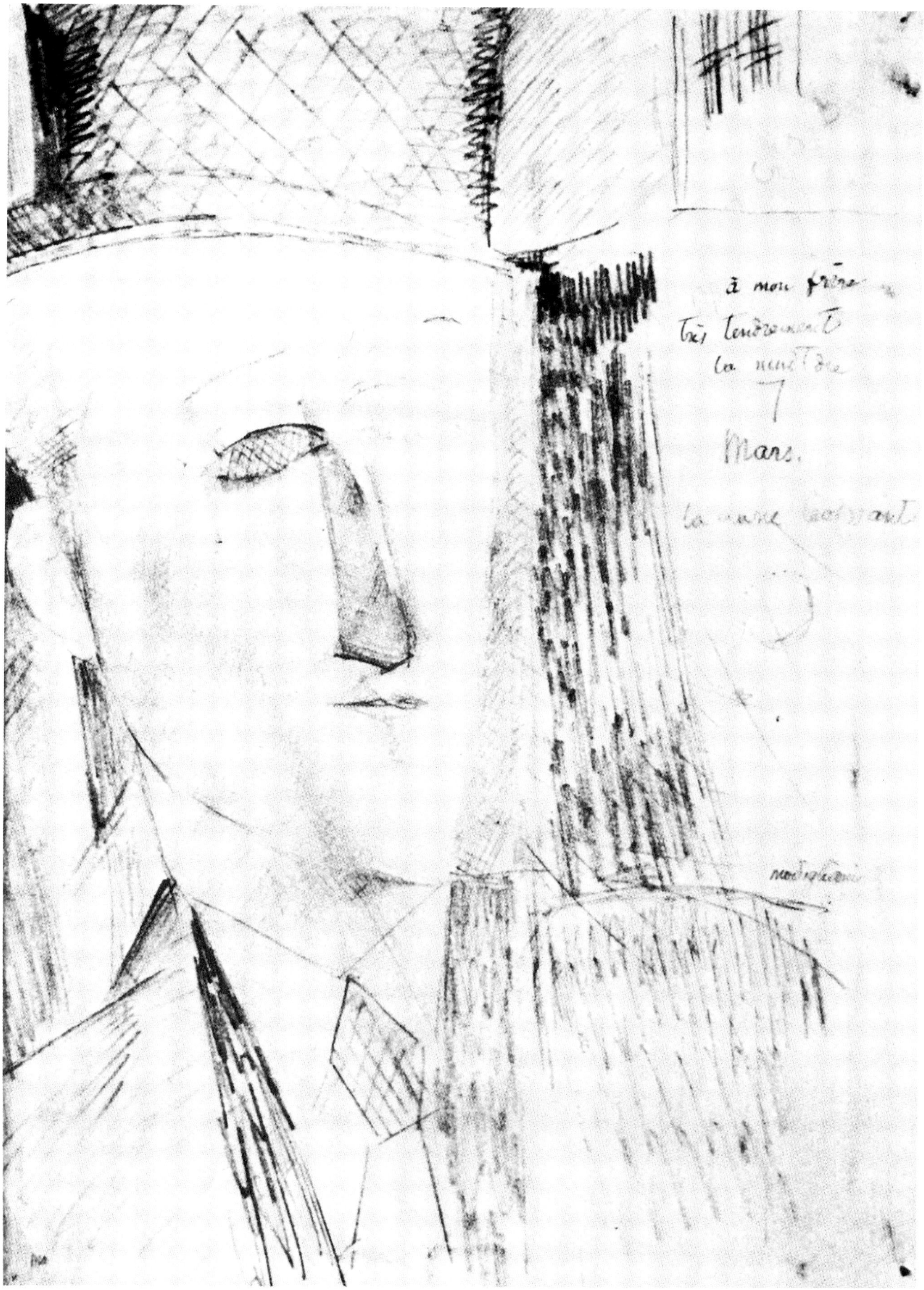
à mon frère
très tendrement
la nuit du
7
Mars.
la lune croissant
modigliani

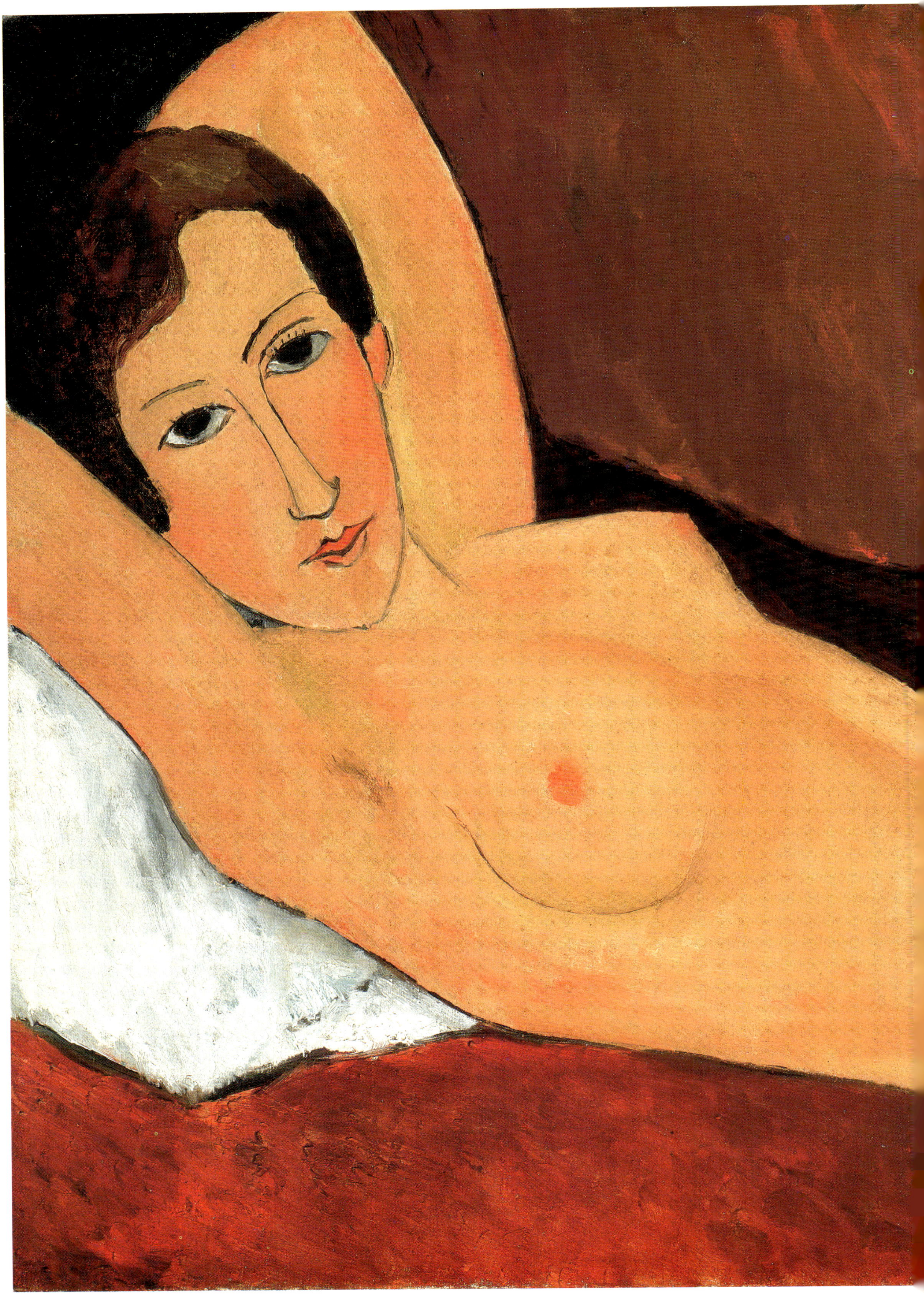

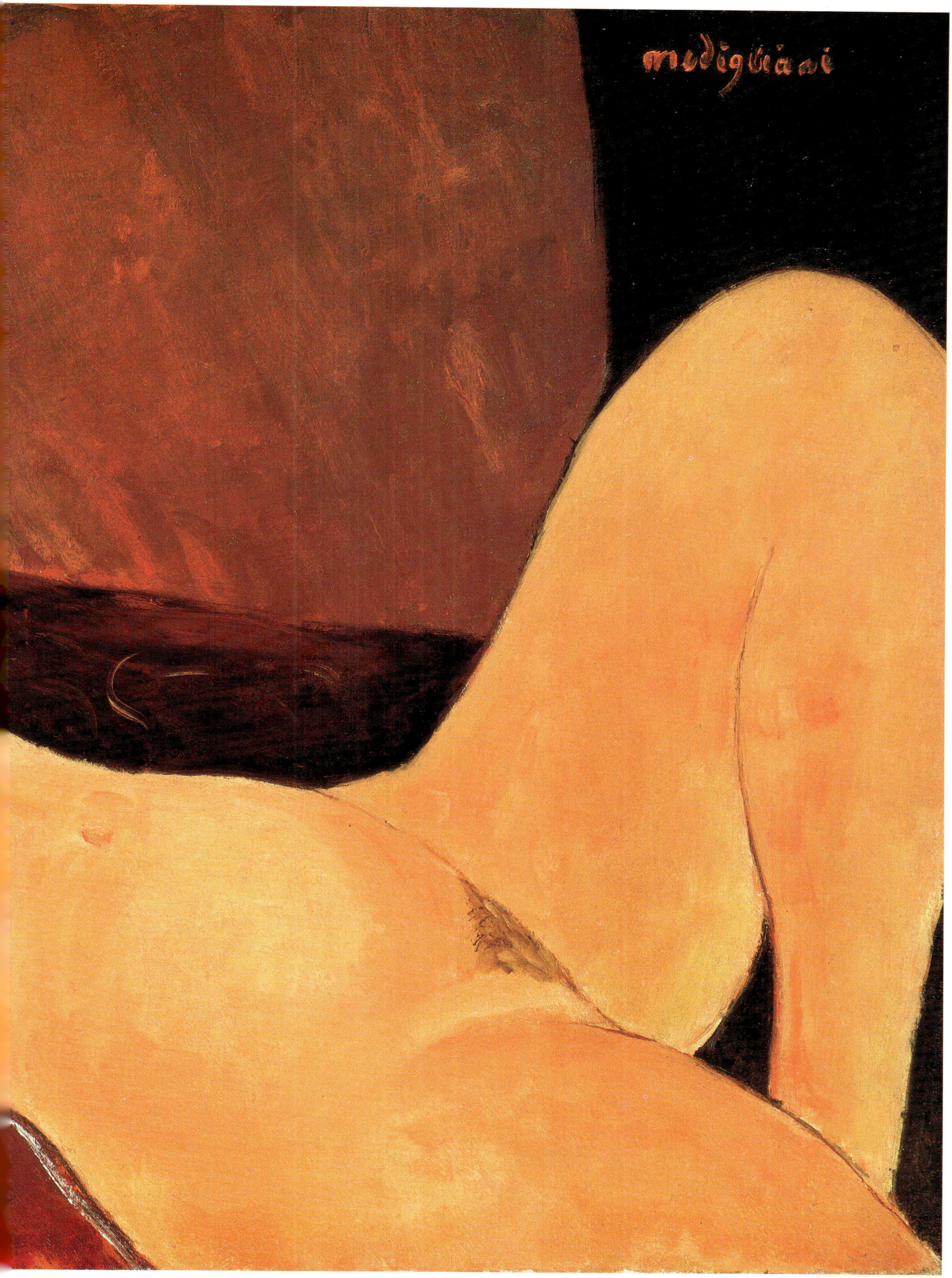
modigliani

Pages précédentes
Amedeo Modigliani
Grand nu, Céline Howard
1918, huile sur toile,
65 x 100 cm.
Collection particulière.

Page de droite
Suzanne Valadon
Le Sacré-Cœur vu du jardin de la rue Cortot
1916, huile sur toile,
63 x 53 cm.
Musée national
d'Art moderne, Paris.

André Utter
Autoportrait
1911, mine de plomb sur
papier, 30,20 x 22,20 cm.
Musée national d'Art
moderne, Paris.

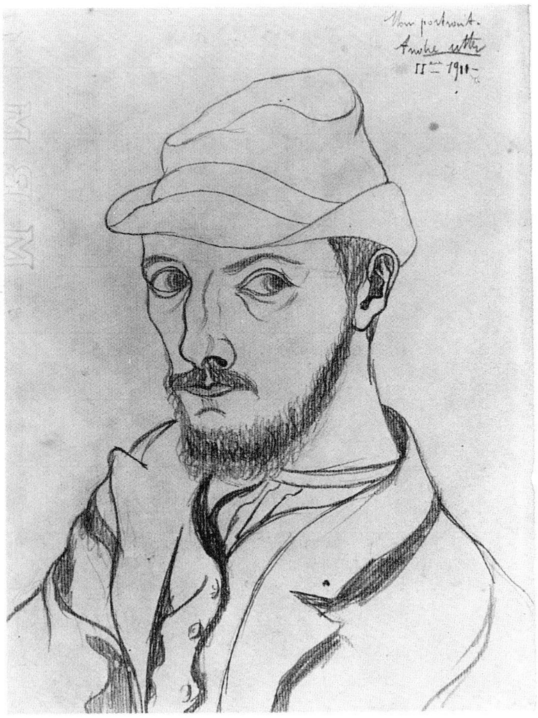

Si les impressionnistes ont quitté Montmartre, l'une de leurs égéries est restée. De modèle elle est devenue peintre. Suzanne Valadon, de son vrai prénom Marie-Clémentine, la « terrible Maria », vit désormais rue Cortot, dans l'ancien manoir de Rosimond, du nom de ce contemporain de Molière qui l'habita. Née en 1865, venue à Paris très jeune, elle commence comme petite main dans une maison de couture, pour continuer comme acrobate occasionnelle dans un cirque. Victime d'une chute, elle devient modèle et pose pour *Le Bois sacré* de Puvis de Chavannes, dont elle devient l'amante. En 1883, elle met au monde un garçon qu'elle prénomme Maurice et qui sera reconnu par le peintre espagnol Miguel Utrillo en 1891. Le couple mère-fils de la peinture moderne est formé. Suzanne posera aussi pour Lautrec, pour lequel elle éprouve une véritable passion qui tourne à l'échec après qu'elle lui a joué la comédie du suicide.

Amie de Degas et modèle de Renoir, elle prend un jour le crayon et se lance à son tour dans le métier des arts. Degas, voyant ses sanguines, lui aurait dit un jour : « Ma fille, c'est fait; vous êtes des nôtres. » Mais à la différence du maître, Valadon fuit le mouvement et campe ses figures dans des attitudes immobiles, presque hiératiques. En 1895, elle expose à la Nationale. Pendant toutes ces années où on la voit promener son chevalet sur la Butte, Montmartre bruit des rumeurs de toutes ses aventures. Le compositeur Erik Satie tombe éperdument amoureux d'elle ; elle préfère épouser un fondé de pouvoir. Pendant toutes ces années d'indépendance farouche, son fils Maurice est élevé par sa grand-mère et souffre de son éloignement. Dès l'adolescence, il découvre le zinc des bistrots. Ses études sont médiocres, il est renvoyé des collèges qu'il fréquente. À vingt ans, il fait sa première tentative de suicide. Suivra le cycle répétitif des internements, tandis que sa mère l'encourage à peindre, pour des raisons thérapeutiques.

Suzanne vit avec son fils et son amant Utter. Elle expose aux Indépendants et au Salon d'Automne. « J'ai dessiné follement pour que, quand je n'aurai plus d'yeux, j'en aie au bout des doigts. J'ai eu de grands maîtres, j'ai tiré le meilleur d'eux-mêmes, de leur enseignement, de leur exemple. Je me suis trouvée et j'ai dit, je crois, ce que j'avais à dire. » Maurice, lui, en compagnie d'un petit paysagiste du quartier, Alphonse Quizet, peint les rues de Montmartre, les vieux murs décrépis, les petites figures pittoresques de cette vie de bohème et fréquente beaucoup Modigliani et le Lapin Agile, rue des Saules. Vers 1910, le « Verlaine du pinceau » est pris en charge par un marchand de vin, le Père Gay, tenant boutique à l'angle des rues du Mont-Cenis et Paul-Féval, qui le fait peindre d'après des cartes postales en lui donnant à boire.

Le soir de Noël 1905, une petite délégation d'artistes attend gare de l'Est l'Orient-Express. Le peintre qui en descend est bulgare. Julius Pinkas, dit Jules Pascin, deviendra l'un des amis de la belle Suzanne. Dessinateur satirique dans un journal munichois, il s'installe d'abord à l'hôtel

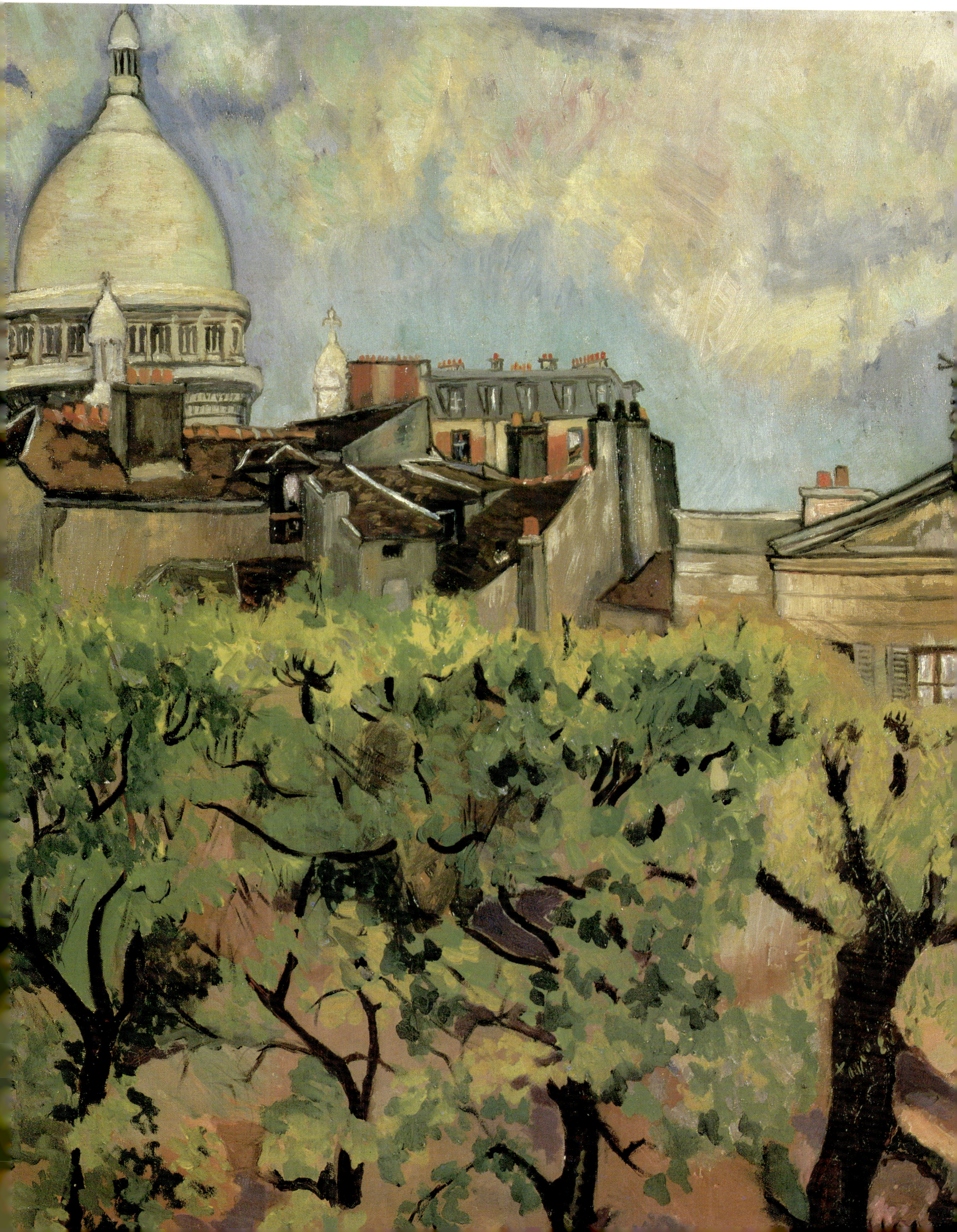

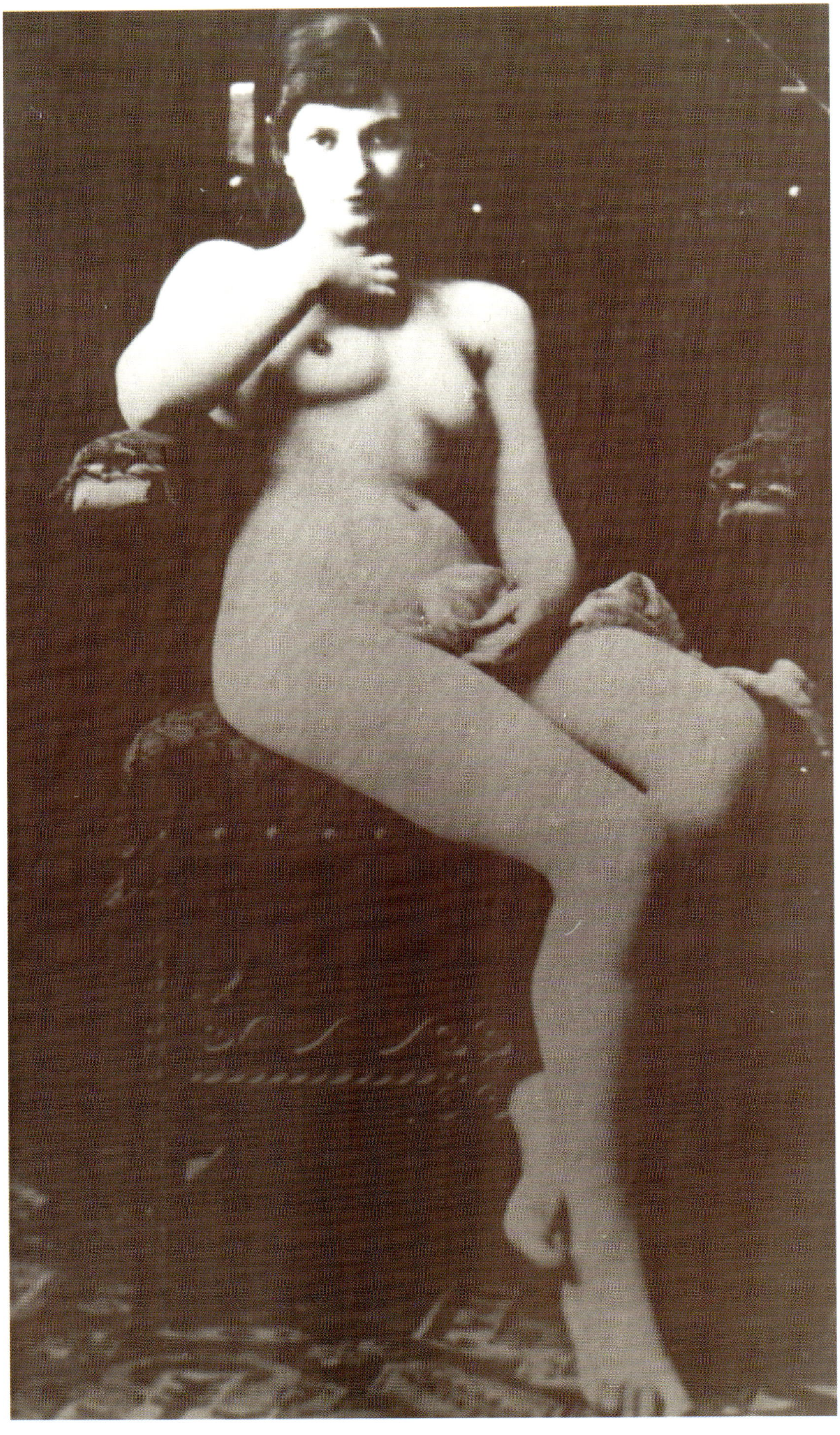

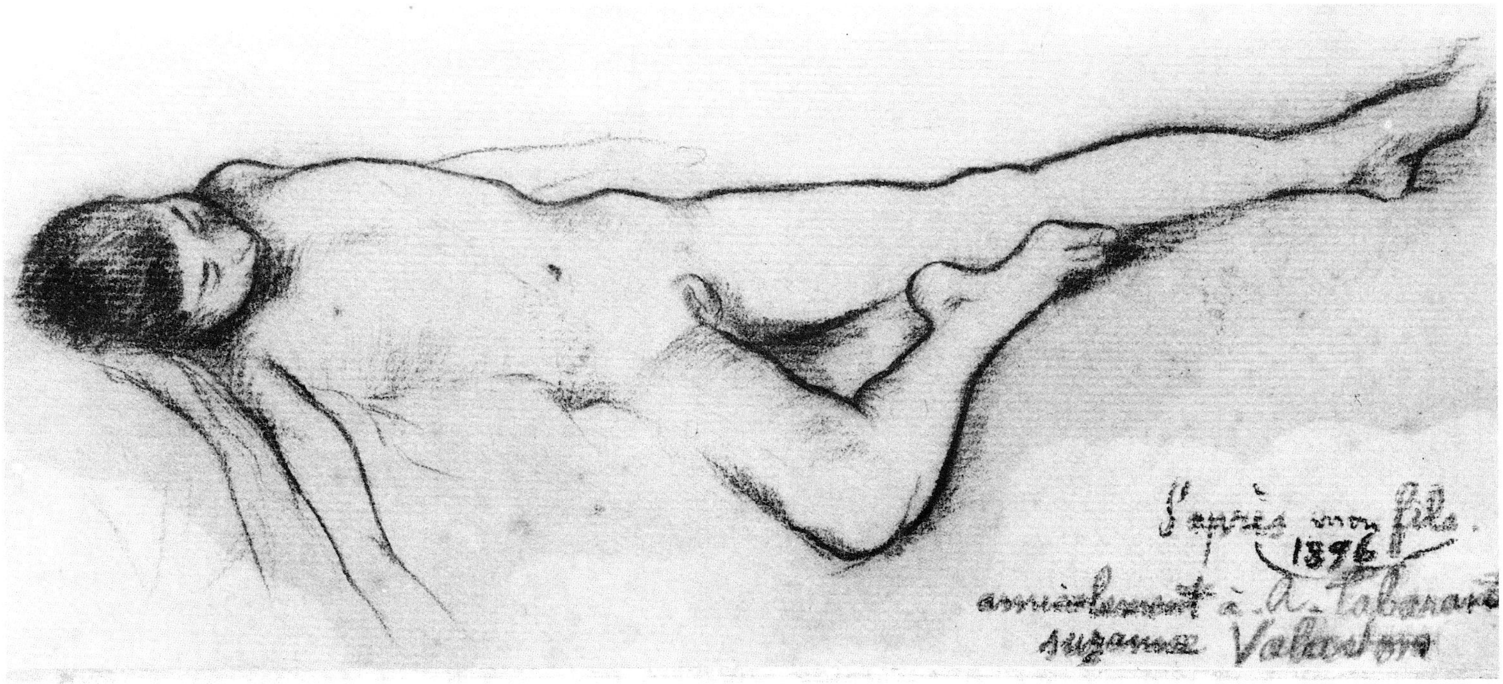

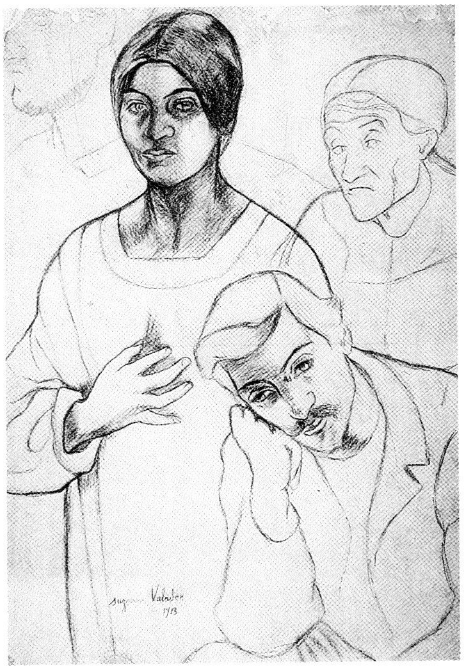

Suzanne Valadon
Nu allongé
1896, crayon noir sur papier,
10 x 24 cm.
Collection particulière.

Suzanne Valadon
Étude pour Portrait de famille
1913, crayon noir sur papier,
80 x 61 cm.
Collection particulière.

Page de gauche
Suzanne Valadon
posant nue

Beauséjour, au bas de la rue Lepic, puis trouve un atelier impasse Girardon. Il sera le peintre aux tonalités pastel des jeunes filles dévêtues ; mais pour l'heure, fasciné par la vie nocturne de Montmartre et la leçon de Lautrec, ce dandy fréquente avec sa femme Hermine Lionette David les cabarets du Rat Mort et du Chat Noir, peint le Moulin Rouge et le Bal Tabarin. Ce dernier établissement a ouvert rue Victor-Massé en décembre 1904. Son fondateur, Auguste Bosc, a adapté la tradition du quadrille à la mode, et le lieu tient de la kermesse, du dancing populaire, du music-hall, avec une véritable revue de *french cancan*...

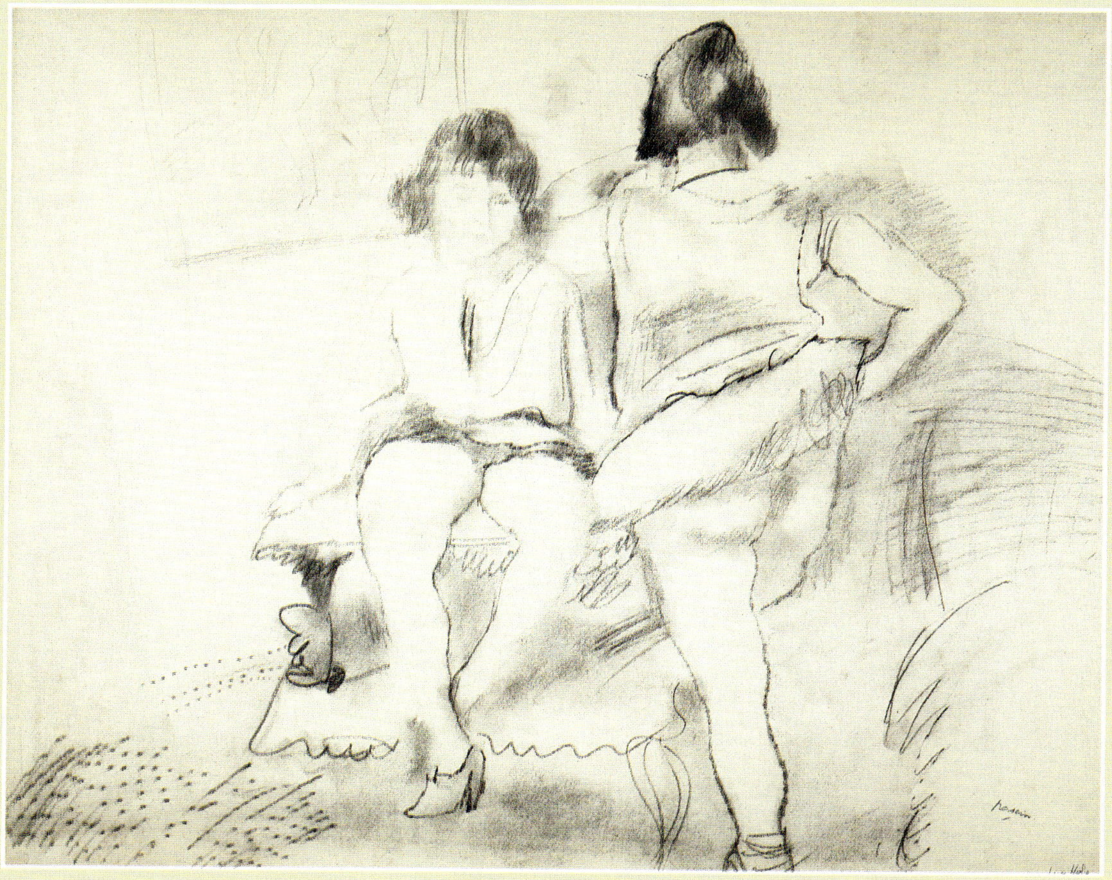

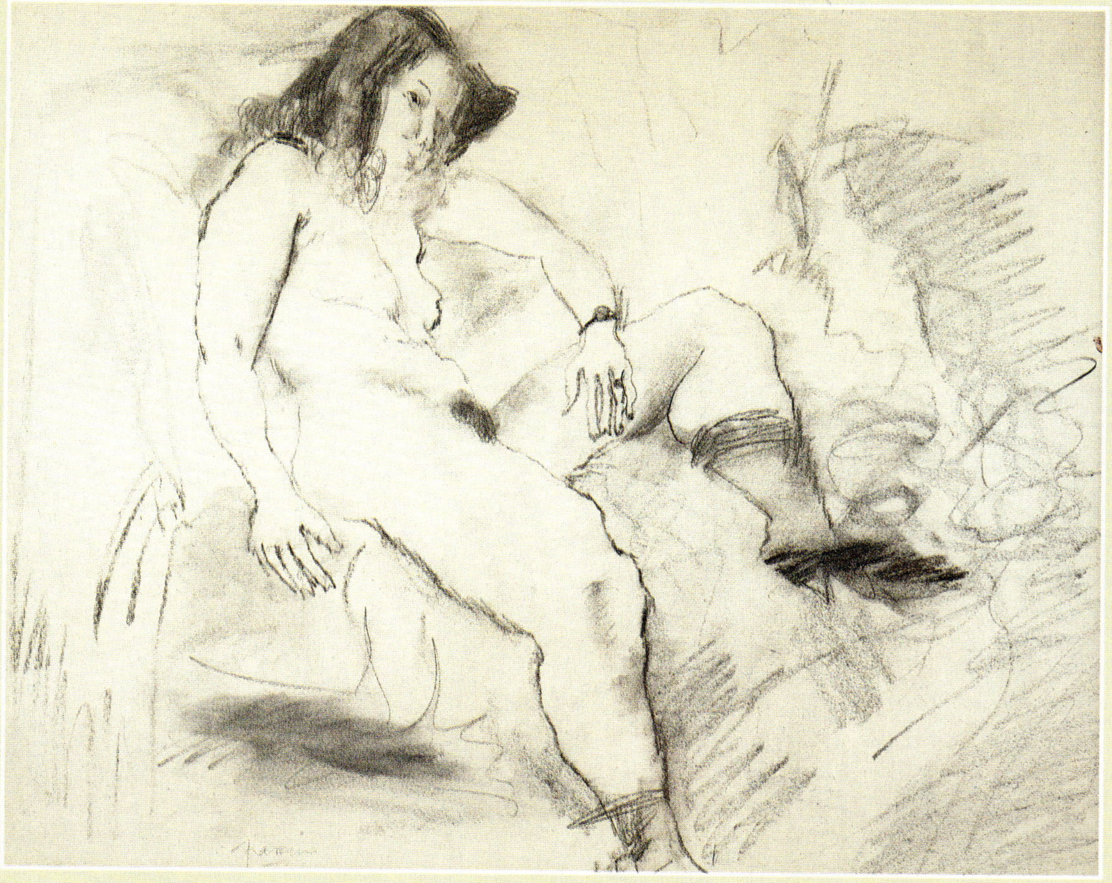

Page de gauche en haut

Jules Pascin

Deux modèles

1929, crayon noir sur papier,

49 x 63 cm.

Collection particulière.

Page de gauche en bas

Jules Pascin

Jeune femme

1929, crayon noir sur papier,

43 x 53 cm.

Collection particulière.

Ci-dessous

Portrait de Jules Pascin

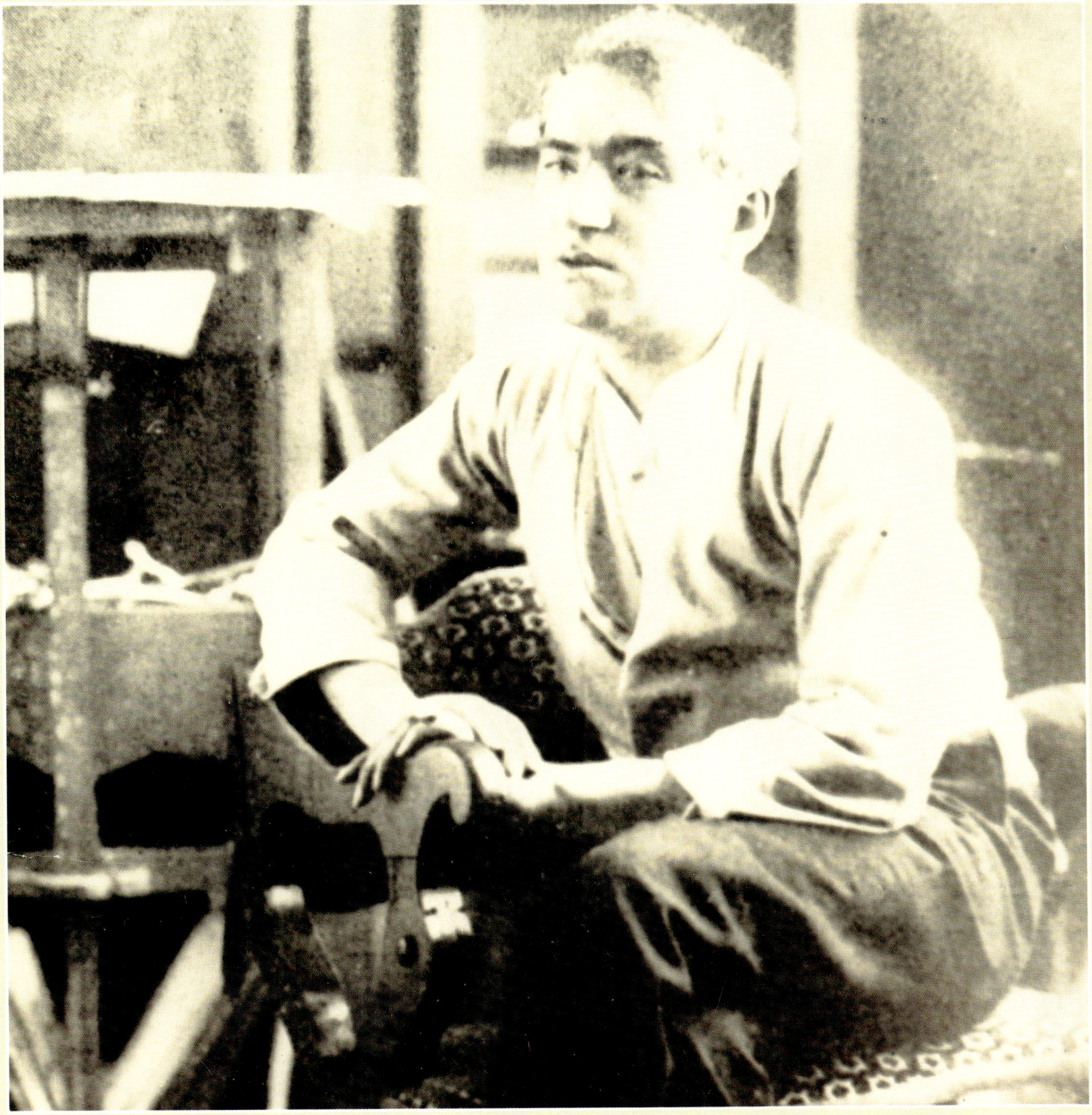

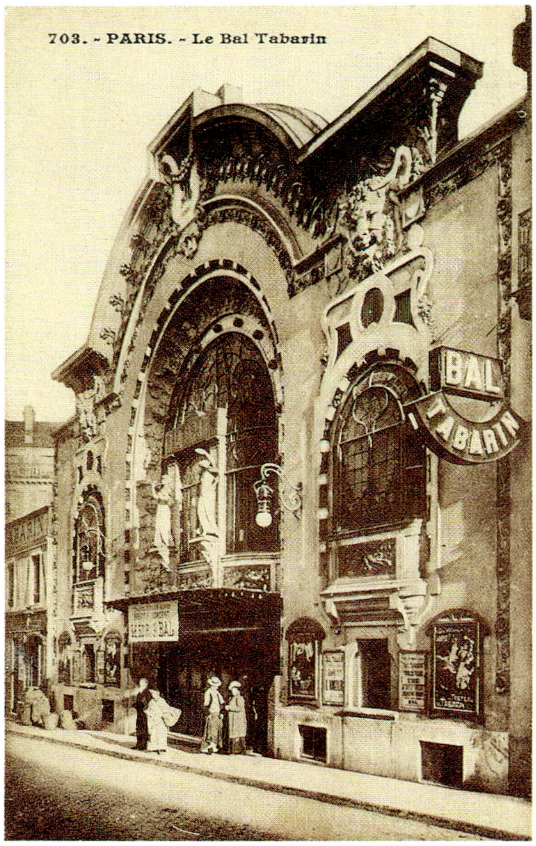

Le Bal Tabarin

Page de droite
Jules Pascin
Au bar du Bal Tabarin
1913, huile sur toile,
93 x 73 cm.
Collection particulière.

L'Art se futurise

« Nous déclarons que la splendeur du monde s'est enrichie d'une beauté nouvelle : la beauté de la vitesse. Une automobile de course avec son coffre orné de gros tuyaux tels des serpents à l'haleine explosive (...) est plus belle que la Victoire de Samothrace. » Le 20 février 1909 la première page du *Figaro* est occupée par le curieux Manifeste du futurisme, lancé par un poète italien de trente-trois ans, Filippo Marinetti. Discoureur théorique, il est entouré de peintres qui cherchent une réponse formelle à ses idées, qui mêlerait le néo-impressionnisme à la Seurat et les dernières découvertes de la chronophotographie faites par Edward Muybridge. Ils affirment dans un second manifeste : «... Nous déclarons... qu'il faut balayer tous les sujets déjà usés, pour exprimer notre tourbillonnante vie d'acier, d'orgueil, de fièvre et de vitesse... »

En 1912, les futuristes exposent pour la première fois à la galerie Bernheim Jeune un ensemble de trente-huit œuvres. C'est grâce aux efforts du peintre Gino Severini, toscan comme Modigliani, installé à Montmartre depuis 1906[1], et au critique du divisionnisme Félix Fénéon que cette manifestation a pu avoir lieu. Deux mois après son arrivée, le futur futuriste savait déjà : « Évidemment on voyait qu'il y avait là une ambiance très différente de celle des grands boulevards, mais je ne pouvais pas me rendre compte encore de quelle vie intense et intéressante elle était faite. Dans ces petites rues qui presque toutes menaient à la grande église du Sacré-Cœur alors en construction (...) on savait, et cela se savait aussi en Italie, que dans toute cette personnalité bouillait un esprit révolutionnaire contre l'académie qui imprégnait tout Montmartre... » Cet esprit, le peintre a permis à ses amis milanais de le découvrir en leur faisant visiter les ateliers de Picasso, de Juan Gris et de Braque. Nul doute que la volonté des futuristes de détruire les musées et de remblayer Venise, après avoir installé des usines sur la place Saint-Marc, ait fait sourire les figures du Bateau-Lavoir. Et pourtant, la compénétration toute cubiste des plans est logiquement utilisée dans la décomposition dynamique des formes des futuristes. La même année, Severini immortalisera une nouvelle fois le Bal Tabarin dans *Hiéroglyphe dynamique au Bal Tabarin.* Véritable développement séquentiel du mouvement, chaque fragment de l'œuvre, traité par la juxtaposition de petites touches, incite à la mobilité. C'est un grand sentiment de jubilation qui gagne le spectateur devant ce tableau où se multiplient les points de vue différents. Dynamique, la toile ne représente pas la danse, mais invite à danser. Severini, dans la droite ligne du courant futuriste, met en avant l'aspect ludique de la création. Deux ans auparavant, le Bal Monico, place de Clichy, lui avait déjà inspiré, selon Apollinaire, « l'œuvre la plus importante qu'eût peinte un pinceau futuriste » : *La Danse de pan-pan à Monico.*

1. Gino Severini habitera successivement rue Ballu et impasse Girardon.

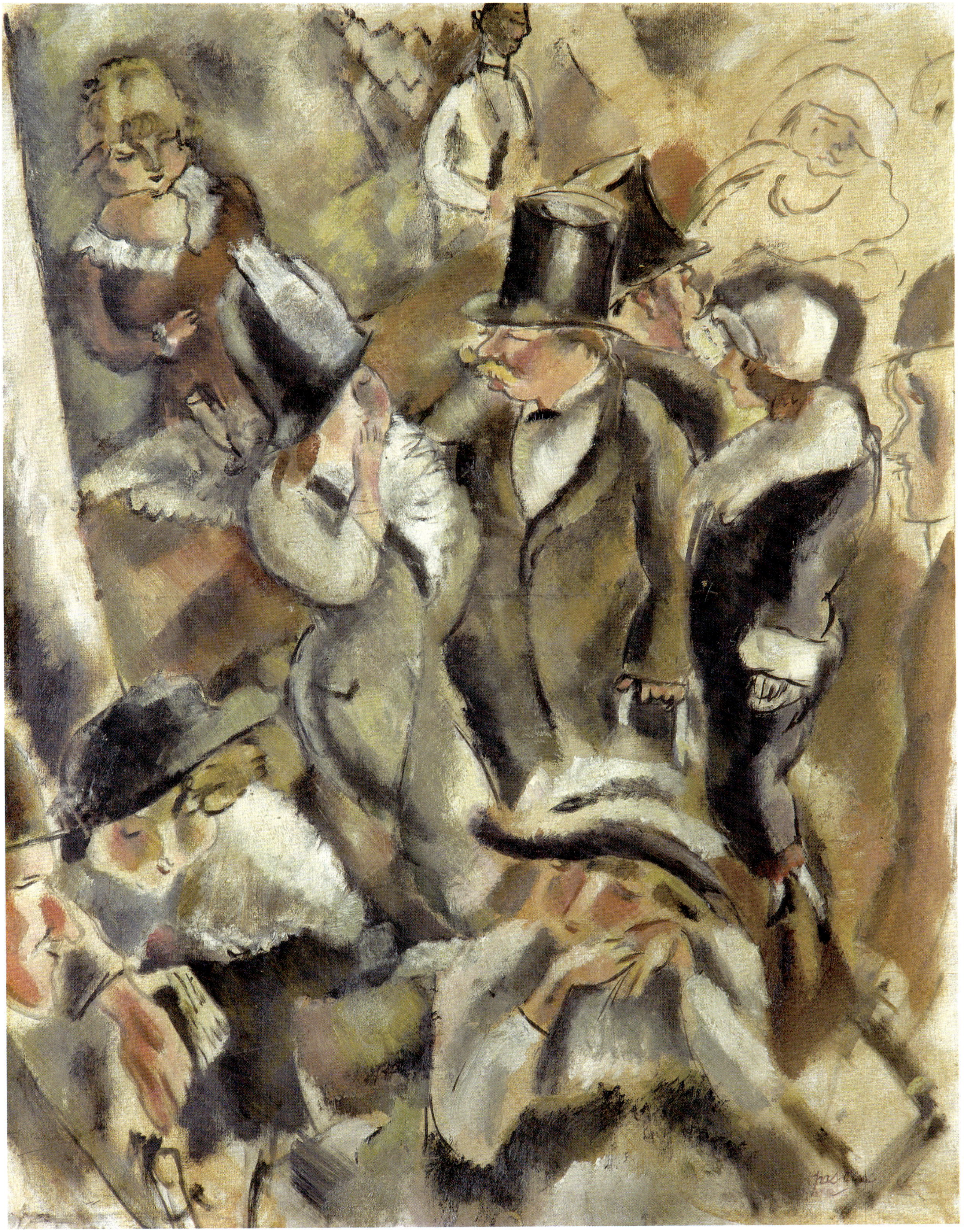

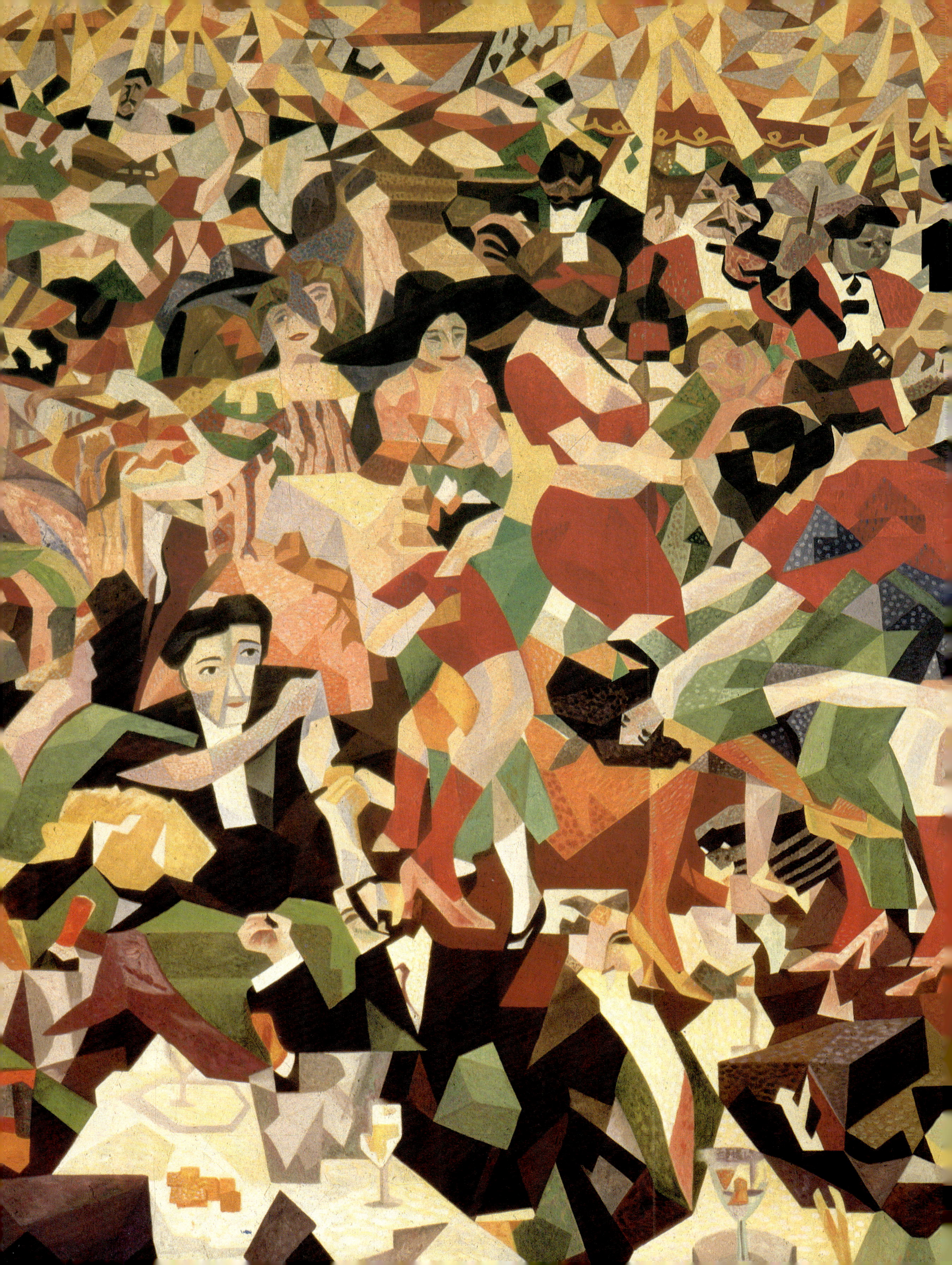

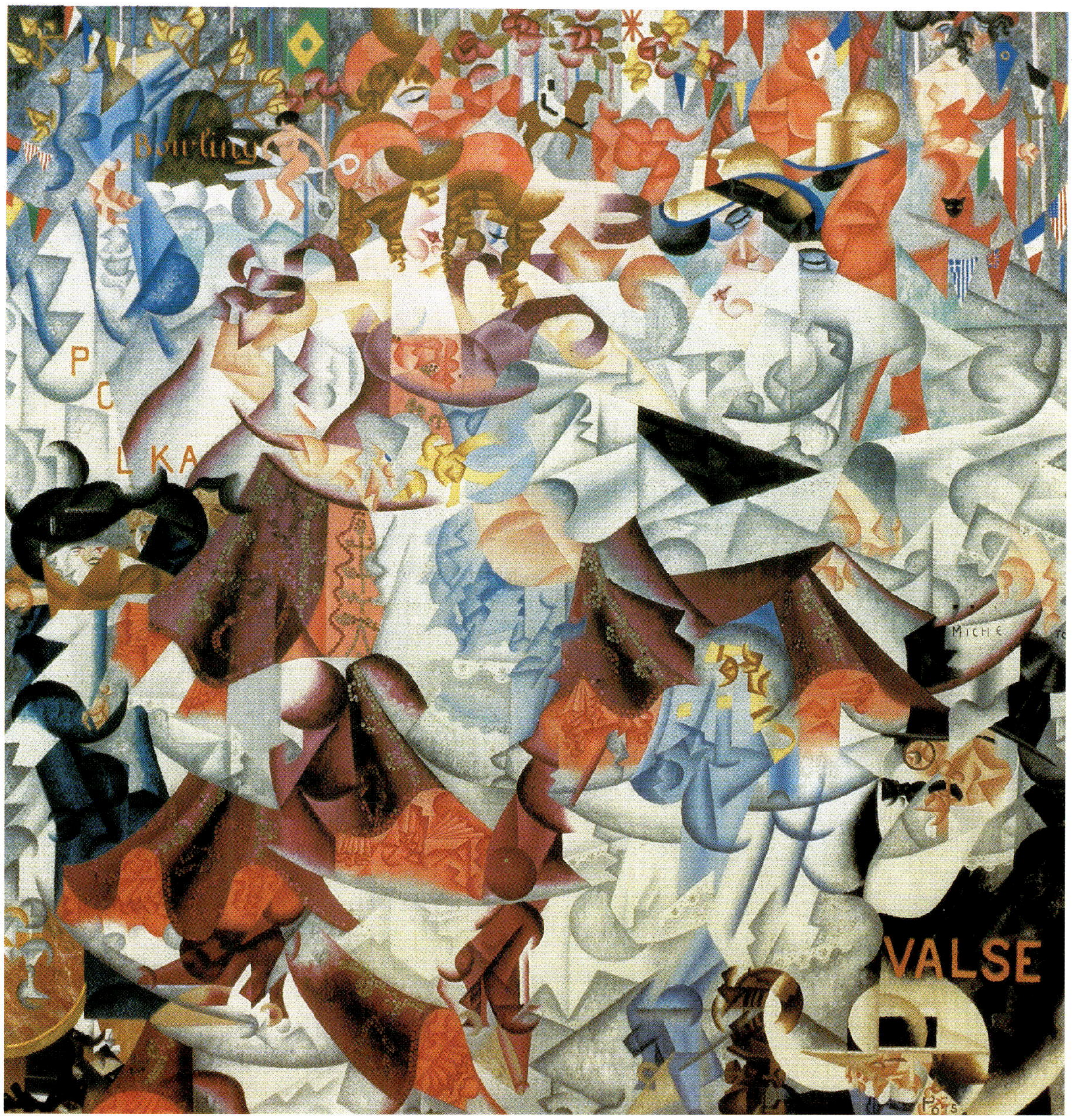

La Danse de pan-pan à Monico
Détail.
1959, huile sur toile, 280 x 400 cm.
Réplique de l'œuvre originale
de Gino Severini de 1910 disparue.
Musée national d'Art moderne, Paris.

Gino Severini
Hiéroglyphe dynamique au Bal Tabarin
1912, huile sur toile,
161,1 x 156,2 cm.
Museum of Modern Art, New York.

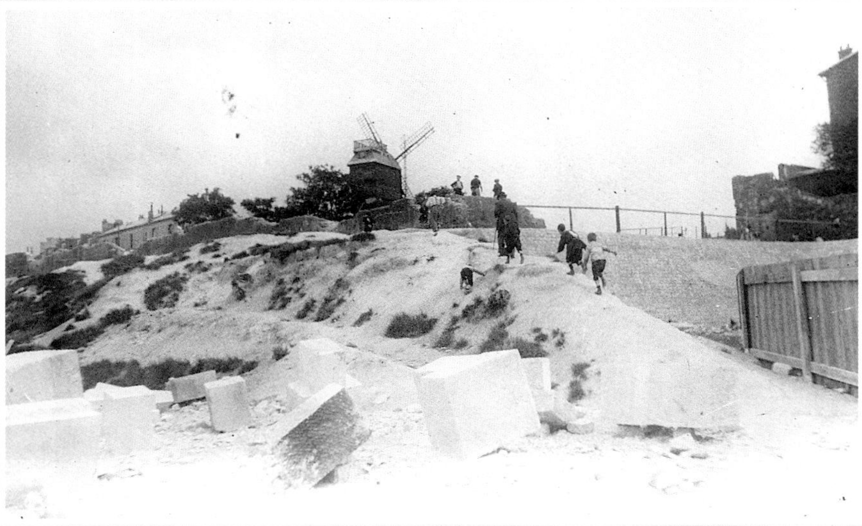

Le Maquis vers 1910, pendant la construction du Sacré-Cœur

La construction du Sacré-Cœur

Le chantier du Sacré-Cœur s'étendait sur plus de 762 m^2 et employait plus de cinq cents ouvriers. Décidée par l'Assemblée Nationale en 1873, la construction de la basilique sera réalisée sur un terrain acheté par l'État l'année suivante.
Le projet de Paul Abadie fut choisi parmi soixante-dix-huit projets proposés. La première pierre fut posée le 18 juillet 1875 et la basilique inaugurée vingt ans plus tard, le 5 janvier.
À la cérémonie étaient présents pas moins de quatorze évêques et cinq cardinaux. Toutefois, le campanile ne fut achevé qu'en 1912. L'entreprise colossale coûta quarante-cinq millions de francs, au lieu des sept millions initialement prévus.

Le Sacré-Cœur pendant la construction du campanile vers 1908

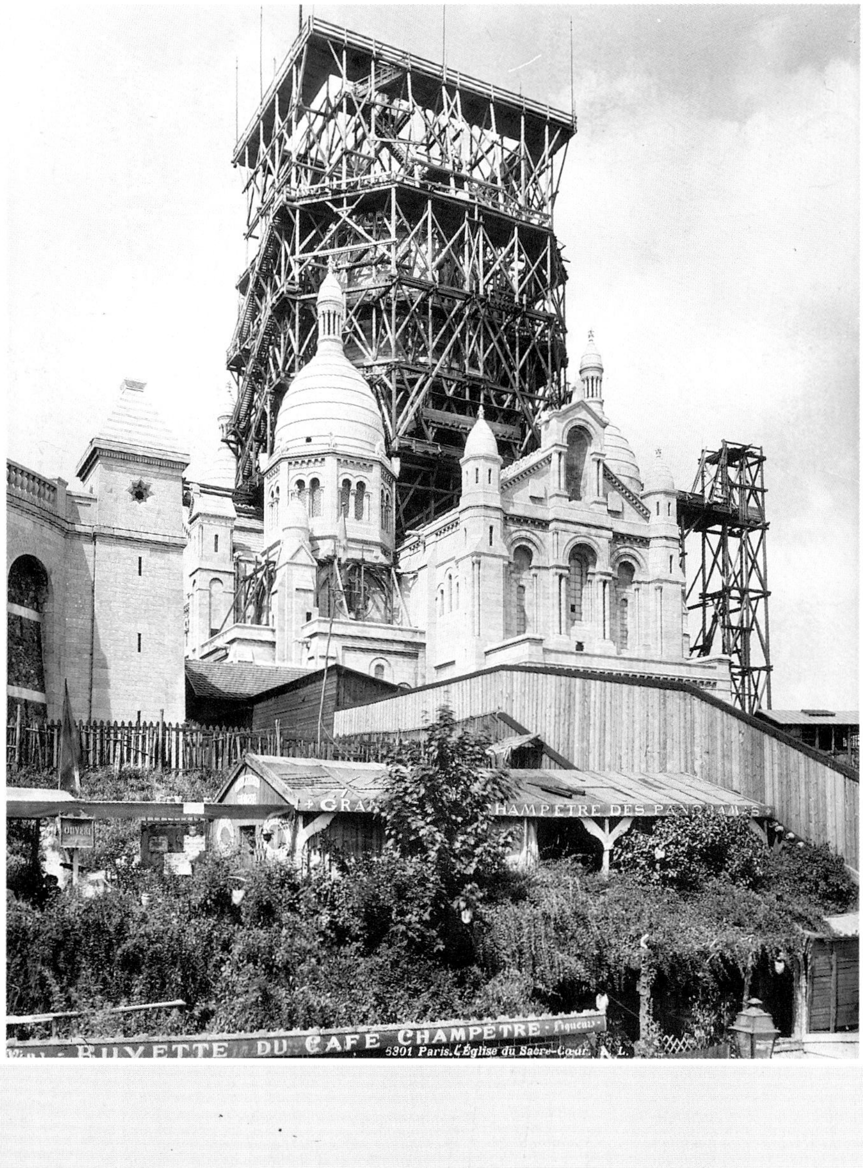

Le Sacré-Cœur

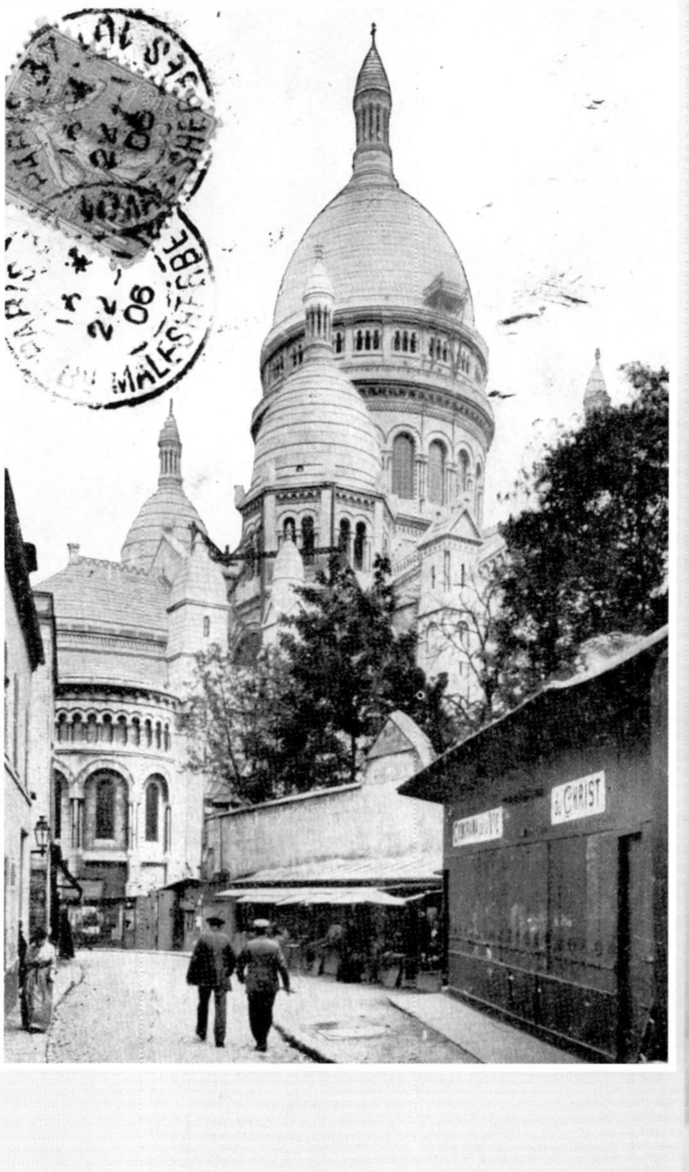

La rue de l'Abreuvoir

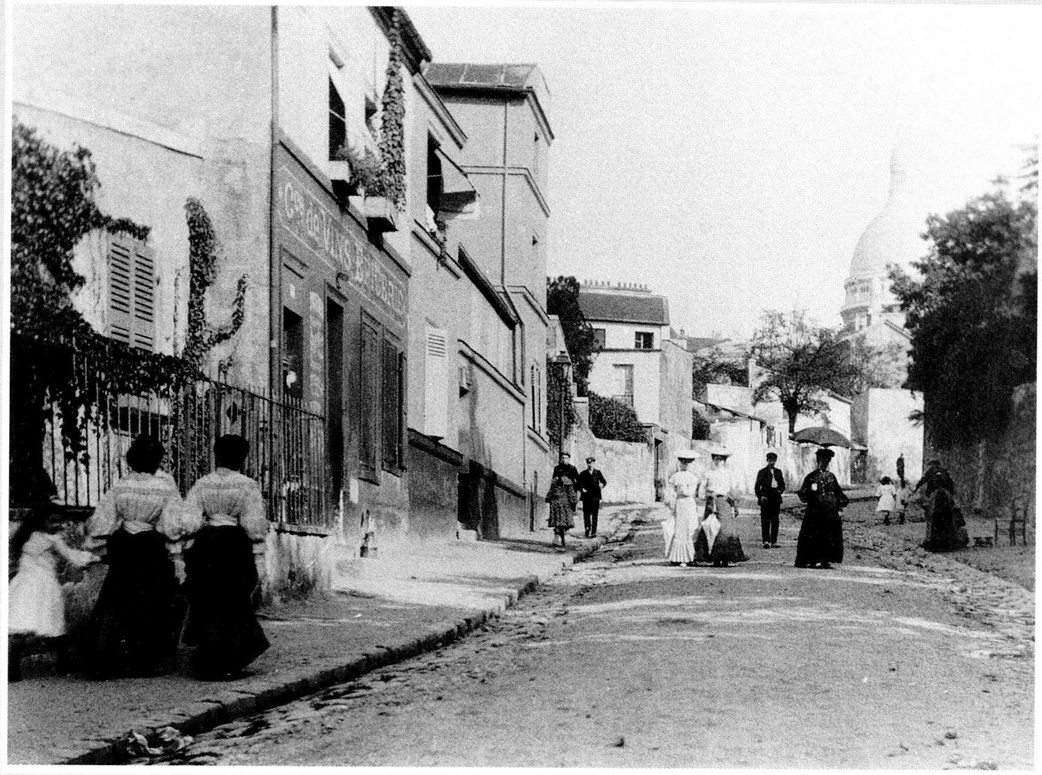

Le Sacré-Cœur

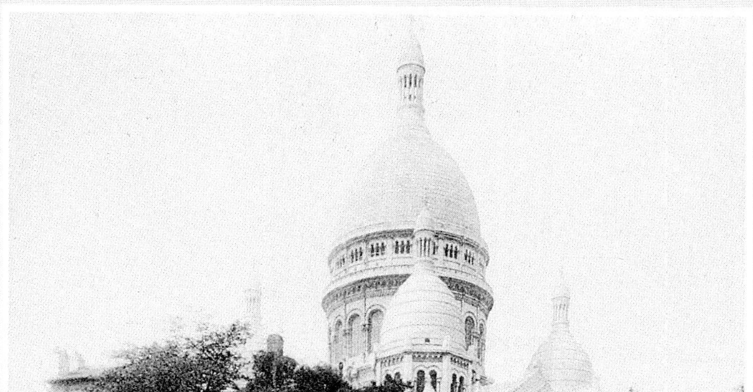

La rue du Chevalier de la Barre

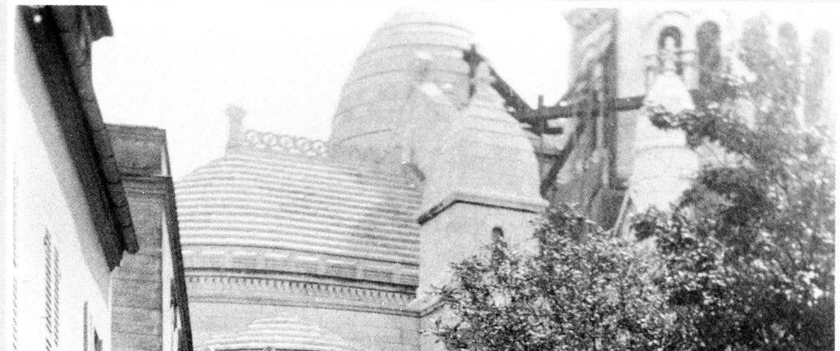

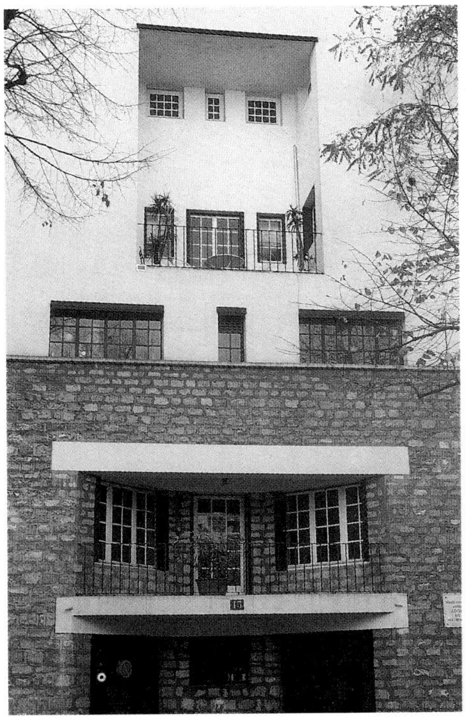

L'hôtel particulier de Tristan Tzara, avenue Junot, dessiné par le grand architecte autrichien Adolf Loos

Page de droite
Pablo Picasso
Corde et deux sardines
1911, huile sur toile, 27 x 35 cm.
Collection particulière.

La relève de l'après-guerre

Le 3 août 1914, le bourdon de la basilique du Sacré-Cœur sonne le glas d'un monde. La France entre en guerre contre l'Allemagne, et l'Europe avec elle. C'est la fin d'une époque, mais personne ne s'en doute, à Montmartre pas plus qu'ailleurs. L'ordre de mobilisation placardé sur tous les bâtiments publics, la foule envahit les rues de la Butte. On s'interpelle, on trinque au coin des comptoirs, on crie : « À Berlin ! », et on entonne la Marseillaise. Les pacifistes semblent avoir disparu avec Jaurès, assassiné le 31 juillet au café du Croissant. On voit passer Utrillo se démenant avec un drapeau, entraînant la foule dans sa folie patriotique. Les habitués de Bouscarat, place du Tertre, sont réunis sur la terrasse, consternés. La plupart partiront le lendemain rejoindre leur régiment. Certains ne reviendront pas, et Dorgelès notera avec amertume que chaque victoire porte aussi un nom de cimetière. Le sculpteur Drouard, Henri Doucet, le peintre Boccioni – qui pensait avec les futuristes que la guerre est la seule hygiène de vie – tomberont. Braque et Apollinaire seront blessés. Pascin partira en Amérique. Quant à Picasso, il a quitté son bel atelier bourgeois du boulevard de Clichy et déménagé rue Schoelcher à Montparnasse l'année précédente. Montmartre se vide ; les derniers locataires éteindront les lumières de la fête.

Le sursaut vient d'ailleurs. En Suisse, ce pays neutre à l'abri du conflit, de jeunes artistes pacifistes se réunissent à Zurich, au café Voltaire. Tristan Tzara, un jeune Roumain, a vingt ans et il rassemble autour de lui Jean Arp, Sophie Tauber, Richard Huelsenbeck pour lancer un nouveau manifeste esthétique. Ils revendiquent de pouvoir « chier en couleurs diverses pour orner le jardin zoologique de l'art de tous les drapeaux des consulats ». L'art n'est pas sérieux, et Tzara écrit : « Je détruis les tiroirs du cerveau et ceux de l'organisation sociale. (...) Il nous faut des œuvres fortes, droites, précises et à jamais incomprises. La logique est une complication. La logique est toujours fausse. » Cela dit, en 1926, Tzara se fera construire avenue Junot par le grand architecte Adolf Loos un hôtel particulier dans lequel il vivra le plus bourgeoisement du monde...

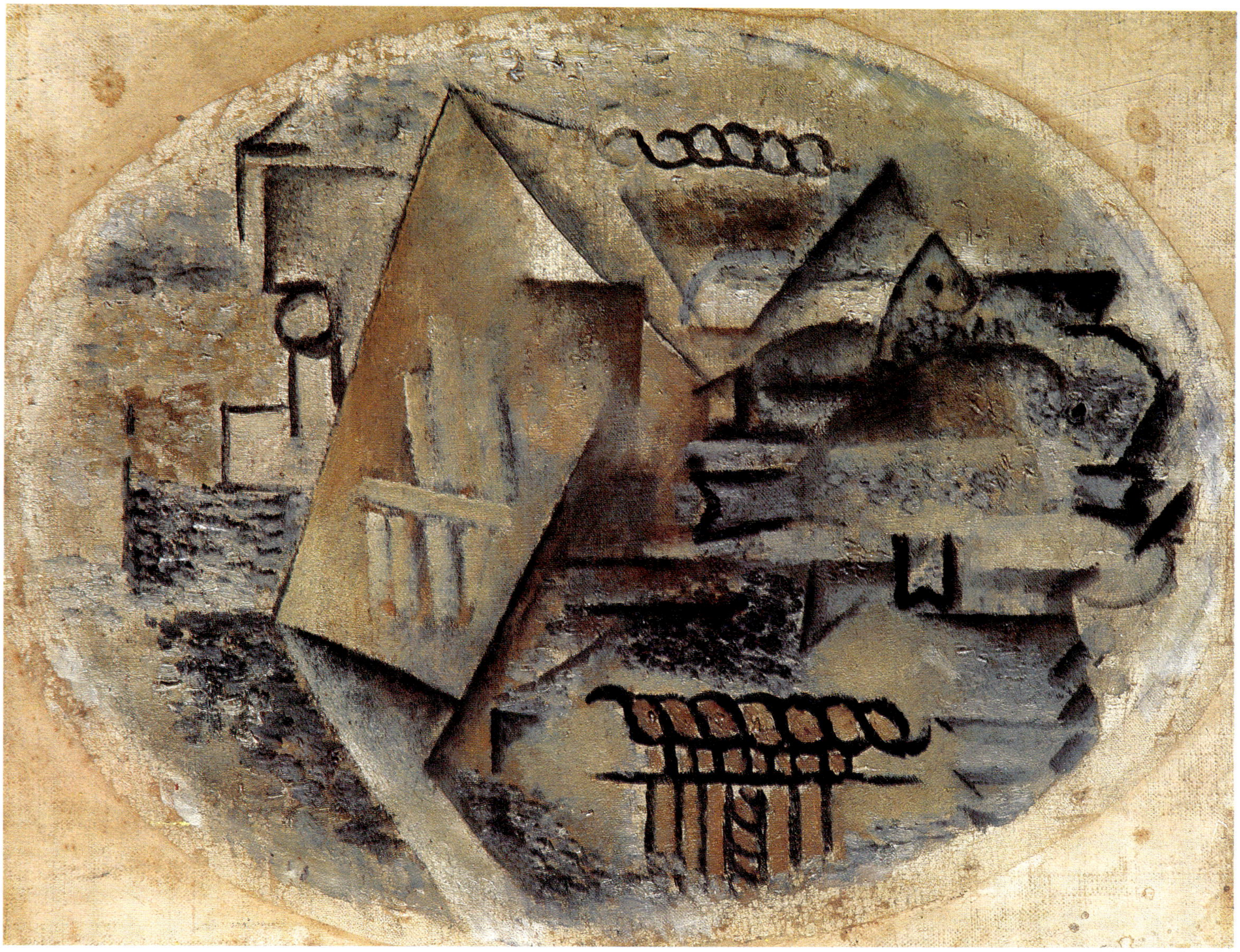

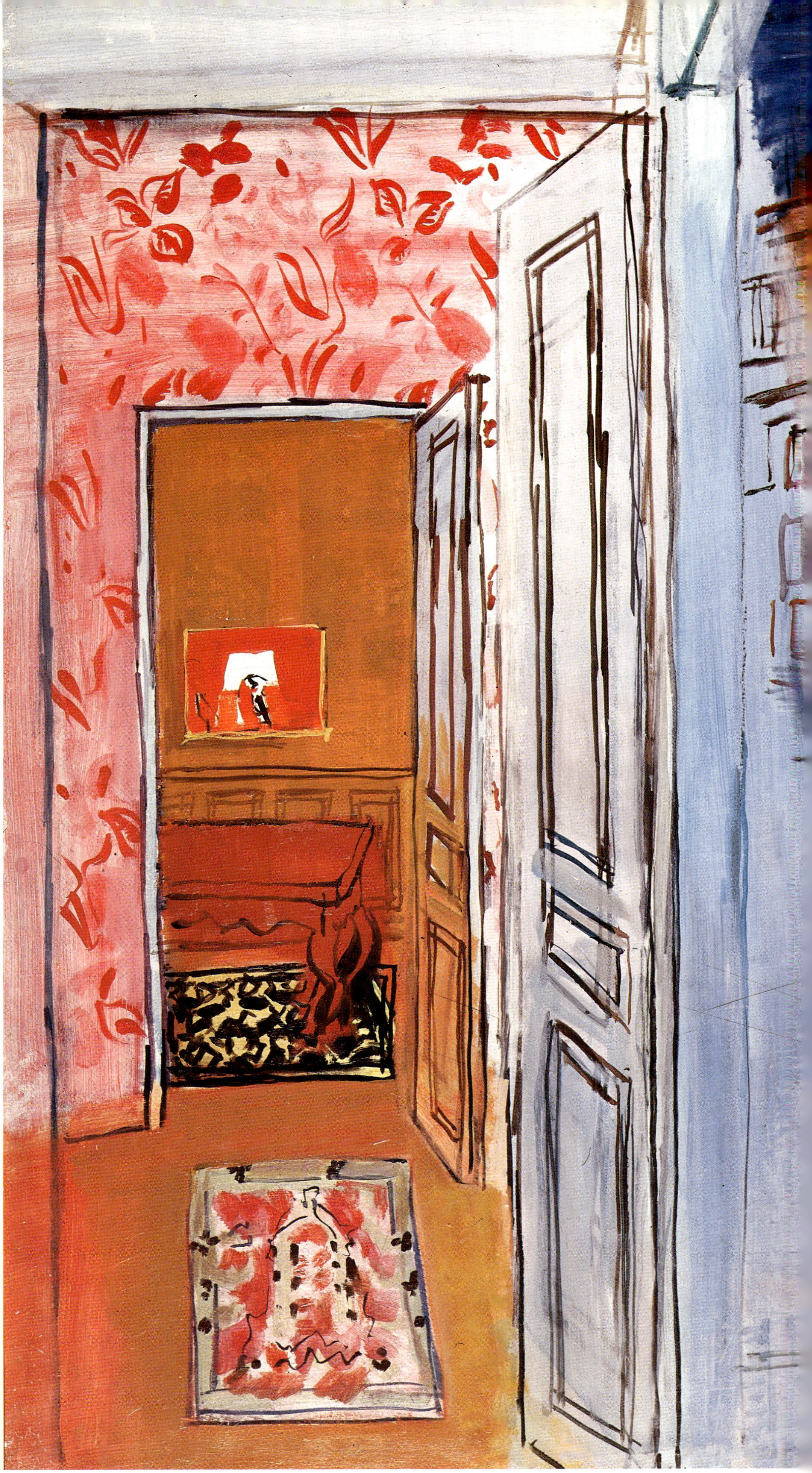

Raoul Dufy
L'Atelier de l'impasse Guelma
Entre 1935 et 1952,
huile sur toile,
89 x 117 cm.
Musée national
d'Art moderne,
Paris.

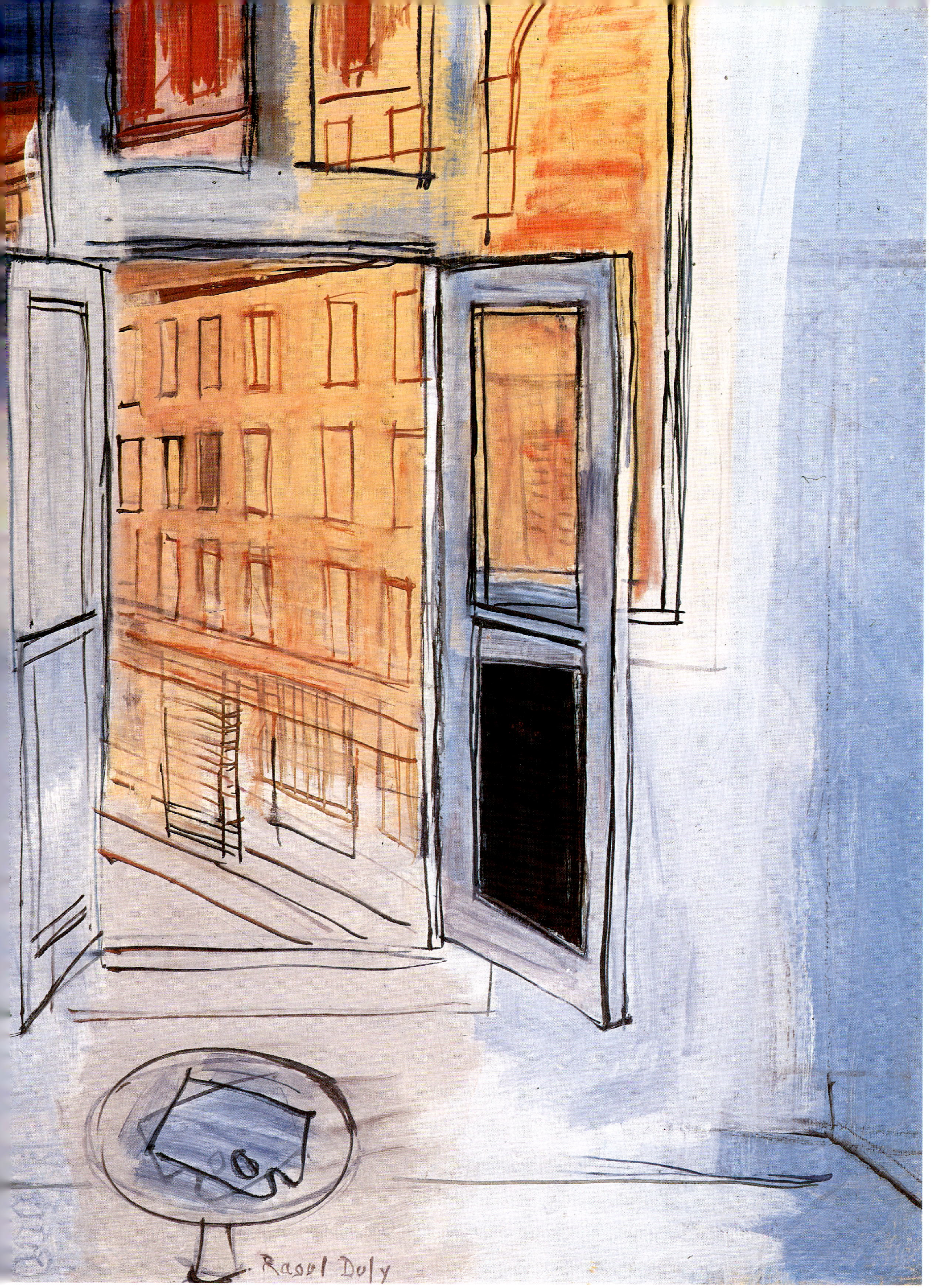
Raoul Dufy

« Que sont mes amis devenus ? » demandait le poète. À Montmartre, Juan Gris occupe toujours le Bateau-Lavoir et persévère dans la voie d'un cubisme rigoureux et précis. « Qualifier » les objets, telle sera sa préoccupation : « Cézanne d'une bouteille fait un cylindre, moi, je pars du cylindre pour créer un individu d'un type spécial, d'un cylindre, je fais une bouteille. » Curieusement, c'est bel et bien ce maître du cubisme qui initie alors à la peinture le futur représentant français de l'expressionnisme, Gen Paul. Il offre à ce jeune rescapé de la Drôle de Guerre, né rue Lepic, ses vieux pinceaux et tubes de couleurs. La perte de l'une de ses jambes a contraint le jeune homme à abandonner son ancien métier de tapissier. À son retour du front, installé au 2, impasse Girardon, non loin de chez le sculpteur Henri Laurens, le nouveau venu peint des pochades des hauts lieux de la Butte aux côtés des paysagistes Marcel Leprin et Frank-Will. Mais très vite, Gen Paul développe son propre style donnant naissance à une peinture gestuelle, dynamique, lumineuse, ivre de vie. Il peuple ses toiles de musiciens et de scènes de la vie quotidienne. En 1928, il exposera à la célèbre galerie Bing, au 22 de la rue de Provence, aux côtés de Picasso, Braque, Rouault et Soutine. Quatre ans plus tard, ses œuvres séduiront Louis-Ferdinand Céline, l'auteur du *Voyage au bout de la nuit.* Malgré quelques brouilles, leur rencontre donnera naissance en 1942 à trente-deux dessins destinés à illustrer la nouvelle édition du *Voyage* et de *Mort à crédit.* Gen Paul délaissera souvent son atelier de l'avenue Junot pour courir le monde, mais son nom restera à jamais lié à Montmartre. Camoin, le dernier des fauves, emménagera aussi avenue Junot en 1927 et y entretiendra le souvenir de Cézanne jusqu'en 1964. Raoul Dufy[1], fauve de la première heure et grand créateur d'imprimés fleuris pour tissu, installé sur la Butte – impasse Guelma – avec le siècle, n'en partira qu'en 1938 pour le Midi. Dorgelès se souvient de son arrivée à Montmartre en 1900 : « Même à Montmartre, on ne pouvait mener grand train avec cent francs par mois. Cependant Raoul Dufy accomplit le prodige de vivre décemment (...). Jamais on ne l'a vu négligé, sans faux-col, traînant en espadrilles comme tous ses compagnons. La bohème lui faisait horreur. Le linge toujours propre, les souliers bien cirés, il portait sa misère avec une insouciante fierté. » La célébrité acquise l'année précédant son départ de la Butte avec la gigantesque toile *La Fée électricité* réalisée pour l'Exposition Internationale de 1937 ne lui fera jamais perdre cette rigueur. Quant à Pascin, il reviendra dès 1922 à ses premières amours. Après un bref passage dans l'atelier de Jean Marchand, rue Caulaincourt, il s'établira définitivement au 36, boulevard de Clichy. Là, bien que fortuné et célèbre, il se pendra, après s'être taillé les veines, à la fenêtre de son atelier une nuit de juin 1930.

Max Jacob refusa toujours de descendre s'installer à Montparnasse, mais il quitta la rue Ravignan pour la rue Gabrielle. Était-ce sa conversion au catholicisme qui lui faisait préférer l'ombre du Sacré-Cœur où il grimpait tous les matins faire ses dévotions ? Il se retrouvait seul sur

Gen Paul
Le Violoniste
1927, huile sur toile,
92 x 60 cm.
Collection particulière, Paris.

1. Il a vécu rue Cortot avec le peintre fauve Othon Friesz.

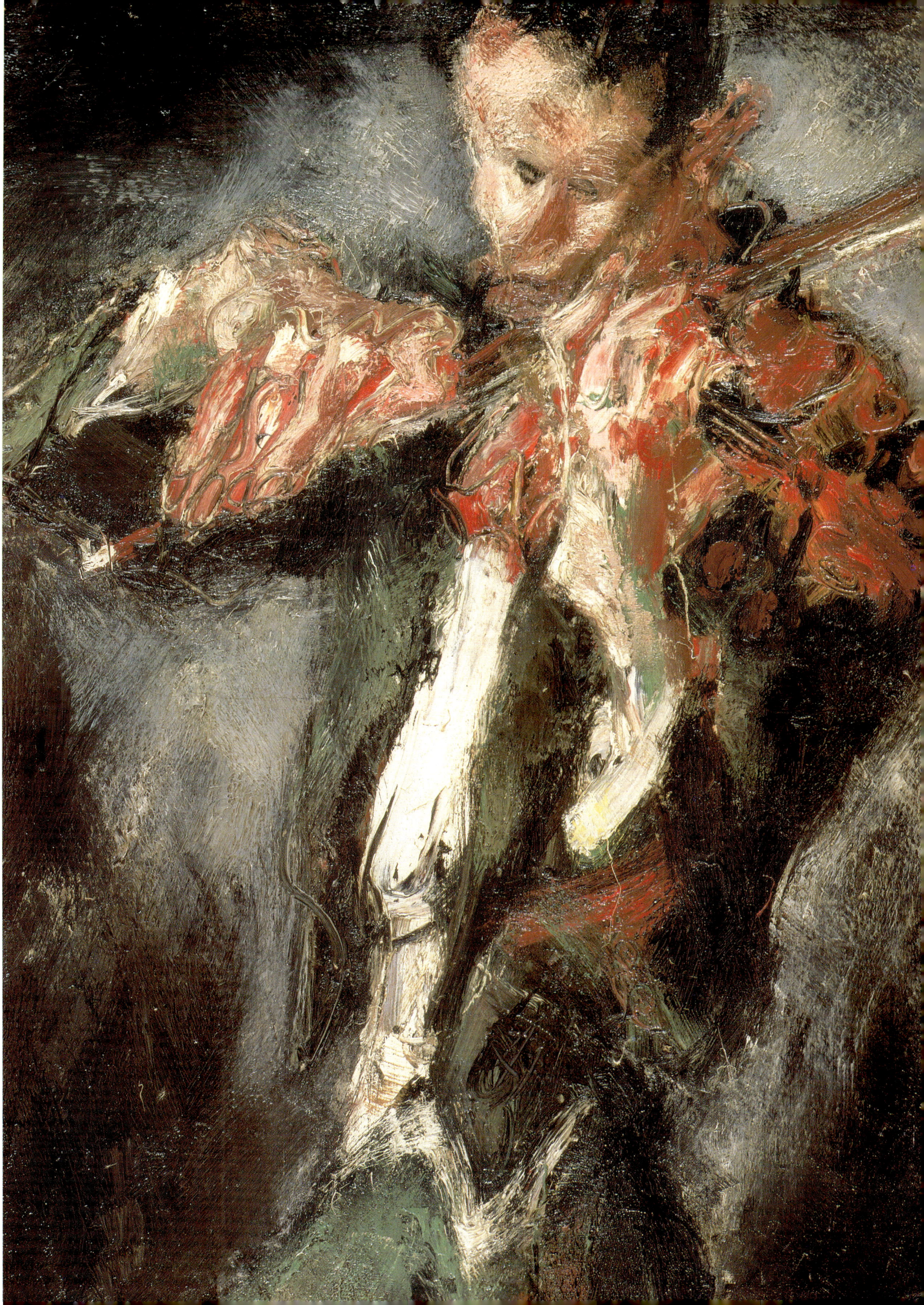

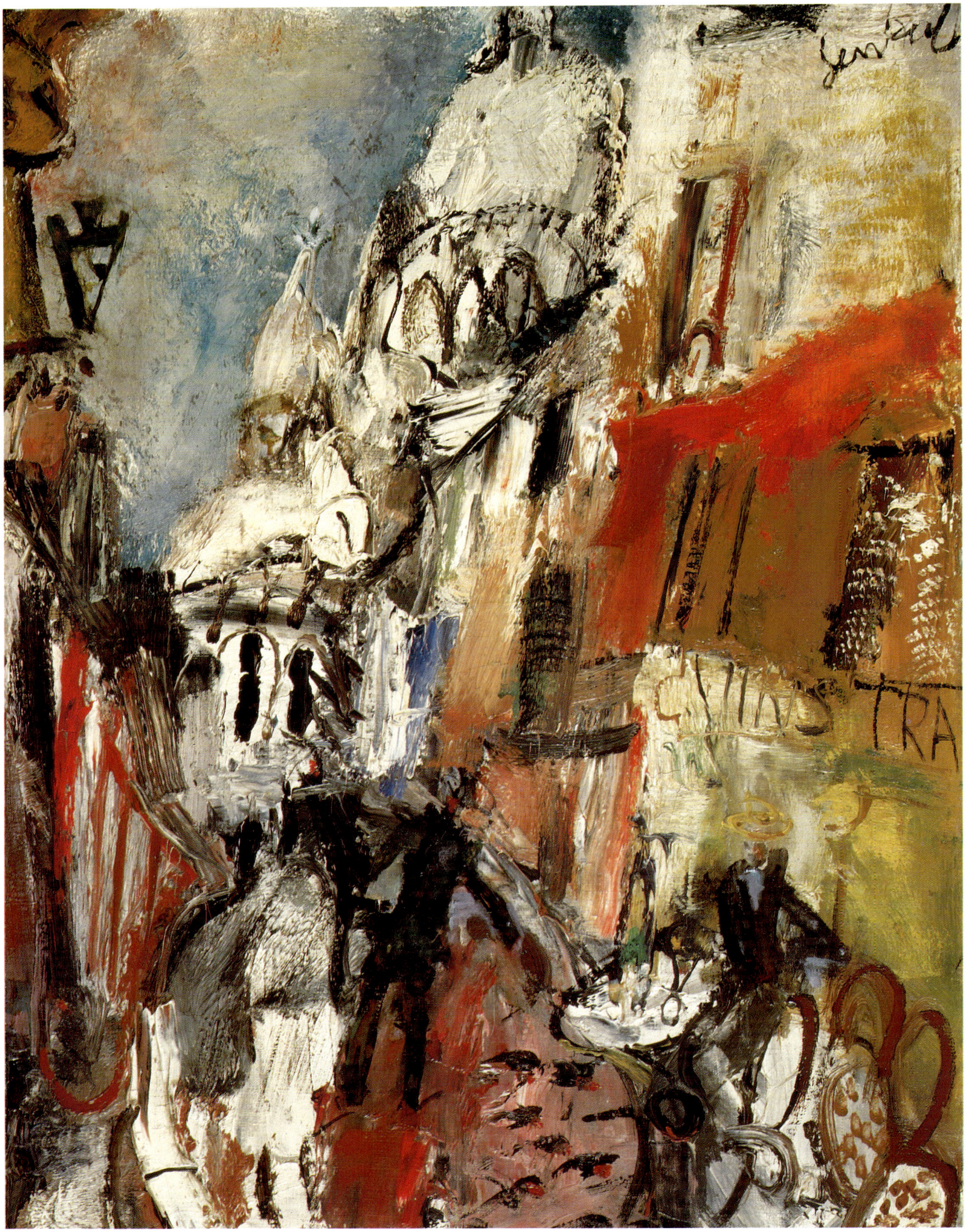

le sommet, bien que l'exposition de ses peintures à la galerie Bernheim lui valût du succès. Apollinaire fauché par la grippe espagnole le jour d'Armistice, Modigliani emporté tragiquement, les poètes et les artistes n'étaient plus au rendez-vous que célébrait jadis Picasso en épinglant des banderolles. Et pendant que la Butte de Montmartre devenait le fief des paysagistes urbains – Lucien Genin, Marcel Leprin, Élisée Maclet, Alphonse Quizet, Pierre Dumont, Frank-Will –, les peintres qui avaient illuminé la colline champêtre de leur talent émigraient, les uns vers le Sud de la France, les autres vers Montparnasse, sans interrompre leurs relations avec Montmartre. Ils savaient ce qu'ils devaient au territoire de leur jeunesse : sans ironie certainement, Van Dongen nommera sa luxueuse villa de Cannes le « Bateau-Lavoir ».

La guerre finie, une certaine euphorie gagne la capitale avec la reprise des Grands Salons et l'arrivée des premiers acheteurs américains. À Montmartre, la relève est assurée par un mouvement poétique et révolutionnaire, provocateur et tonitruant, le surréalisme. Le groupe – Paul Éluard, Benjamin Péret, Aragon, Man Ray, Tanguy, Arp, Tzara, Max Ernst – tient toujours ses assises au café Cyrano, place Blanche, et fréquente le Dupont-Clichy et l'atelier d'André Breton au 42, rue Fontaine. En novembre 1930, Luis Buñuel confie son film *L'Âge d'Or* au Studio 28, rue Tholozé. Il ne restera que six jours à l'affiche. Sa projection provoqua un vrai scandale. Les Jeunesses Patriotiques et les Camelots du Roi firent irruption, cassèrent les fauteuils, tâchèrent l'écran et lacérèrent dans le hall les toiles de l'exposition surréaliste signées Dali, Arp, Max Ernst, Miro et Man Ray ; le film fut interdit par la censure.

Cependant, la vie artistique de la Butte se poursuit. Dans les années 30, Gen Paul transforme son expressionnisme du début en un style calligraphique qui traduit toujours son sens du mouvement. Au 189 de la rue Ordener, une cité d'artistes surnommée Montmartre aux Artistes regroupe près de deux cents ateliers. Le peintre Foujita, qui avait connu l'époque mythique de l'avant-guerre, y eut le sien au quatrième étage avec vue sur le Sacré-Cœur de 1939 à 1940, avant de repartir pour le Japon. À la Villa des Arts, les travaux cinétiques de Nicolas Schöffer succédèrent aux recherches de Cézanne, Signac et Marcoussis.

Aujourd'hui, à la Cité internationale des Arts, rue Norvins, des créateurs venus du monde entier perpétuent la tradition artistique de Montmartre. Et bien que le fabuleux Bateau-Lavoir, misérable et glorieux, ait brûlé en 1970, des volontés soucieuses de préserver ce lieu historique ont permis sa reconstruction. Depuis, plus d'une trentaine d'artistes de toutes les nationalités se pressent dans les ateliers de ce lieu mythique et poursuivent leur travail dans le respect de la mémoire des anciens locataires.

Page de gauche
Gen Paul
Le Sacré-Cœur
1927, huile sur toile,
81 x 54 cm.
Collection particulière, Paris.

Louis Rollet
Commune Libre de Montmartre, Foire aux Croûtes
1920, affiche, 80 x 60 cm.
Collection particulière.

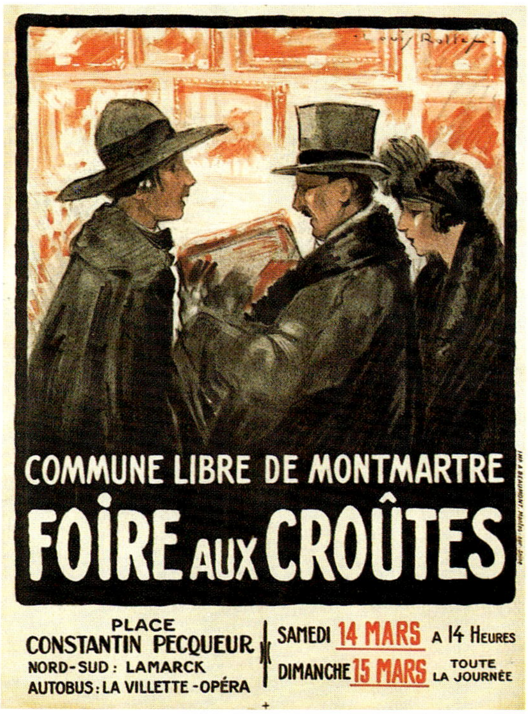

Sur le sommet de la Butte

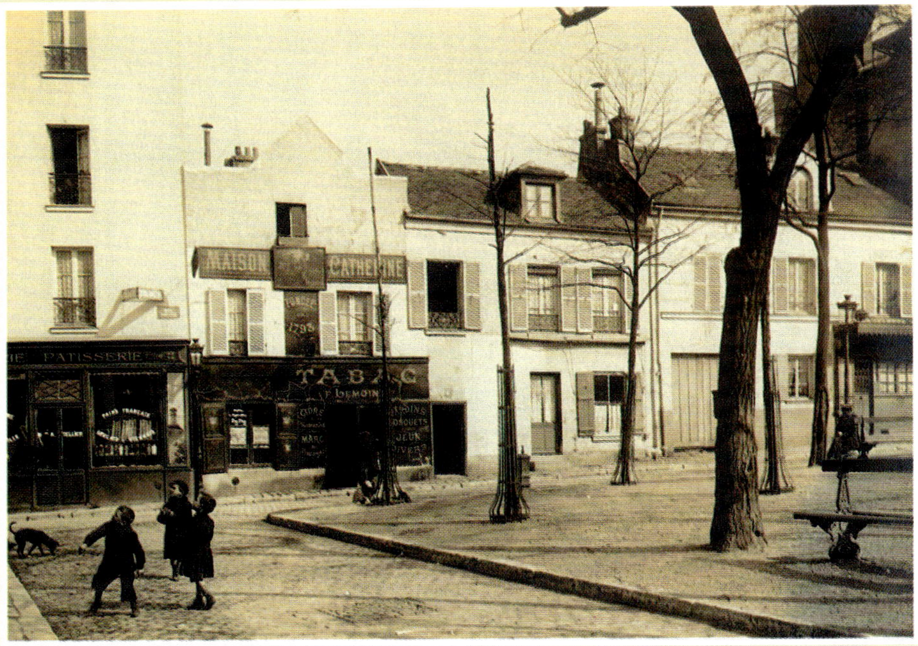

La place du Tertre

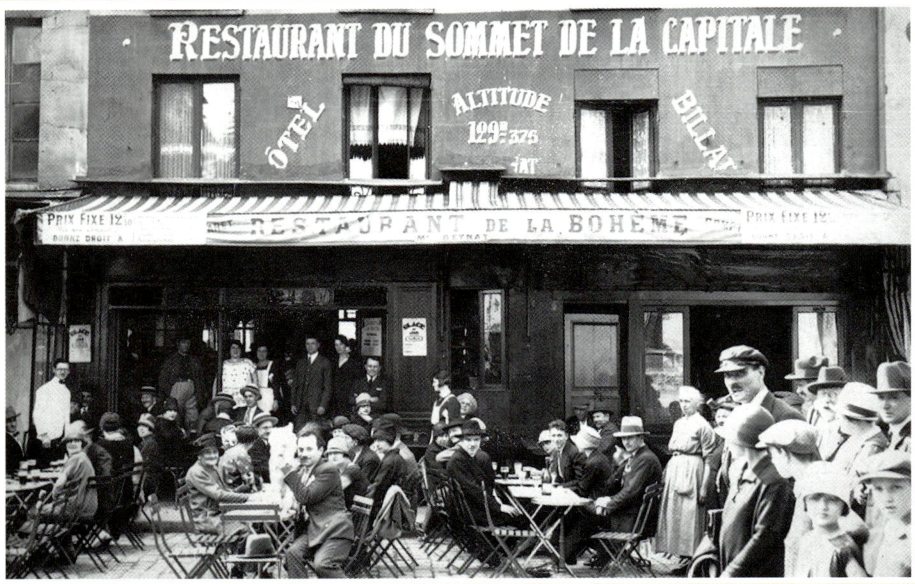

Restaurant de la Bohème, ancien café Bouscarat

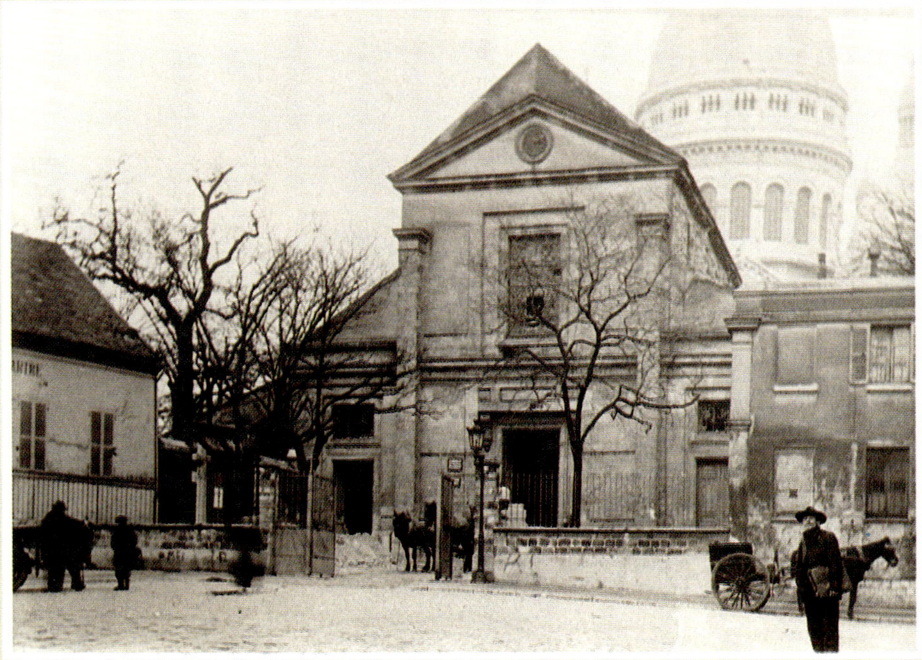

L'église Saint-Pierre

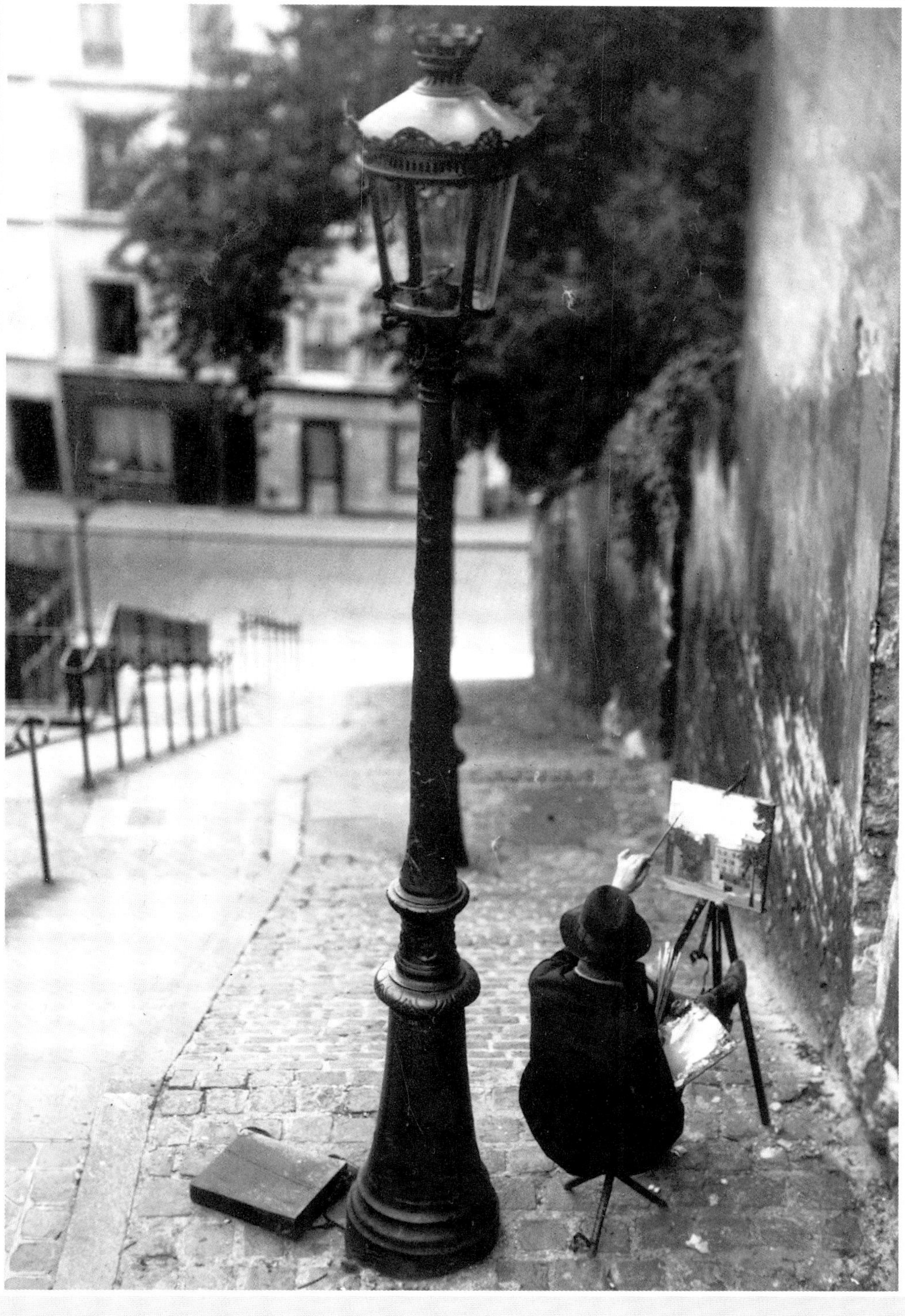

Sur les escaliers de la place du Tertre

Pages suivantes

César Bron

Au pied de la Butte Montmartre

1930, huile sur toile, 54 x 73 cm.

Collection particulière.

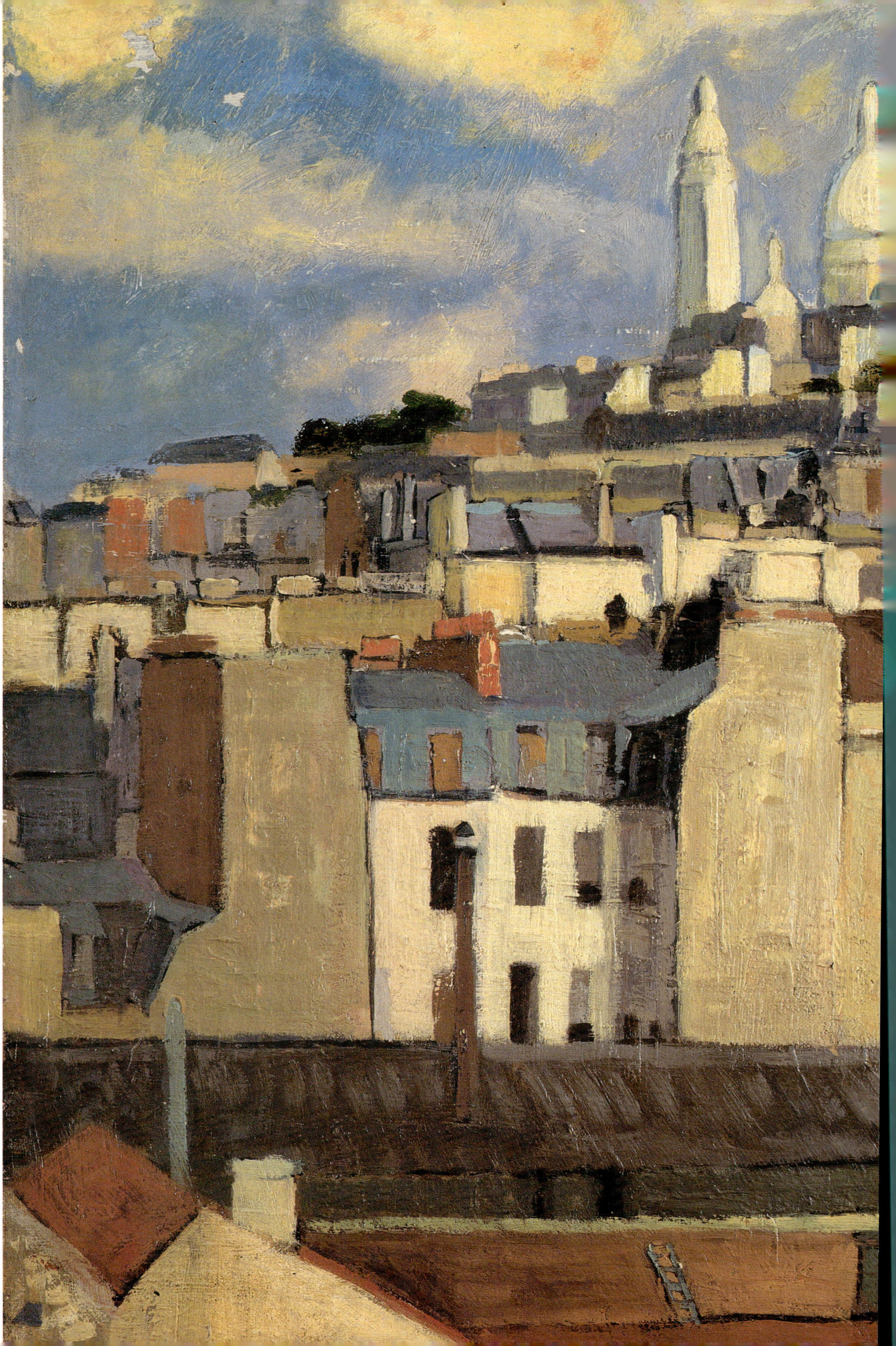

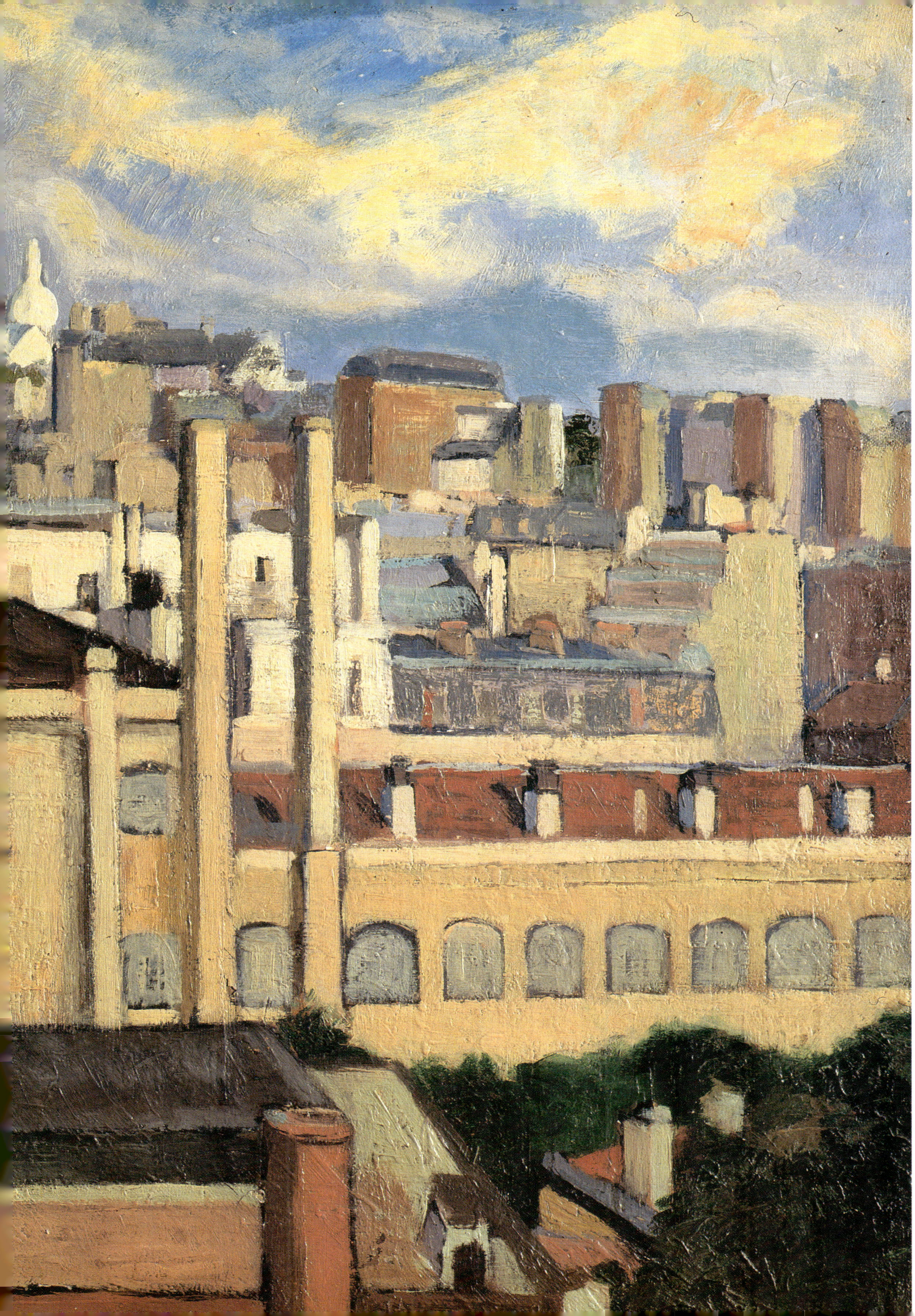

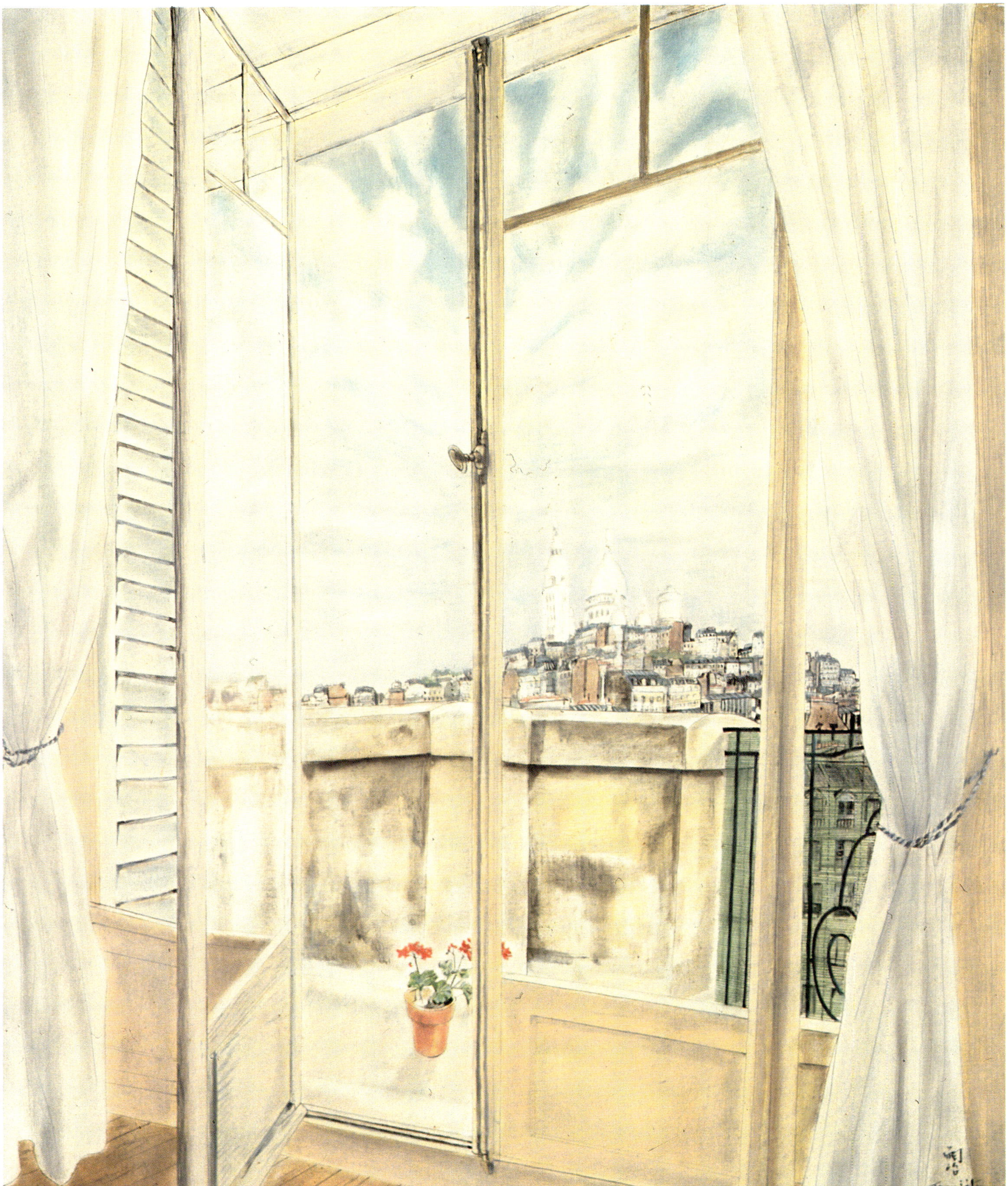
Foujita
mon atelier
Paris

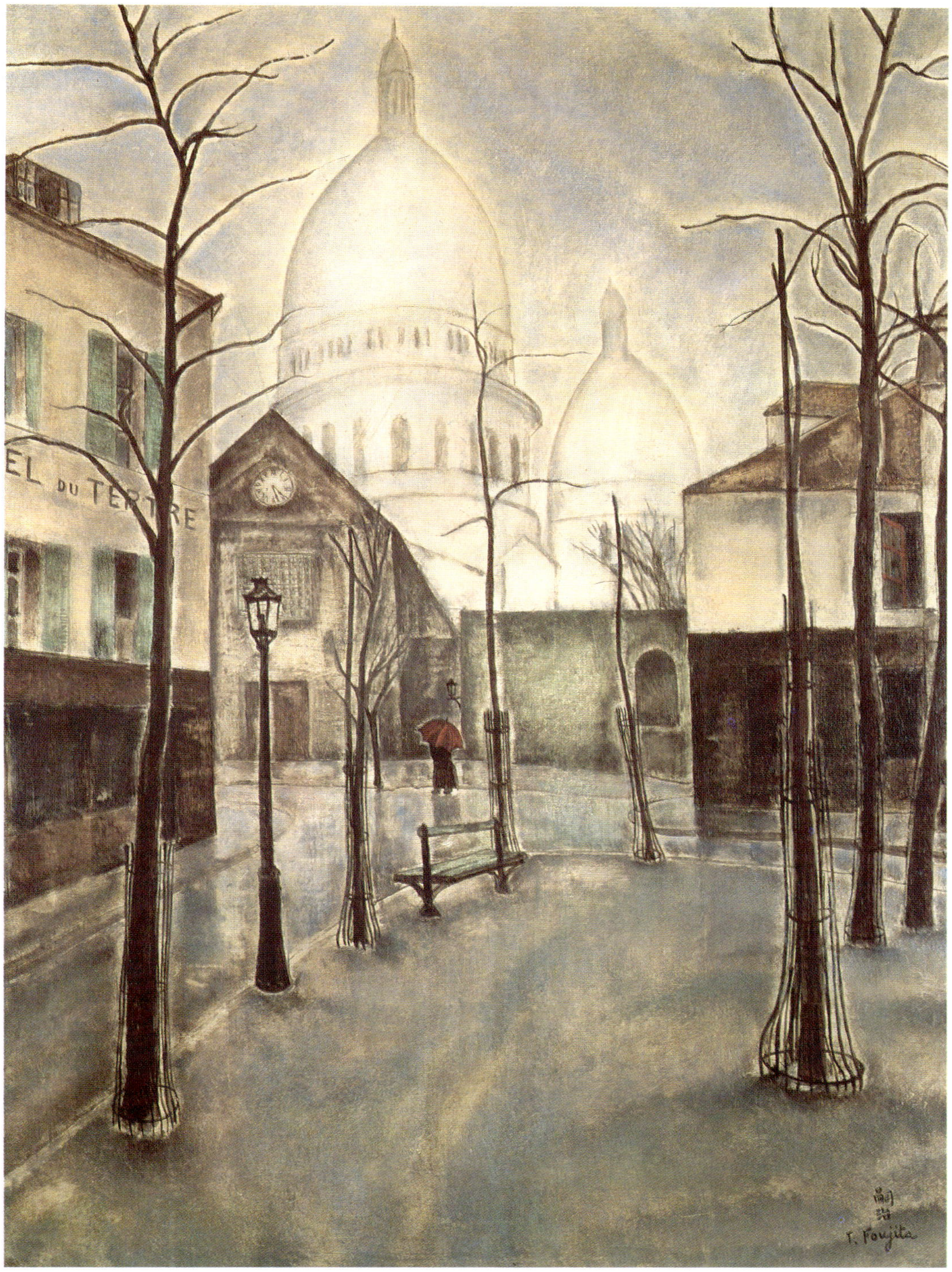

Tsuguharu Léonard Foujita
Mon atelier, paysage de Paris
1939, huile sur toile, 55 x 46 cm.
Collection particulière,
Courtesy Sotheby's.

Tsuguharu Léonard Foujita
Place du Tertre sous la pluie
1918, huile sur toile,
55,5 x 46,5 cm.
Collection particulière.

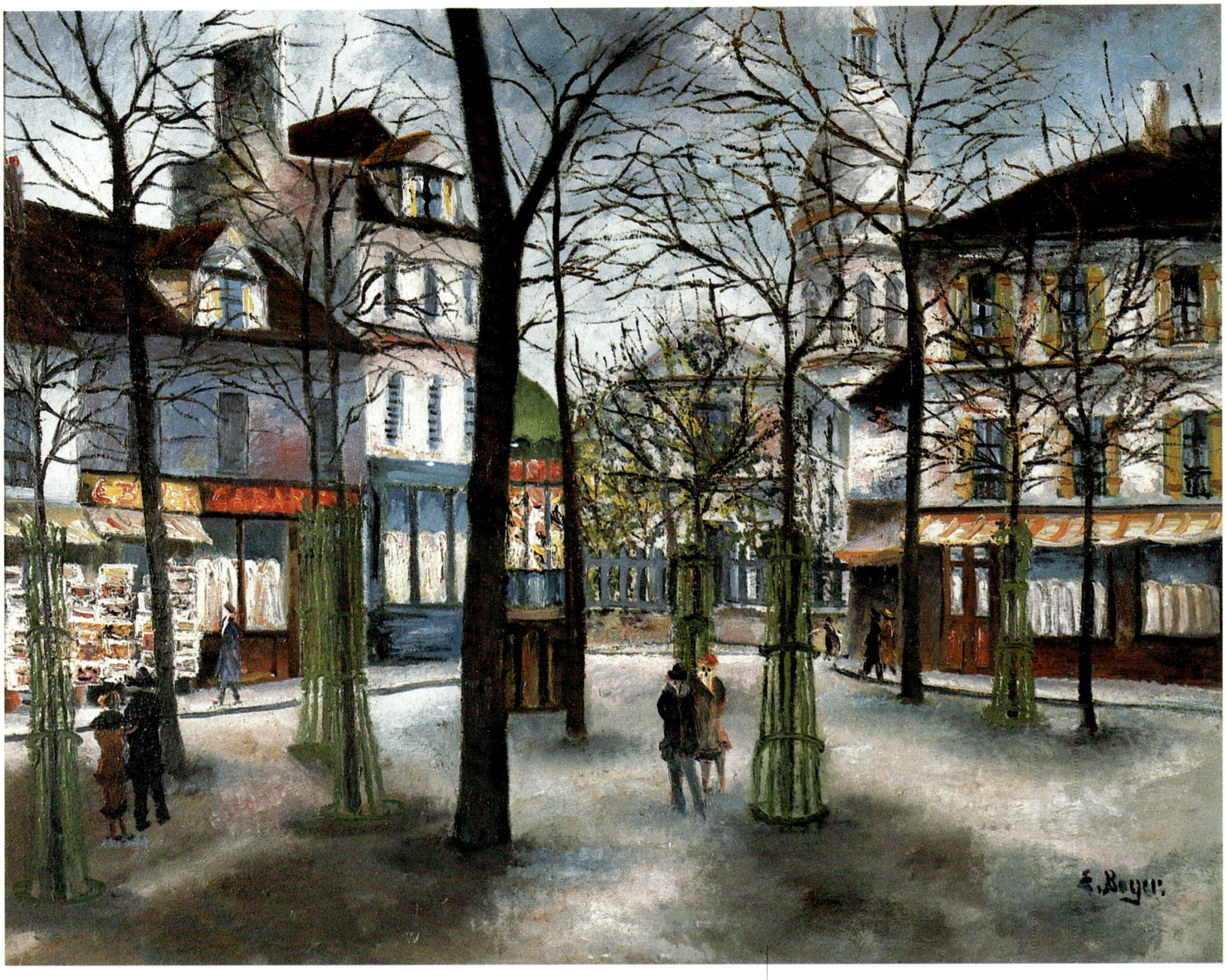

Émile Boyer
Place du Tertre
1925, huile sur toile, 73 x 92 cm.
Collection particulière.

Lucien Genin
Église Saint-Pierre vue de la place du Tertre sous la neige
Vers 1925, huile sur toile, 60 x 73 cm.
Collection particulière.

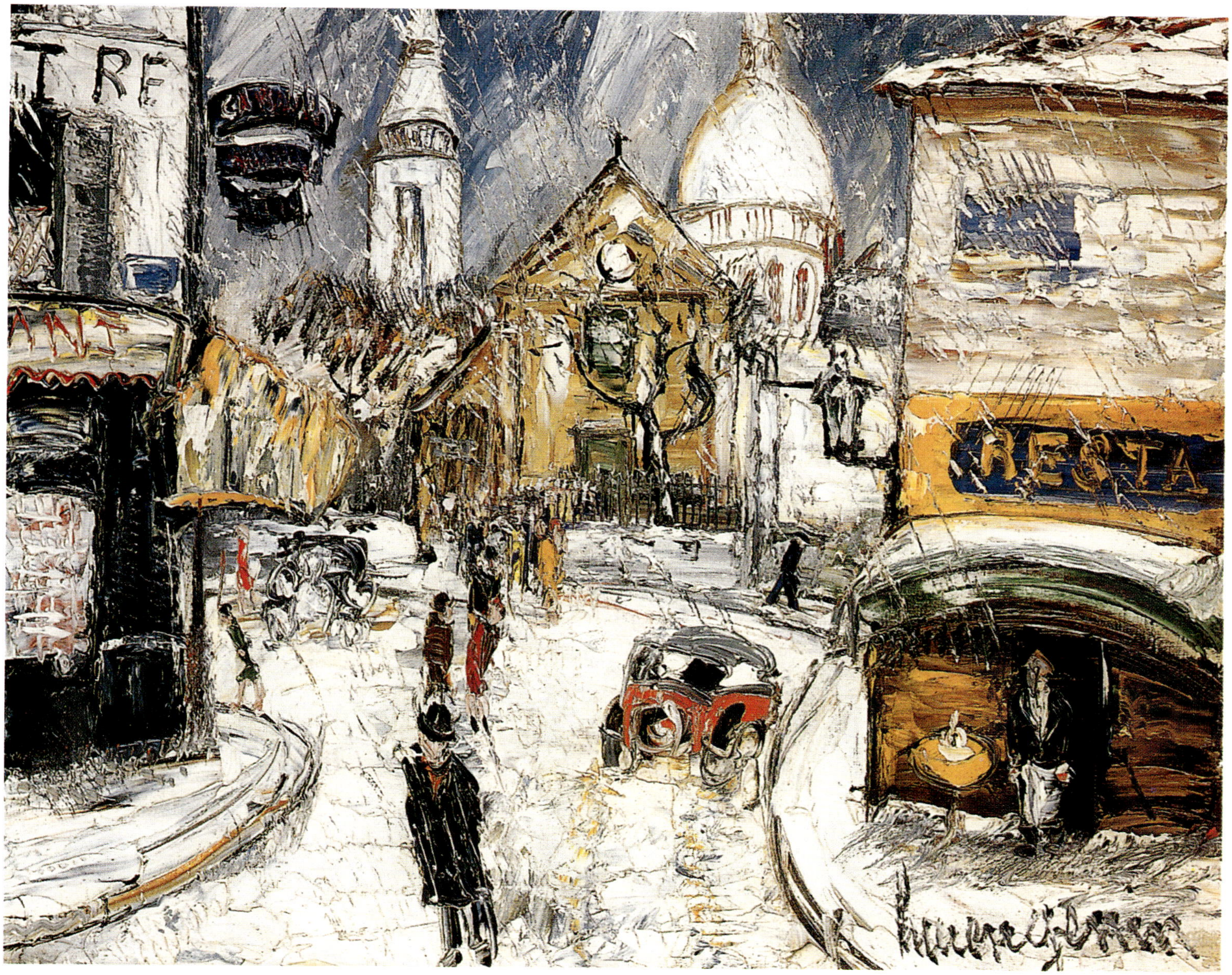

Le souvenir des années difficiles, mais vraiment heureuses, flotte encore dans les rues escarpées. Et on croit parfois y entendre, écho malicieux, l'aveu que fit Picasso en 1949 à André Salmon : « Au Bateau-Lavoir, oui, j'étais célèbre ! Quand Uhde venait du fond de l'Allemagne pour voir mes peintures, quand les jeunes peintres de tous les pays m'apportaient ce qu'ils faisaient, me demandaient des conseils, quand je n'avais jamais le sou, là, j'étais célèbre. J'étais un peintre, pas une bête curieuse. » Et il ajoutait : « Nous retournerons tous rue Ravignan. Au fait, nous n'aurons été heureux que là ! »

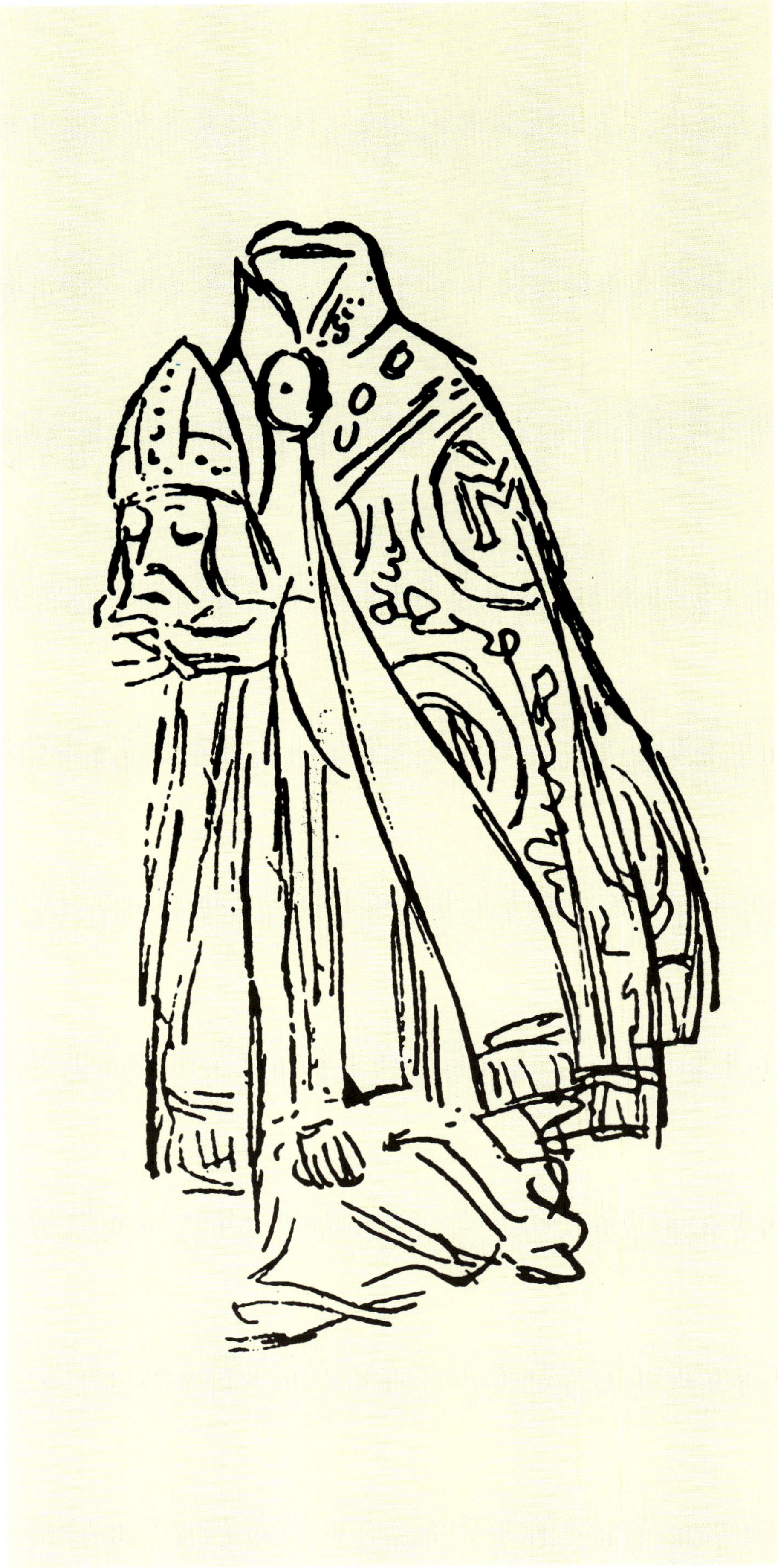

Adolphe Willette
Saint Denis portant sa tête
Dessin.

Montmartre, précis historique

S'il est une colline inspirée, c'est bien Montmartre. L'esprit y souffle depuis l'Antiquité, sans qu'on puisse dire en toute certitude si l'origine de son nom dérive de Mars ou de Mercure. Pour les Gaulois déjà, elle est un lieu sacré, sanctifié par la présence des druides et probablement réservé à l'éducation de la jeunesse et au culte des dieux. Les Romains y élèveront deux temples, dédiés à Mercure, dieu des voyageurs et du commerce, puis à Mars, dieu de la guerre, dont on a retrouvé les traces sous l'actuelle rue La Vieuville. Les premiers chrétiens se réunissent dans ses carrières ; ainsi « Montmartre » pourrait être la transcription de *Mons Martirii*, le mont des martyrs. En effet, la légende mérovingienne, très populaire au Moyen Âge, veut que saint Denis, premier évangéliste de Paris, ait été arrêté vers le milieu du IIIe siècle avec ses compagnons Éleuthère et Rustique dans la cité. Refusant de renier sa religion, Denis aurait été conduit vers la butte et décapité à l'emplacement de l'actuelle rue Yvonne-le-Tac, où l'on élèvera plus tard la chapelle du martyrium. Sans s'émouvoir, le saint ramassa sa tête, la lava dans une fontaine et marcha en la portant jusqu'à la plaine où sera construite la basilique Saint-Denis. La colline fut pendant tout le Moyen Âge un lieu de fervent pèlerinage.

En 1133, Louis VI le Gros, cédant aux instances de sa femme, Adélaïde de Savoie, fonde à Montmartre une abbaye de femmes bénédictines, en lieu et place d'un monastère d'hommes installé là depuis le XIe siècle. Il fait construire l'église Saint-Pierre, consacrée en 1147 par le pape Eugène III, et accorde aux religieuses un nombre important de domaines en Île-de-France. L'abbaye allait devenir une des plus riches et des plus puissantes du royaume et régler la vie de la colline pendant de longs siècles. Les habitants du hameau de la butte apportaient le fruit de leurs moissons et de leurs vendanges aux Dames de Montmartre. De par sa position stratégique, l'endroit a été en effet maintes fois le théâtre de batailles livrées par les envahisseurs pour gagner l'accès à la capitale. En 1590, Henri de Navarre, futur Henri IV, y installe ses pièces d'artillerie pour le siège de Paris. La – très – petite histoire veut que le Vert-Galant ait profité de son séjour à Montmartre pour séduire la trente-septième abbesse, Claude de Beauvilliers, qui devait par la suite lui présenter sa jeune cousine, Gabrielle d'Estrées. L'exemple libertin aurait été suivi par les lieutenants du roi et les nonnes, et l'atmosphère grivoise qu'on attribue couramment à Montmartre daterait de cette époque. Quoi qu'il en soit, l'abbaye est alors en piètre état, « le jardin en friche, le réfectoire converti en bûcher, le cloître et le dortoir en promenade », et il faudra toute l'énergie d'une vertueuse abbesse, Marie de Beauvilliers, pour la remettre sur le chemin de la piété et de la prospérité. Un événement l'y

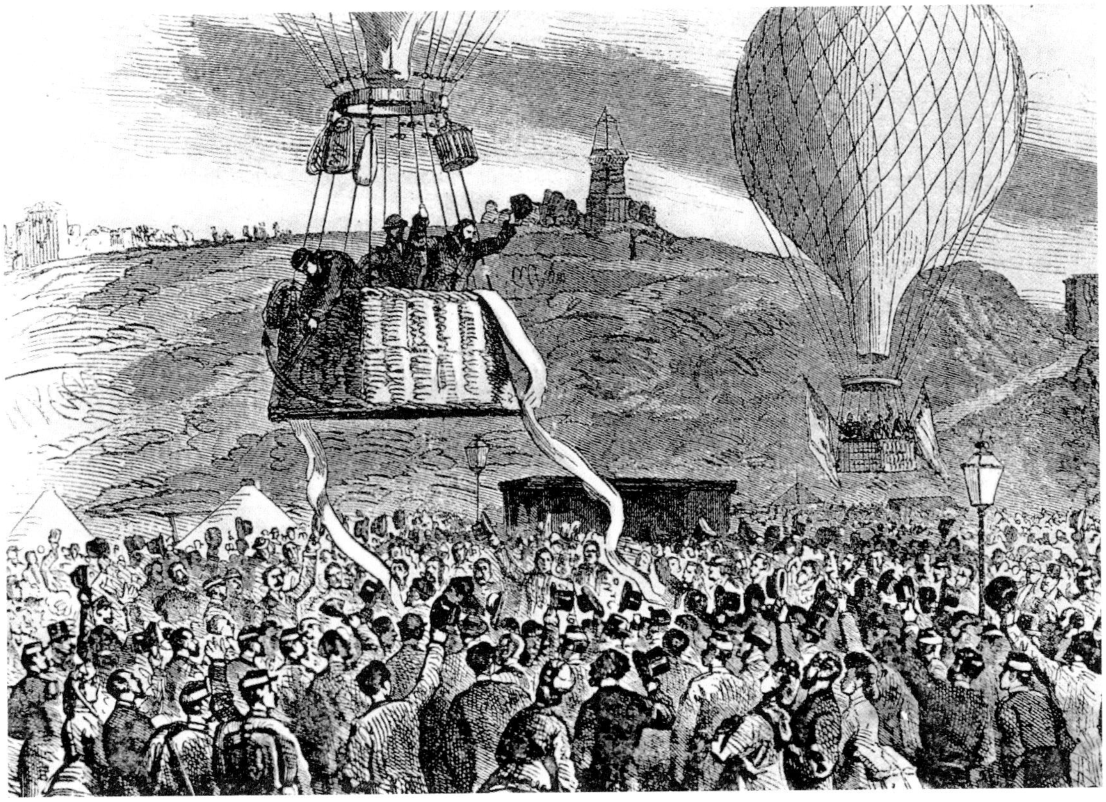

Départ de Gambetta
de la place
Saint-Pierre
à bord du ballon
le 7 octobre 1870

aidera : en 1611, on trouve sous la chapelle du martyrium une crypte attestant que là se situait bien le lieu du martyre de saint Denis. Un prieuré y est fondé ; finalement, à la fin du XVIIe siècle, les religieuses abandonnent l'abbaye « d'en haut » pour celle « d'en bas ». À la Révolution, elles en sont chassées, leurs biens confisqués et les bâtiments vendus en 1794 aux enchères. Les entrepreneurs qui s'en portent acquéreurs les démoliront entièrement pour y creuser des carrières de plâtre, ce qui explique qu'il n'en reste aucun vestige.

Depuis un siècle, de nombreux moulins se dressent sur la crête de Montmartre, à l'emplacement des rues Lepic et Norvins et de l'avenue Junot. On en dénombre plus de trente ; ces moulins deviennent un but de promenade dominicale pour les Parisiens. On y mange des galettes, on y joue à l'escarpolette, on y danse au son des fifres et des hautbois. Déjà Montmartre lie son image à celle du cabaret.

En 1814, la colline est occupée par les Cosaques de l'armée russe, puis envahie par les Anglais. Le poète Gérard de Nerval logera en 1846 au Château des Brouillards, une « folie » du XVIIIe siècle qu'il qualifie de « plus beau point de vue des environs de Paris » et qui abritera en 1875 dans une de ses dépendances le peintre Renoir. Le 7 octobre 1870, place Saint-Pierre, Gambetta s'envole en montgolfière de Paris assiégé par

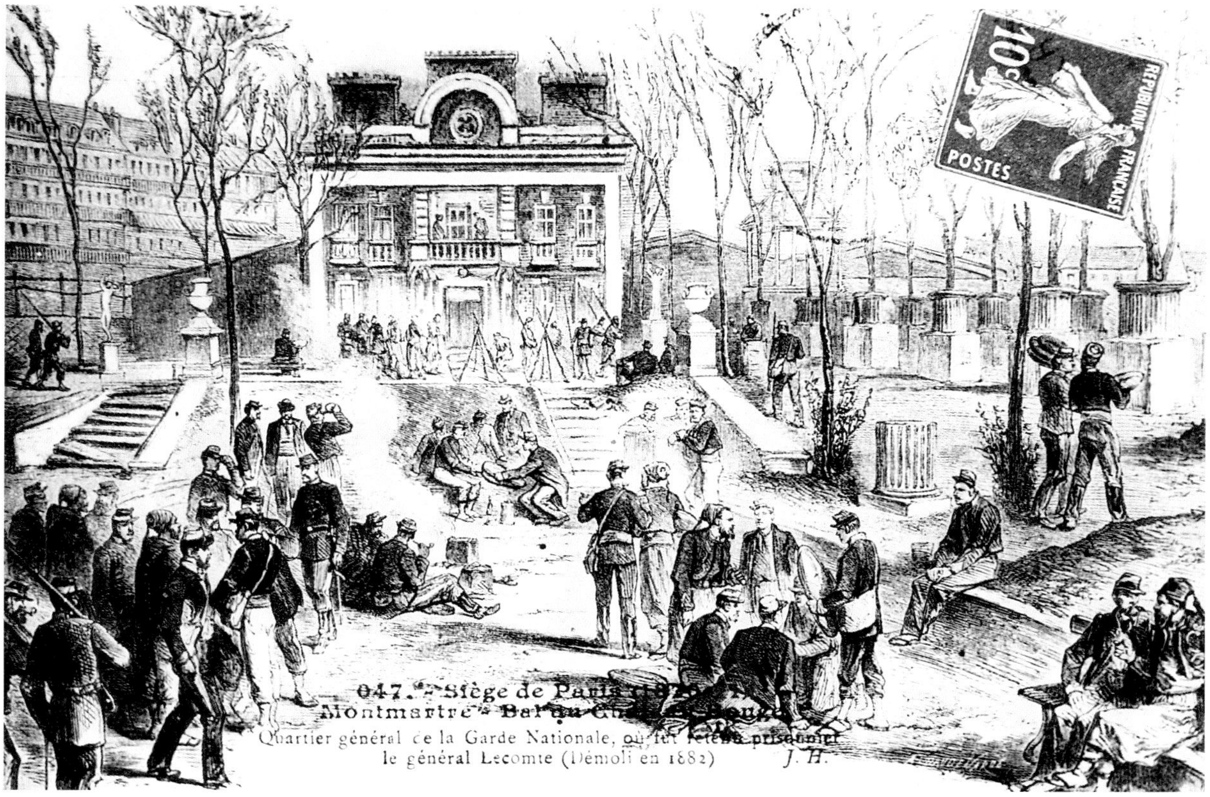

Siège de Paris, le bal du Château Rouge

l'armée prussienne. Quelques mois plus tard, en mars 1871, Montmartre donne naissance à l'insurrection de la Commune quand on y fusille les deux généraux envoyés par Thiers pour restituer à l'ennemi les canons que les Parisiens avaient pointés sur Montmartre. Jean-Baptiste Clément, l'auteur du « Temps des cerises », succède alors à Georges Clemenceau comme maire de Montmartre.

Une fois réprimé le souffle de la révolution, de fervents catholiques, voulant racheter l'impiété du siècle par un signe d'expiation, initient le projet d'une basilique du vœu national, proposition déclarée d'utilité publique par l'Assemblée nationale en 1873. Quarante ans plus tard, le Sacré-Cœur finira par masquer de sa lourde silhouette la vieille église Saint-Pierre, imposant à l'horizon des Parisiens la désespérante blancheur de son calcaire dont aucune patine ne vient altérer la pureté. Entretemps, Montmartre a vu affluer sur ses pentes les artistes de tout genre, poètes, écrivains, peintres.

La plupart d'entre eux passeront par le Bateau-Lavoir, rue Ravignan. Si la maison a disparu dans un incendie en 1970, elle fut reconstruite dans l'esprit et son souvenir demeure gravé dans l'histoire de Montmartre. Il faut dire que ceux qui l'ont fréquentée s'appelaient Picasso, Max Jacob, Juan Gris, Apollinaire...

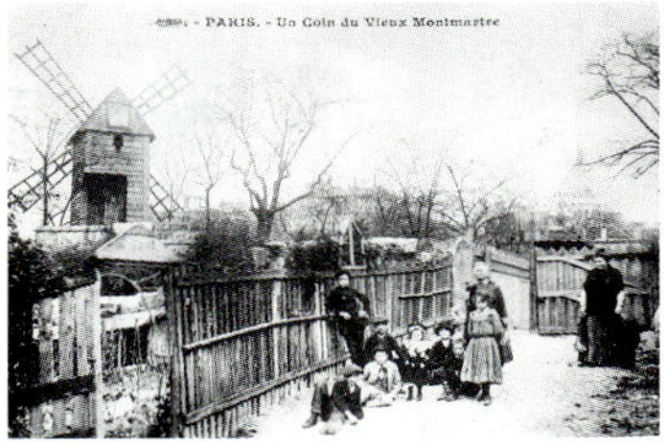
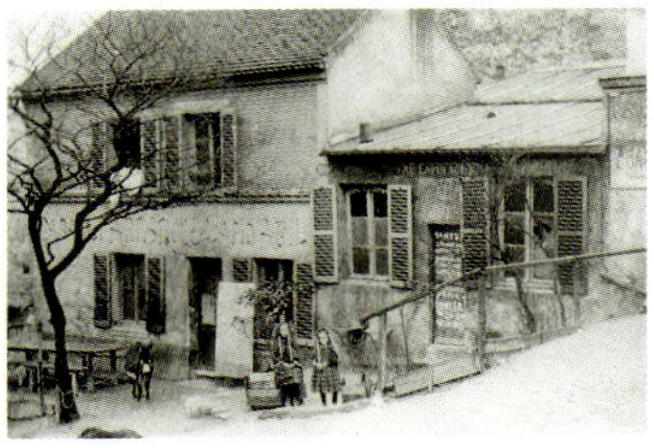
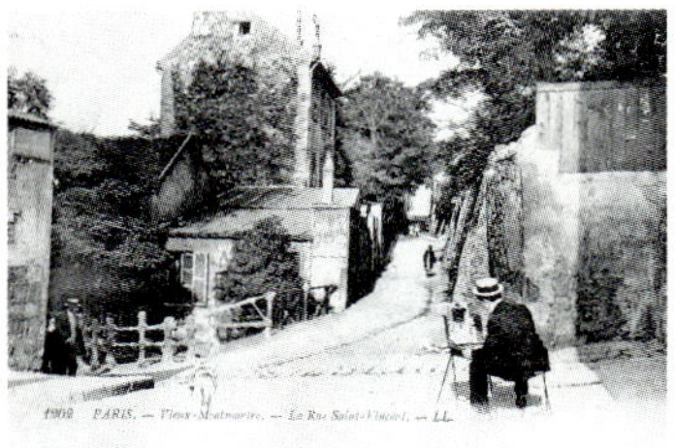
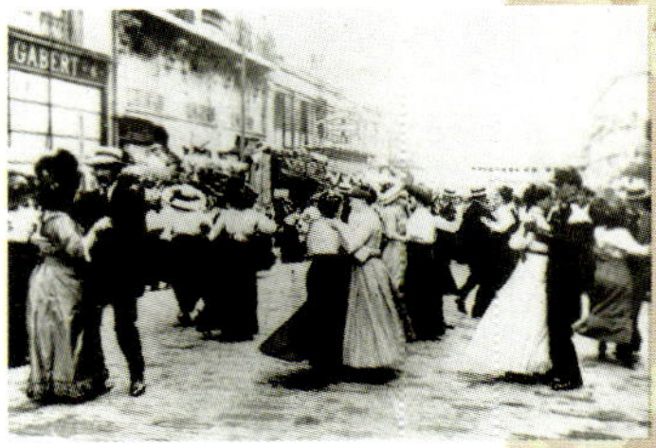
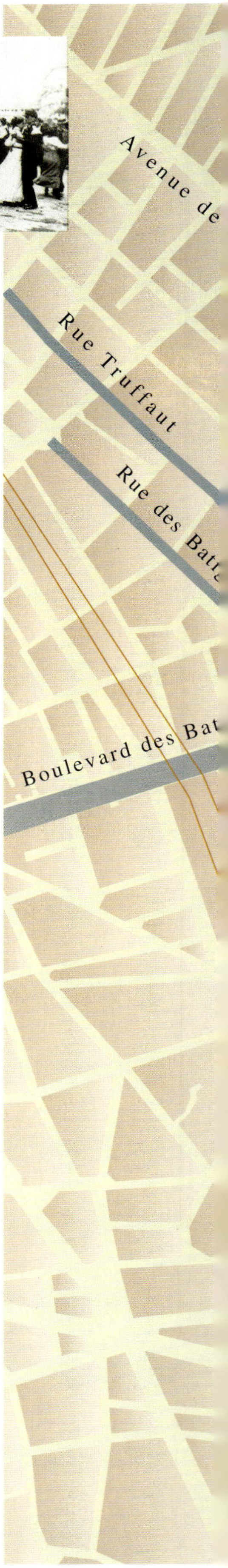

Promenade au cœur de l'art

Cafés, cabarets et bals

L'Abbaye de Thélème : place Pigalle
L'Âne Rouge : 28, avenue Trudaine
La Taverne du Bagne : place des Martyrs
Le café Bouscarat : place de l'église Saint-Pierre
Le Chat Noir : 84, boulevard Rochechouart ; rue Laval, l'actuelle rue Victor-Massé
La brasserie des Martyrs : rue des Martyrs
Le Ciel et **l'Enfer** : 53, boulevard de Clichy
L'Auberge du Clou : avenue Trudaine
Le cabaret Dinocheau : rue Bréda, actuelle rue Henri-Monnier
Le Divan Japonais : 75, rue des Martyrs
L'Élysée-Montmartre : boulevard Rochechouart
La Grande Pinte : 28, avenue Trudaine
Le Guerbois : 11 de la Grand-Rue des Batignolles, l'actuelle avenue de Clichy
Le Lapin Agile : rue des Saules
Le Père Laplace : 28, avenue Trudaine
Le restaurant du Père Lathuille : place de Clichy
Le Mirliton : 84, boulevard Rochechouart
Le Moulin Rouge : 90, boulevard de Clichy
La Nouvelle-Athènes : 9, place Pigalle
Le Rat Mort : place Pigalle
Le café de la Rochefoucauld : rue de la Rochefoucauld
Le Bal Tabarin : rue Victor-Massé
Le Tambourin : 42, boulevard de Clichy

Ateliers et demeures d'artistes

Berlioz, Hector : 4, rue du Mont-Cenis
Bonnard, Pierre : 28, rue Pigalle ; 65, rue de Douai ; cité Les Fusains, 22, rue Tourlaque
Boyer, Émile : place du Tertre
Braque, Georges : 48, rue d'Orsel ; rue Lepic ; 5, impasse Guelma
Breton, André : 42, rue Fontaine
Cabanel, Alexandre : rue de la Rochefoucauld
Caillebotte, Gustave : 29, boulevard Rochechouart
Camoin, Charles : avenue Junot
Cézanne, Paul : Villa des Arts, 15, rue Hégésippe-Moreau
Chopin, Frédéric : square d'Orléans, 80, rue Taitbout
Couture, Thomas : angle de la rue Pigalle et de la rue Laval, l'actuelle rue Victor-Massé
Daumier, Honoré : boulevard de Clichy
Degas, Édgar : rue Saint-Georges ; rue Blanche ; rue de Douai ; 37, rue Laval, l'actuelle rue Victor-Massé ; 6, boulevard de Clichy
Delacroix, Eugène : 58, rue Notre-Dame-de-Lorette
Denis, Maurice : 28, rue Pigalle
Derain, André : cité Les Fusains, 22, rue Tourlaque

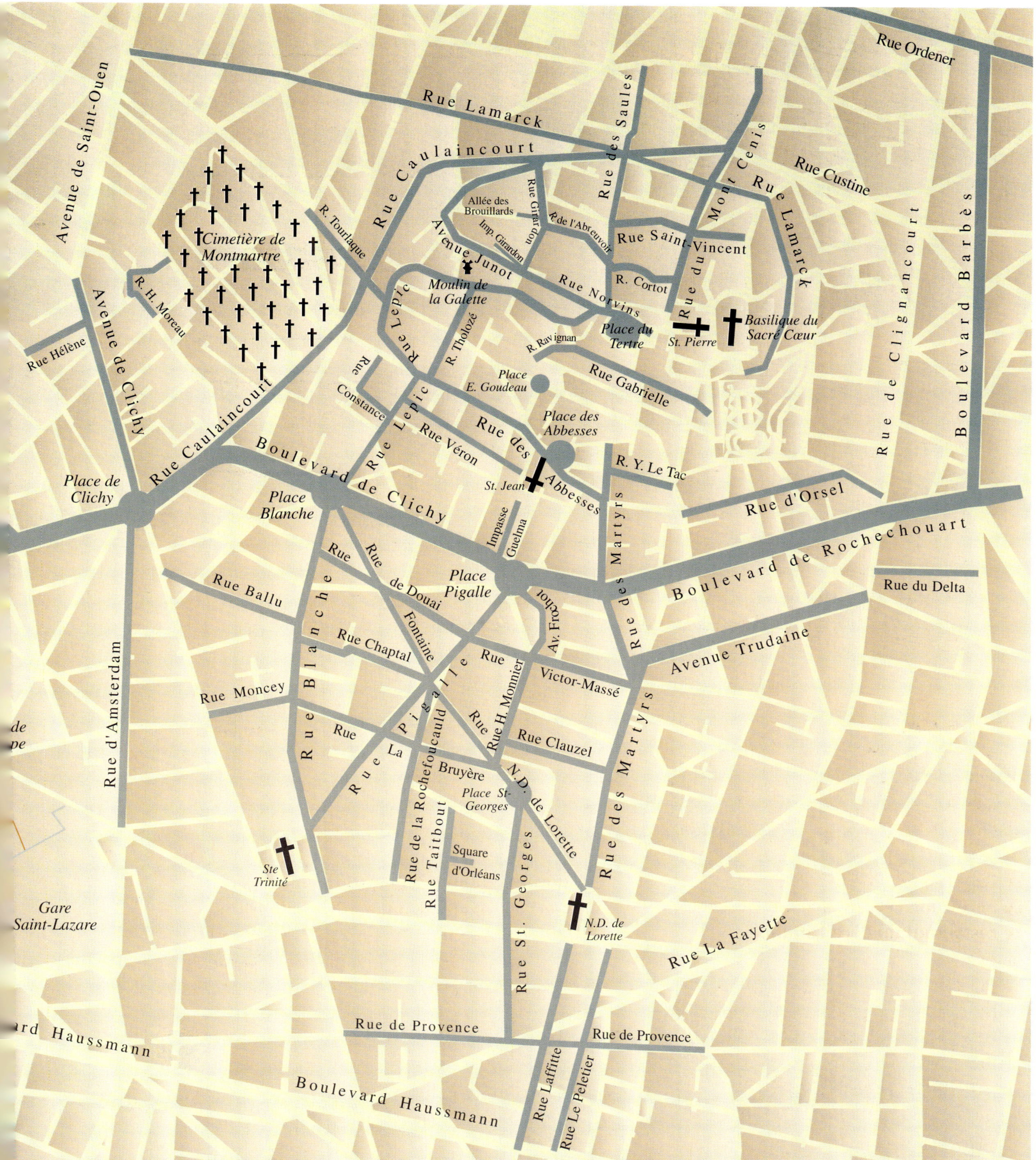

Rue Ordener
Rue Lamarck
Avenue de Saint-Ouen
Rue Caulaincourt
Rue des Saules
Rue du Mont Cenis
Rue Custine
Rue Lamarck
Cimetière de Montmartre
R. Tourlaque
Allée des Brouillards
Rue Girardon
R. de l'Abreuvoir
Imp. Girardon
Avenue Junot
Rue Saint-Vincent
R. Cortot
Rue Norvins
Moulin de la Galette
R. H. Moreau
Avenue de Clichy
Rue Hélène
Rue Lepic
R. Tholozé
Place du Tertre
St. Pierre
Basilique du Sacré Cœur
R. Ravignan
Rue de Clignancourt
Boulevard Barbès
Rue Constance
Place E. Goudeau
Rue Gabrielle
Rue Caulaincourt
Rue Véron
Place des Abbesses
Rue des Abbesses
St. Jean
R. Y. Le Tac
Place de Clichy
Boulevard de Clichy
Place Blanche
Rue d'Orsel
Impasse Guelma
Rue des Martyrs
Boulevard de Rochechouart
Rue Ballu
Rue de Douai
Place Pigalle
Rue du Delta
Av. Frochot
Rue Fontaine
Rue Chaptal
Rue Victor-Massé
Avenue Trudaine
Rue Moncey
Rue Blanche
Rue Pigalle
Rue H. Monnier
Rue d'Amsterdam
Rue La Bruyère
Rue Clauzel
Rue de la Rochefoucauld
Place St-Georges
N.D. de Lorette
Rue des Martyrs
Ste Trinité
Rue Taitbout
Square d'Orléans
Rue St. Georges
Gare Saint-Lazare
N.D. de Lorette
Rue La Fayette
Rue de Provence
Rue de Provence
Boulevard Haussmann
Rue Laffitte
Rue Le Peletier
Boulevard Haussmann

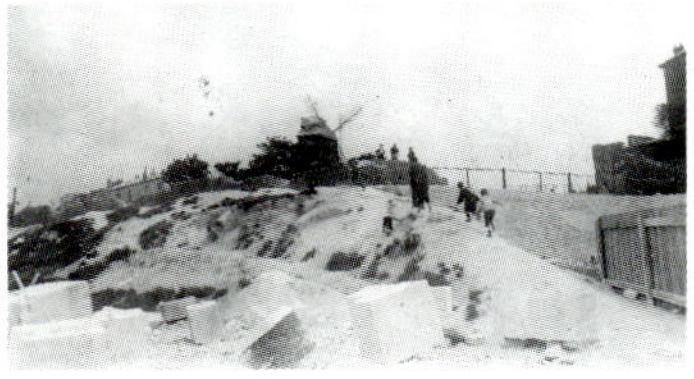
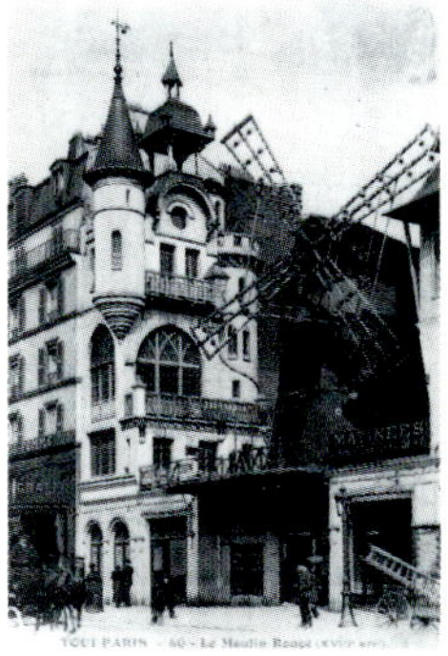
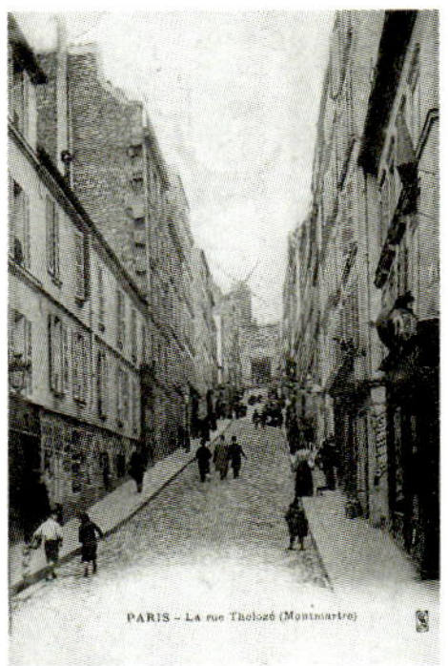
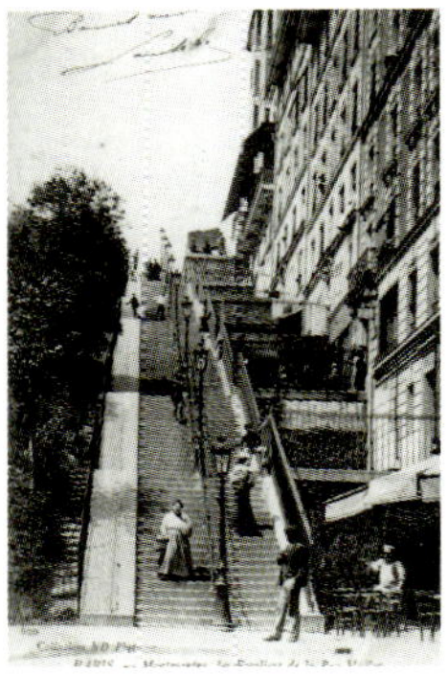
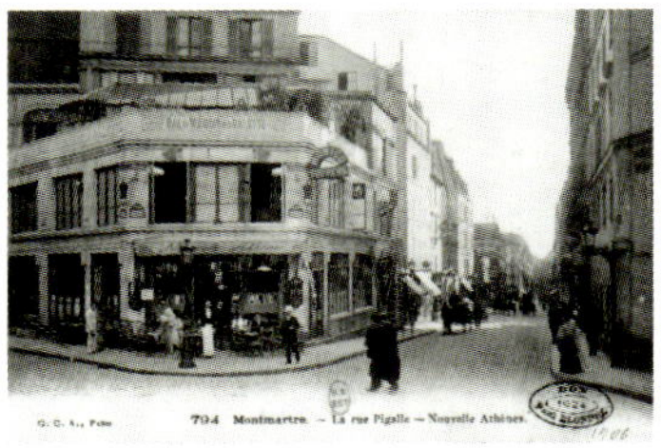
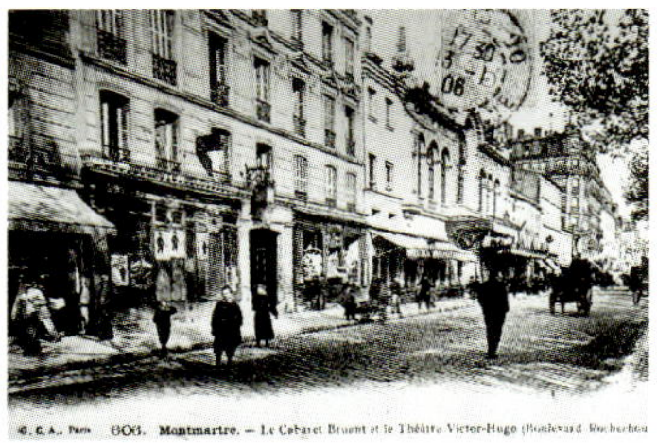
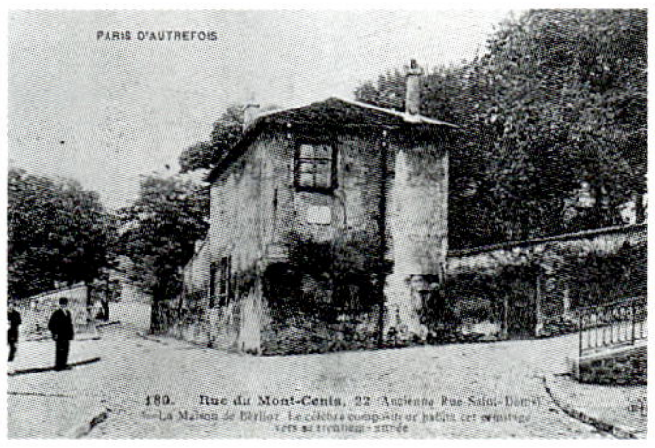

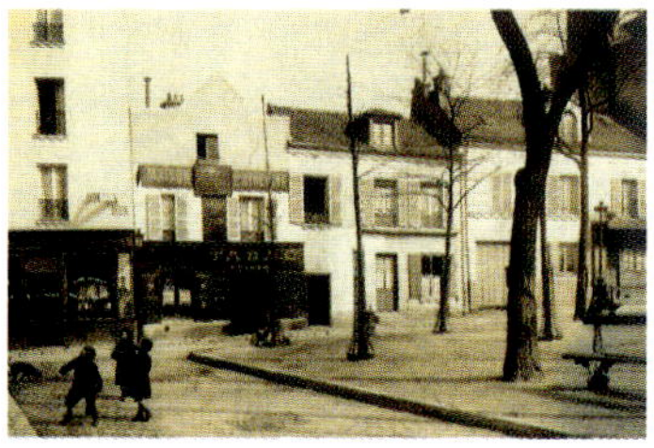
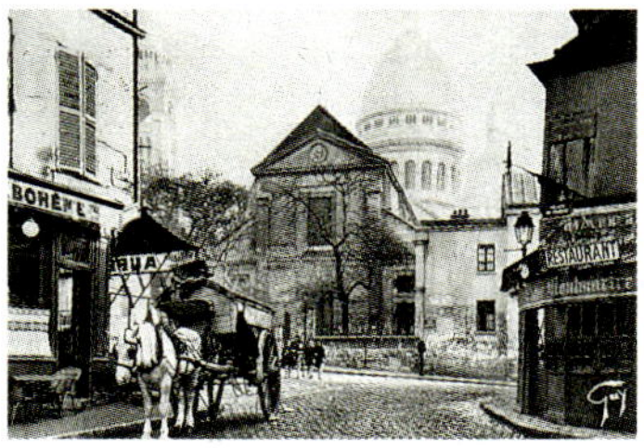
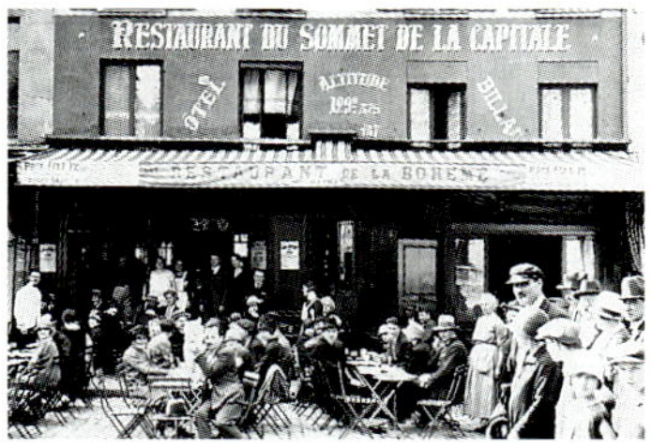

Dufy, Raoul : 5, impasse Guelma
Dumont, Pierre : Bateau-Lavoir, 13, rue Ravignan
Foujita, Tsuguharu Léonard : Montmartre aux Artistes, 187-189, rue Ordener
Frank-Will : rue Caulaincourt ; boulevard de Clichy ; 37, rue Pigalle
Gauguin, Paul : angle de la rue Saint-Georges et de la rue de La Bruyère ; le Maquis
Genin, Lucien : hôtel du Poirier
Gen Paul : angle de la rue Girardon et de l'avenue Junot ; 2, impasse Girardon ; 96, rue Lepic
Géricault, Théodore : rue des Martyrs
Gérôme, Léon : 65, boulevard de Clichy
Gris, Juan : Bateau-Lavoir, 13, rue Ravignan
Henner, Jean-Jacques : 11, place Pigalle
Léger, Fernand : 104, boulevard de Clichy
Leprin, Marcel : rue Gabrielle (chez Max Jacob) ; 18, rue Véron ; 10, rue Lamarck ; 12, rue Cortot
Jacob, Max : 33, boulevard Barbès ; 7, rue Ravignan ; rue Gabrielle
Manet, Édouard : boulevard des Batignolles
Marcoussis, Louis : Villa des Arts, 15, rue Hégésippe-Moreau
Modigliani, Amedeo : hôtel du Poirier ; rue de Douai ; rue Girardon ; 7, place Jean-Baptiste Clément ; 7, rue du Delta ; le Bateau-Lavoir, 13, rue Ravignan ; le Maquis
Monet, Claude : 28, rue Pigalle
Moreau, Gustave : rue Rochefoucauld
Pascin, Julius : hôtel Beauséjour, rue Lepic ; 49, rue Gabrielle ; 2, impasse Girardon ; 73, rue Caulaincourt ; 36, boulevard de Clichy

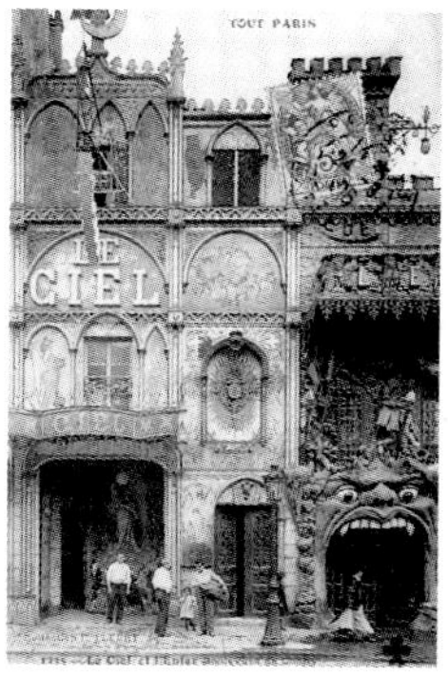

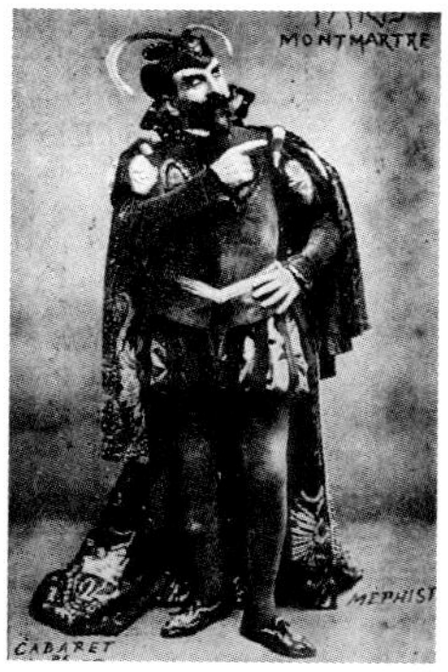

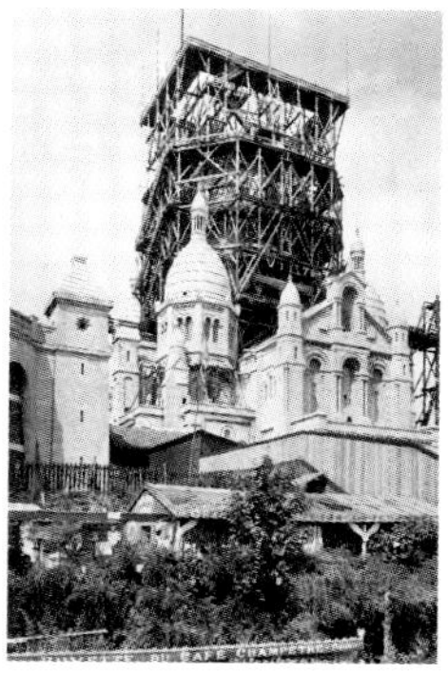
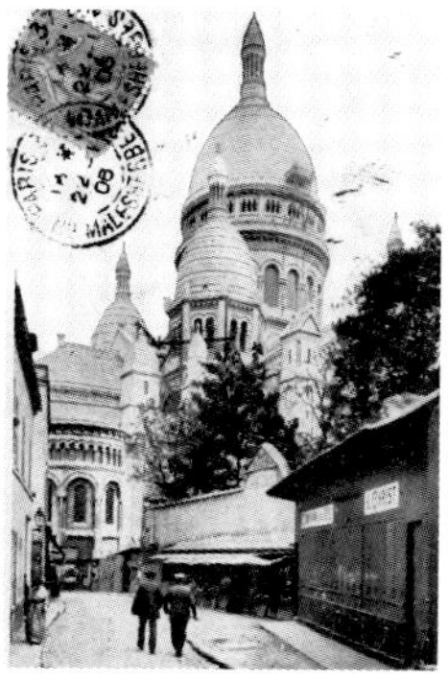
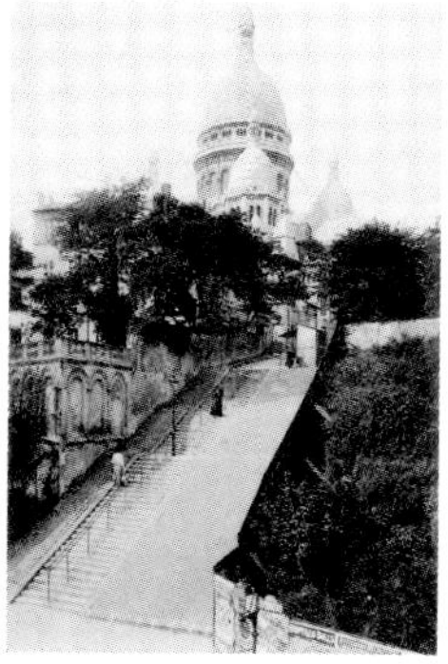
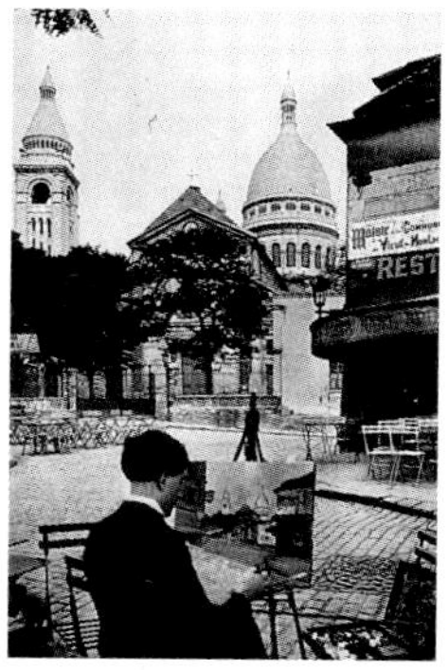

Picasso, Pablo : 49, rue Gabrielle ;
130 ter, boulevard de Clichy ; Bateau-Lavoir,
13, rue Ravignan ; 11, boulevard de Clichy
Pissarro, Camille : rue Notre-Dame-de-Lorette ;
rue de l'Abreuvoir
Puvis de Chavannes, Pierre : 11, place Pigalle
Quizet, Alphonse : rue Véron
Renoir, Auguste : rue Tourlaque ; rue Saint-Georges ;
rue Cortot ; Château des Brouillards ; rue Norvins,
Sand, George : square d'Orléans, 80, rue Taitbout
Seurat, Georges : 128 bis, boulevard de Clichy
Severini, Gino : rue Ballu ; impasse Girardon
Signac, Paul : 130, boulevard de Clichy ;
Villa des Arts, 15, rue Hégésippe-Moreau
Steinlen, Théophile : 21, rue Caulaincourt ;
le Maquis ; Château des Brouillards
Toulouse-Lautrec, Henri de : l'angle de la rue Caulaincourt et de la rue Tourlaque ;
19 et 21, rue Fontaine ; 5, avenue Frochot
Tzara, Tristan : 15, avenue Junot
Utrillo, Maurice, **Utter**, André et **Valadon,**
Suzanne : 8, rue du Poteau ; 2, rue Cortot ;
12, rue Cortot ; 5, impasse Guelma ; avenue Junot
Van Dongen, Kees : impasse Guelma ; le Maquis ;
le Bateau-Lavoir, 13, rue Ravignan
Van Gogh, Vincent : rue Victor-Massé ;
54, rue Lepic
Vuillard, Jean-Édouard : 28, rue de Pigalle
Willette, Adolphe : rue Véron ; place du Delta ;
rue Lepic ; rue du Mont-Cenis ; rue Saint-Vincent
Zola, Émile : rue Truffaut

Marchands et revues

Samuel Bing : 22, rue de Provence
Paul Durand-Ruel : rue Le Peletier ; rue Laffitte
Goupil et Compagnie : 9, rue Chaptal
Le Père Tanguy : 14, rue de Clauzel
La Revue Blanche : 1, rue Laffitte
Clovis Sagot : rue Laffitte
La Société des Artistes Indépendants :
61, rue Caulaincourt
Le Père Soulier : rue des Martyrs
Ambroise Vollard : rue Laffitte
Berthe Weill : rue Victor-Massé

Académies de peinture

Bonnat : impasse Hélène, l'actuelle rue Hélène
Cormon : 10, rue Constance ;
104, boulevard de Clichy

INDEX DES NOMS CITÉS DANS LE TEXTE

Bibliographie

Bataille, G., *Manet*, Skira, collection l'Art en texte, 1955.

Buisson, S. et Chazelles, A., *Montmartre vu par les peintres*, Vilo, 1987.

Buisson S., *Montmartre et les peintres*, NHK Éditions, 1994.

Cachin F., *Seurat, le rêve de l'art-science*, Découvertes Gallimard, 1991.

Carco, F., *De Montmartre au Quartier latin*, Albin Michel, 1927.

Carco, F., *Montmartre à vingt ans*, Albin Michel, 1938.

Carco, F., *Bohème d'artiste*, Albin Michel, 1940.

Carco, F., *L'ami des peintres*, Éditions du Milieu du Monde, Genève, 1944.

Carracalla, J-P., *Montmartre*, Pierre Bordas et Fils, 1995.

Chassy, É. de, *L'impressionnisme, tableaux choisis*, Éditions Scala, 1995.

Chevalier, L., *Montmartre du plaisir et du crime*, Robert Laffont, 1980.

Cogeval, G., *Vuillard, le temps détourné*, Découvertes Gallimard, 1993.

Crespelle, J.-P., *Montmartre vivant*, Hachette, 1964.

Crespelle, J.-P., *La vie quotidienne des impressionnistes*, Hachette, 1981.

Daix, P., *Picasso au Bateau-Lavoir*, Flammarion, Histoire d'un Jour, 1994.

Distel, A., *Renoir*, Découvertes Gallimard, 1993.

Dorgelès, R., *Bouquet de bohème*, Albin Michel, 1947.

Durieu P., *Modigliani*, Hazan, 1995.

Elger, F. et Maillard, R., *Picasso*, Hazan, 1955.

Ellridge, A., *Gauguin et les nabis*, Terrail, 1993.

Fabris, J., *Utrillo*, Expodif, 1982.

Fabris, J., *Utrillo Folie*, Éditions Pétridès, 1992.

Ferrier, J.-L., *L'Aventure de l'Art au XXe siècle*, Chêne/Hachette, 1990.

Ferrier, J.-L., *L'Aventure de l'Art au XIXe siècle*, Chêne/Hachette, 1991.

Ferrier, J.-L., *Les Fauves, le règne de la couleur*, Terrail, 1992.

Ferrier, J.-L., *Picasso, la déconstruction créatrice*, Terrail, 1993.

Fildier, A., *Paris à la Belle Époque, Montmartre*, Libro-Science, Bruxelles, 1979.

Fournier, G., *Cors de chasse*, Pierre Cailler éditeur, Genève, 1947.

Frèches, C. et J., *Toulouse-Lautrec, les lumières de la nuit*, Découvertes Gallimard, 1991.

Gompel, D., *Max Jacob, les propos et les jours*, Édition Zodiaque, 1989.

Hillairet, J., *Dictionnaire historique des rues de Paris*, 2 tomes, Éditions de Minuit, 1963, huitième édition 1985.

Jullian, P., *Montmartre*, Elsevier-Sequoia, 1977.

Katz, R. et Dars, C., *Le monde des impressionnistes*, Casterman, 1994.

Lemaire, G.-G., *Les cafés littéraires*, Henri Veyrier, 1987.

Leprochon, P., *Montmartre et ses peintres*, Éditions Corymbe, 1981.

Leri, J.-C. et Lapidis, C., *Montmartre*, Henri Veyrier, 1983.

Lesourd, P., *Montmartre*, Éditions France-Empire, 1973.

Lévêque, J.-J., *Gustave Caillebotte*, ARC Éditions, poche couleur, 1994.

Monneret, S., *L'impressionnisme et son époque*, 2 tomes, coll. Bouquins, Robert Laffont, 1987.

Moore, G., *Confessions d'un jeune Anglais*, Christian Bourgeois éditeur, 1986.

Oberthür, M., *Montmartre en liesse*, Musée Carnavalet, 1994.

Olivier, F., *Picasso et ses amis*, Stock, 1933.

Parisot, C., *Modigliani*, Terrail, 1992.

Parisot, C., *Catalogue raisonné*, tomes I et II, Graphis-Arte, 1990-1991.

Rewald, J., *L'histoire de l'impressionnisme*, Albin Michel, 1986.

Salmon, A., *Propos d'ateliers*, Excelsior, 1938.

Seigel, J., *Paris bohème*, Gallimard, 1986.

Warnod, A., *Les peintres de Montmartre*, La Renaissance du Livre, 1923.

Warnod, A., *Les berceaux de la jeune peinture*, Albin Michel, 1925.

Warnod, A., *Ceux de la Butte*, Julliard, 1947.

Witrock, W., *Toulouse-Lautrec*, ACR Éditions, 1992.

Yaki, P. *Le Montmartre de nos vingt ans*, Éditions Jules Taillandier, 1933.

Cézanne, collection Découvrons l'art, Cercle d'Art, 1995.

Les Ateliers de Pascin et de ses amis, musée de Montmartre, 1991.

Renoir, collection Découvrons l'art, Cercle d'Art, 1995.

Toulouse-Lautrec, collection Le temps retrouvé, RMN, 1991.

Gen Paul
Montmartre
1923, huile sur toile, 73 x 60 cm.
Collection particulière.

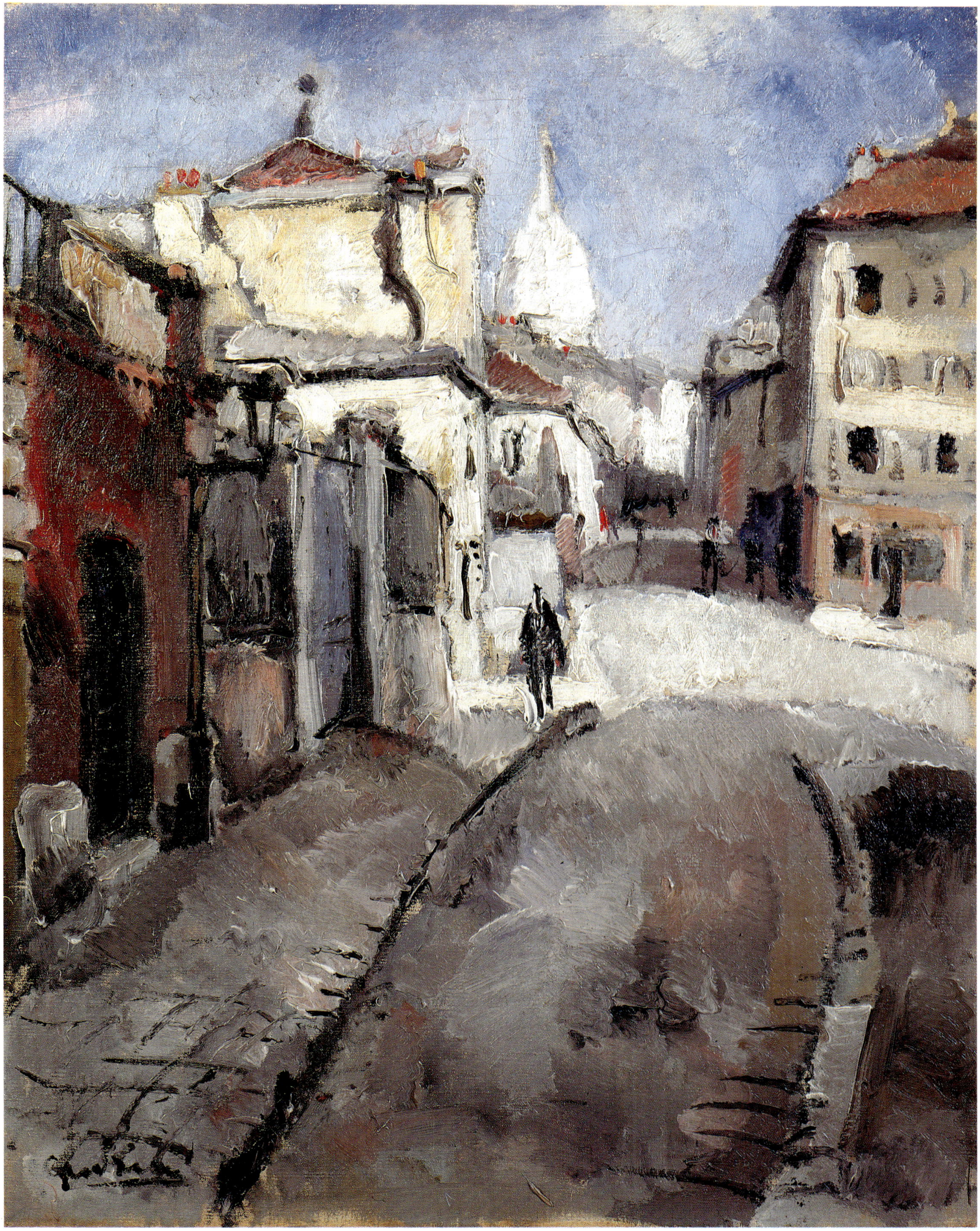

Crédit photographique

Archives artistiques, Paris : p. 8, 13, 14-15, 56, 76, 78 (en bas), 84-85, 89, 93, 94, 127, 134, 137, 141, 144, 145, 146, 148, 150, 154-155, 156-157, 166, 168, 169, 170, 171, 179, 180-181, 185, 188-189, 190, 191, 192, deuxième plat de couverture. Archives légales Amedeo Modigliani, Paris-Livourne : p. 150 (en haut), 158, 159, 161, 162, 163, 164-165. Archives Pierre Terrail, Paris : p. 131, 150. Archives Robert Laffont, Paris : p. 29 (en bas). Bibliothèque Nationale, Par s : p. 24 (en bas), 29 (en haut). Carnegie Museum of Art, Pittsburgh : p. 100, 101. Collection Josefowitz, Lausanne : p. 5, 38, 48, 55, 72, 78 (en haut), 80, 82, 83, 86-87, 90, 91. Collection Samir Traboulsi, Paris : p. 125. Édimédia, Paris : p. 175. Giraudon, Paris : p. 2, 124, 128-129, 142, 174, premier plat de couverture. Harvard University Arts Museum, Courtesy of the Fogg Art Museum, Bequest of Meta and Paul J. Sachs, Cambridge (Mass.) : p. 26-27. Kunstsammlung Nordrhein-Westfalen, Düsseldorf : p. 140. Erich Lessing, Vienne : p. 10, 22, 24 (en haut), 30-31, 33, 34, 35, 39, 40-41, 49, 50-51, 53, 54, 73, 77, 81, 88, 92, 96, 97, 98-99, 104, 116, 121. Metropolitan Museum of Art, New York : p. 132. Montmartre des Arts, Paris : p. 11, 58 (à gauche), 60, 64, 65, 70, 71, 74-75, 79, 95, 123, 138 (en bas), 139, 153, 172, 173, 176 (en bas à droite), 177, 178, 183, 184, 186, 187, 193, 194, 195, 196, 205. Musée d'Art moderne de la Communauté urbaine de Lille, Villeneuve d'Ascq, donation Geneviève et Jean Masurel, 1979, cliché Muriel Anssens, Nice : p. 149. Musée d'Art moderne de Troyes, cliché Daniel Le Neve : p. 122. Musée Calvet, Avignon : p. 107. Musée de Grenoble, photographie : p. 19. Musée Marmottan - Claude Monet, Paris : p. 23. Musée de Montmartre, Paris : p. 62-63, 138 (en haut). Musée national d'Art moderne, Paris : p. 167. Musée Toulouse-Lautrec, Albi : p. 42, 76 (en haut). National Gallery of Art, Washington : p. 69, 136-137. Petit Palais, Genève : p. 9, 134-135. Photothèque des Musées de la Ville de Paris/cliché, Paris : p. 16, 67, 111. Réunion des Musées nationaux, Paris : p. 6-7, 12, 37, 43, 102, 103, 108-109, 112 (donation sous réserve d'usufruit de Mme René Lecomte, 1969), 130, 147. Roger-Viollet, Paris : p. 21, 28, 58 (à droite), 59, 66, 68, 70 (en bas), 71 (en bas), 105, 110, 126, 151 (en bas), 152 (en bas), 176 (en haut et en bas, à gauche). The Art Institute of Chicago : p. 46-47. The National Gallery, Londres : p. 45. Van Gogh Museum, Amsterdam : p. 114, 115, 117, 118.

Les auteurs remercient :

Mme Malène Marcoussis, Paris ; Mme Solange Millet, Marseille ; Mme et M. Oscar Ghez, Genève ; M. Pierre Bureau, Paris ; M. Gilles Perrault, Paris ; M. Gilbert Pétrides, Paris ; Mme Bernard Jego, Paris ; Mme Anderfurhen, Paris ; M. Jean-Paul Villain, Paris ; M. Jean-Pierre Camard, Paris ; M. Roberto Perrazone, Paris ; M. Dominique Thinot, Paris ; M. Carlo a Marca, Suisse ; M. Angénieux, Paris ; Mme Dominique Spiess, Paris ; M. Bruno Martin-Caille, Paris ; M. Guy Krohg, Paris ; Mme Rosemarie Napolitano, Paris ; M. Didier Gompel-Netter ; Mme Florence Camard, Paris ; M. Joseph Guttmann, Los Angeles ; M. Giorgio Guastalla, Livourne ; M. Guido Guastalla, Milan ; M. Guy Mairesse, Paris ; M. Jean Digne, Paris.

Une révolution sur beau papier

Depuis sa création en 1990, Terrail relève un défi :
celui de mettre à la portée de chacun des livres d'art de grande qualité.
Tous nos titres sont des créations originales.
Notre équipe – auteurs et iconographes de talent, directeur de collection,
directeurs artistiques, éditeur – est animée d'un même souci :
ouvrir à tous les portes de l'univers de l'art sans renoncer pour autant
aux exigences les plus strictes de la qualité.
Photogravure, tirage sur papier couché mat, cahiers cousus et couverture souple
avec rabats, rien n'est trop beau pour Terrail.
Si nous réussissons à tenir notre pari et à maintenir un prix de vente
aussi étonnant, c'est que nos titres sont déjà présents sur les cinq continents,
bénéficiant ainsi de tirages importants.

L'éditeur